获全国首届优秀旅游教材奖
高等院校旅游管理精品教材

中外旅游地理

第二版

主 编 肖 星
副主编 郑宗清 侯佩旭 左盘石

华南理工大学出版社
SOUTH CHINA UNIVERSITY OF TECHNOLOGY PRESS
·广州·

图书在版编目（CIP）数据

中外旅游地理/肖星主编. —2 版. —广州：华南理工大学出版社，2014.2
（2018.8重印）
（高等院校旅游管理精品教材）
ISBN 978-7-5623-3907-6

Ⅰ.①中… Ⅱ.①肖… Ⅲ.①旅游地理学－世界－高等学校－教材 Ⅳ.①F591.99

中国版本图书馆 CIP 数据核字（2013）第 192072 号

中外旅游地理（第二版）
肖　星　主编

出 版 人：卢家明
出版发行：华南理工大学出版社
　　　　　（广州五山华南理工大学17号楼，邮编510640）
　　　　　http：//www.scutpress.com.cn　E-mail：scutc13@scut.edu.cn
　　　　　营销部电话：020 - 87113487　87111048（传真）
责任编辑：王　磊（QQ：65617175）
印 刷 者：虎彩印艺股份有限公司
开　　本：787mm×960mm　1/16　印张：24.75　字数：485 千
版　　次：2014 年 2 月第 2 版　2018 年 8 月第 8 次印刷
印　　数：11 501～12 000 册
定　　价：48.00 元

版权所有　盗版必究　印装差错　负责调换

"高等院校旅游管理精品教材"编委会

主　编　张伟强
副主编　肖　星　江金波　刘静艳　田　勇
编　委　(按姓氏笔画排序)

王　琳（海南大学）	冯冈平（广东工业大学）
甘巧林（华南师范大学）	田　勇（江西师范大学）
江金波（华南理工大学）	庄伟光（广东省社会科学院）
刘　伟（广东金融学院）	刘少和（广东财经大学）
刘静艳（中山大学）	纪俊超（海南大学）
李琼英（华南师范大学）	肖　星（广州大学）
吴忠军（广西桂林理工大学）	陈　鸣（广东技术师范学院）
张伟强（广东财经大学）	郑冬子（上海对外经贸大学）
钟志平（湖南商学院）	秦　学（广东财经大学）
郭晋杰（广东海洋大学）	黄　松（广西师范大学）
傅云新（暨南大学）	

总序

20世纪70年代以来，随着全球经济以及高新技术的发展，旅游业迅速成长为一个充满活力和生机的新兴产业，成为当今世界最大的朝阳产业之一。中国旅游业经历了一个从无到有、从小到大的历史发展过程。从严格意义上来说，中国旅游业的蓬勃发展并形成产业是20世纪90年代的事情。改革开放以来，中国旅游业的发展取得了举世瞩目的成就，中国已成为一个旅游大国，中国旅游业已名列世界前茅。根据世界旅游组织的预测，21世纪中国将成为世界重要的旅游目的地。中国已经形成了一个结构比较完善、品质比较高端并积累了一定经验的旅游产业基础。与此同时，中国的旅游教育事业得到了空前发展，据不完全统计，到目前为止已经有800多所院校设有旅游管理或相关专业。

然而，我国旅游业与发达国家和地区的旅游业相比还存在着较大差距。第一，我国的住宿业、旅行社业、景区景点的发育程度都不是很成熟，而目前国外的饭店业、旅行社业、景区景点已经走上由单体向部门的融合，又从部门融合发展到跨行业、跨地区的融合，形成了集团化、网络化、国际化、品牌化的跨国集团。第二，我国旅游业对当代科技手段的运用还远远落后于发达国家。目前发达国家旅游者2/3的人已经实现了网上旅游，这方面我国还有很大的发展空间和潜力。第三，我国旅游业的发展环境，如景区景点的道路、标志，旅游咨询服务的网络建设等，还有很多不足之处。第四，我国在旅游管理专业人才的培养上也有待加强。长期以来我国旅游理论研究滞后于旅游实践，在高校旅游管理专业的教材建设上，表现出"引多创少""北强南弱"的现象。为适应21世纪旅游教育事业实践的需要和发展，丰富和加强旅游学科的建设，华南理工大学出版社组织了全国近20所高等院校的一批年富力强、富有创造力和实践经验的旅游管理专业中青年骨干教师、专家、教授，在原有"21世纪高等院校旅游管理专业联编教材"的基础上，结合多年的实际使用情况，精心挑选，修订更新，整合成了这套"高等院校旅游管理精品教材"。

本套教材立足于博采众长、兼收并蓄、综合提高的总体原则，体现传统与现代、理论与实践的结合，重视与国际接轨，形成了明显特色：(1) 系统性强，本系列教材涵盖旅游管理专业的所有基础学科及新兴相关学科，每种教材自成体系的同时也兼顾到教材之间的横向联系。(2) 严格根据教学计划、教学大纲的要求，编创结合，既保留经典的内容，更把原创的研究成果、新观点融入其中。(3) 注重教材内容的区域特色与国际研究前沿的结合、中外案例的结合、成功与失败案例的结合，拓宽视野。(4) 适应信息化教学的需求。根据教材的内容及该课程的教学特点有选择地配有专门开发的多媒体课件（软件），包括教学计划、教学大纲、教学内容、图表图片、电子地图等模块。(5) 增加网络资源，供教师、学生有针对性地使用。(6) 附有课程实习大纲，体现旅游学科应用性强的特色，供教师参考使用。

本套教材适合于各类高等院校的旅游管理专业本科生、专科生及相关专业学生作为教材，也可以作为从事旅游研究、旅游管理等有关人员提高研究和管理水平的参考书。

张伟强
2013年1月

前言

当今世界，旅游已不仅是一种全球经济现象，而且愈来愈成为一种普遍的大众生活方式乃至人们日常生活不可缺少的重要组成部分。随着经济的发展、生活条件的改善、可自由支配时间和收入的增多，人们对旅游的需求更加旺盛。

旅游业已成为全球最大的新兴产业之一，不仅给许多国家提供了大量的就业机会，为其带来丰厚的外汇收入，而且还带动了一大批相关产业的振兴，各国政府因此愈来愈重视旅游业，这无疑将进一步推动旅游业获得更大规模、更高层次的发展。

世界旅游组织报告称，受全球金融危机与经济低迷的影响，世界旅游业在2008—2009年间经历了长达15个月的连续负增长，并在2009年达到近10年的低谷。2010年经济复苏，世界旅游业以高于预期的速度恢复，呈现出积极增长的势头：当年国际入境旅游人数达到93 900万人次、国际入境旅游收入9 190亿美元，分别比2009年增长6.6%和8%。与2010年的快速增长相比，2011年的世界旅游业增长速度有所放缓，国际入境旅游人数达到98 000万人次，入境旅游收入10 300亿美元，分别同比增长4.4%和12%。虽然旅游人数增长率下降，但全球旅游收入仍然实现了强劲增长，这是人均旅游花费增加的结果。此外，各国的国内个人旅游支出、旅游资本投资、旅游带动支出及国内旅游供给等增幅都有不同程度的提高。

可见，尽管所面临的困难不少，但世界旅游业正在步入持续增长的稳定发展阶段。预计到2020年，全球国际旅游人数将达16亿人次，到2050年更将占整个世界总人口的30%左右。

而在中国，改革开放35年来，尤其是近10年来，旅游业迅速崛起，取得了跨越式发展，已成为名副其实的"朝阳产业"，并正在朝着"国民经济的战略性支柱产业和人民群众更加满意的现代服务业"目标迈进。

从2002年到2011年的10年中，我国已经从旅游资源大国走向世界旅游大国，国内旅游、入境旅游、出境旅游的市场规模均居全球前列：国内旅游人数从8.78亿人次增至26.4亿人次，增长了200.8%，国内旅游收入由3 878亿元增至1.93万亿元，增长了398%，形成全球最大的国内旅游市场；入境过夜旅游人数从3 680万人次增至5 758万人次，增长了56.5%，国际旅游（外汇）收入由204亿美元增至485亿美元，增长了138%；出境旅游人数由1 660万人次增至7 025万人次，增长了323%，为世界主要出境旅游国家之最，出境旅游消费则达726亿美元。

世界旅游组织正式出版的2012年第2期《世界旅游业晴雨表》所显示的2011年统计数据表明，在当年全球入境旅游接待人数排名中，中国仅次于法国、美国，继续保持第三大入境接待国地位；在旅游外汇收入排名中，中国仅次于美国、西班牙、法国，位列第四；在出境旅游消费（国际支出）排名中，中国仅次于德国和美国，继续保持第三大出境旅游消费国地位。

根据世界旅游组织（WTO）预测，到2020年，中国将成为全球最大的旅游目的地国和第四大客源输出国，接待外国游客和出国旅游人数将分别达1.3亿和1亿人次。这一预测为中国建设世界旅游强国的目标提供了极好的脚注；同时，这一目标与党的十八大提出在中国共产党成立一百年时全面建成小康社会目标的重合，为中国旅游业新的腾飞赋予了更为丰富的内涵。另据国内专家估计，到2020年，中国国际旅游创汇有可能达到600亿美元左右，国内旅游收入达到2万亿元人民币左右，旅游业总产值可望占到国内生产总值的10%以上，成为名副其实的主要支柱产业。由此可见，旅游业在中国的前景是何等的振奋人心！

旅游业的蓬勃发展带动了旅游教育和研究的兴旺发达。2012年10月，国家教育部公布了新的高等院校本科专业目录，将旅游管理由原来工商管理类下的专业提升为与之"平起平坐"的旅游管理类基本专业，其下分设旅游管理、酒店管理、会展经济与管理等3个专业，这对诸多为旅游学科的发展奉献了无数心血的学界和业界同仁及至广大在读的旅游管理专业同学来说，无疑是一个令人高兴的好消息。

旅游地理学属于人文地理学范畴，中国旅游地理和世界旅游地理是旅游地理学的分支学科，其本身又具有区域地理学的性质。自1984年以来，根据国内旅游业发展的形势、特别是高校旅游类和地理类专业课程设置的需要，《中国旅游地理》和《世界旅游地理》等教材应运而生，出版的数量和种类已经不少，且各具特色，为繁荣中国的旅游教育和科研事业做出了巨大贡献。

然而，我们也应当清醒地看到，随着如今"厚基础、宽口径"的人才培养理念在教学计划中的逐渐落实和学分制的普遍推行，普通高等院校必修课大幅度减少，选修课数量倍增，再像以前那样占用大量课时来分别开设《中国旅游地理》和《世界旅游地理》课程的可能性已经越来越小。相反，将这两门课程合而为一，设置成综合性的《中外旅游地理》课程，已成为旅游管理和地理类本科专业教学改革的一种必然趋势。然而，在很长一段时间内，国内尚无一本这样的合适教材可供开课使用。

在此背景下，为满足教学急需，2005年，我们编写了本书。作为国内第一部（迄今仍然是唯一一部）正式出版的《中外旅游地理》教材，我们在编写过程中不是将中国旅游地理和世界旅游地理的内容简单地叠加、合并，而是力求创新，构建一套完整、全面而又科学、严谨的《中外旅游地理》课程体系，并注意深入浅出，将学术性与实用性、科学性与可读性、理论阐述与案例分析有机结合起来，同时尽可能反映最新的学科发展趋势和旅游地理信息，体现鲜明的时代特色。因此，本书不仅可以作为普通高校旅游管理和地理类本科专业的教学用书，还可以作为综合性大学和高等师范院校的全校性通识类选修课教材，成人高校旅游管理和地理类专业的培训教材，以及旅游开发与规划工作者、导游人员、景区管理人员和旅游爱好者的自学读物。

作为一本内容翔实、新颖而又比较系统地从地理科学角度反映中国和世界锦绣河山与灿烂文化的教材，本书出版后受到了旅游学界、业界的普遍欢迎和好评。2009年，本书在中国旅游协会教育分会组织的评选中一举获得"首届中国优秀旅游教材奖"，即是一个有力的佐证。结合国内外旅游业快速发展的实际，本次修订对第二章"旅游资源"的内容进行了全面更换，对其他各章的资料和数据也同步进行了更新，以尽可能地反映近年来国内外有关旅游资源与旅游业的重要发展趋势和变化信息，这也是本教材第二版与第一版的最大不同之处。

本书由肖星任主编，郑宗清、侯佩旭、左盘石任副主编。肖星负责设计写作大纲、确定基本框架，并对全书进行统稿、定稿和文字修改、润色。各章具体编写分工为：第2章、第6章、第7章由广州大学肖星编写；第1章、第3章由华南师范大学郑宗清编写；第4章、第5章由韶关学院左盘石编写；第8章由海南大学侯佩旭编写；第9章由嘉应学院刘远清编写；第10章由广东海洋大学王立安编写。在本次修订中，第3章、第6章、第7章、第10章和第4章、第5章、第8章、第9章的资料和数据更新分别由广州大学硕士研究生邵祯、邓玮菁完成。书中插图由王立安绘制，肖星、侯佩旭审核。

在本书编写过程中，曾参考引用了大量国内外文献，因篇幅所限，无法一一列出，只能将其主要者附于每章之后。在此谨向有关作者表示深深的谢意。

由于时间紧迫，下笔仓促，书中的不足之处在所难免，还望同仁、读者不吝赐教，以便日后全面再版时一并完善。

肖 星
2014年1月于广州大学城

目 录

1 绪论 ··· 1
  1.1 旅游地理学的学科性质、研究对象和主要任务 ························· 1
    1.1.1 旅游地理学的学科性质 ··· 1
    1.1.2 研究对象 ··· 2
    1.1.3 主要任务 ··· 3
  1.2 中外旅游地理学的发展简史 ··· 5
    1.2.1 国外旅游地理学的发展简史 ··· 5
    1.2.2 中国旅游地理学的发展简史 ··· 7
  1.3 中外旅游地理学的发展趋势 ··· 10
    1.3.1 国外旅游地理学的发展趋势 ··· 10
    1.3.2 中国旅游地理学的发展趋势 ··· 12

2 旅游资源 ·· 15
  2.1 旅游资源概说 ·· 15
    2.1.1 旅游资源的概念界定 ··· 15
    2.1.2 与旅游资源相近的四个概念 ··· 17
    2.1.3 旅游资源的基本特性 ··· 19
  2.2 旅游资源分类 ·· 21
    2.2.1 国家标准分类方法与方案 ··· 21
    2.2.2 国内若干学者的分类方法与方案 ····································· 25
  2.3 中外自然景观旅游资源 ··· 28
    2.3.1 地文景观 ··· 28
    2.3.2 水域风光 ··· 30
    2.3.3 生物景观 ··· 32
    2.3.4 气候天象 ··· 33
  2.4 中外人文景观旅游资源 ··· 34

    2.4.1 文物古迹 …………………………………………………………… 34
    2.4.2 民俗风情 …………………………………………………………… 38
    2.4.3 城乡风貌 …………………………………………………………… 39
    2.4.4 现代设施 …………………………………………………………… 41
    2.4.5 宗教文化 …………………………………………………………… 43
    2.4.6 文化艺术 …………………………………………………………… 44
    2.4.7 饮食购物 …………………………………………………………… 46
  2.5 21世纪旅游资源开发的新趋势 …………………………………………… 47
    2.5.1 观光旅游向度假休闲旅游过渡 ………………………………………… 47
    2.5.2 都市旅游和会展旅游方兴未艾 ………………………………………… 48
    2.5.3 工业旅游、农业旅游和教育科技旅游不断推陈出新 …………………… 48
    2.5.4 探险旅游渐成时尚，太空旅游变为现实 ……………………………… 50
    2.5.5 节庆旅游层出不穷 …………………………………………………… 50
    2.5.6 生态旅游魅力常在 …………………………………………………… 51
    2.5.7 主题公园建设趋向理性和规范 ………………………………………… 51
3 世界遗产 ………………………………………………………………………… 54
  3.1 世界遗产的由来、发展和意义 …………………………………………… 54
    3.1.1 世界遗产的由来 ……………………………………………………… 54
    3.1.2 《世界遗产公约》的主要内容 ………………………………………… 56
    3.1.3 世界遗产的发展和意义 ……………………………………………… 59
  3.2 世界遗产的类型与评定标准 ……………………………………………… 59
    3.2.1 世界遗产的类型 ……………………………………………………… 59
    3.2.2 世界遗产的标准 ……………………………………………………… 60
    3.2.3 世界遗产名录 ………………………………………………………… 62
  3.3 中外世界遗产纵览 ………………………………………………………… 64
    3.3.1 中国的世界遗产 ……………………………………………………… 64
    3.3.2 外国的世界遗产 ……………………………………………………… 69
4 旅游交通 ………………………………………………………………………… 76
  4.1 旅游交通概论 ……………………………………………………………… 76
    4.1.1 旅游交通概述 ………………………………………………………… 76

4.1.2 旅游交通的类型 …………………………………………………… 81
4.1.3 旅游交通的构成与游客对旅游交通的选择规律 …………………… 82
4.1.4 旅游交通的发展与规划 ……………………………………………… 84
4.2 铁路旅游交通 …………………………………………………………… 85
4.2.1 铁路交通的特点及其对旅游活动的影响 …………………………… 85
4.2.2 中国的铁路旅游交通 ………………………………………………… 87
4.2.3 外国的铁路旅游交通 ………………………………………………… 88
4.3 公路旅游交通 …………………………………………………………… 89
4.3.1 公路交通的特点及对旅游的影响 …………………………………… 89
4.3.2 中国的公路旅游交通 ………………………………………………… 90
4.3.3 外国的公路旅游交通 ………………………………………………… 92
4.4 水运旅游交通 …………………………………………………………… 93
4.4.1 水运交通的特点及对旅游的影响 …………………………………… 93
4.4.2 中国的水运旅游交通 ………………………………………………… 95
4.4.3 外国的水运旅游交通 ………………………………………………… 96
4.5 航空交通 ………………………………………………………………… 97
4.5.1 航空交通的特点及对旅游活动的影响 ……………………………… 97
4.5.2 中国的航空旅游交通 ………………………………………………… 98
4.5.3 外国的航空旅游交通 ………………………………………………… 99
4.6 景区特色交通 …………………………………………………………… 100
4.6.1 景区特色交通的概念 ………………………………………………… 100
4.6.2 景区特色交通的特点 ………………………………………………… 100
4.6.3 景区内特色交通的类型 ……………………………………………… 101
4.7 城市公共交通 …………………………………………………………… 101
4.7.1 城市公共交通概述 …………………………………………………… 101
4.7.2 城市公共交通的构成与特点 ………………………………………… 103
4.7.3 旅游者对城市公共交通工具的选择与利用 ………………………… 105

5 旅游线路 ……………………………………………………………………… 108
5.1 旅游线路概说 …………………………………………………………… 108
5.1.1 旅游线路的概念 ……………………………………………………… 108

5.1.2 旅游线路的类型 ··· 109
5.1.3 旅游线路的设计原则 ····································· 110
5.1.4 旅游线路设计的方法 ····································· 111
5.2 中国的主要旅游线路 ··· 113
5.2.1 中国旅游线路设计特点 ··································· 113
5.2.2 中国主要旅游线路纵览 ··································· 115
5.3 外国主要旅游线路 ··· 119
5.3.1 外国旅游线路设计特点 ··································· 119
5.3.2 外国主要旅游线路介绍 ··································· 122

6 中国旅游地理分区（上）··· 131
6.1 中国旅游地理区划原则与方案 ······································· 131
6.1.1 旅游地理区划的一般原则 ································· 131
6.1.2 中国旅游地理区划方案 ··································· 134
6.2 东北冰雪风光近代名城旅游区 ······································· 140
6.2.1 区域概况 ··· 140
6.2.2 旅游资源精粹 ··· 142
6.3 中原华夏文明山海形胜旅游区 ······································· 150
6.3.1 区域概况 ··· 150
6.3.2 旅游资源精粹 ··· 154
6.4 华东名山秀水园林都市旅游区 ······································· 163
6.4.1 区域概况 ··· 164
6.4.2 旅游资源精粹 ··· 167
6.5 华中峡谷名山文化胜迹旅游区 ······································· 176
6.5.1 区域概况 ··· 176
6.5.2 旅游资源精粹 ··· 180
6.6 华南热带海滨现代风貌旅游区 ······································· 188
6.6.1 区域概况 ··· 188
6.6.2 旅游资源精粹 ··· 192

7 中国旅游地理分区（下）··· 205
7.1 西南奇山异水民族风情旅游区 ······································· 205

  7.1.1 区域概况 205
  7.1.2 旅游资源精粹 208
  7.1.3 各省区纵览与主要旅游城市巡礼 212
 7.2 西北丝路古迹大漠绿洲旅游区 216
  7.2.1 区域概况 216
  7.2.2 旅游资源精粹 219
 7.3 塞外草原风光民族风情旅游区 224
  7.3.1 区域概况 224
  7.3.2 主要旅游城市与旅游资源精粹 226
 7.4 青藏雪山高原宗教文化旅游区 227
  7.4.1 区域概况 227
  7.4.2 主要旅游城市与旅游资源精粹 231
 7.5 港澳台中西文化海岛风光旅游区 235
  7.5.1 区域概况 235
  7.5.2 香港旅游资源精粹 237
  7.5.3 澳门旅游资源精粹 240
  7.5.4 台湾旅游资源精粹 242

8 外国旅游地理分区（上） 246
 8.1 东亚旅游区 246
  8.1.1 旅游资源特征 246
  8.1.2 主要国家概述 250
 8.2 东南亚旅游区 256
  8.2.1 旅游资源特征 256
  8.2.2 主要国家概述 257
 8.3 南亚旅游区 267
  8.3.1 旅游资源特征 268
  8.3.2 主要国家概述 268
 8.4 西亚与中亚旅游区 275
  8.4.1 旅游资源特征 275
  8.4.2 主要国家概述 276

8.5 欧洲及北亚旅游区 ………………………………………………… 282
8.5.1 旅游资源特征 ……………………………………………… 283
8.5.2 主要国家概述 ……………………………………………… 284

9 外国旅游地理分区(下) ……………………………………………… 306
9.1 北美洲旅游区 ……………………………………………………… 306
9.1.1 世界头号旅游强国——美国 ……………………………… 307
9.1.2 "枫叶之国"——加拿大 ………………………………… 313
9.2 拉丁美洲旅游区 …………………………………………………… 315
9.2.1 创造了玛雅文化和印加文化的文明古国——墨西哥 …… 316
9.2.2 散落在加勒比海上的明珠——西印度群岛 ……………… 318
9.2.3 "狂欢节之乡"——巴西 ………………………………… 320
9.2.4 玻利维亚 …………………………………………………… 322
9.3 北非旅游区 ………………………………………………………… 323
9.3.1 金字塔古国——埃及 ……………………………………… 323
9.3.2 "地中海的门户"——摩洛哥 …………………………… 326
9.3.3 非洲旅游大国——突尼斯 ………………………………… 327
9.4 南部非洲旅游区 …………………………………………………… 329
9.4.1 "野生动物王国"——肯尼亚 …………………………… 329
9.4.2 世界天然动物园——坦桑尼亚 …………………………… 332
9.4.3 "铜矿之国"——赞比亚 ………………………………… 334
9.5 大洋洲旅游区 ……………………………………………………… 336
9.5.1 "世界活化石博物馆"——澳大利亚 …………………… 336
9.5.2 南太平洋上的岛国——新西兰 …………………………… 340
9.5.3 散落在太平洋中的珍珠——岛国 ………………………… 341
9.6 南极洲旅游区 ……………………………………………………… 344
9.6.1 旅游环境 …………………………………………………… 344
9.6.2 南极探险、考察史 ………………………………………… 345
9.6.3 神秘诱人的探险旅游胜地 ………………………………… 346
9.7 外国旅游开发实例——夏威夷旅游业的再开发 ………………… 347
9.7.1 滑坡的根源 ………………………………………………… 348

- 9.7.2 市场分析 ·· 348
- 9.7.3 对未来影响夏威夷旅游业因素的假设 ······························ 348
- 9.7.4 竞争分析 ·· 349
- 9.7.5 战略对策 ·· 349

10 旅游与环境 ·· 354
10.1 旅游发展对环境的负面影响 ·· 354
- 10.1.1 旅游对环境影响的主要表现 ······································ 354
- 10.1.2 旅游环境问题形成的原因 ··· 358

10.2 可持续旅游发展与环境保护 ·· 359
- 10.2.1 可持续旅游发展 ··· 359
- 10.2.2 正确处理旅游可持续发展与环境保护的关系 ················ 360

10.3 生态旅游与环境保护 ··· 363
- 10.3.1 生态旅游的兴起 ··· 363
- 10.3.2 环境问题是生态旅游产生的重要原因 ························· 364
- 10.3.3 生态旅游是环境保护的必要措施 ······························· 366
- 10.3.4 环境保护与生态旅游相辅相成 ·································· 366

参考文献 ··· 372

1 绪　　论

学习要点

- 旅游地理学的学科性质与研究对象
- 旅游地理学的主要任务
- 中外旅游地理学的发展简史
- 中外旅游地理学的学科发展趋势

1.1 旅游地理学的学科性质、研究对象和主要任务

1.1.1 旅游地理学的学科性质

　　自古以来，随着大规模旅游活动的产生，旅游和地理更加紧密地联系在一起，旅游几乎没有哪个方面与地理无关，地理也几乎没有哪个部门无助于研究旅游现象。古代大量的地理著作来源于旅游和旅行，反过来，地理知识的丰富积累，特别是旅游地理方面的研究又指导着旅游业不断向前发展；与此同时，旅游活动的产生涉及"吃"、"住"、"行"、"游"、"购"、"娱"六大要素，其中必然包括自然地理和人文地理等大量基础理论和知识，这使得旅游学的研究一定要以地理学为基础来研究旅游现象与地理环境、社会经济发展等方面的关系。所以，旅游地理学是旅游业发展到一定阶段的必

然产物。

旅游地理学是伴随着旅游活动的扩展而逐渐发展起来的一门新兴学科。人们普遍认为，1930年美国地理学者克·西·麦克默里发表的论文《娱乐活动与土地利用的关系》是旅游地理学的开篇之作。至此，旅游地理学才走上了形成与发展的道路。

旅游地理学是一门应用性很强的学科。欧美一些旅游业比较发达国家的学者，都非常强调旅游地理学的应用性，他们的研究范围涉及娱乐用地的利用和规划，国家公园、州立公园和其他公共场所的开辟与容纳量的估算，休闲度假村的发展与定位，体育运动设施的规划，旅游客流的测定与预报技术等方面。旅游地理学是旅游与地理两种不同性质的学科有机结合的产物，其实质是研究与旅游有关的各种地理问题，研究范围不仅涉及各地理学分支，而且与政治、历史、经济、文化、民俗、建筑、园林、宗教、生态环境等密切相关。因此，旅游地理学又是介于社会科学和地理学之间的一门综合性很强的边缘学科。

但是，由于经济发展水平不同，各国的学者、专家对旅游地理学的称谓也不尽相同。例如，英国一部分学者称之为旅游地理学；加拿大有的学者称之为游憩地理学；日本和韩国的学者称之为观光地理学。可见，各国学者对旅游地理学的定义也没有统一的标准。1960年，德国的地理学者把旅游地理学定义为研究"旅游的空间分布，适合旅游和游憩目的的区域的自然基础，以及存在于旅游与旅游地之间的相互作用和相互关系"的学科。1985年，中国著名地理学者郭来喜将旅游地理学定义为"研究人类旅行游览、休憩疗养、康乐消遣同地理环境以及社会经济发展相互关系的一门学科"。

1.1.2 研究对象

随着旅游业的发展，旅游地理学的研究也逐渐深入，其研究对象与范围亦不断地扩展延伸。20世纪80年代初，旅游地理学的研究对象仅限于对旅游资源的分布规律、开发条件、利用价值，以及有关旅游区、点、线的规划和布局及与周围经济综合体的相互关系等方面，缺乏总体的、完整的概述。后来经过旅游实践检验，进一步认识到旅游是人们以旅游游览、观光购物、文化交流、体育锻炼、度假疗养、消遣娱乐、探险猎奇、宗教朝拜、考察研究、品尝佳果以及探亲访友等为目的的异地暂时移居的社会现象，同时也是以各种不同方式分配空间和利用时间的地理现象。因此，旅游地理学的研究对象是旅游环境，即地理环境中与旅游活动有关的部分，包括旅游三大要素的旅游主体、旅游客体、旅游通道，以及旅游产业本身。

1.1.3 主要任务

旅游地理学是一门综合性很强的边缘学科，其研究内容及对象涉及地理学、社会学、经济学、心理学等多个学科，而且随着旅游市场的不断扩大、旅游产品的不断更新，以市场为导向的开发原则正逐渐成为旅游业发展的主流趋势。所以，旅游地理学的研究任务也不再像发展初期仅限在小尺度的空间研究，而是扩展到与旅游相关的一切环境因素，这也正体现了旅游地理学研究的复杂性和综合性。根据国内外旅游地理学者的各项研究，归纳出以下几点旅游地理学的主要研究任务。

1.1.3.1 旅游产生的地理环境因素研究

这方面的研究范围涉及比较广泛。旅游产生的地理环境因素既可包括一个地区的经济发展水平，旅游资源的种类与丰度和相关的旅游政策等宏观方面，又包括这个地区的风俗民情、人口特征、就业状况等微观方面。对于旅游地理学者而言，主要研究任务是探索宏观和微观方面的相互作用对旅游的产生有哪些影响，又有哪些对策和措施可以促使旅游呈良性发展，等等。

1.1.3.2 旅游资源研究

作为旅游活动的客体，旅游资源是旅游活动开展的基础，是旅游业发展的物质前提条件。旅游地理研究者只有查明旅游资源的类别、级别、规模、数量、成因、特色、质量、可开发条件等，才能进行科学系统的分类，进行技术经济论证和评价，进而制定出切实可行的旅游开发利用方案。

1.1.3.3 旅游者行为研究

由于旅游业的日益发展，旅游开发逐渐从以"旅游资源为中心"转移到以"消费市场为导向"的重心上来。旅游者作为旅游消费主体，其动机、决策、偏好、教育水平、心理状况等方面都对旅游活动产生重大的影响。所以，对于旅游地理学者而言，主要是研究旅游者决策行为的形成和空间分布，进而揭示旅游行为的内在规律。这既可以为旅游资源开发提供思路，又可以挖掘出更多的潜在旅游者，最终促进旅游业的发展。

1.1.3.4 旅游交通的空间布局研究

旅游地理学研究旅游交通在旅游业中的作用、特点和布局原则，并且通过调查了解实际情况，对各类交通方式的特性、功能进行评价，对旅游交通布局现状、发展趋势进行评价和预测。从地理学的角度看，主要是对旅游地可进入性的研究，以及各种交通方式（航空、公路、水路、铁路）的匹配研究。

1.1.3.5 旅游区划研究

旅游区是由若干个旅游景区（点）组成的地域单元。这必然要求景物类型组合及游览线路上保持整体性和和谐性。因此，旅游区划的根本目的是为了客观地了解各个旅游区的不同性质和特征，揭示旅游区的内在发展规律，查明其所在区域的优劣势，扬长避短地在大范围内形成合理的旅游地域分布体系，为开发、利用和保护旅游资源，制定与实施中长期的旅游区域发展规划，推动区域旅游经济的健康、有序发展而发挥重要作用。

1.1.3.6 旅游地图的研究

旅游地图是一种主要表示旅游要素的专题地图。狭义的旅游地图是指为游客服务的专门地图，它主要反映旅游地的特点及其分布、位置、交通、生活服务、交通里程与居住费用等为旅游者感兴趣的各种内容，因而也称导游图；广义的旅游地图，除反映"旅游主体"、"旅游客体"、"旅游媒介"等三大要素之外，还应当有反映旅游发展历史及演化特色和旅游规划建设、管理等方面的内容。这类地图不一定直接服务于导游，但对旅游地理、旅游经济的研究和旅游区的开发过程与规划建设及旅游管理都有重要意义。

1.1.3.7 旅游地理学基本理论的研究

旅游地理学是一门新兴的应用型的边缘学科，各方面的理论研究都起步较晚。此外，旅游涉及各行各业，这给旅游地理学者开展各项研究带来很大的难度。这就需要研究者通过不断地实践和总结，利用新理论、新技术和相关学科研究的成就来充实旅游地理学，建立一套完整的学科理论体系和科学的研究方法。而且，旅游地理研究者应该不断借鉴发达国家的旅游地理研究成果，在理论研究方面进一步下功夫，使学科不断完善和发展，以实践检验理论，以理论指导实践，充分发挥旅游地理学研究在繁荣科学文化事业和指导旅游业实践发展中的作用。

1.1.3.8 旅游可持续发展研究

旅游业发展依赖于良好的生态环境，后者给旅游业提供支持。但是，旅游业的发展对社会的影响是"双重"的，它既可以为社会带来"公利"，也会给生态环境带来"公害"。很多地方的旅游活动对生态环境具有破坏作用；但从依存关系上看，旅游的开发又可以促进生态环境保护。也就是说，旅游发展和生态环境保护是一个对立的统一体。所以，旅游地理学不仅要注意研究旅游资源的开发利用，对环境做出调查和评价，了解生态环境容量，做出适宜的旅游规划和控制规模，尽可能地发展其"公利"；还必须研究如何协调好保护与开发两者之间的关系，以确保旅游业走可持续发展道路。

1.2 中外旅游地理学的发展简史

世界旅游历史一般可分为三个阶段：一是19世纪40年代之前的古代旅行和旅游；二是19世纪40年代到第二次世界大战的近代旅游；三是第二次世界大战后的现代旅游。旅游的历史可谓源远流长。但直到1930年，美国地理学者克·西·麦克默里在《地理评论》上发表论文——《娱乐活动与土地利用的关系》，旅游活动作为一种现象才逐渐引起人们的重视，旅游地理学才走上形成与发展的道路。

1.2.1 国外旅游地理学的发展简史

国外旅游地理学的研究可以追溯到20世纪20年代的美国，至今已有90多年的历程。综观国外旅游地理学的研究历程，大致可划分为三个阶段。

1.2.1.1 萌芽阶段

这段时期主要是指第二次世界大战之前。从1841年英国人托马斯·库克建立世界上第一家旅行社开始到二战之前，属于近代旅游的发展时期。在近代旅游发展的初期，旅游主要还是发达国家富有阶层的生活内容。但随着交通工具的进步，城市化进程的加速，人们的生活水平逐渐提高，生活方式与消费观念也随之发生转变，参加旅游的人数越来越多，出游的距离也越来越远。托马斯·库克在1855年以包价的形式组织了从英国赴法国的旅行，1872年又成功组织了9人环球旅行。托马斯·库克对旅游业发展的贡献不仅在于他开创了近代旅游业，而且还表现在他面向大众，薄利多销，推动了旅游的社会化，促进了旅游业的迅速发展。在这种大好形势下，国外的学者尤其是地理学者开始关注旅游的发展，并且利用自己的地理知识和理论撰写导游材料、旅行指南之类的旅游用书，其中最有影响力的是美国地理学者克·西·麦克默里，他开始阐述旅游活动与地理环境之间的关系，开创了旅游地理学研究的先河。随后，美国、加拿大、英国相继有地理学者对以城市为中心的游憩活动加以研究。但是，这一时期人们开展的不是纯粹的学术研究，而是个别的、不自觉地对涉及旅游方面现象的简单分析。所以，一般称这个时期为旅游地理学的萌芽阶段。

1.2.1.2 探索阶段

这段时期主要是指"二战"结束到20世纪60年代。西方发达国家处于战后的恢复和初步发展时期，工业化的急速发展导致城市化进程的加剧，人们的生活环境日益恶化；加之大量先进机器在工厂普及使用，生产效率不断提高，人们有较多的闲暇时间和可自由支配收入，这使得发达国家的国内旅游需求激增。尤其是 20 世纪 50 年代中期之后，随着战后世界经济的普遍复苏及喷气式客机在国际民航交通中的广泛应用，大规模的旅游活动开始在发达的工业国家出现，并扩展到全世界，出现了标志着旅游活动进入现代旅游的"大众旅游"现象。在这种形势下，地理学者开始关注城市规划研究中涉及的城市休闲和旅游环境的改善问题，讨论在国家公园的设立、乡村土地利用研究中涉及的旅游需求和设施建设问题；并有少数学者参与了地中海沿岸、加勒比海地区、西太平洋沿岸地区的早期旅游开发和规划研究工作。但是，这一时期的旅游地理学研究仍属探索阶段，地理学者对这方面的研究没有明显的方向和兴趣，研究工作比较零散，参与研究的人数亦相当有限。

1.2.1.3 发展阶段

这个时期主要是指 20 世纪 70 年代至今。由于世界社会经济的快速发展和人们物质文化生活水平的提高，世界旅游业进入稳定快速发展时期，旅游供需规模不断扩大，旅游的目的、内容、性质和规模都有了较大变化。许多地理学家开始系统研究旅游地理的理论、方法，对旅游资源进行科学评价，并对旅游区规划及旅游地图编绘等进行研究，出现了许多旅游地理学的专著。例如，英国地理学家罗宾逊于 1976 年出版了《旅游地理学》；南斯拉夫地理学家阿姆布洛热维奇在 1979 年出版了《旅游地理》；1978 年苏联地理学家科特梁罗夫出版了《游憩与旅游地理》；苏联科学院地理所和 7 所大专院校合编了《苏联游憩系统地理》；1980 年，美国的马特勒出版了《国际旅游地理》；1979 年，南非《地理杂志》刊登了派瑞的《旅游数据与时空生态学》；美国的布里顿提出了"闲暇地理学"的概念；1983 年，加拿大的史密斯出版了《游憩地理学》；1987 年，英国波利费斯和库泊尔联合出版了《旅游地理学》，等等。

与此同时，这一时期旅游地理学研究发展、壮大的一个显著特征是各种学术研究组织的纷纷成立。1971 年，法国地理学会建立了旅游地理委员会；1972 年，在蒙特利尔国际地理学大会上，国际地理学联合会成立了旅游和闲暇地理工作组，1980 年在东京国际地理学大会上又改名为"旅游和闲暇委员会"，1992 年正式更名为"可持续旅游地理研究组"；1974 年，美国地理学家协会也成立了游憩、旅游及体育特别委员会。这些国家及国际旅游地理学研究组织成立后，积极组织开展各种学术活动，进一步促进了旅游地理学研究在国内外的交流与发展。

在研究内容上，主要集中在以下五个方面：一是旅游资源评价；二是旅游地和旅游区域的开发研究；三是旅游客流的调查分析；四是旅游对区域经济、自然环境和社会文化等方面的影响；五是旅游环境容量问题。

在这个阶段，不同国家的旅游地理学研究呈现不同的特点。在发达国家，以理论研究为主，综合运用多样化、多角度的研究方法对旅游发展进行实证研究；在发展中国家，由于起步较晚，地理学家对旅游地理学的研究主要是借鉴发达国家地理学者的研究成果，加强对旅游开发和区域规划的实际调查与基础研究工作，而较少进行理论探讨。

1.2.2 中国旅游地理学的发展简史

1.2.2.1 中国古代旅游的发展回顾

中国的古代旅游是指1840年第一次鸦片战争以前各朝代的旅游活动。在长达四五千年的历史中，由于各个阶段的政治、经济、文化等情况的变化，旅游活动的内容和形式也有很大差别。依其特征，一般可分为先秦时期、秦汉时期、中世纪时期、明清时期这四个阶段。

先秦时期的旅行和旅游。这个阶段从传说中的尧、舜、禹原始公社到封建社会秦朝的建立，其中包括了整个奴隶制社会——夏、商、周和春秋战国等。旅游类型主要有天子和诸侯巡游、狩猎，以经商为目的的商务旅行，以苏秦、张仪为代表的外交游说及小部分的平民观光。其中最为突出的是天子、诸侯巡游和狩猎。最早有黄帝、颛顼、虞舜、夏禹的巡游传说。《史记·五帝本纪》曰：黄帝"按山通道，未尝宁居"，"迁徙往来无常处"，"颛顼所至，东达海岛，西至陇西，南抵交州，北至幽州"。虞舜侧重于柴祭山川，故足迹遍及五岳名山；夏禹治水居外13载，"疏三江五湖，清之东海"，勘探山水地理，走遍了大半个中国。这个时期的主要旅行交通工具有运货的牛车、乘坐的马车、作战的戎车、狩猎的田车等；后来到了西周和春秋战国时期，交通工具进一步改善，在大路上每隔一定距离设置传舍与馆舍，以供游客住宿之用。据记载，周穆王（公元前1001—前952年）是中国最早有记载的帝王旅行家。《左传》云：昭公十二年"穆王欲肆其心，周行天下，将皆必有车辙马迹。"晋代从战国魏王墓中发现的先秦古书《汲冢书》之一的《穆天子传》前五卷以神话传奇色彩，描绘了穆王驾八骏出游西域的路线和故事。

秦汉时期的旅游。秦始皇建立统一的中央集权封建国家后，随着政局的巩固、经济的发展和交通的开拓，旅游活动比先秦时代更频繁。特别是秦始皇实行修"驰道"和"直道"统一全国车轨等措施后，给帝王、学者和商人出游提供了方便的条件。这个时期主要的旅游类型有帝王外出巡游、学者墨士外出考察、外交出游等。据史书记载，秦始皇曾率文武百官五次出巡，周游全国，南至洞庭，北到碣石，东到芝罘、蓬莱，最后死在第五次巡游中。汉武帝也曾游历碣石、泰山等全国名山大川。这一时期较前不同的是外交旅行，其中尤以汉武帝时期派张骞开辟的古代"丝绸之路"最为出名，连通了中国、印度、两河流域、埃及、古希腊和古罗马陆地交通，对东西方经济和文化的交流起到了非常重要的促进作用。

中世纪时代的旅游。魏晋、南北朝、隋、唐、宋、元是中国历史大分裂、民族大融合的时期。一千多年中，既有封建社会的鼎盛阶段（如隋唐），又有科学技术硕果辈出的时代（如宋代的三大发明）。这个时期经济、文化的发展，推动了各种形式的旅游和旅行。主要旅游类型有士人漫游、宗教旅游、国际旅游等。和前两个时期比较，中世纪时代的旅游有了较大的突破。魏晋、南北朝时，由于社会政局动荡不安，统治者荒淫糜烂，引起一些士大夫对现实的不满和失望，甚至是消极厌世，于是他们把注意力转向自然山水，寄情于景，吟诗自乐。例如以嵇康、阮籍为代表的"竹林七贤"，中国第一位山水田园诗人陶渊明和南朝山水诗人谢灵运，等等；唐宋时代，诸如李白、杜甫、柳宗元、苏东坡、欧阳修、陆游等士人漫游更为流行，并涌现了大量的旅游文学作品，如王安石的《游褒禅山记》、苏东坡的《石钟山记》、陆游的《入蜀记》、范成大的《游峨眉山记》、沈括的《梦溪笔谈》、耶律楚材的《西游录》等；其次，以朝觐、求法为目的的宗教旅游活动盛行，其中以东晋的法显和唐代的玄奘的"西域之行"、鉴真的"东渡日本"尤为著名。

明清时期的旅游。明清是中国封建社会的最后两个朝代。这个时期全国政治、经济和文化的发展，特别是交通工具的改进在很大程度上促进了旅游的发展。旅游类型主要有帝王巡游、航海旅行和考察旅行等。比较有时代特色的是明朝"三保太监"郑和的七次下西洋，涉海十万里，遍历亚非30多个国家和地区，成为中国历史上行程最远、历时最长的航海家，比欧洲哥伦布发现美洲大陆还要早近1个世纪，对中国和南洋、西亚、北非之间的经济和文化交流做出了重大贡献；而且随行的旅行家对所到国家和地区的自然风光、人口特征、风土民情、地理位置作了比较详细的记录，如马欢的《瀛海胜览》，费信的《星槎胜览》，巩珍的《西洋蕃国志》和郑和的航海图等。这些著作对现代旅游地理学有很重要的研究价值。其次，以李时珍、徐宏祖和顾炎武的考察旅行为代表的国内旅游的兴起。明代医学家李时珍亲自到全国各地采访调查，上山采药，遍尝百草，搜集标本,为后人留下了珍贵的医学著作《本草纲目》;大旅行家徐宏祖从22岁起,先后在外考察旅行34年,足迹遍及全国名山大川,并将所见所闻整理成《徐霞客游记》,记载了许多地方的地质、地貌、水文、生物、名胜、风物民情等,尤其是对石灰岩地貌的考察研究至今仍有很大的科学价值,这比欧洲学者对喀斯特地貌的论述要早200年。

从以上四个时期的旅游活动不难看出,古代旅游多是个人行为(如帝王巡游)或政治目的比较明显的航海旅行和"丝绸之路"的开辟,与现今旅游性质明显不同,主要还是停留在旅行阶段,相关的旅游文学著作和学术考察没有对旅游进行专门的论述,更没有相应的理论研究。只是到了现代,在国外旅游地理学的影响下,中国的旅游地理学研究才走上健康发展的道路。

1.2.2.2 中国近现代旅游地理学的发展

中国旅游地理学的初步研究起源于20世纪30年代。1934年张其昀发表的《浙江风景之比较观》和1940年任美锷的《自然风景区与地质构造》,可以看作是中国旅游地理学的早期研究成果。但是,由于长期处于战争状态,国内经济发展水平低下,绝大部分人都没有条件外出旅游。尽管当时出国留学盛行,然而其旅行目的以求学图强为主,旅游活动没有引起地理学者的足够重视,旅游地理学的研究停滞不前。新中国成立后,又因侧重于抓工农业生产,无暇顾及旅游业的发展,加之"文革"十年动乱的影响,中国旅游地理学的研究在很长一段时间内没有取得大的进展。

1978年,地理学家陈传康在《地理学的新理论和实践方向》报告中提出:"地理学结合某些特殊环境和任务也形成一些综合研究方向,主要有环境地理学、旅游地理学和灾害地理学。"1979年底,中国科学院地理研究所成立了旅游地理学科组。中国的现代旅游地理学正式踏上发展道路。之后,由郭来喜、杨冠雄、宋力夫等撰写的《旅游地理文集》(1982)和北京旅游学院筹备处编写的《旅游资源的开发与欣赏》(1981)两本著作的流传,对中国旅游地理研究有巨大的影响和促进作用。几乎与此同时,1980年上海旅游高等专科学校率先在该校开设了旅游地理学科,并撰写和内部印刷了《中国旅游地理》教材,其中以丰富的资料全面描述中华大地的壮丽河山和名胜古迹,具有旅游地理学科的开创价值。20世纪80年代中期开始,中国旅游地理学迎来了丰收期,大量的旅游地理专著纷纷正式出版。例如,周进步的《中国旅游地理》(1985)、卢云亭的《现代旅游地理学》(1988)、陈传康的《北京旅游地理》(1989)、孙文昌的《应用旅游地理学》(1989)、保继刚等的《旅游地理学》,等等。此外,还有大量的旅游地理专业论文发表在《地理学报》、《地理科学》和《地理研究》等核心期刊上。另一个突出的特征就是旅游地理相关组织、协会的纷纷成立。如 1985 年成立的全国高校旅游地理教学研究会；1987 年，中国地理学会在人文地理专业委员会下设立了旅游地理组；1992 年，中国地理学会正式设立旅游地理专业委员会，并培养了一批旅游地理学的专业人才，旅游地理和地理学研究呈现一派欣欣向荣的景象。

总的来说，由于中国旅游地理学研究起步较晚，目前尚处于开创探索阶段，大多数研究成果以描述性为主，理论研究不够系统和深化，有待进一步发展和完善。

1.3 中外旅游地理学的发展趋势

1.3.1 国外旅游地理学的发展趋势

国外旅游地理学经过了萌芽阶段、探索阶段和发展阶段三个时期，已经初步确立了自己的学科地位，开始朝着成熟阶段发展。但由于旅游地理研究起步较晚，许多方面特别是理论方面还缺乏系统研究。此外，一方面各国旅游地理学者对学术用语的称法和定义也存在分歧意见，这对旅游地理学研究存在一定的影响。例如，艾奥尼得认为：" 尽管旅游地理学很早就成为一个专业学科，但是薄弱的理论基础使其成为地理学的外围科学。"皮尔斯也认为旅游地理学一直缺乏较强的概念基础和理论基础。布里腾甚至一针见血地将原因归结为地理学家没有抓住旅游是一种重要的资本主义积累方式的事实。另一方面随着大众环保意识的增强，出现了许多新的旅游方式。例如，观光农业旅游、生态旅游、保健旅游、会展旅游、奖励旅游等，这也给旅游地理学研究者提出了许多新的要求，而且逐渐影响和指引着国外旅游地理学的研究方向。总体来说，现阶段的国外旅游地理学研究主要呈以下几种趋势。

1.3.1.1 研究主题拓宽

20 世纪 70 年代中期以前的旅游地理研究，基本上限于中小尺度的空间范围；对于旅游者的研究主要着眼于分析旅游者本身的属性（人口学特征、发源地和目的地等）；部分旅游资源评价系统原本是立足于大区域的，但由于系统本身技术上的原因及西方发达国家旅游区域开发的决策权主要在地方政府手上，评价系统也弃之未用。在地理学者参与旅游研究过程中，逐渐积累了宏观研究的能力，同时旅游业的发展也要求地理学者从更广阔的角度研究问题,旅游地理学者的研究主题便从过去着眼于局部转向把握全局,也保留和发展了解剖性质的小区域和专题研究。总的来说,地理学者对旅游的研究已从传统的以资源研究、土地利用研究为主,转移到以服务设施的空间经济分析,旅游者的空间行为与旅游目的地的推销,大区域旅游开发与规划,旅游对于区域自然、经济和社会文化影响的过程与机制为研究主题。

1.3.1.2 跨学科性的融合研究

研究旅游和休闲的地理学者中大部分同时还有其他的研究领域,如农业、城市和区域规划、交通等。由于文化和职业习惯,西方旅游地理学者的专业视野宽阔,他们不仅具有从事地理学研究的全部素养,而且也深谙经济学、社会学、行为科学等的理论知识和研究方法,考虑问题的角度是全景鸟瞰式的,很少就事论事。因此,西方旅游地理学者的研究内容是极其多样化的,资源的开发、旅游地的规划、旅游客流的宏观空间格局、旅游者对于旅游区的感知和旅游行为、旅馆等旅游服务行业的空间经济分析、旅游线路的设计、旅游地的环境保护、特种旅游(如朝圣旅游)的区域环境影响等无所不有。有时候仅从著作或论文的内容和思维方法上很难悟出作者的专业背景。本质上,西方地理学者在从事旅游研究时表现出的跨学科性,同整个社会的开放性质是一脉相承的。

1.3.1.3 信息技术的运用

由于现代技术在西方已高度发达,旅游业在应用现代技术方面又处于各产业的前列,旅游学者已开始注重新的技术手段在研究、教学和咨询工作中的运用。其中最突出的是旅游信息系统的建立和运用。在旅游地理学者看来,旅游信息系统同地理研究和国土研究、城市和区域规划中使用的地理信息系统(GIS)并无两样。旅游信息技术手段不仅使旅游地理学者(也包括其他的旅游学者)可以快捷地获得各方面的信息,它还可作为便利的分析工具,大大提高研究成果的多样化表达水平,并朝研究、教学、咨询的一体化方向迈进。

1.3.1.4 理论和实用研究并重

20世纪70年代以前的旅游地理研究,只有极少的(如关于旅游区位问题)属于纯粹思辨性质的理论研究,且缺乏相应的必不可少的实证工作,绝大多数研究都着眼于具体的实际问题,这也是一门应用学科在创始时期必须要经过的阶段。这种以具体问题为对象的分散作业难以吸引学者们长期的兴趣,因此便有了后来的对于理论的饥渴。20世纪70年代中期以前的旅游地理著作,具较高理论深度的极少，以致英国著名的旅游地理学家科波克告诫并预见道："毫无疑问，未来研究中大的进展将是在概念上和理论上。因为，如果没有足够的概念网络，除了案例研究的数量增加以外，将不能有什么别的进步。"进入20世纪70年代以后，科波克的预见开始成为现实，无论是史密斯的《游憩地理学》还是皮尔斯的《旅游开发》，都体现出在经验总结基础上理性思维的深邃。这种旅游地理学的科学化趋向，首先是来源于对过去工作的归纳总结，同时也同当今旅游地理学者研究领域的拓展、所用研究方法的多样化（实用研究）密不可分。旅游地理学者今天仍保持着注重研究旅游业中提出的实际问题的传统，在注意实用的同时兼顾理性的上升。（保继刚、楚义芳，1999）

1.3.2 中国旅游地理学的发展趋势

回顾走过的历程，中国旅游地理学的发展同国际水平仍有不少差距。这主要表现在：中国旅游地理学者在研究视野上仍不够宽阔，研究手段上新技术的运用尚不深入，旅游地理学者同旅游经济学、城市和建筑学等其他学者合作研究的意向微弱，研究成果大多缺乏理论背景，理论研究尚不够系统化。为适应并解决中国旅游业未来发展中不断出现的各种复杂难题，中国旅游地理学在未来的相当长时期内，应向既顺应世界潮流又具有自己特点的方向发展。

1.3.2.1 扩展研究内容

要从目前的以资源、旅游开发的区域社会经济条件研究为主，扩展到由旅游客体子系统（旅游资源）、旅游主体子系统（游客）、旅游媒体子系统（旅游业）等三大子系统构成的旅游地域系统研究。其中的研究专题包括旅游资源调查、分类的规范研究；旅游环境承载力的理论和方法研究；旅游者空间行为与旅游客流空间调节的研究；旅游需求预测方法的研究；旅游地图的编制技术研究；区域旅游资源开发、规划理论与方法的研究。鉴于环境与发展问题已成为当今国际社会广泛关注的焦点，持续发展是中国未来发展的现实选择，因而上述专题的研究都应围绕区域可持续发展这根主线展开。

1.3.2.2 理论研究与实用研究相结合

理论研究是学科发展的灵魂和精髓，实用研究是学科发展的动力，坚持理论研究与实用研究相结合的宗旨，是学科发展的生命力所在。从科学方法论角度看，方法的研究包括四个连续的层次，即：描述研究、解释研究、预测研究和规范化研究。中国旅游地理学的研究无论是理论的或应用的，都应不断努力使之达到四个层次的完善。

1.3.2.3　开展跨学科的合作研究

跨学科研究是 21 世纪科学技术发展的趋势，也是现代地理科学的固有特点。旅游地理学者也应汲取相邻学科（经济学、社会学、管理科学等）的知识营养和研究方法，以提高自己的决断能力。尤其是发展中的现代旅游业，是一个关联度很广、而本身结构又比较松散的产业，其在发展中所涌现并需要解决的问题大多具有很强的综合性特点，更需要多学科的协同和合作研究。

本章小结

旅游地理学是一门应用性很强的学科，同时也是一门综合性很强的边缘学科。旅游地理学是旅游与地理两种不同性质的学科有机结合的产物，研究与旅游有关的各种地理问题，研究范围不仅涉及各地理学分支，而且与政治、历史、经济、文化、民俗、建筑、园林、宗教、生态环境等密切相关。因此，旅游地理学又是介于社会科学和地理学之间的一门边缘学科。

旅游地理学的研究对象是旅游环境，即地理环境中与旅游活动有关的部分，包括旅游三大要素的旅游主体、旅游客体、旅游通道，以及旅游产业本身。

旅游地理学的主要研究任务包括：旅游产生的地理环境因素研究、旅游资源研究、旅游者行为研究、旅游交通的空间布局研究、旅游区划研究、旅游地图的研究、旅游地理学基本理论的研究、旅游可持续发展研究。

世界旅游历史大致可分为三个阶段：一是 19 世纪 40 年代之前的古代旅行和旅游；二是 19 世纪 40 年代到"二战"的近代旅游；三是"二战"后的现代旅游。

国外旅游地理学的发展趋势：研究主题拓宽、跨学科性的融合研究、信息技术的运用、理论和实用研究并重。

中国旅游地理学的发展趋势：扩展研究内容、理论研究与实用研究相结合、开展跨学科的合作研究。

■ 课堂讨论题

1. 旅游地理学的性质与发展趋势。
2. 旅游地理学发展的社会动力。

复习思考题
1. 旅游地理学的研究对象有哪些？
2. 简述国外旅游地理学的发展简史。
3. 中国旅游地理学的发展有哪些特点？
4. 试述国外旅游地理学的发展趋势？

2 旅游资源

学习要点

- 旅游资源的基本概念、基本特性和类型划分（国家标准和本教材的分级系统）
- 中外主要的自然景观和人文景观旅游资源
- 21世纪旅游资源开发的新趋势

2.1 旅游资源概说

2.1.1 旅游资源的概念界定

旅游资源是旅游业赖以生存和发展的前提条件和物质基础，其赋存状况、丰度大小和品质优劣直接影响着旅游业的发展水平乃至旅游产业的结构优化。

由于旅游业是一项新兴产业，其本身的发展极为迅速；而为旅游业提供理论指导的旅游科学目前还不够成熟，对旅游资源的概念尚未形成全面、统一的认识。

在英文中，旅游资源（Tourist Resources）又被称作旅游吸引物（Tourist Attraction），其本身既包括能刺激旅游者产生旅游动机的各种因素，又包含决定旅游者的旅游行为能否实现的一系列中介条件，是一个内涵极为广泛的概念。

在中国，从20世纪70年代到80年代，经济学、地理学和社会学的一批学者相继转入旅游科学研究,他们在撰写论文和专著时都涉及对旅游资源概念的理解和解释,并从不同角度对旅游资源下了定义。其中又以以下几种说法最具代表性和影响力。

"凡是足以构成吸引旅游者的自然和社会因素,亦即旅游者的旅游对象或目的物都是旅游资源。"(邓观利,1983)

"凡是能为人们提供旅游观赏、知识乐趣、度假休闲、娱乐休息、探险猎奇、考察研究以及人民友好往来和消磨闲暇时间的客体和劳务,都可称为旅游资源。"(郭来喜,1985)

"所谓旅游资源,专指地理环境中具有旅游价值的部分,也即旅游者在旅游过程中感兴趣的环境因素和可以利用的物质条件。"(周进步,1985)

"旅游资源就是吸引人们前往游览、娱乐的各种事物的原材料。这些原材料可以是物质的,也可以是非物质的。它们本身不是游览的目的物和吸引物,必须经过开发才能成为有吸引力的事物。"(黄辉实,1985)

"旅游资源是指对旅游者具有吸引力的自然存在和历史文化遗产,以及直接用于旅游目的的人工创造物。"(保继刚,2001)

"自然界和人类社会凡能对旅游者产生吸引力,可以为旅游业开发利用,并可产生经济效益、社会效益、环境效益的各种事物和因素都可视为旅游资源。"(国家旅游局资源开发司和中国科学院地理研究所,《中国旅游资源普查规范(试行稿)》,1992)

由国家质量监督检验检疫总局2003年2月发布、当年5月开始实施的中华人民共和国国家标准《旅游资源分类、调查与评价》,则完全接受了1992年《中国旅游资源普查规范(试行稿)》对旅游资源所给出的定义。这就意味着该定义已成为目前国内旅游界公认的旅游资源权威定义。

分析上述各种定义,可以看出,虽然它们各自的出发点和强调的重点有所不同,但就资源的基本属性而言,大体是一致的,主要表现在以下三个方面:

首先,旅游资源与其他资源一样,是一种客观存在,是旅游业发展的物质基础。无论是水光山色、植物动物、变幻天象,还是文物古迹、城乡风貌、民族风情等,都是物质的。对于这些形态化的物质资源,绝大多数人都有认同感。而人们对于诗词曲赋、神话传说、寓言故事等无形的、不易感知和触摸的非物质的意识现象,则往往缺乏认可与理解,甚至还有人认为不应该将其归入旅游资源的范畴。但实际上,它们产生并依附于物质基础而存在。换句话说,"精神"的产物只要同物质景观相结合,而焕发出单纯的"物质"或"精神"难以产生的美感和旅游吸引力就应该属于旅游资源。而且这种精神文化往往是物质景点的灵魂所在。如许仙和白娘子的故事发生于西湖断桥和镇江金山寺，为上述两地注入了活的灵魂，吸引了大量的游客；上海海派文化与现代都市风貌相结合，成为其旅游资源的重要组成部分。据此，我们可以认为，无论是具体形态的旅游资源，还是依附于物质景观的精神文化旅游资源，其实质都具有客观实在性。

其次，旅游资源具有激发旅游者动机的吸引向性。这是旅游资源的最大特点，也是旅游资源理论的核心。在现代旅游活动中，作为客体的旅游资源与主体（旅游者）的关系密不可分。西方人将"旅游吸引物"作为旅游资源的代名词，足以说明吸引功能对于一事物能否成为旅游资源的重要性。与其他资源相比，旅游资源最大的差异就在于它能激发旅游者的旅游动机，吸引游客到异地进行旅游观赏、消遣娱乐、休憩疗养、登山探险、科学考察、文化交流等旅游活动，以此来陶冶性情，丰富自己的文化生活。

最后，旅游资源能为旅游业所利用，并由此产生经济效益。"资源"一词本身属于经济学范畴，离开资源的经济价值来谈资源是毫无意义的。旅游资源是随着旅游业的发展而出现的专业术语，具有资源的一般属性。正是这种属性规定了作为旅游资源，其开发利用必然能带来一定的经济效益，或者虽受当前科技水平的限制尚未被利用，但存在着被开发利用的可能性。

2.1.2 与旅游资源相近的四个概念

在旅游资源研究中，有几个相近的概念，即景观、风景、景点、旅游产品，在一般文献中经常混用。然而仔细分析就会发现，这四个概念与旅游资源有着明显的区别。

2.1.2.1 景观

"景观"一词，本身有景色、景物之意。根据1949年俄国地理学家宋采夫提出的定义，"自然地理景观应该是发生在如此一致的地域，在它的范围内，能观察到地质构造、地貌形态、地表水和地下水、小气候和土壤变种、植物群落和动物群落的同一种相互关系、相互制约的结合体有规律的典型的重复"。显然，景观的核心是自然的综合体。将这一概念移植到旅游学中，则形成了旅游景观这一概念。目前众多学者对它的解释不尽相同。如孙文昌教授认为，旅游景观是指一个地区的整体面貌，即各要素组成的相互联系、和谐的综合体；王兴中教授认为，景观是"旅游者主要通过视觉，其次还有听觉等对特定的某一旅游时间、空间场内具有旅游意义的自然、人文复合物象和现象的感知景象"；钱今昔教授认为，"这种自然景观旅游资源和人文景观旅游资源在一定区域范围内的综合表征，就是旅游景观"。可见，景观不仅是客观存在，而且融汇了旅游者的主观感受，是主客观的统一。

旅游资源虽然经常是呈综合状态存在的，但也并不尽然。面对同一旅游资源，不同的旅游者，甚至同一旅游者在不同的情况下，也可能产生不同的感受。故虽然"旅游景观"与旅游资源在概念上有相近之处，但也有着明显的差异。

2.1.2.2 风景

"风景"是旅游地理学中应用较为广泛的一个概念，对于它的含义目前也有多种理解。王之力认为："风景学中风景的简单含义是人们所欣赏的大自然与建筑物所构成的美好景物。"（1992）张国强认为：风景是指"大自然的风光美景"，"应该是能够引起美感的大自然的一角，也就是能够引起我们给予正面审美评价的自然环境和物象"。他的这一看法指出了风景主要是自然风景，即自然环境或自然物象；它是自然环境的一部分，由于能引起人的美感而从自然地理景观中凸显出来。他进一步引申，认为风景组成有三个层次，即景物、景象和条件。

著名地理学家陈传康教授在研究旅游地理学的基础上，指出风景主要有山、水、林木、建筑等四个要素，有时还可包括天气变化和人文特色两个要素。

根据上述认识，孙文昌教授于1984年在《我国风景特点及开发问题》一文中这样表述："风景是地理景观的一部分，它是由自然的山水、花木、天气变幻和人文建筑、文物古迹以及民族风俗等在空间组成的艺术综合体。这个综合体具有诗情画意，有欣赏价值，能陶冶人的情操，激发人热爱祖国的感情，并且从中获得多方面的知识。"这一概念可概括成三点：第一，风景是地理景观的一部分，是一个由山水、林木、建筑等组成的地段，在空间上不连片，而是呈斑点状分布，其范围大则可以是一个景区，小则是一个景点；第二，这一地段和其他地段不同，具有美学特征，有着诗情画意，对旅游者有极大的吸引力；第三，风景的功能在于给人以知识和力量。也就是说，人们在欣赏美景时，能学到知识，受到启示和教育，从而净化心灵，美化人品，使情感更为高尚。

2.1.2.3 景区景点

景区、景点乃旅游区、旅游点的简称，是景物集中的地方，是旅游资源经过人工开发后对外开放的地段。国家旅游局2003年曾经发文称，"旅游区（点）是具有参观游览、休闲度假、康乐健康等功能，具备相应旅游服务设施，提供旅游服务的独立单位。它是经过开发、利用旅游资源的结果，是旅游产品形态"。

可见，景区景点同旅游资源之间的关系实际上就是"产品"和"原料"之间的关系。至于景区和景点之间，则并无严格的界定标准，通常是以空间规模的大小和相互间的从属关系来区分的。

景区景点是旅游产业的一部分，通常按一定的价格以商品形式出售给旅游者，或作为公益事业向旅游者免费开放。前者如四川的九寨沟景区、北京的天安门城楼景点和三亚亚龙湾热带天堂森林公园内的过江龙索桥景点等，后者如长沙的橘子洲景区、上海博物馆景点和广州越秀公园内的五羊雕塑景点等。

2.1.2.4 旅游产品

旅游产品是一个综合性概念，内涵十分丰富，根据孙文昌、郭伟所著的《现代旅游学》（青岛出版社，1997），可以从两个角度来理解：

从旅游目的地的角度出发，旅游产品是指旅游经营者为满足旅游者在旅游过程中的多种需求而提供的旅游景点、旅游设施和服务的总和。其市场表现为旅游线路，它不仅包括沿线的旅游景点，还包括沿线提供的交通、住宿、餐饮等各种旅游设施和服务。可见，旅游产品是一种组合型的整体产品，完美的旅游产品通过完善、科学的组合才能形成。

从旅游者的角度出发，旅游产品是旅游者支付一定的时间、费用和精力得到的一种旅游活动的经历和感受，而不是得到了旅游经营者提供的景点、旅游设施和服务本身。

由此看来，旅游资源一般是原始或天然的、未经开发的事物和因素，其经济价值是潜在的；而旅游产品是旅游资源经开发后形成的旅游景点、旅游设施和服务，以及游客的经历和感受，其经济价值可以通过直接向游客销售获得收入来体现。二者的概念还是有较大差异的，原则上不应当混用。但事实上，二者有时又往往是被混用的。例如，海南三亚的沙细、海蓝、阳光明媚、空气清新的亚龙湾是中国30年前所建立的12个国家旅游度假区中目前发展得最成熟的一个，那里由10余座顶级豪华具国际品牌的度假酒店所构成的热带滨海度假住宿设施，本身就是一种对国内外游客颇具吸引力的特色旅游资源，许多人之所以将亚龙湾作为自己休闲度假的首选，很大程度上就是冲着它那绝佳的生态环境和奢华的一线海景酒店去的。在这里，要想明显区分旅游资源和旅游产品，又是比较困难的。

2.1.3　旅游资源的基本特性

特性即事物的本质特征，是一事物区别于它事物的内在属性。由于受旅游业、旅游活动、地理环境和人们审美观差异等因素的影响，旅游资源具有若干区别于其他资源的主要特性。

2.1.3.1 对旅游者的吸引向性

旅游活动以旅游者在空间上的移动为前提,而旅游资源对旅游者所具有的吸引力是引发这一空间行为的重要原因。吸引向性是旅游资源理论的核心,也是衡量一事物或现象是否为旅游资源的首要指标。无论是令人陶醉的自然风景,风格独特的古今建筑,还是特色浓郁的民族风情和各具千秋的美味佳肴等,都因对旅游者有极强的吸引力而成为重要的旅游资源。

2.1.3.2 区域性

旅游资源总是分布于一定的地理空间,其形成受特定区域地理环境各要素的制约,又反过来反映着区域环境的特色,这就是旅游资源的区域性。如中国北方与南方地理环境的差异,造成自然景观、人文景观的特色迥然不同:北方山水浑厚,建筑体型巨大,人的性格粗犷、豪放;南方山清水秀,建筑玲珑剔透,人的性格细腻、灵秀。正是旅游资源的地域差异性,导致一地的旅游资源对另一地旅游者形成吸引力,从而产生旅游者的空间移动。旅游资源开发中所讲究的特色原则,就是要求尽最大努力挖掘旅游资源地的地方特点,突出特色,吸引游客。

2.1.3.3 多样性和综合性

如前所述,旅游资源形成的因素是多方面的,不仅包括地质地貌、气象气候、陆地海洋、土壤、动植物等自然因子,而且还涉及历史、文化、民族、宗教、城乡、产业等人文条件。多种因素的共同作用使旅游资源存在于自然和社会的各个方面,其多样性和广泛性为其他资源所不及。旅游资源的这一特点是千差万别的旅游需求推动下的产物,因而能够适应旅游市场不断发展的要求。一个地区的旅游资源种类越多,对旅游者的吸引力就越大。

此外,任何一种旅游资源都不是孤立存在的,而是与其他各种旅游资源相互依存、相互作用,共同形成一个和谐的有机整体。存在于特定地域上的各种各样的旅游资源正是以一个有机整体来发挥其旅游吸引力,实现其旅游价值的。这就是旅游资源的综合性。一般来说,一个地区旅游资源的种类越多,联系越紧密,其生命力就越强,区域整体景观效果就越突出,综合开发利用的潜力也就越大。例如,中国的桂林山水、杭州西湖、北京名胜,瑞士的卢塞恩湖光山色和湖滨小镇,法国的尼斯碧海名城和宜人气候,就是以资源种类繁多、综合特征突出而成为中外著名的传统旅游区的。而由海子、叠瀑、森林、雪山、藏情等五大要素构成的四川九寨沟立体画卷和集地貌奇观、森林佳境、土家风情于一体的湖南张家界,则已经成为中国开发利用前景颇好的综合旅游区中的新秀。

2.1.3.4 永续性和不可再生性

永续性是指旅游资源具有可以重复使用的特点。与矿产、森林等资源随着人类的不断开发利用会日益减少不同,旅游产品是一种无形产品,旅游者付出一定的金钱所购买到的只是一种经历和感受,而不是旅游资源本身。因此,从理论上讲,旅游资源可以长期甚至永远地重复使用下去。

但是,正如自然生态和文化遗产容易受到破坏一样,旅游资源使用不当也会遭到破坏,而且绝大多数旅游资源都具有易于破坏、难于再生的特点,因此,其"使用连续性"也并非绝对成立。作为世界上美好事物的旅游资源,是自然界造化和人类历史的遗存,是在一定条件下产生的。尽管它种类丰富,但对于旅游业的持续发展来说,数量毕竟有限。它不同于阳光、空气资源的取之不尽、用之不竭,也不同于土地、森林、草原资源的大量存在。这就要求我们的旅游资源开发工作必须以科学合理的旅游规划为依据,有序有度地进行。同时,依靠一定的经济、法律手段切实加强旅游资源的保护和管理工作也是必不可少的。例如,世界自然遗产九寨沟多年前就实行"沟内游览沟外住"的运作方式,非但不允许游客在景区内住宿,更不允许外来车辆进入景区,尽可能减少生活污水、汽车尾气等对弥足珍贵的山水美景的破坏。又如,为进一步加强对文化遗产的保护,国务院已决定从2006年起,每年6月的第二个星期六为我国的"文化遗产日"。

2.2 旅游资源分类

旅游资源分类是进行旅游资源研究、开展旅游资源普查、制定旅游发展规划和确定旅游开发项目的一项基础性工作,也是一个涉及面相当广、因而比较复杂的理论问题和实践问题。目前,国内存在多种从不同角度(如依据形态、成因、旅游功能、旅游活动性质、市场特点、开发现状或特定目的等)进行的各有所长的分类方法和方案。这里着重介绍国家标准分类方法与方案和国内若干学者的分类方法与方案。

2.2.1 国家标准分类方法与方案

2003年2月,国家质量监督检验检疫总局颁布了中华人民共和国国家标准《旅游资源分类、调查与评价》(GB/T 18972—2003,以下简称《国标》),依据旅游资源的性状,即现存状况、形态、特性和特征,将其划分为"主类"(8

个)、"亚类"(31 个)和"基本类型"(155 个)等 3 个层次,每一层次的旅游资源类型有相应的字母代号(详见表 2-1)。

表 2-1 旅游资源分类表 (GB/T 18972—2003)

主类	亚类	基本类型
A 地文景观	AA 综合自然旅游地	AAA 山丘型旅游地 AAB 谷地型旅游地 AAC 沙砾石地型旅游地 AAD 滩地型旅游地 AAE 奇异自然现象 AAF 自然标志地 AAG 垂直自然地带
	AB 沉积与构造	ABA 断层景观 ABB 褶曲景观 ABC 节理景观 ABD 地层剖面 ABE 钙华与泉华 ABF 矿点矿脉与矿石积聚地 ABG 生物化石点
	AC 地质地貌过程形迹	ACA 凸峰 ACB 独峰 ACC 峰丛 ACD 石(土)林 ACE 奇特与象形山石 ACF 岩壁与岩缝 ACG 峡谷段落 ACH 沟壑地 ACI 丹霞 ACJ 雅丹 ACK 堆石洞 ACL 岩石洞与岩穴 ACM 沙丘地 ACN 岸滩
	AD 自然变动遗迹	ADA 重力堆积体 ADB 泥石流堆积 ADC 地震遗迹 ADD 陷落地 ADE 火山与熔岩 ADF 冰川堆积体 ADG 冰川侵蚀遗迹
	AE 岛礁	AEA 岛区 AEB 岩礁
B 水域风光	BA 河段	BAA 观光游憩河段 BAB 暗河河段 BAC 古河道段落
	BB 天然湖泊与沼池	BBA 观光游憩湖区 BBB 沼泽与湿地 BBC 潭池
	BC 瀑布	BCA 悬瀑 BCB 跌水
	BD 泉	BDA 冷泉 BDB 地热与温泉
	BE 河口与海面	BEA 观光游憩海域 BEB 涌潮现象 BEC 击浪现象
	BF 冰雪地	BFA 冰川观光地 BFB 常年积雪地
C 生物景观	CA 树木	CAA 林地 CAB 丛树 CAC 独树
	CB 草原与草地	CBA 草地 CBB 疏林草地
	CC 花卉地	CCA 草场花卉地 CCB 林间花卉地
	CD 野生动物栖息地	CDA 水生动物栖息地 CDB 陆地动物栖息地 CDC 鸟类栖息地 CDE 蝶类栖息地

续表 2-1

主类	亚类	基本类型
D 天象与气候景观	DA 光现象	DAA 日月星辰观察地 DAB 光环现象观察地 DAC 海市蜃楼现象多发地
	DB 天气与气候现象	DBA 云雾多发区 DBB 避暑气候地 DBC 避寒气候地 DBD 极端与特殊气候显示地 DBE 物候景观
E 遗址遗迹	EA 史前人类活动场所	EAA 人类活动遗址 EAB 文化层 EAC 文物散落地 EAD 原始聚落
	EB 社会经济文化活动遗址遗迹	EBA 历史事件发生地 EBB 军事遗址与古战场 EBC 废弃寺庙 EBD 废弃生产地 EBE 交通遗迹 EBF 废城与聚落遗迹 EBG 长城遗迹 EBH 烽燧
F 建筑与设施	FA 综合人文旅游地	FAA 教学科研实验场所 FAB 康体游乐休闲度假地 FAC 宗教与祭祀活动场所 FAD 园林游憩区域 FAE 文化活动场所 FAF 建设工程与生产地 FAG 社会与商贸活动场所 FAH 动物与植物展示地 FAI 军事观光地 FAJ 边境口岸 FAK 景物观赏点
	FB 单体活动场馆	FBA 聚会接待厅堂（室） FBB 祭拜场馆 FBC 展示演示场馆 FBD 体育健身场馆 FBE 歌舞游乐场馆
	FC 景观建筑与附属型建筑	FCA 佛塔 FCB 塔形建筑物 FCC 楼阁 FCD 石窟 FCE 长城段落 FCF 城（堡） FCG 摩崖字画 FCH 碑碣（林） FCI 广场 FCJ 人工洞穴 FCK 建筑小品
	FD 居住地与社区	FDA 传统与乡土建筑 FDB 特色街巷 FDC 特色社区 FDD 名人故居与历史纪念建筑 FDE 书院 FDF 会馆 FDG 特色店铺 FDH 特色市场
	FE 归葬地	FEA 陵区陵园 FEB 墓（群） FEC 悬棺
	FF 交通建筑	FFA 桥 FFB 车站 FFC 港口渡口与码头 FFD 航空港 FFE 栈道
	FG 水工建筑	FGA 水库观光游憩区段 FGB 水井 FGC 运河与渠道段落 FGD 堤坝段落 FGE 灌区 FGF 提水设施
G 旅游商品	GA 地方旅游商品	GAA 菜品饮食 GAB 农林畜产品与制品 GAC 水产品与制品 GAD 中草药材及制品 GAE 传统手工产品与工艺品 GAF 日用工业品 GAG 其他物品

续表 2-1

主类	亚类	基本类型
H 人文活动	HA 人事记录	HAA 人物　HAB 事件
	HB 艺术	HBA 文艺团体　HBB 文学艺术作品
	HC 民间习俗	HCA 地方风俗与民间礼仪　HCB 民间节庆　HCC 民间演艺　HCD 民间健身活动与赛事　HCE 宗教活动　HCF 庙会与民间集会　HCG 饮食习俗　HGH 特色服饰
	HD 现代节庆	HDA 旅游节　HDB 文化节　HDC 商贸农事节　HDD 体育节
数量统计		
共8个主类	共31个亚类	共155个基本类型

注：如果发现本分类没有包括的基本类型时，使用者可自行增加。增加的基本类型可归入相应亚类，置于最后，最多可增加2个。编号方式为：增加第1个基本类型时，该亚类2位字母+Z；增加第2个基本类型时，该亚类2位字母+Y。

上述《国标》于 2003 年 5 月开始实施以来，得到了广泛的应用。应该说，它对于各地区摸清资源家底、促进旅游资源的开发和保护起到了积极作用。但在应用过程和学界、业界研究实践中，也发现《国标》存在较大的局限性，尤其是其评价标准的科学性受到了诸多质疑。

例如，肖星认为，《国标》分类项目过于繁琐，应用起来很不方便；所划分出的不少类型概念比较模糊，无论是名称、内涵乃至特色都与严格意义上的旅游资源相去甚远，相当一部分不过是一些相关专业术语甚至通用名词的罗列和堆积，等等。何效祖认为，《国标》所确定的旅游资源分类结构存在7个概念模糊、3个前后重复、9个类型缺项。杨振之认为，《国标》只适用于观光旅游资源的分类与评价，而对度假旅游资源的分类、评价则并不适宜。

2.2.2 国内若干学者的分类方法与方案

2.2.2.1 郭来喜、吴必虎的分类方法

2000年,郭来喜、吴必虎在《中国旅游资源普查规范》(试行稿)的基础上,将新拟的旅游资源分类系统完善为分类分级分态系统,并增加到3个景系、10个景类、98个景型。在表征资源单体规模时,以景域、景段、景元等三个空间尺度等级来区别,并根据资源所处状态分为已开发态、待开发态和潜在势态等三种,同时进一步修订出更为完善的表征基本类型的特征项,据此进行旅游资源类型的定量评价,并以北海市等为例对该体系和方法进行了验证。

2.2.2.2 杨振之的分类方法

2005年,杨振之撰文认为,现行的国家标准《旅游资源分类、调查与评价》只适用于观光旅游资源的分类与评价,而对度假旅游资源的分类、评价则不适宜。他因此对度假旅游资源的分类、评价标准作了尝试性的研究,认为度假旅游资源由观赏游憩资源、生态环境资源、服务设施及服务、餐饮及其环境、娱乐项目五大要素构成。生态环境类旅游资源是度假旅游资源的基础要素,生态环境在度假旅游地可直接转化为度假旅游产品,与游客进行能量交换。度假游客对度假旅游地的需求、对度假旅游吸引物的评价决定了度假旅游资源的分类、评价。

2.2.2.3 肖星的分类方法与方案

根据高等学校教学、科研需要,出于简明扼要、归类明确、应用方便的考虑,肖星在与严江平共同主编、中国旅游出版社2000年8月出版的《旅游资源与开发》一书中主要依据资源属性和管理级别两个标准,对旅游资源进行了系统分类。

(1) 根据资源属性分类

依据资源属性,将旅游资源分为自然景观和人文景观两大类型。

所谓自然景观旅游资源,是指天然赋存和具有观赏价值,能使人产生美感的自然环境及其景象的地域组合。主要包括地文景观、水域风光、生物景观和气候天象等4项构景要素,其中又以前两项数量最多、分布范围最广。

所谓人文景观旅游资源,是指古今社会人类活动所创造的具有旅游价值的物质财富和精神财富。它是历史、现实与文化的结晶。其内容十分广泛,主要包括文物古迹、民俗风情、城乡风貌、现代设施、宗教文化、文学艺术和饮食购物等7项构景要素。

事实上，自然景观旅游资源与人文景观旅游资源既有明显区别，又有一定的联系。自然景观旅游资源一般要经过人为的开发，或多或少带有人文因素；人文景观往往要以自然景观为基础，并与其特色相协调。

2005年10月，由《中国国家地理》杂志社发起，全国34家媒体参与，5家专业学会、十几位院士和近百名专家学者组成的评审团评选出了"中国最美的地方"，共17种类型，包括十大名山、五大湖、七大丹霞、五大峰林、十大峡谷、五大沙漠、三大雅丹、八大海岸、十大海岛、六大瀑布、六大冰川、十大森林、六大沼泽湿地、六大草原、六大旅游洞穴、五大城市、六大乡村古镇等。其分类尽管比较粗糙，且远未涵盖旅游资源的全部，但却与肖星的资源属性分类有异曲同工之处。

依据资源属性所划分的旅游资源系统见图2-1。

（2）根据资源管理级别分类

多年来，通过开展立法建设、设立保护管理机构等一系列措施，中国旅游资源的保护和管理工作得到了很大加强。同属旅游资源范畴，但分别归口不同的国家主管部门管理的风景名胜区、历史文化名城、文物保护单位、自然保护区、森林公园、湿地公园、地质公园、矿山公园、水利风景区、考古遗址公园、国家等级旅游区等，现已各自形成了比较完整的管理体系。

按照管理级别的高低（实际上反映了资源价值的大小和品位的高低），中国的旅游资源可以划分为以下四种类型：

①世界级旅游资源。包括经联合国教科文组织批准分别被列入《世界遗产名录》的名胜古迹、列入《世界地质公园》的自然景观和列入联合国"人与生物圈"保护区网络的自然保护区。

②国家级旅游资源。包括由国务院审定公布或批准建立的国家重点风景名胜区、国家历史文化名城、全国重点文物保护单位和国家级自然保护区，由原林业部、国家林业局批准建立的国家森林公园、国家湿地公园，由国土资源部评定的国家地质公园和国家矿山公园，由水利部评定的国家级水利风景区，由原建设部和国家文物局共同评定的中国历史文化名镇、中国历史文化名村，由文化部、国家文物局批准评定的中国历史文化名街，由国家文物局评定的国家考古遗址公园等。

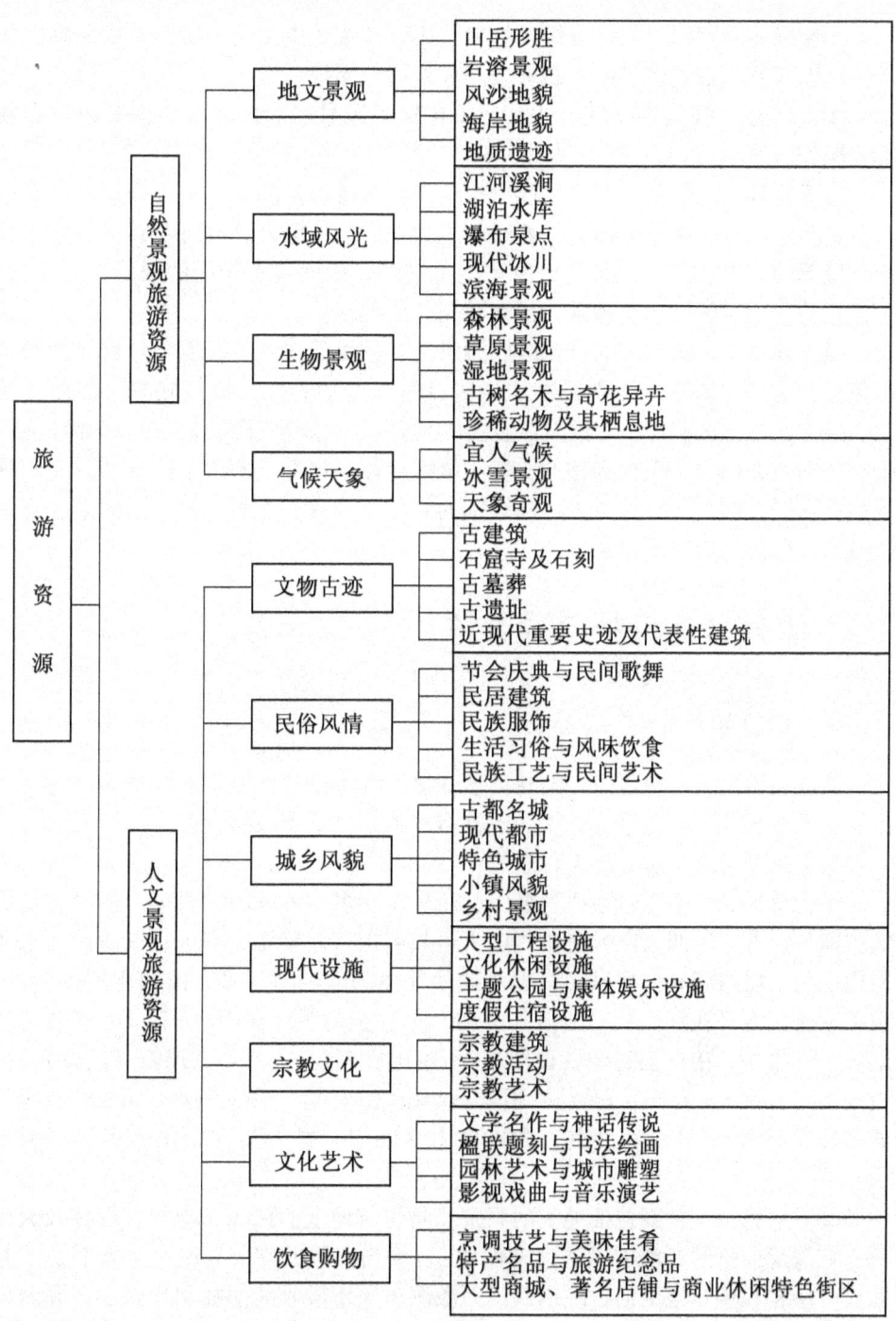

图 2-1 按照属性分类的旅游资源分级系统（肖星，2000 年拟定，2012 年修订）

③省级旅游资源。包括省级风景名胜区、省级历史文化名城和省级文物保护单位，以及省级自然保护区、森林公园和地质公园等。

④市（县）级旅游资源。包括市（县）级风景名胜区、文物保护单位和森林公园等。

上述四种类型都是在各地层层申报和专家考察评价的基础上，分别由联合国教科文组织、国务院及其相关国家行政主管部门、省级人民政府及其相关省级行政主管部门、市（县）级人民政府审定批准的，因而具有相应的权威性。显然，把它们纳入旅游资源分类体系，具有较强的代表性。

至于国家旅游局评定的国家级旅游景区，其虽然在一定程度上具有旅游资源的属性，但考虑到它的设立旨在加强对旅游景区的管理，提高旅游景区服务质量，维护旅游景区和旅游者的合法权益，促进我国旅游资源开发、利用和环境保护，也即重在以规范性标准化的质量等级评定体系去考量旅游景区的开发、管理和服务水平，与上述其他各种不同级别的旅游资源有着显著不同，因而本教材未将其纳入旅游资源分类体系。

2.3 中外自然景观旅游资源

2.3.1 地文景观

地球表面地质构造复杂，地貌类型众多，其中山地又控制着陆地地形的基本格局，因而形成了以山景为骨架的丰富多彩的地文景观旅游资源。

地文景观可进一步分为5种亚类：

①山岳形胜。主要包括风景名山、历史文化名山和冰山雪峰等。如享誉世界的中国华夏五岳、四大佛教名山、四大道教名山、武陵源、庐山、三清山、玉龙雪山、慕士塔格峰和公格尔山，以及雄伟壮丽的欧洲阿尔卑斯山和比利牛斯山、坦桑尼亚乞力马扎罗山、美国落基山和日本富士山等。在2005年"中国最美的地方"评选中，南迦巴瓦峰（西藏）、贡嘎山（四川）、珠穆朗玛峰（西藏）、梅里雪山（云南）、黄山（安徽）、稻城三神山（四川）、乔戈里峰（新疆）、冈仁波齐峰（西藏）、泰山（山东）和峨眉山（四川）被评为"中国最美的十大名山"。

②岩溶景观。主要包括地下的洞穴、暗河与地上的孤峰、峰林、石林及天生桥。如深邃曲折的浙江桐庐"瑶琳仙境"、贵州安顺龙宫、云南九乡溶洞、广东肇庆七星岩和连州地下河、陇南武都万象洞，美不胜收的桂林和贵州小七孔及越

南下龙湾（号称"海上桂林"）岩溶山水，奇形怪状的云南石林，以全球最长而被载入《吉尼斯世界纪录》的贵州黎平天生桥，以及斯洛文尼亚波斯托依纳洞穴、美国猛犸洞穴、印度尼西亚加里曼丹岛石林等。在2005年"中国最美的地方"评选中，梦幻织金洞（贵州毕节）、多彩芙蓉洞（重庆武隆）、全能黄龙洞（湖南张家界）、震撼腾龙洞（湖北利川）、本色雪玉洞（重庆丰都）和九曲本溪水洞（辽宁）被评为"中国最美的六大旅游洞穴"。

③风沙地貌。包括风蚀地貌和风积地貌。前者有风蚀蘑菇、风蚀柱、风蚀垄槽和风蚀城堡等，如令人恐怖的新疆乌尔禾风蚀"魔鬼城"和崎岖起伏的罗布泊"雅丹"（风蚀垄槽）；后者指风积作用形成的具有较高美学观赏价值的多种沙丘和戈壁，如峰刃如削的中国敦煌鸣沙山、起伏连绵的鄯善库木塔格沙漠和非洲撒哈拉大沙漠、动物多样的以色列内盖夫沙漠、蔚为壮观的美国"彩色荒漠"等。在2005年10月"中国最美的地方"评选中，巴丹吉林沙漠腹地（内蒙古）、塔克拉玛干沙漠腹地（新疆）、古尔班通古特沙漠腹地（新疆）、鸣沙山和月牙泉（甘肃）、沙坡头（宁夏）等被评为"中国最美的五大沙漠"。

④海岸地貌。包括海蚀地貌、海积地貌、岩岸、沙岸、红树林海岸和珊瑚礁海岸等多种形态。如以蚀崖峭壁和海礁奇石为特色、浓缩了8亿年地质演化史的大连金石滩海滨，高大峭壁紧逼海洋的台湾清水断崖和挪威峡湾，号称"海底森林"的广西东部和海口东寨港红树林海岸，神奇迷人的西沙、南沙群岛和黄岩岛的珊瑚礁盘，色彩斑斓的世界最大珊瑚礁群——澳大利亚大堡礁，形如月牙般优美弯曲、海水终年蔚蓝但海滩却几乎全为鹅卵石铺地的法国尼斯天使湾，由串珠状沙洲组成的美国迈阿密海滩等。在2005年"中国最美的地方"评选中，亚龙湾（海南三亚）、野柳（台湾基隆）、成山头（山东荣成）、东寨港红树林（海南琼山）、昌黎黄金海岸（河北）、维多利亚海湾（香港）、崇武海岸（福建惠安）和大鹏半岛海滩（广东深圳）被评为"中国最美的八大海岸"。

⑤地质遗迹。主要指罕见或稀有并具特殊地质科学意义和极高美学价值的独特地貌景观。如全球独一无二的福建鸳鸯溪白水洋巨型水下石板广场，以石龙石海、火山蛋和火山口为特色的五大连池火山熔岩景观，以地缝、天坑和峰林等三绝著称的贵州马岭河地缝裂谷，世界最大的天坑群——广西乐业天坑群，中国唯一和世界最大、最典型的玛珥湖——湛江湖光岩，中国最大的泻湖——汕尾品清湖，举世闻名的东非大裂谷和耸立于澳大利亚大陆中部平原西侧的世界最大巍岩独石艾尔斯巨石等。2005年"中国最美的地方"评选中所选出的丹霞山（广东）、武夷山（福建）、大金湖丹霞地貌（福建）、龙虎山（江西）、资江—八角寨—崀山丹霞地貌（湖南）、张掖丹霞地貌（甘肃）、赤水丹霞地貌（贵州）等

"中国最美的七大丹霞",都属于宝贵的地质遗迹。

上述地文景观旅游资源不仅具有一般的观光游览价值,更具有避暑疗养、登山探险、滑雪娱乐、宗教朝圣和科考研修等多种功能。

2.3.2 水域风光

人类居住的地球上江河如织,湖泊广布,泉瀑无数,冰川多姿,海域辽阔,构成了一幅动静结合的观赏画面,并具有休闲度假和康体娱乐的突出功能。

①江河溪涧。由气势磅礴的大江大河和清流潺潺的小河小溪构成。前者主要观气势,如素以"天然山水画廊"闻名的中国长江三峡、古人称"黄河之水天上来"的黄河晋陕峡谷、因世界最深最长而堪称"20世纪中国地理学家最伟大的地理发现"的雅鲁藏布大峡谷、人称"天然奇景"的美国科罗拉多大峡谷、"长比天河"的世界第一长河——非洲尼罗河、两岸风景如画的欧洲多瑙河和莱茵河等;后者如人称"除去宁河不是峡"的大宁河小三峡、"三三秀水清如玉"的武夷山九曲溪、充满诗情画意的武陵源金鞭溪、以山林野趣见长的杭州西湖九溪十八涧和甘南迭部腊子口白龙江支流溪涧等。大江大河往往造就了大峡谷。在2005年"中国最美的地方"评选中,雅鲁藏布大峡谷(西藏)、金沙江虎跳峡(云南)、长江三峡(重庆、湖北)、怒江大峡谷(西藏、云南)、澜沧江梅里大峡谷(云南)、太鲁阁大峡谷(台湾)、黄河晋陕大峡谷(内蒙古、山西、陕西)、大渡河金口大峡谷(四川)、太行山大峡谷(北京、河北、河南、山西)和天山库车大峡谷(新疆)被评为"中国最美的十大峡谷"。

②湖泊水库。湖泊系天然形成,水库则属人工所为,它们都具有水流平静、碧波荡漾的特点,令人赏心悦目;如与山色交相辉映,则景致更佳。世界上著名的天然湖泊如中国的洞庭湖、鄱阳湖、太湖、瘦西湖、镜泊湖、天山天池、赛里木湖、宁夏沙湖、泸沽湖、羊卓雍湖、日月潭、兴凯湖(中俄界湖)、班公湖(中印界湖),以及俄罗斯的贝加尔湖、哈萨克斯坦的巴尔喀什湖、以色列的死海、日本的琵琶湖、英国的尼斯湖、瑞士的莱蒙湖、美国的五大湖、南美的的的喀喀湖等,芬兰则更是号称"千湖之国";著名的人工水库如中国的长江三峡水库、浙江千岛湖(新安江水库)、吉林松花湖(丰满水库)、广东万绿湖(新丰江水库)、江西陡水湖(上犹江水库)和甘肃太极湖(盐锅峡水库,因黄河之水在刘家峡水电站和盐锅峡水电站之间折向西流,形成呈S形大拐弯的湖面,湖中有大小岛屿9处,两个面积较大的河心洲沙岛,犹如一幅天然太极图形,故该水面被称为太极湖,岛屿被称为太极岛),以及埃及的纳赛尔湖、俄罗斯的古比雪夫水库、南美的伊泰普水库和美国的大古力水库等。在2005年"中国最美的地

方"评选中,青海湖(青海)、喀纳斯湖(新疆)、纳木错(西藏)、长白山天池(吉林,中朝界湖)和西湖(浙江)被评为"中国最美的五大湖"。

③瀑布泉点。银练飞泻的瀑布和功效多样的泉点自古就是游人乐于光顾的重要旅游资源。世界上有许多著名的瀑布,如中国三大瀑布——黄果树、壶口和吊水楼瀑布,亚洲最大的跨国瀑布——广西大新德天瀑布,世界三大瀑布——非洲维多利亚瀑布、南美伊瓜苏瀑布和北美尼亚加拉瀑布。世界上也不乏著名的冷泉、温泉、矿泉、药泉和观赏泉等各类泉点,如中国的杭州虎跑泉和济南趵突泉,西安华清池、广州从化、海南七仙岭,以及台湾北投的温泉,青岛崂山和内蒙古阿尔山矿泉,五大连池药泉和大理蝴蝶泉,以及德国的威斯巴登和日本的箱根温泉、美国的黄石公园间歇喷泉、保加利亚的索非亚矿泉等。在 2005 年"中国最美的地方"评选中,藏布巴东瀑布群(西藏)、德天瀑布(广西,亚洲最大的跨国瀑布)、黄河壶口瀑布(晋陕交界)、九龙瀑布(云南罗平)、诺日朗瀑布(四川九寨沟)和黄果树瀑布(贵州)被评为"中国最美的六大瀑布"。

④现代冰川。作为一种固态水体,现代冰川晶莹剔透,别具一格,令人耳目一新。中国新疆喀喇昆仑山北坡的音苏盖提冰川和乌鲁木齐天山一号冰川、甘肃七一冰川,以及瑞士阿尔卑斯山阿莱奇冰川和北极地区、南极洲的辽阔冰原及一座座海上冰山,均堪称现代冰川旅游资源的典型代表。在 2005 年"中国最美的地方"评选中,绒布冰川(西藏)、托木尔冰川(新疆)、海螺沟冰川(四川)、米堆冰川(西藏)、特拉木坎力冰川(新疆)、透明梦柯冰川(甘肃)被评为"中国最美的六大冰川"。

⑤滨海景观。地球上的海洋约占地表总面积的 70.9%。海洋的中心部分称洋,边缘部分叫海。由于海的自身特点及其与人类活动的密切联系,海洋旅游资源的开发利用多限于大洋的边缘海部分,而且大量的旅游活动都集中在大陆边缘的海滨地带或岛屿群,真正的大洋旅游只限于环球航行、考察、探险等特殊项目。所以,此处所说的滨海景观,主要是指由海滩和与其相连的海域所构成的复合景观。它以沙细柔软、水清浪小、阳光和煦、空气清新的魅力对游客产生强烈的旅游吸引力,因而是一项极为重要的旅游资源,在风光观赏、疗养度假和体育运动等方面具有巨大的开发潜力。诸如椰林婆娑、海滩绵软、海水深蓝、终年皆可下水游泳的中国海南亚龙湾和蜈支洲岛、拉美加勒比和马尔代夫热带海滨海岛,夏季气温宜人的中国北戴河、韩国济州岛、日本冲绳和法国南部地中海海滨,号称"向世界出口阳光、空气和海滩"的西班牙太阳海岸,以及波澜壮阔的中国钱塘江海潮,波涛汹涌、特别适宜开展冲浪滑水运动的中国汕尾遮浪海滨、澳大利亚黄金海岸和美国夏威夷瓦湖岛华基基海滨等均是其中的佼佼者。

2.3.3 生物景观

大自然孕育了丰富多样的植物和动物种群，它们使地球表面的景象空间更加活跃、生动和富有趣味，也给旅游者以赏心悦目的直观感受，并具有宝贵的科学考察价值。在返璞归真已成潮流、生态旅游渐成风气的今天，生物景观旅游资源无疑对海内外游客具有愈来愈大的吸引力。

生物景观可分为5种亚类：

①森林景观。如中国的黑龙江小兴安岭丰林原始红松林、吉林二道白河长白美人松林、广东鼎湖山季风常绿阔叶林和沟谷雨林、海南霸王岭热带雨林、四川九寨沟和湖北神农架原始森林、西藏雅鲁藏布大峡谷红豆杉林、内蒙古额济纳胡杨林、新疆喀纳斯南西伯利亚泰加林廊道，以及巴西亚马孙平原和马来西亚云顶高原的热带雨林、美国的加州红杉林、奥地利的维也纳黑森林和德国南部阿尔卑斯山区的新天鹅堡森林等。在2005年"中国最美的地方"评选中，天山雪岭云杉林（新疆）、长白山红松阔叶混交林（吉林）、尖峰岭热带雨林（海南）、白马雪山高山杜鹃林（云南）、波密岗乡灵芝云杉林（西藏）、轮台胡杨林（新疆）、西双版纳热带雨林（云南）、荔波喀斯特森林（贵州）、大兴安岭北部兴安落叶松林（黑龙江、内蒙古）和蜀南竹海（四川），被评为"中国最美的十大森林"。森林旅游活动主要有8种类型——观光游览、保健疗养、野营、狩猎、探险、修学旅游、科普旅游、采撷等。

②草原景观。如中国新疆巴音布鲁克草原和塔什库尔干金草滩、甘肃甘南草原、湖南城步南山牧场，以及澳大利亚中西部大草原、阿根廷潘帕斯草原和非洲广袤的热带稀树草原等。在2005年"中国最美的地方"评选中，呼伦贝尔东部草原（内蒙古）、伊犁草原（新疆）、锡林郭勒草原（内蒙古）、川西高寒草原（四川）、那曲高寒草原（西藏）、祁连山草原（青海、甘肃）被评为"中国最美的六大草原"。

③湿地景观。如杭州西溪湿地、广州南沙湿地、汕尾联安围湿地、江苏溱湖湿地、江西鄱阳湖湿地、甘肃张掖湿地、四川若尔盖湿地、云南拉什海高原湿地、香港湿地公园，以及英国的伦敦湿地公园等。

④古树名木与奇花异卉。前者如陕西黄陵"黄帝手植柏"、安徽黄山迎客松、云南"茶树王"、福州"古榕树王"、山东日照"天下第一银杏树"（具4000多年历史）和广州增城增江河畔的千年古榄林等；后者如河南洛阳和山东菏泽牡丹、福建漳州水仙花、黔西"百里杜鹃"、广州从化"流溪香雪"（每年

12月开始,流溪河国家森林公园的3 000多亩、10万多株梅树顶着寒风绽放出蔚为壮观的大片白色花海,漫山遍野凝如积雪,故名,并被誉为"中华梅花第一弄,南国报春第一枝"),以及日本的樱花、荷兰的郁金香,等等。

⑤珍稀动物及其栖息地。如中国四川卧龙的大熊猫、青海湖和班公湖的鸟岛、青海可可西里的藏羚羊、黑龙江扎龙的丹顶鹤、云南西双版纳的野象谷和海南南湾的猴岛、湖北神农架的金丝猴、江苏大丰的麋鹿,以及南部非洲的诸多天然野生动物园、澳大利亚东部的袋鼠和鸸鹋、北极地区的北极熊和北极狐、南极洲的企鹅等。与此同时,现今人们观赏动物的主要方式也正在从传统城市动物园的"人观笼中兽"转变成为现代野生动物园的"兽看车中人"。

2.3.4 气候天象

地球上气候类型复杂多样,既有从南到北的温度变化,又有从东到西的干湿变化,还有从低到高的垂直分异,更具有特定地理环境下形成的富于变化的天象奇观。中国东西宽度和南北长度都超过5 500千米,这就使得全国的气候天象旅游资源异彩纷呈,既为组织多种形式的旅游活动、促进旅游季节的均衡交替提供了优越的自然条件,也为不少旅游地增添了大自然的奇异景致,最能激发游人的游兴。

气候天象旅游资源又可细分为3种亚类:

①宜人气候。由夏季清凉的避暑型、长夏无冬或冬季温和的避寒型、四时如春的全年皆宜型气候所在地构成。避暑型如中国的秦皇岛、大连、青岛等温带海滨城市,庐山、莫干山、鸡公山等避暑名山,西宁、贵阳、兰州等西部高原城市,以及摩纳哥蒙地卡罗和法国尼斯、戛纳、佩皮尼昂与西班牙帕尔玛等地中海海滨海岛城市,瑞士和德国的诸多山地等;避寒型如中国海南岛、泰国普吉岛、印尼巴厘岛及美国夏威夷等热带岛屿;全年皆宜型如中国的昆明、埃塞俄比亚的亚的斯亚贝巴、墨西哥的墨西哥城和玻利维亚的拉巴斯等低纬度高原城市,以及中国的珠海和湛江、俄罗斯的索契等亚热带海滨城市。

②天象奇观。在一些特定地区所形成的独特天象奇观,也是观赏价值颇高的旅游资源。诸如峨眉佛光、蓬莱阁海市蜃楼和太湖西山日月并升,地球南北极圈以内的高纬度地区所出现的极昼和极光景观,当是天象奇观的代表。

③冰雪景观。冰雪既可作为观赏的内容,又可作为冰雪运动的场所,因而与海洋、森林并称世界三大旅游资源。中外都有很多令人如醉如痴的冰雪景观,如"雪域高原"——西藏,"冰城"哈尔滨及附近的亚布力滑雪场、吉林雾凇和整

个东北冬天的林海雪原景观,以及举世闻名的欧洲滑雪胜地阿尔卑斯山,俄罗斯、挪威、芬兰和加拿大的广阔天然雪原,日本北海道的冰雪景观,厄瓜多尔安第斯山区的赤道雪原等。

2.4 中外人文景观旅游资源

2.4.1 文物古迹

人类社会历史悠久,几千年来又发生过无数次推动世界进步的革命运动或重大事件,因而可供我们今天游览观赏的古代和近现代人类文明优秀遗产——文物古迹数量众多,种类丰富,是人文景观中最为博大精深的一种旅游资源。它们以其丰富的历史内涵、深厚的文化底蕴、独特的艺术魅力和优美的外观造型,深深地吸引和感染着每一位游人,使其为之倾倒和流连忘返。文物古迹可进一步分为5种亚类:

①古建筑。指一定区域内的人们在某一历史时期所创造的建筑物,具有鲜明的地域性、民族性、时代性、科学性和艺术性特点,是当时物质文明和精神文明的标志,更具有多方面的旅游价值。中国古建筑丰富多彩的屋顶形式和古希腊建筑严谨的三种经典柱式就分别是其地域性、民族性和艺术性的集中体现之一,见图2-2、图2-3。

古建筑按其性质和功能又可细分为以下10种:

宫殿衙署——如北京故宫、河北保定直隶总督署、山西霍州署、河南内乡县衙等中国古代四大官衙,沈阳故宫、承德避暑山庄、拉萨布达拉宫、北京恭王府、曲阜孔府(中国封建社会官衙与内宅合一的典型建筑)和兰州鲁土司衙门,以及法国巴黎凡尔赛宫和枫丹白露宫、卢瓦尔河谷香波堡(12世纪起法国国王狩猎的行宫)、佩皮尼昂马约卡王宫,伦敦白金汉宫和威斯敏斯特宫(英国议会驻地)、布鲁塞尔王宫、马德里王宫、圣彼得堡冬宫和莫斯科克里姆林宫、布拉格城堡(世界最大的古城堡,昔日波希米亚国王、神圣罗马帝国皇帝的宫殿,捷克斯洛伐克和捷克共和国的总统府)、华盛顿白宫、曼谷大王宫、东京日本皇宫,巴黎、布鲁塞尔、蒙特利尔等市政厅。

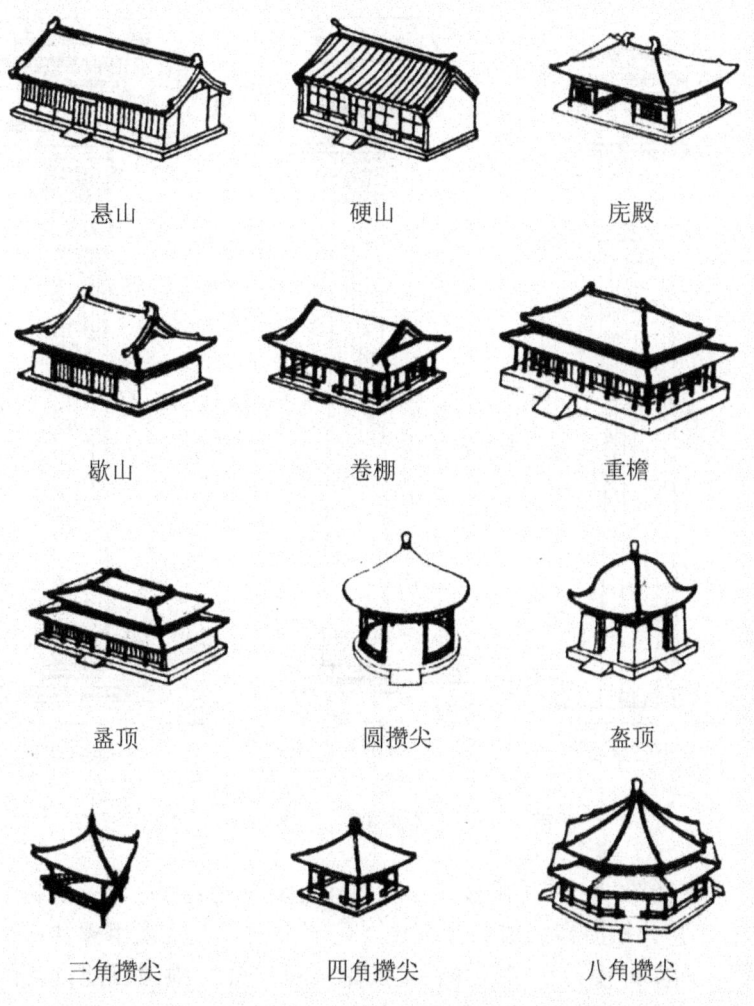

图 2-2 中国古建筑的屋顶形式

坛庙祠堂——如北京天坛和先农坛，曲阜孔庙、天水伏羲庙、解州关帝庙、忠县张飞庙、汉中张良庙、广州南海神庙、佛山祖庙、湄洲岛妈祖庙（世界上第一座祭祀妈祖林默的庙宇），太原晋祠、成都武侯祠、眉山三苏祠、广州陈家祠和从化广裕祠（曾获联合国教科文组织亚太地区文化遗产保护奖第一名——杰出项目奖）、潮州韩文公祠（全国历史最长的纪念韩愈的祠宇）、海口五公祠，以及巴厘岛海神庙、雅典帕特农神庙和罗马祖国祭坛等。

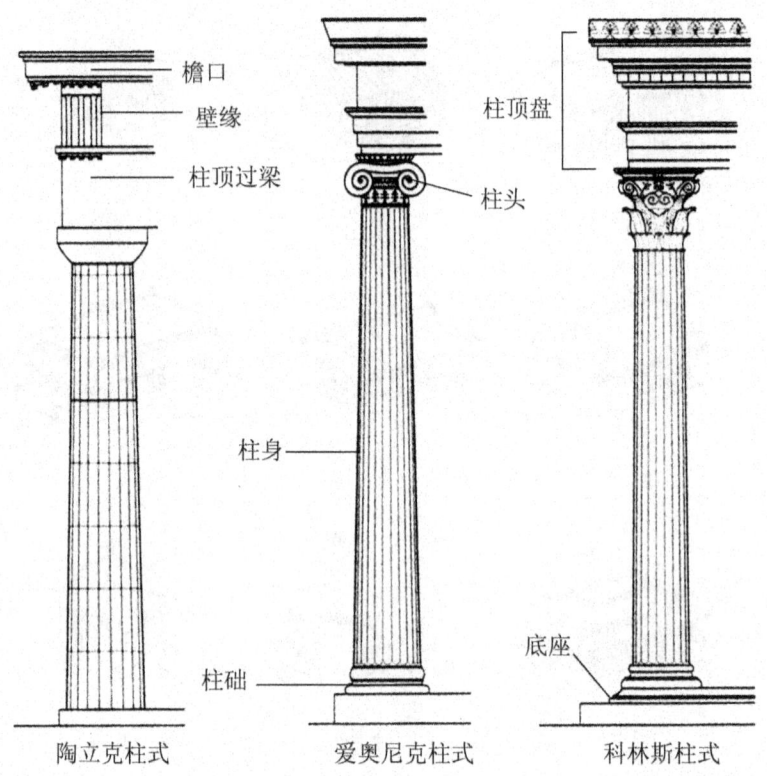

图2-3 古希腊建筑的三种经典柱式

地标性古楼阁——如岳阳楼（中国古代江南三大名楼中唯一保持了原址原貌的古建筑）、广州镇海楼、成都望江楼、昆明大观楼、贵阳甲秀楼、镇江北固楼（多景楼）、西安钟楼、北京鼓楼、重庆忠县石宝寨（中国目前仅存的几座木结构建筑之一，号称"世界八大奇异景观"之一）等。

会馆书院——如自贡西秦会馆、重庆湖广会馆、亳州山陕会馆和长沙岳麓书院、庐山白鹿洞书院、儋州东坡书院等。

古代宗教建筑——如洛阳白马寺、应县木塔、恒山悬空寺、杭州灵隐寺、张掖大佛寺、武当山金殿、北京雍和宫、喀什艾提尕尔清真寺、泉州清净寺，以及曼谷玉佛寺、巴黎圣母院、罗马圣彼得大教堂、比萨斜塔、伦敦威斯敏斯特大教堂、耶路撒冷阿克萨清真寺等。

古典园林——如以师法自然为特色的北京颐和园、承德避暑山庄、苏州留园、扬州个园、广州余荫山房等中国古典园林，以几何构图见长的巴黎凡尔赛宫庭院花园、枫丹白露宫庭院花园、维也纳美泉宫庭院花园等欧洲古典园林。

古民居——如中国的福建南靖土楼，黟县西递村和宏村等皖南古村落，山西祁县乔家大院，湖南岳阳张谷英村，广东河源林寨与南园古村等客家古村落和连南千年瑶寨，潮州许驸马府和汕头澄海陈慈黉故居，苏州洞庭东山雕花楼、周庄沈厅和张厅，新疆喀什老城和鄯善吐峪沟麻扎村维吾尔生土民居，澳门龙环葡韵住宅式博物馆土生葡人民居，以及欧洲诸多保存完好的石构、木构古民居等。

古代城防建筑——如中国的万里长城、北京天安门城楼、西安城墙、平遥城墙、南京城墙和中华门城堡、崇武古城、蓬莱水城、番禺莲花城、虎门炮台和澳门大炮台；梵蒂冈的城墙、法国的昂热城堡、英国的爱丁堡城堡、卢森堡城的博克要塞、加拿大的魁北克古城墙与星形城堡要塞等。与中国不同的是，欧洲的不少城防建筑除作为防御工事外，往往还是帝王的宫殿，如英国的伦敦塔、德国的海德堡城堡等。

古代桥梁——如中国北京卢沟桥、扬州五亭桥、河北安济桥、潮州广济桥、泉州洛阳桥，意大利威尼斯里亚尔托桥和佛罗伦萨维奇奥桥（俗称老桥）、德国海德堡红砖拱桥、瑞士卢塞恩卡贝尔桥、捷克布拉格查理大桥、英国克里夫顿悬索桥（维多利亚时期的建筑奇迹）等。

古代水利工程建筑——如中国的大运河、四川都江堰和广西兴安灵渠，印尼的巴厘岛苏比克稻田灌溉系统，法国加尔水道桥，古罗马大渡槽等。

②石窟寺及石刻。前者如中国的四大石窟——敦煌莫高窟、洛阳龙门石窟、大同云冈石窟、天水麦积山石窟，柬埔寨的吴哥窟、印度的阿旃陀石窟等；后者如中国的乐山大佛、泉州清源山老君岩造像、"水下碑林"重庆涪陵白鹤梁石刻（被联合国教科文组织称为"保存完好的世界唯一古代水文站"）等。

③古墓葬。如中国的陕北黄帝陵、西安秦始皇陵及其兵马俑坑、南京明孝陵、北京明十三陵、遵化清东陵、武威雷台汉墓（中国旅游标志铜奔马出土地）、曲阜孔林、鄂尔多斯成吉思汗陵、银川西夏王陵、喀什香妃墓、江阴徐霞客墓、江油李白墓和川南僰人悬棺，以及埃及的胡夫金字塔、印度的泰姬陵等。

④古遗址。如中国的北京周口店、湖南城头山和老司城、西安大明宫和半坡、浙江河姆渡、四川三星堆和金沙、甘肃大地湾和"两关"（阳关和玉门关）及锁阳城、新疆吐鲁番"两城"（交河、高昌）和塔什库尔干石头城、内蒙古元上都、广州番禺莲花山古采石场遗址等，以及希腊的雅典卫城和奥林匹亚、意大利的罗马竞技场和罗马市场及庞贝古城、墨西哥的科潘玛雅、比利时的瓦隆地区采矿遗址等。

⑤近现代重要史迹及代表性建筑。此处所说的近现代时间下限，原则上按照

中国目前通用的划分方法，分别以 1840 年中国鸦片战争和 1949 年中华人民共和国成立为界，个别城市因情况特殊，历史则会更早一些（如澳门，15 世纪即已被葡萄牙人占领）。典型实例如中国的伊犁将军府，中山翠亨村孙中山故居、韶山毛泽东故居和奉化溪口蒋介石故居，上海中共"一大"会议和贵州遵义会议旧址，瑞金和延安革命旧址，长春伪皇宫博物院、云南松山战役旧址和号称"东方的马其诺防线"的黑龙江虎头日军要塞旧址、湖南芷江的中国人民抗日战争胜利纪念馆，淮海战役总前委和华东野战军指挥部旧址，澳门历史城区和上海外滩、天津解放北路及"五大道"、哈尔滨中央大街、大连中山广场、广州沙面、江西庐山、河南鸡公山、厦门鼓浪屿等优秀近代建筑群，天津利顺德大饭店和开滦矿务局旧址及袁世凯旧居，南京中山陵和原国民政府总统府及原江苏省咨议局大楼，广州中山纪念堂和大元帅府及粤海关旧址，武昌红楼和汉口江汉关旧址、青岛提督楼（现青岛迎宾馆）和德国总督府（现青岛市政协驻地）旧址、台北"总统府"（日占时期台湾总督府旧址）、香港立法会大楼和礼宾府（原港督府）、澳门特区政府总部（原澳督府）和民政总署大楼，北京天安门广场、人民大会堂、人民英雄纪念碑和毛主席纪念堂等；外国的巴黎埃菲尔铁塔、莫斯科红场列宁墓、柏林国会大厦、菲森新天鹅堡（19 世纪德国巴伐利亚国王的王宫）、法兰克福歌德故居、海牙国际法院、华盛顿美国国会大厦、费城市政厅、河内主席府（原殖民时期法国驻印度支那总督府）、万隆会议旧址、悉尼歌剧院和海港大桥，等等。

2.4.2 民俗风情

我国地域广袤，民族众多，百里不同习，千里不同俗。56 个民族居住环境和历史文化各异，传统风俗独特，在神州大地上展开了一幅内容丰富、形式多样、情趣浓郁、绚丽多姿的民俗风情画卷，成为人文景观旅游资源中最活泼、最生动和最富特色的内容。毫无疑问，这对那些怀有强烈的求知猎奇心理和参与需求，渴望能够亲自领略和体验异民族生活情趣、探索社会演化进程和民族文化差异的旅游者，具有极大的吸引力和诱惑力。

民俗风情可进一步细分为 5 个亚类：

①节会庆典与民间歌舞。前者如中国春节、元宵节、中秋节、北京龙潭庙会、青岛啤酒节、兰州社火、藏族雪顿节、傣族泼水节、壮族三月三歌圩、哈萨克族"姑娘追"，以及巴西里约热内卢狂欢节、德国慕尼黑啤酒节、泰国象节、西班牙斗牛表演、摩洛哥新娘节等；后者如中国黎族竹竿舞、佤族甩发舞、藏族锅庄舞、土家族摆手舞、塔吉克族鹰舞、彝族阿细跳月、朝鲜族和瑶族长鼓舞，

美国夏威夷草裙舞、新西兰毛利人的"哈卡舞"（迎宾舞）及非洲诸多动作粗犷有力的民间舞蹈等。

②民居建筑。如造型各异、集中体现地域特色的北京四合院、晋中大院、陕北黄土窑洞、广州西关大屋、开平碉楼、梅州围龙屋、成都大邑刘氏庄园、九寨沟藏族木楼、湘西土家族吊脚楼、贵州布依石头寨、大理白族三坊一照壁和四合五天井、西双版纳傣族竹楼、伊犁哈萨克族毡房、帕米尔高原塔吉克族和柯尔克孜族石头房，以及北欧的陡坡顶农舍、荷兰的风车塔屋、北极地区爱斯基摩人的雪屋、贝宁的岗维椰水上村庄、东非富拉尼人的"布卡"（用树枝、庄稼和茅草搭成的房子）等。

③民族服饰。各民族绚丽多姿的服饰使神州大地多彩迷人。如中国傣族女子的筒裙、藏族的氆氇，维吾尔族的花帽、袷袢和连衣裙，纳西族妇女的"披星戴月"，白族的"风花雪月"头饰，裕固族的华丽长袍和帽子，福建的惠安女装，以及日本的和服，马来人的纱笼，缅甸男子的"笼基"（长裙），苏格兰绅士的花格短裙，西萨摩亚女子的草裙等。

④生活习俗与风味饮食。前者如中国云南泸沽湖摩梭人延续至今的"走婚"习俗和"母系大家庭"生活方式、湘西土家族和瑶族的"哭嫁"、西双版纳的傣童"出家"、阿尔泰牧民的秋季"转场"、东北查干湖与兴凯湖渔民的寒冬凿冰捕鱼和湛江东海岛渔民的众人奋力拉网盛况，以及日本茶道、巴厘岛妇女头顶重物却行走自如、阿拉斯加爱斯基摩人狩猎鲸鱼、新几内亚东部高地人男子穿刺挂鼻环等；后者如中国回族的油香和馓子、维吾尔族的烤馕和抓饭、藏族的酥油茶与糌粑、湖南烟熏腊肉、兰州清汤牛肉面、西安羊肉泡馍、新疆拌面、天津狗不理包子、成都夫妻肺片、武汉豆皮、江苏靖江蟹黄汤包、云南过桥米线、桂林米粉，以及马来西亚人的"面包鸡"、日本人的寿司、乌干达人的"马托基"蕉饭、巴哈马人的烤鱼等。

⑤民族工艺与民间艺术。前者如中国的土家"西兰卡普"、苗族蜡染与刺绣、壮锦，以及马达加斯加人的"兰巴"（传统织布）、突尼斯人的雕镂技艺等；后者如中国的杨柳青年画、潍坊风筝和法国巴黎的街头作画艺术等。

2.4.3 城乡风貌

城乡风貌是中国各地城市和乡村的历史与现实、社会经济与文化整体面貌的综合表现。繁华的都市、古朴的小镇和宁静的乡村历来各有其诱人之处，都是宝贵的旅游资源和游客采风览胜的好去处。

在2005年"中国最美的地方"评选中，厦门鼓浪屿、苏州老城、澳门历史城区、青岛八大关、北京什刹海地区被评为"中国最美的五大城市";丹巴藏寨(四川)、哈尼村落(云南)、图瓦村(新疆)、黎平肇兴侗寨(贵州)、婺源(江西)和丽江大研镇(云南)被评为"中国最美的六大乡村古镇"。

城乡风貌可进一步分成5种亚类:

①古都名城。以历史悠久、文化灿烂为突出特色。如西安、雅典、罗马、开罗等世界四大古都和北京、杭州、苏州、广州、成都、拉萨、大理、巴黎、伦敦、柏林、马德里、巴塞罗那、佛罗伦萨、慕尼黑、伯尔尼、布拉格、华沙、圣彼得堡、莫斯科、伊斯坦布尔、耶路撒冷、京都等诸多中外古都名城。

②现代都市。以摩天高楼林立、时尚元素汇聚为突出特色。如上海、香港、深圳、纽约、法兰克福、米兰、迪拜、悉尼、墨尔本、里约热内卢、东京、首尔、加尔各答等。著名古都北京、巴黎、伦敦、荷柏林其实同时也兼具现代都市特征,在很大程度上体现了现代与传统的和谐统一。

③特色城市。以千姿百态、个性鲜明为标志。如单一职能首都暨"花园城市"巴西利亚、堪培拉和伊斯兰堡,风景名城黄山、张家界、武夷山和卢塞恩,海滨避暑胜地大连、青岛和索契,"度假天堂"三亚、帕塔亚和尼斯,"水城"威尼斯、阿姆斯特丹和布鲁日,"泉城"济南,"电影城"戛纳和长春,"音乐之都"维也纳和"音乐名城"哈尔滨、萨尔茨堡,"大学城"牛津、剑桥和海德堡,"科学城"筑波和新西伯利亚,军港之城旅顺和土伦,"瓷都"景德镇和"陶都"宜兴,"葡萄酒城"吕德斯海姆(德国),"汽车城"十堰和底特律,边城绥芬河、东兴和帕绍(德国),"赌城"蒙特卡洛、拉斯维加斯和澳门等。

④小镇风貌。或以古建筑众多、古风貌依旧为特色;或以某种因素而特别出名。与大都市相比,它们少了许多辉煌、灿烂,却多了一些恬淡、朴实。前者如中国的苏州周庄与同里古镇、湘西凤凰古镇和王村古镇(现名芙蓉镇)及洪江古商城(又称黔阳古城,系全中国保存最完整、内容最丰富的明清古城之一,被有关专家誉为"中国内陆地区资本主义萌芽的活化石"。古城三面环水,是湘楚苗地边陲重镇,素有"滇黔门户"和"湘西第一古镇"之称,历史较凤凰古城早900年)、重庆大昌和瓷器口古镇、丽江大研古镇,以及法国东北部素有"西欧威尼斯"之称的科尔马小镇、南部地中海西岸景致迷人的科利乌尔小镇,比利牛斯山区古朴静谧的孔弗朗自由城小镇,英国保存最完整的库姆堡古镇,因拍摄英国电影《情迷四月天》而一举闻名全球的意大利波托菲诺小镇,德国南部新天鹅堡所在的菲森小镇,号称"世界上最美湖畔小镇"的奥地利哈尔施塔特镇,瑞士少女峰下令人流连忘返的因特拉肯小镇;后者如以每年举办亚洲论坛年会而著称的中国海南天堂小镇——水城博鳌,人称保留了"300年前瑞士风光"的甘

川边境郎木寺小镇，避暑胜地江西庐山牯岭镇，颇具俄罗斯风情的新疆布尔津镇，美轮美奂、足以以假乱真的广州花都九龙湖欧洲小镇，以每年举办世界经济论坛年会、人称"经济联合国"而著称的瑞士滑雪胜地达沃斯小镇，对外国游客独具魅力的印尼巴厘岛手工艺品、艺术、舞蹈和美食中心——乌布小镇，以及世界灾后重建的典范——温情旅游小镇中国四川汶川映秀镇。

⑤乡村景观。以清新宁静、景致各异为特色。如中国三大梯田群——云南元阳、广西龙胜和江西崇义上堡梯田，新疆喀纳斯仙境般的图瓦村落——禾木与白哈巴，川西与大自然浑然一体的丹巴藏寨，长三角和珠三角的水乡风貌，江西婺源春季一望无际的金黄色油菜花与粉墙黛瓦的明清古村落交相辉映的乡村景观，浙江楠溪江畔青山环抱的古村落，河西走廊中部民乐扁都口和山丹马场由十万亩油菜花构成的金色田园美景，赣州陡水湖独树一帜的渔乡风情，云南大理的"千年渔村"——双廊，福建武夷山大红袍景区和广东梅州雁南飞茶田度假村清新淡雅的茶田景观，江苏华西、山西大寨令人赞叹的乡村新貌，以及西欧和中欧随处可见的如诗如画的田园牧歌景观，日本的"白山历史乡村"，菲律宾的"科迪勒拉水稻梯田"，等等。而每到秋季，位于洛桑和蒙特勒之间18千米长的山坡上的数千公顷金黄的梯田式葡萄园与古老的村落和波光粼粼的莱蒙湖交相辉映，更展现出瑞士最美、最具代表性的田园乡村风光。

2.4.4 现代设施

作为旅游资源的现代设施，主要指集中反映当代建设成就与时代特征、关系国计民生的大型工程设施，满足现代人类文明生活需要的文化休闲设施、主题公园与康体娱乐设施、度假住宿设施。

①大型工程设施。如中国的长江三峡水利枢纽、广州抽水蓄能电站、上海宝钢集团、长春第一汽车集团公司、湘潭吉利汽车制造基地、西昌卫星发射基地、北京国际贸易中心和中央电视台新址，上海世博会永久保留的五大标志性建筑"一轴四馆"（即世博轴、中国馆、主题馆、世博中心和演艺中心）、东方明珠广播电视塔、国际会议中心和金茂大厦，广州大学城、广州塔、琶洲会展中心和白云国际会议中心，深圳地王大厦和市民中心，海南博鳌亚洲论坛国际会议中心，湖南吉首矮寨特大悬索桥，香港会展中心和青马大桥，台湾101大厦等；埃及的阿斯旺高坝，巴西与巴拉圭合建的伊泰普水电站，德国斯图加特的奔驰汽车公司总部，法国的巴黎戴高乐机场和图卢兹"空中客车"总装厂，韩国釜山三星雷诺汽车公司，迪拜的阿尔法塔和帆船酒店等。它们虽然并非单纯的旅游景点，但除了具有多方面的实用价值外，本身也是现代景观突出的旅游吸引物，具有很高

的观光游览价值，并往往成为旅游热点。

②文化休闲设施。如北京国家大剧院和中国美术馆、上海大剧院与上海音乐厅、广州大剧院与星海音乐厅、武汉汉秀剧场（建筑外形灵感来自中国传统红灯笼造型）、巴黎歌剧院和蓬皮杜国家艺术文化中心、伦敦泰特现代美术馆、维也纳金色大厅、马德里普拉多美术馆等品位高雅的艺术殿堂，北京中国国家博物馆与中国科技馆、上海博物馆、陕西历史博物馆、河南博物院、广东科学中心（投资达19亿元，亚洲最大的科技馆）、白鹤梁水下博物馆、自贡恐龙博物馆、湖南里耶秦简博物馆、丹东抗美援朝纪念馆，以及伦敦大英博物馆、巴黎罗浮宫、纽约大都会博物馆、圣彼得堡艾尔米塔博物馆（为世界四大博物馆）及华盛顿美国航空航天博物馆、西班牙毕尔巴鄂古根海姆博物馆、慕尼黑德意志博物馆（世界最大的自然科学博物馆）、柏林博物馆岛（由5座博物馆组成）等珍品荟萃的综合性、专题性博物馆与科技馆；北京中国国家图书馆、上海图书馆、广州图书馆新馆和美国国会图书馆、莫斯科国立列宁图书馆、巴黎法国国家图书馆新馆等藏书丰富的大型公共图书馆，以及北京图书大厦、广州购书中心、上海书城、深圳书城和武汉万达电影城（目前中国规模最大、设施最先进的电影城，共设15个影厅，总座位数3 000个，其中包括数字3D影厅、IMAX巨幕影厅等）、长春电影城、横店影视城、镇北堡影视城、好莱坞电影城等各具特色的其他现代文化休闲设施。而由大片旧厂房改造而成的北京798艺术区，通过改造利用传统里弄和名人故居以再现20世纪二三十年代旧上海风情的多伦路文化名人街，将企业生产过程及其文化底蕴与观光休闲有机融合在一起的广州珠江—英博国际啤酒博物馆和邵阳湘窖酒业文化城，则是近年涌现的中国众多文化休闲景区中旅游开发相当成功者。

③主题公园与康体娱乐设施。前者如深圳中国民俗文化村与世界之窗和欢乐谷及东部华侨城、广州香江野生动物世界和长隆欢乐世界及长隆水上乐园、杭州宋城、苏州乐园、常州中华恐龙园、开封清明上河园、屯溪徽州文化园、芜湖方特欢乐世界、北京海洋馆、大连圣亚与长沙海洋世界、香港迪士尼乐园、奥兰多迪士尼世界、好莱坞环球影城、新加坡圣淘沙名胜世界、微缩玩具城市马都拉丹（荷兰）、"天津眼"和"南昌之星"及"伦敦眼"（又名"千禧之轮"，曾是全球最大、最高的摩天轮）等特色鲜明的主题公园和游乐场；后者如北京"鸟巢"（国家体育场，2008年北京奥运会主场馆）、"水立方"（国家游泳中心）和广州海心沙亚运公园（2010年亚运会开闭幕式主场馆）、马德里拉斯·温塔斯斗牛场、"伦敦碗"（2012年伦敦奥运会主场馆）、阿布扎比奥林匹克城（阿联酋）、新奥尔良体育馆和慕尼黑体育中心等设施配套的体育场馆，以及广州九龙湖、海

口观澜湖和三亚亚龙湾高尔夫球会与英国温布尔敦网球场、德国巴登巴登高尔夫球场等档次高、吸引范围大的康体健身设施。

④度假住宿设施。包括各类度假酒店、度假村和特色主题酒店等。由于它们本身的旅游服务功能,过去很少有人将其列入旅游资源范畴。但今天看来,通常地处优美环境,或定位高端、现代时尚,或外部造型、文化内涵与服务品质独具特色的度假酒店、度假村乃至度假酒店群,本身就是魅力无穷的旅游吸引物,许多游客就是冲着它们才奔旅游目的地的,因此其旅游资源属性是不容忽视的。如中国三亚亚龙湾由9家国际顶级品牌酒店组成的世界少有的热带海滨一线海景奢华度假酒店群(与海碧沙细天蓝、终年气候宜人的绝佳生态环境相得益彰,并有高尔夫球会、海上运动等配套设施和项目,到这里度假已成为时下中外游人追捧的一种时尚,尤以冬季为甚)、由8座酒店构成的深圳东部华侨城特色主题酒店群、能让游客处处感受到珍稀野生动物魅力的中国最大生态主题酒店——广州长隆大酒店、依托优质温泉资源个性化服务堪称同行标杆的广州从化碧水湾温泉度假酒店、外部造型与所处自然景观浑然一体的广州莲花山粤海度假村和惠州龙门南昆山十字水生态度假村、外表依旧古朴沧桑但内部现代化设施却一应俱全的澳门圣地亚哥城堡酒店和法国尼斯 NEGRESCO 酒店等。而 2012 年 7 月 28 日开业的万达长白山国际旅游度假区(占地 18 平方千米,总投资超过 200 亿元,内设亚洲最大的滑雪场和最昂贵的高尔夫球场等)中由超六星级的柏悦酒店、威斯汀酒店和五星级的凯悦酒店、喜来登酒店等组成的高端度假酒店群,则堪称是中国现代生态度假住宿设施的骇世之作。

2.4.5 宗教文化

所谓宗教文化,是指一切与宗教直接有关的文化现象。古往今来,宗教文化一向与旅游开发密切相关:首先,任何宗教都各有其数量可观的信徒,他们出于对宗教的情感寄托,年复一年地到寺庙宫观去烧香拜佛、祈祷还愿或到宗教圣地去求法朝圣,形成川流不息、庞大无比的宗教朝觐流,而宗教朝觐旅游恰恰是种类众多的旅游方式中客流最稳定、流向最明确的一种;其次,宗教景观能够激发人们求奇、求新、求知和探秘的旅游动机,因而对广大的非宗教游客具有很强的吸引力;最后,宗教事象是历史文化的载体,在它身上所体现出的人类文明多方面的巨大价值是世所公认的。所以,宗教文化作为一种充满魅力的重要人文景观旅游资源的属性当毋庸置疑。

宗教文化旅游资源主要包括以下 3 种亚类:
①宗教建筑。如中国的泉州开元寺、扶风法门寺及其合十舍利塔、三亚南山

寺及其 108 米高的海上观音塑像、无锡灵山大佛、哲蚌寺等藏传佛教格鲁派六大宗主寺院、景洪曼飞龙白塔、武当山金殿、成都大邑鹤鸣山道源圣城、北京牛街清真寺和宁夏同心清真大寺、广州石室天主堂和上海佘山天主堂、哈尔滨圣索菲亚教堂，以及德国的科隆大教堂、西班牙的巴塞罗那"神圣家族"大教堂、俄罗斯的莫斯科瓦西里·勃拉仁内大教堂、印度的摩诃巴里普兰海滨神庙、印度尼西亚的婆罗浮屠佛塔、耶路撒冷的犹太教圣殿"哭墙"、迪拜最美的建筑朱美拉清真寺（现代伊斯兰建筑风格的典型代表）等。

②宗教活动。如山西五台山的佛教开光和诵经仪式、甘肃拉卜楞寺的藏传佛教大法会和"展佛"仪式、广州石室天主堂的弥撒，以及穆斯林做礼拜、麦加朝圣、古尔邦节、开斋节，基督教的圣诞节、复活节、万圣节等活动。

③宗教艺术。如中国的敦煌莫高窟佛教壁画、天水麦积山石窟泥塑、肃南金塔寺大型高肉雕佛及飞天，稀世珍品瓜州（安西）象牙造像、青州唐代佛像、湟中塔尔寺"三绝"（酥油花、堆绣和绘画）、芮城永乐宫元代道教壁画、同心清真大寺砖雕和柬埔寨的吴哥寺石刻、意大利威尼斯圣马可教堂内的壁瓷片壁画、法国沙特尔大教堂的精美雕刻品及彩色玫瑰窗、米兰大教堂外墙的壮观群雕等。

2.4.6 文化艺术

文化艺术是人类精神文明的重要组成部分，其包含的内容相当丰富。而旅游本身就是一种大规模的文化交流活动，它与文化艺术有着密不可分的有机联系。作为可以为旅游业所开发利用的文化艺术旅游资源，主要有文学作品与神话传说（仅指与旅游直接有关的）、楹联题刻与书法绘画、园林艺术与城市雕塑、戏曲影视与杂技武术等 4 种亚类。它们或者本身就是旅游者观赏的对象，能给人以美的享受；或者丰富了有关旅游资源的内容，增添了游人的游兴和乐趣；更多的则是通过其传咏、扬播，大大提高了旅游资源的知名度和吸引力，使无数游人向往和憧憬。所以，文化艺术是具有广泛群众性、鲜明地域性和强烈招徕力的高品位旅游资源。

①文学名作与神话传说。前者如中国崔颢的《黄鹤楼》、范仲淹的《岳阳楼记》、王勃的《滕王阁序》、李白的《望庐山瀑布》、张继的《枫桥夜泊》、王羲之的书法珍品《兰亭序》等与同名景点，吴承恩的《西游记》、曹雪芹的《红楼梦》、罗贯中的《三国演义》、施耐庵的《水浒传》等中国古代四大名著及其故事发生地——火焰山与花果山、宁国与容国二府、水泊梁山、赤壁古战场，鲁迅的《孔乙己》与绍兴咸亨酒店、沈从文的《边城》与凤凰古镇、王之涣的《凉

州词》与玉门关、王维的《送元二使安西》与阳关，以及英国小说家詹姆斯·希尔顿旷世奇作《失去的地平线》（1933年）与长达半个多世纪的关于世外桃源——"香格里拉"秘境的找寻和命名争夺、法国雨果的《巴黎圣母院》与同名景点、大仲马的《基度山恩仇记》与故事发生地马赛伊夫堡等；后者如中国广大藏区关于格萨尔王的传说、云南石林地区关于阿诗玛的传说、广西壮族地区关于刘三姐的传说和欧洲莱茵河流域关于女妖的传说等。

②楹联题刻与书法绘画。前者如中国昆明大观楼的"海内第一长联"、泰山的唐玄宗《纪泰山铭》题刻和贵州安顺的"红崖天书"等；后者如中国的四大碑林（西安、曲阜孔庙、高雄南门和西昌地震碑林）、甘肃成县东汉《西狭颂》摩崖石刻、韶山毛泽东诗词碑林、湖南江永女书（几百年来传女不传男，充满神奇色彩）、北宋张泽瑞的名画《清明上河图》、当代中国绘画大师张大千的山水画和黄永玉的水墨画、俄罗斯列维坦的名画《金色的秋天》、法国罗浮宫收藏的达·芬奇名画《蒙娜丽莎》和墨西哥城的城市壁画等。

③园林艺术与城市雕塑。前者如昆明、沈阳、西安等三大世界园艺博览园，长沙橘子洲、二沙岛广州发展公园、墨尔本街心花园等大型市民休闲公园，广州珠江公园、深圳荔枝公园、纽约中央公园等现代园林；后者如兰州《黄河母亲》、《珠海渔女》、广州《五羊》、长沙橘子洲头《青年毛泽东》、北海《南珠魂》和《潮》、金昌《祖国的金娃娃》，以及纽约《自由女神》、哥本哈根《美人鱼》、布鲁塞尔《尿童》、马德里《塞万提斯》、海德堡《怪猴》和符拉迪沃斯托克（海参崴）《西伯利亚猛虎》等著名城市雕塑。

④影视戏曲与音乐演艺。前者如半个多世纪前的电影《刘三姐》无意间让观众记住了有秀美山水和动人山歌的广西桂林，20多年前谢晋的《芙蓉镇》让古镇王村一夜之间成为湘西民俗文化旅游胜地，10多年前张艺谋的《大红灯笼高高挂》把乔家大院变成蜚声世界的晋文化旅游地，近两年冯小刚的两部《非诚勿扰》更是让杭州西溪国家湿地公园和三亚亚龙湾热带天堂森林公园顷刻间名扬天下，《五朵金花》、《阿诗玛》、《庐山恋》、《红色娘子军》等及其他类似影视名作也使得故事发生地或外景地名声大振，成为游客纷至沓来的旅游热点。同样，美国大片《阿凡达》（片中"哈利路亚山"的主要场景原型来自中国的张家界地貌）、法国影片《巴黎圣母院》、新西兰电影《指环王》（拍摄地"探险之都"皇后镇）也使得其各自主要拍摄地的神奇面貌向世人敞开。后者如《青藏高原》、《康定情歌》、《神奇的九寨》、《美丽的草原我的家》、《蒙古人》、《阿佤人民唱新歌》、《乌苏里船歌》、《我爱五指山我爱万泉河》、《西沙我可爱的家乡》等著名歌曲，西北花儿、陕北民歌、湖南桑植民歌、海南儋州调声等民族歌曲，

长盛不衰的哈尔滨之夏音乐会和萨尔茨堡音乐节、爱丁堡音乐节，以及《莫斯科郊外的晚上》、《红河谷》、《北国之春》等经典外国民歌都深深地吸引着广大游人，使人们对歌颂的地方产生了强烈的出游动机；而大型室内歌舞剧《丝路花雨》、《长恨歌》、《云南映象》、《魅力湘西》、《东方霓裳》和大型山水实景演出《印象刘三姐》、《印象大红袍》、《天门狐仙·新刘海砍樵》、《东京梦华》等演艺节目，巴黎著名的《红磨坊》酒吧及其康康舞，世界规模最大的团体操暨文艺表演《阿里郎》（朝鲜），以及京剧、豫剧、粤剧、川剧、秦腔、黄梅戏、昆曲、贵州屯堡地戏等中国地方戏曲，也每每使中外游人乐此不疲。它们是旅游与文化融合发展的最佳体现。

2.4.7 饮食购物

在这个幅员辽阔、物产丰饶和经济充满活力的地球上，各具千秋的烹调技艺和色香味形兼具的美味佳肴，种类繁多的特产名品和人见人爱的旅游纪念品，商品种类齐全、购物环境一流的大型商城和历史悠久、闻名遐迩的百年老店，建筑别致、氛围独特的商业休闲特色街区，构成了雄厚无比的饮食购物旅游资源，不仅能满足旅游者身临其境就地一饱口福和亲自选购物品以获得最充分享受的心理需要，以及了解各国各地饮食文化、丰富人生阅历、提高自己名望及身价的愿望，而且能够带动旅游商品生产乃至地方经济腾飞和吸引更多的潜在旅游者，从而不断扩大客源，提高旅游业的综合经济效益。

①烹调技艺与美味佳肴。如中国烹饪、法国烹饪和土耳其烹饪等世界三大烹饪流派，鲁、川、苏、粤、闽、浙、湘、徽等中国八大菜系；北京全聚德烤鸭和海南四大名菜（文昌鸡、加积鸭、和乐蟹、东山羊）等地方菜肴，满汉全席等民族菜肴，峨眉山佛寺素馔等宗教菜肴，南京板鸭和鸭胗干，以及法国鹅肝酱、德国咸猪手、土耳其烤全羊等地方风味食品。

②特产名品与旅游纪念品。前者如中国的四大名绣、十大名茶、宜兴陶器、景德镇瓷器、文房四宝、兰州百合、贵州茅台，以及法国的波尔多葡萄酒、德国的慕尼黑啤酒等；后者如北京景泰蓝、洛阳仿唐三彩、兰州刻葫芦、酒泉夜光杯、庆阳香包、保安腰刀、海南椰雕、喀什英吉沙小刀、天津杨柳青年画与泥人张彩塑，以及俄罗斯套娃与铜镜、德国奔驰汽车公司的精致钥匙圈等。

③大型商城与著名店铺。前者如北京的东方广场、新东安市场和燕莎友谊商城，上海的港汇广场和日月光中心，广州的天河城、正佳广场和太古汇，深圳的中信城市广场和益田假日广场，香港的时代广场、崇光百货商店和金百利商场，以及巴黎的春天百货公司和拉斐特百货公司，伦敦的韦斯特菲尔德购物中心，世

界最大的购物中心——迪拜摩尔（The Dubai Mall）等；后者如北京大栅栏瑞蚨祥绸布店、天津劝业场、广州陶陶居，以及巴黎皮尔卡丹时装店和法贝格珠宝店、伦敦哈罗德（Harrods）百货商店、布鲁塞尔白天鹅咖啡馆（1845年马克思和恩格斯曾在此起草共产党宣言）等。

④商业休闲特色街区。它们往往是一个城市中独具魅力、能够聚拢大量人气的地方。如北京的王府井大街和前门大街、上海的南京路和淮海路及新天地、天津的新意街（意风区）、广州的北京路和上下九及白鹅潭酒吧风情街、深圳的东门和华侨城欢乐海岸、武汉的楚河汉街（号称中国最具建筑特色的城市商业步行街和现代"清明上河图"）、杭州的河坊街、南京的新街口和夫子庙、苏州的山塘街、福州的三坊七巷、哈尔滨的中央大街、成都的宽窄巷子和锦里古街、拉萨的八廓街、桂林的阳朔西街（"老外"特别青睐）、西安的化觉巷古玩街和回民小吃夜市、兰州的张掖路、台北的士林观光夜市、香港的旺角、澳门的议事亭前地（新马路），以及巴黎的香榭丽舍大街、柏林的选帝侯大街、法兰克福的罗马广场、巴塞罗那的兰布拉斯大街、阿姆斯特丹的卡尔弗大街、纽约的曼哈顿大街、洛杉矶的唐人街、墨尔本的酒吧一条街等。

2.5　21世纪旅游资源开发的新趋势

现代旅游在过去50多年间突飞猛进，取得了辉煌的成绩和巨大的进步。旅游业已经成为世界第一大产业，而且持续发展的势头不减。预计全球旅游人数到2020年将达到16亿人次，到2050年将占到整个世界人口的30%左右。随着科学技术的进步、生活条件的改善、人们可自由支配的时间和收入的增多，对旅游的需求将更加旺盛。可以预言，21世纪的旅游业将获得更大规模、更高层次的发展，旅游不仅是一种全球经济现象，而且将成为一种大众生活方式。与此相联系，21世纪的旅游资源开发将出现以下几大趋势。

2.5.1　观光旅游向度假休闲旅游过渡

观光旅游是最基本的旅游活动，是人们萌生旅游动机的第一选择。以度假休闲取代观光旅游或者赋予观光更深的含义是一种时尚，是当今旅游方式转变的大趋向，也是旅游业发展进入成熟阶段的表现。因为，比之观光旅游，度假旅游更注重生产效率和环境质量，更注重参与性和亲和性，更适合现代人消费需求的口味。世界著名的旅游区如墨西哥坎昆、土耳其安塔利亚、印尼巴厘杜阿岛、韩国庆洲波门湖等都是度假旅游开发的范例。近年中国海南岛三亚"度假天堂"的成功打造，更堪称新世纪度假休闲旅游的典范。但需要注意的是，度假休闲旅游开发一定要突出个性和特色，兼顾中、低档消费需求，走滚动发展之路。

2.5.2 都市旅游和会展旅游方兴未艾

都市旅游是以大都市的现代景观为依托，吸引游客领略都市风貌、观赏现代设施和体验时尚生活方式的旅游形式。在世界发展突飞猛进的今天，都市旅游可以说是与时俱进、方兴未艾。例如，中国的上海以金茂大厦、上海大剧院、上海科技馆、上海国际会议中心、东方明珠广播电视塔和世界第一条商业运营的磁悬浮轨道交通为代表的现代都市景观就是它的时代魅力的突出象征，已经和正在吸引着越来越多的中外游客。香港之所以被称为"动感之都"，主要原因也还是在于它拥有令人赞叹的现代都市气派。

会展旅游是以会议和展览为目的的旅游形式，通常是把主办会议、展出商品与观光游览紧密结合在一起，属于公务旅游的范畴。它常常能产生轰动效应和良好经济效应、持续发展效应。中国的北京、香港、上海、广州，以及国外的纽约、巴黎、布鲁塞尔、法兰克福、新加坡等都是著名的会展中心城市。早在1992年，西班牙就通过成功举办巴塞罗那第25届夏季奥运会、塞维利亚世界博览会和马德里欧洲文化城等三个重大国际性活动，一举扭转了其旅游业持续滑坡的局面。1996年，香港举办了700多个国际会议和60多个大型展览交易会，每个交易会吸引海外商旅客人3 000人以上，平均每人消费近2 500港元，效益十分可观。昆明通过举办1999世界园艺博览会，旅游业快速发展，当年旅游总收入突破200亿元，项目投资和经贸成交总金额超过150亿元，拉动全省国内生产总值增加2个以上的百分点，还将昆明城市的现代化进程向前推进了10年。2008年北京举办奥运会、2010年上海举办世博会和广州举办亚运会，使得这三大中国会展一线城市抓住契机，进一步完善配套设施，充分利用国内、国际两种会展资源，发展多门类、高档次的现代会展业，已初步具备亚洲主要会展城市和国际会展中心城市的雏形，场馆面积、国际知名会展、注册展览公司、从业人数和营业收入都排在东南亚前列。而每年一度的博鳌亚洲论坛的举办，更使博鳌这个曾经长期名不见经传的渔村小镇一夜之间享誉全球，成为海南旅游的一大新亮点。可以预见，大力发展会展旅游，培育具有国际影响力的会展品牌将是21世纪各国、各地区旅游开发竞争的一个新趋向。

2.5.3 工业旅游、农业旅游和教育科技旅游不断推陈出新

工业旅游是以工业生产过程、工厂风貌、工人工作生活为主要吸引物，通过

参观访问与百姓生活密切相关的工业企业以增长知识、汲取现代科技文明营养的一种旅游方式。随着人们旅游观念的转变,许多游客把眼光投向了大型工厂和各种工业陈列馆,工业旅游正成为一种旅游新时尚。这种工业与旅游的相互协作能满足游客的求知欲、好奇心和参与愿望,也能提高企业的声望和吸引力,从而为企业带来良好的经济效益和社会效益,因为,"眼见为实"的影响从心理学的角度来说是实实在在的,它的作用是任何广告都无法比拟的。从这个意义上讲,工业旅游实际上是在为企业培养潜在的忠实客户。

世界上许多著名大企业如法国的雷诺、雪铁龙和德国的奔驰汽车公司每年接待的旅游者都超过了20万人次。在德国奔驰公司,游人可以参观奔驰车的总装线,甚至可以穿上工作服拧几颗螺丝钉,最后还可以直接把车买走。美国造币厂每日吸引着成千上万的游人,游客可以在四方形的参观平台上观看造币过程,接受专人指导了解钞票防伪技术,一张刚印制出来但经过特殊处理不能流通的钞票,便成为一件特别热销的旅游纪念品。造币厂每年能从旅游开发中获利1亿美元。北京首钢、长春一汽、青岛啤酒厂和海尔集团、杭州钢铁厂等越来越多的中国工业企业已经加入到旅游行业中。例如,在青岛啤酒厂参观过程中,每当一道工序结束时,游客都能尝上一杯,细细品味啤酒生成之前不同的原生味,不仅看得过瘾,更是尝得新奇:原来啤酒在酿成前,比开水还烫。在参观完整个啤酒的酿制流程之后,游客还会被带到青岛啤酒厂内的一个酒吧,虽然在里面喝酒需要游客埋单,但此时此刻,即便是平时不喝酒的人,也早被勾起了对酒的渴望,愿意掏钱尝尝这些新鲜酿制的啤酒。而根据上海的旅游规划,工业旅游也将从现有的宝钢游和大众汽车游扩展至印钞、酿酒、烟草等多个领域。

旅游农业又称观光农业,是以农业资源为基础,生态旅游为主题,农业生产过程、农村风貌、农民劳动生活为主要吸引物,巧妙利用城乡差异来组合旅游产品,从而激发旅游者消费欲望,满足其各种需求,并使之参与农业生产过程、享受生态农业情趣的一种旅游形式。观光农业在国外已有40余年的发展历史,如美国仅东部地区就有观光农场1500家,法国北部工业区"工人菜园"、"第二住宅"、"旅游农庄"比比皆是,中国北京的"锦绣大地"农庄、珠海的"农科奇观",许多地方所推出的"吃农家饭、住农家院、做农家活、看农家景"活动和发端于成都的"农家乐"及北海的休闲渔业游等都是观光农业成功开发的例证。观光农业为游客提供了新的活动空间和体验生活的场所,突出了城乡差异和地域文化,迎合了城市居民渴望回归自然的心态,所以必将在21世纪得以快速发展,并将形成现代观光、自助体验和度假休闲等三大类型。

工农业旅游是当代世界旅游产品中的一个重要分支。在中国,大力发展工农业旅游,不但是整合旅游资源、丰富旅游产品、增加旅游供给、进一步做大做强旅游产业、满足人民群众日益增长的旅游需求的重大战略措施,而且对于促进经济结构调整和经济社会发展、解决"三农"问题和再就业问题、培育工业经济和农业经济新的增长点,也具有多方面的积极作用,为进一步推动中国工农业旅游的全面、深入发展提供了有利条件。

教育科技旅游依托著名的高等学府、科研院所、网络信息和文化设施等,重点针对同行和学生市场进行深度和广度开发,如校园旅游,修学旅游,科考旅游,科普旅游,地质、地理、生物、考古等专业考察。中国的北京大学、清华大学、浙江大学已开发了类似的旅游项目。借助现代高科技,还可以从网上直销旅游产品、预订和付款、发布电子广告和兴办网上学校等,进而改变旅游教育的手段和现状。

2.5.4 探险旅游渐成时尚,太空旅游变为现实

探险旅游是一种特种旅游产品,其活动范围是海洋、沙漠、戈壁、大江大河、海岛、极地、高山、大峡谷、原始森林等尚未开发的空间,因其具有艰巨性、风险性和刺激性,能最大限度地满足旅游者猎奇的心理,深受中青年人欢迎。尤其是海底旅游,在美国、日本已悄然兴起。上海长风公园海洋世界的"水下婚礼"就极富浪漫和传奇色彩。

许多年来,数量不菲的旅游者们一直期待着借助新的运输工具前往宇宙的其他天体去旅行和生活一段时间,或体验宇航员的太空行走,或登上月球,或漫步在火星。21世纪初,人类的这一梦想已经成为现实:60岁的美国巨富蒂托自掏2 000万美元,搭乘俄罗斯"联盟—Y"型火箭,登上了正在建设中的国际太空站,做了一次太空旅游,成为人类历史上首位太空旅游者。一年后,28岁的南非富翁马克·沙特尔沃思再次以同样的价格搭载俄罗斯火箭进入太空旅游。2003年10月15日,则是一个令所有中国人乃至世界华人引以为骄傲自豪的日子,那就是中国人乘坐中国自己研制的卫星遨游太空,航天员杨利伟顿时成了家喻户晓的英雄。据悉,还有更多的人在排队等候太空旅游的机会。虽然到目前为止,太空旅游还只是全球顶级富翁们的消闲享受,且在短时间内还不大可能变为大众旅游,然而这毕竟是一种新的特殊旅游产品,启动了一个新的特殊旅游市场。毫无疑问,太空旅游将成为人们最向往的旅游活动之一。

2.5.5 节庆旅游层出不穷

节日庆典已经成为现代人生活的重要组成部分之一,通过举办重大的节庆活

动不仅可以促进消费，而且还将扩大主办地的知名度和吸引力，推动社会经济文化全面进步。1998 年上海旅游节隆重推出了"玫瑰婚典"这一旅游产品，由 380 对新人参加的大型集体婚礼经典浪漫、奇妙不俗，集景观化、规模化、主题化的特色于一身，较之传统婚礼更能体现青年人心灵深处的追求，而且倡导节俭、开拓新风，是社会进步、城市文明发展的必然结果。类似的"高山婚礼"、"田园婚礼"、"世纪婚礼"、"回归婚礼"可谓层出不穷，令人眼花缭乱。而海南三亚连续几年承办"世界小姐"大赛，则为这个令世人向往的热带滨海旅游胜地注入了新的活力。

2.5.6　生态旅游魅力常在

保护好旅游资源和建设好旅游环境是 21 世纪旅游资源开发的重要内容。因为人们已经认识到：旅游必须与自然、文化和人类的生存环境成为一个整体，必须以保持和增进未来发展机会为前提的可持续发展为基本指导思想，大力倡导生态旅游的消费方式和生产方式。

尽管人们对生态旅游的概念长期争论不休，但有一点是明确的，即生态旅游应以生态保护为前提，以环境教育和自然知识普及为核心内容，满足保护与发展的要求。因此，生态旅游是旅游业可持续发展的必然选择。它是一种求新、求知和品味高雅，集自然性、环保性和教育性为一体的高层次旅游。

生态旅游由于以"走近自然，认识自然，回归自然，享受自然，保护自然，返璞归真"为主题，符合主流消费者的旅游需求，具有特殊的吸引力，已经成为当今世界旅游发展的潮流，给全球至少带来 200 亿美元的年产值。例如，肯尼亚每年的生态旅游收入高达 35 亿美元；美国 1999 年有 4 800 万人次参与生态旅游，其中仅黄石公园就吸引了上千万旅游者。中国目前已有上百个自然保护区正式开办旅游业，年接待游人在 10 万人以上的自然保护区 20 多个，每年旅游总人次 30 000 多万人次，旅游收入超过 60 亿元。

可以预言，在 21 世纪，生态旅游将会异军突起，成为传播知识、倡导文明、保护环境的主力军。

2.5.7　主题公园建设趋向理性和规范

主题公园是具有特定主题、由人创造而成的舞台化的休闲娱乐活动空间，是具有产品性、大众性、参与性、创造性和艺术性的人造景点，作为新兴的休闲娱乐产业，它是旅游走向成熟的一种标志。其建造必须综合考虑客源市场、交通、区域经济发展水平、城市旅游感知形象、空间集聚和竞争等各方面的因素。世界上不乏成功的主题公园，如美国的迪士尼乐园、中国深圳的世界之窗和欢乐谷等。但更多的是粗制滥造、盲目效仿、削价竞争的败笔。因此，主题公园的建设要趋于理性，走向规范，科学论证，精心规划，突出文化内涵，避免重复建设。

21世纪是一个全新的世纪，求新、求奇、回归自然、走可持续发展之路将是旅游资源开发的主题。人们的各种精神需求将得到更大程度的满足。我们有理由相信：21世纪是旅游业发展无限美好的新时代。

本章小结

所谓旅游资源，是指自然界和人类社会中凡能对旅游者产生吸引力，可以为旅游业开发利用，并可产生经济效益、社会效益、环境效益的各种事物和因素。

旅游资源具有对旅游者的吸引向性、区域性、多样性和综合性、永续性和不可再生性等基本特性。

根据国家标准，旅游资源分为"主类"（8个）、"亚类"（31个）和"基本类型"（155个）等3个层次。

根据本教材的分类系统，旅游资源按照资源属性，可以分为自然景观和人文景观两大类型。自然景观由地文景观、水域风光、气候天象、生物景观等4个构景要素组成，人文景观由文物古迹、民俗风情、城乡风貌、现代设施、宗教文化、文学艺术和饮食购物等7个构景要素组成。

21世纪是旅游业发展无限美好的新时代。旅游开发呈现出度假休闲旅游、都市和会展旅游、工农业和教育科技旅游、探险和太空旅游、节庆旅游、生态旅游等新动向，主题公园建设则趋向理性和规范。

■ 课堂讨论题

1. 怎样认识旅游资源的基本属性？
2. 根据国家标准和本教材的方法，各旅游资源是如何分类的？

复习思考题
1. 简述旅游资源的基本概念。
2. 简述旅游资源区别于其他资源的基本特性。
3. 简述中外主要的自然景观旅游资源。
4. 简述中外主要的人文景观旅游资源。

3 世界遗产

学习要点

- 世界遗产的由来、发展和意义
- 世界文化遗产、自然遗产的定义
- 世界遗产委员会的组成
- 世界遗产名录的制定
- 世界遗产基金的来源和管理
- 世界遗产类型和标准
- 中国的世界遗产
- 外国的世界遗产精华

3.1 世界遗产的由来、发展和意义

3.1.1 世界遗产的由来

联合国教科文组织（UNESCO）于1972年10月17日—11月21日在巴黎举行第17届会议，通过了《保护世界文化和自然遗产公约》（以下简称《世界遗产公约》）。该公约的制定，有其特定的历史背景、必要性和紧迫性。

3.1.1.1 历史背景

1954年，埃及政府决定在尼罗河上游努比亚地区的阿斯旺修

建高坝蓄水，但高坝建成后形成的水库要淹没大面积遗址和几十座古代神庙。在古代法老时期努比亚很重要，是多年的首都，有大量神庙、防御工事和城堡，还有后来的许多城镇和陵园。可见，这个工程带来文化方面的巨大难题。为了解决这个难题，埃及政府一方面制定抢救努比亚古迹的计划，一方面于1959年与联合国教科文组织交涉，请求该组织对抢救古迹计划的制定和实施在物资、技术和科学方面给予大力援助。埃及方面的主要理由是，抢救古迹的工程规模浩大，要耗费巨额资金，埃及政府难以全部承担。埃及方面还指出，努比亚古迹虽然是在埃及境内，但也是整个人类遗产的一部分，因而抢救它应该是全世界关注的问题。在联合国教科文组织的组织法里有这样一项规定：对于那些属于整个人类历史组成部分的重要古迹，各国都要集体承担责任。教科文组织后来为此向全世界发出呼吁，要求各国政府、公营机构和民间团体，以及有可能提供援助的各方面人士，为抢救努比亚古迹提供财政、技术和科学方面的援助。51个国家对教科文组织的呼吁做出了积极的回应，于是，抢救努比亚古迹的运动后来得以顺利开展。这次抢救努比亚古迹的行动规模空前，它之所以能够完成，正是因为有联合国教科文组织主持下的国际援助。

在20世纪60—70年代初，许多国家的公众和舆论认为，他们国家和民族的重要古迹和建筑，以及长期以来他们居住和生活的自然环境，应该受到充分的尊重。他们强调这些实物是他们祖先的杰出创造，而环境使他们的民族文化得到了最充分的发展，这两者正是他们民族文化特殊性的最实际、也往往是最高的体现。他们还认为，除了依靠每个国家来维护自己的文化特殊性以外，同时以国际集体责任的名义参加保护工作，也应是所有国家义不容辞的。

3.1.1.2 必要性和紧迫性

到了20世纪70年代，文化遗产（Cultural Heritage）和自然遗产（Natural Heritage）越来越受到破坏的威胁，除了因为传统的年久失修外，当时社会和经济条件的变化，使遗产的存在环境更加恶化，它所造成的损害或破坏更加难以治理，损失往往难以挽回。许多国家保护遗产的工作很不完善，而且经济、科学和技术力量也不充分具备。有些文化遗产和自然遗产具有突出的重要性，需要作为全人类遗产的一部分加以保存。当代社会威胁这类遗产的新危险，往往十分严重。因而，整个国际社会有责任通过提供集体援助，来参与保护具有突出的普遍价值的文化遗产和自然遗产。这种援助尽管不能代替有关国家采取的行动，但可以是它的有效补充。鉴于以上原因，有必要通过制定一项《世界遗产公约》，建立一个按现代方法组织的而且永久有效的制度，以便集体保护这些遗产。

3.1.2 《世界遗产公约》的主要内容

《世界遗产公约》正文有8个部分，共38条。

第一部分是文化和自然遗产的定义，有3条。

定义不是严格意义上的概念，而是分类与内涵。《世界遗产公约》将文化遗产分为3类，即文物古迹、建筑群和遗址。内涵强调它们在历史、审美、艺术或科学方面有突出的普遍价值。

《世界遗产公约》将自然遗产分为由物质和生物结构或这类结构群组成的自然面貌、地质和自然地理结构以及明确划分为受威胁的动物和植物生境区、天然名胜和自然区域。这些都是在审美、科学、保护或自然美方面应当有突出的普遍价值，或者已被明确划分为受到威胁的区域。

《世界遗产公约》认为，缔约国都可以自行确定和划分上面所提及的本国领土内的文化遗产和自然遗产。

第二部分是文化和自然遗产的国家保护和国际保护，有4条。

缔约国要确定、保护、保存、展出本国领土内的文化遗产和自然遗产，并将它们传给后代，这主要是本国的责任，要竭尽全力、最大限度地利用本国资源，必要时利用所能获得的国际援助和合作，特别是财政、艺术、科学及技术方面的援助和合作。

整个国际社会有责任进行合作，予以保护。缔约国承诺不故意损害其他国家的文化遗产和自然遗产。

为了实现《世界遗产公约》的这个宗旨，要建立一个国际合作和援助体制。《世界遗产公约》各缔约国应视本国具体情况尽力制定相关政策和保护措施。

第三部分是保护世界文化和自然遗产政府间委员会，有7条。

这一部分有3项内容。

第一项是世界遗产委员会的组成。它由缔约国大会选出的21个国家组成，委员会委员的选举须保证均衡地代表世界的不同地区和不同文化。成员国任期为3届教科文大会常会，即自当选之应届大会常会结束时起至应届大会后第三次常会闭幕时止。

但是，第一次选举时指定的委员中，有三分之一的委员的任期应于当选之应届大会后第一次常会闭幕时截止；同时指定的委员中，另有三分之一委员的任期应于当选之应届大会后第二次常会闭幕截止。这些委员由联合国教育、科学及文化组织大会主席在第一次选举后抽签决定。委员会员国应选派在文化或自然遗产方面有资历的人员担任代表。

第二项是世界遗产名录的制定。各国应尽力向世界遗产委员会递交本国适宜列入世界遗产名录的文化遗产和自然遗产预备名单，这份预备名录要尽量齐全，它应包括有关遗产的所在地及其意义的文献资料。委员会按照本《世界遗产公约》规定的遗产定义和要求，经过一定的程序，及时制定、更新并公布世界遗产名录。一份最新目录应至少每两年分发一次。委员会还要制定一份濒危世界遗产名录，将受到严重特殊危险威胁的遗产列入。为制定世界遗产名录，委员会要确定可操作的文化遗产和自然遗产入选标准。

第三项是国际援助。委员会要接受并研究缔约国就本国遗产要求国际援助的申请。委员会应制定其活动的优先顺序并在进行这项工作时应考虑到需予保护的财产对世界文化和自然遗产所具有的重要性、对最能代表一种自然环境或世界各国人民的才华和历史的遗产给予国际援助的必要性、所需开展工作的迫切性、拥有受到威胁的遗产的国家现有的资源、特别是这些国家利用本国资源保护这类遗产的能力大小。

第四部分是保护世界文化和自然遗产基金，有4条。

根据联合国教育、科学及文化组织《财务条例》的规定，设立世界遗产基金，此项基金应构成一项信托基金。资金来自以下各方面：缔约国义务捐款和自愿捐款；其他国家政府、联合国系统的组织或其他政府间组织捐款、赠款；团体或个人捐款、赠款或遗赠；基金款所得利息；募捐的资金、募款活动收入和世界遗产委员会拟定的基金条例所认可的所有其他资金。

在不影响任何自愿补充捐款的情况下，本公约缔约国每两年定期向世界遗产基金纳款，义务纳款在任何情况下都不得少于对联合国教育、科学及文化组织正常预算纳款的百分之一。凡拖延交付当年和前一日历年的义务纳款或自愿捐款的本公约缔约国不能当选世界遗产委员会成员。本公约缔约国应对在联合国教育、科学及文化组织赞助下为世界遗产基金所组织的国际募款运动给予援助。

第五部分是国际援助的条件和安排，有8条。

公约缔约国均可要求对本国领土内组成具有突出的普遍价值的文化或自然遗产之财产给予国际援助。它在递交申请时还应提供文件资料，尽可能附有专家报告。因自然灾害或灾难而提出的申请，委员会应立即优先审议，委员会也应掌握一笔应急储备金。

国际援助大体分三类：第一类是世界遗产的保护、保存、展出或恢复，这包括已列入名录的和可能适于列入名录的，还包括鉴定缔约国提请研究审定的遗产。第二类是培训遗产鉴定、保护、保存、展出和恢复方面的各级工作人员和专家。第三类是向自行培训这类人员的国家提供援助。

世界遗产委员会提供援助的形式有：研究名录中所列世界遗产的艺术、科学和技术性问题；为已批准的工程提供专家、技术人员和熟练工人；提供紧缺的设备；提供长期偿还的低息或无息贷款；在例外和特殊情况下提供无偿补助金。

对于提供大规模国际援助，要先进行周密的科学、经济和技术研究，并考虑采用最先进的技术，还要合理利用当事国的现有资源。国际社会只担负必要工程的部分费用，受益国家要承担主要费用。

第六部分是教育计划，有2条。

本公约缔约国应通过一切适当手段，特别是教育和宣传计划，努力增强本国人民对本公约所确定的文化和自然遗产的赞赏和尊重。同时使公众广泛了解对这类遗产造成威胁的危险和接受根据本公约提供的国际援助的缔约国应采取适当措施，使人们了解接受援助的遗产的重要性和国际援助所发挥的作用。

第七部分是报告工作，有1条。

本公约缔约国在按照联合国教育、科学及文化组织大会确定的日期和方式向该组织大会递交的报告中，应提供有关它们为实行本公约所通过的法律和行政规定及采取的其他行动的情况，并详述在这方面获得的经验。还应提请世界遗产委员会注意这些报告。委员会应在联合国教育、科学及文化组织大会的每届常会上递交一份关于其活动的报告。

第八部分是最后条款，有9条。

文本：本《世界遗产公约》以阿拉伯文、英文、法文、俄文和西班牙文拟定，5种文本具有同一效力。会员国的批准或接受：本《世界遗产公约》应由联合国教科文组织会员国根据各自的宪法程序予以批准或接受。

生效：就任何其他国家而言，本《世界遗产公约》应在这些国家交存其批准书、接受书或加入书的3个月之后生效。

废约：缔约国均可通告废除本《世界遗产公约》，废约通告应以1份书面文件交存联合国教科文组织的总干事。《世界遗产公约》的废除应在接到废约通告书1年后生效。废约在生效日之前不得影响退约国承担的财政义务。

修订：本《世界遗产公约》可由联合国教科文组织的大会修订。任何修订对《世界遗产公约》缔约国均具有约束力。按照《联合国宪章》第102条，本《世界遗产公约》须应联合国教科文组织总干事的要求在联合国秘书处登记。

3.1.3 世界遗产的发展和意义

联合国教科文组织大会通过《世界遗产公约》后,1973年12月美国最先加入,成为第一个《世界遗产公约》缔约国,到1975年有20个公约缔约国,于是《世界遗产公约》生效。根据该公约,设立了世界遗产委员会和世界遗产基金。1976年11月,世界遗产委员会在内罗毕举行的第一届"世界遗产公约"成员国大会上正式成立。1978年世界遗产委员会确定了首批12处世界遗产列入世界遗产名录,《世界遗产公约》从此发挥作用。

中国于1985年加入《世界遗产公约》,成为缔约国。1999年10月29日,中国当选为世界自然与文化遗产委员会成员。截至2012年7月,《世界遗产公约》缔约国共有188个;仅个别国家没有加入。目前全球共有962处世界遗产,其中文化遗产745处,自然遗产188处,文化和自然双重遗产29处。中国现有43处世界遗产,数量居世界第三位,另有人类口述和非物质遗产代表作29项。

世界遗产的意义,在于其具有科研或文化价值上的独一无二、不可代替、不可再现的性质,这种性质是自然界进化选择和人类社会长期积淀、扬弃的产物,反映着不可逆转的客观规律。提高和深化公众对世界文化遗产的认知,引导人们对世界文化遗产的主动保护意识,在融合现代文明的同时更好地保护传统的文化特色,进一步端正和提高对保护世界遗产重要性的认识,不仅关系到国家文化和自然生态环境建设的可持续发展,关系到国家和社会的长远利益,也关系到国家与民族的国际形象。

3.2 世界遗产的类型与评定标准

3.2.1 世界遗产的类型

依据《世界遗产公约》,世界遗产可分为三种类型,即世界文化遗产、世界自然遗产、世界文化和自然双重遗产。此外,世界文化遗产中还可分出世界文化景观(如庐山)和人类口述和非物质遗产代表作(如昆曲)。

3.2.1.1 世界文化遗产

根据《世界遗产公约》,以下各项为"文化遗产":

文物:从历史、艺术或科学角度看具有突出的普遍价值的建筑物、碑雕和碑画,具有考古性质成分或结构、铭文、窟洞以及联合体。

建筑群：从历史、艺术或科学角度看在建筑式样、分布均匀或与环境景色结合方面具有突出的普遍价值的单立或连接的建筑群。

遗址：从历史、审美、人种学或人类学角度看具有突出的普遍价值的人类工程或自然与人联合的工程以及考古地址等地方。

3.2.1.2　世界自然遗产

《世界遗产公约》规定，以下各项为"自然遗产"：从审美或科学角度看具有突出的普遍价值的由物质和生物结构或这类结构群组成的自然面貌；从科学或保护角度看具有突出的普遍价值的地质和自然地理结构以及明确划为受威胁的动物和植物生境区；从科学、保护或自然美角度看具有突出的普遍价值的天然名胜或明确划分的自然区域。

3.2.1.3　世界文化和自然双重遗产

某处名胜，同时兼有上述"文化遗产"和"自然遗产"内涵，被收录为《世界遗产名录》的，称为世界文化和自然双重遗产。

1999年11月，联合国教科文组织第30届大会通过决议，决定设立《人类口述和非物质遗产代表作名录》，这个项目启动的目的，在于弥补1972年通过的《世界遗产公约》中对非物质文化遗产方面的缺陷。2000年6月15日，联合国教科文组织在巴黎总部召开首次"人类口述和非物质遗产代表作"评委会议，正式发起了设立《人类口述和非物质遗产代表作》项目。人类口述和非物质遗产（简称非物质文化遗产）又称无形遗产，是相对于有形遗产，即可传承的物质遗产而言的概念。它包括各种类型的民间传说和民间知识、各种语言、口头文学、风俗习惯、民族民间音乐、舞蹈、礼仪、手工艺、传统医学、建筑及其他文化艺术。

3.2.2　世界遗产的标准

3.2.2.1　文化遗产

世界文化遗产的具体评定标准共有6个：

（1）代表一种独特的艺术成就，一种创造性的天才杰作。

（2）在一定时期内或在世界某一个文化区域内，对建筑艺术、纪念物艺术、城镇规划或景观设计方面的发展产生过重大影响。

（3）能为一种现存的或为一种已消逝的文明或文化传统提供一种独特的或至少是特殊的见证。

（4）可作为一种类型建筑物或建筑群或景观的杰出范例，展示出人类历史上一个（或几个）重要阶段的作品。

（5）可作为传统的人类居住地或使用地的杰出范例，代表一种或几种文化，尤其在不可逆转的变化之下容易损毁的地点。

（6）与某些事件或现行传统或思想或信仰或文学艺术作品有着直接和实质的联系。这一条只有在某些特殊的情况下，或此条件下标准与其他标准一起使用时，才能成为列入世界遗产名录的理由。一般情况下，此条款不能单独成立。

3.2.2.2 自然遗产

世界自然遗产的具体评定标准共有4个：

（1）代表地球演化的各主要发展阶段的典型范例，包括生命的记载和地形发展中主要的地质演变过程，或具有主要的地貌或地文特征。

（2）代表陆地、淡水、沿海和海上生态系统的植物和动物群的演变及发展中的重要过程的典型范例。

（3）具有绝妙的自然现象或稀有的自然景色和艺术价值的地区。

（4）最具价值的自然和物种多样性的栖息地，包括有珍贵价值的濒危物种。

除以上标准，这些名胜还须符合下列结合在一起的条件：

（1）第一条标准中所述的名胜，在其自然关系中应具有全部或大部分相互有关或相互依存的主要因素；如"冰河时代"区应包括雪原和冰川，以及某些断裂层、沉积和移居迹象（条痕、冰碛、植物生长变迁和早期迹痕）。

（2）第二条标准中所述的名胜应具有相当规模，具有表明变化过程主要方面和自身可以长久维持的必要因素。例如："热带雨林"区则应包括不同海拔高度、不同的地形和土壤类型及变化的河堤或弓形湖，以表明地质系统的多样性和复杂性。

（3）第三条标准中所述的名胜应包括物种和物体赖以继续存在所需的那些生态系统条件。这点可因具体情况而异。例如：瀑布保护区应包括或尽可能包括形成瀑布的上游水域，珊瑚礁保护区则应对提供其养分的水流或洋流的淤积或污染加以控制。

（4）第四条标准中所述仍存在濒危物种的地区应有相当大的面积，并应包括那些物种赖以继续生存所需的生态条件。

（5）对于迁移性物种，凡维持继续生存所必需的季节性聚居点，不论位于何处，均应妥善保护。世界遗产委员会必须得到保证，即采取必要的措施，确保这些物种在整个生命周期内得到妥善保护。在这方面达成协议，无论是通过遵守国际公约还是其他多边或双边协定，均须对这种保证作出规定。每处名胜都必须相互比较，即应根据生物地域或迁移格局将其与缔约国境内外同类型的其他名胜加以比较。

此外，如果被列入世界遗产名录的文化与自然遗产受到严重威胁的时候，经过专家们的调查和审议，世界遗产委员会可以将其列入濒危世界遗产名录，以待采取紧急的措施加以抢救保护。

3.2.3 世界遗产名录

缔约国应当尽力向世界遗产委员会递交一份本国领土内的适于列入世界遗产名录的遗产预备名单，并附有关的资料。遗产委员会委托国际古迹遗址理事会和国际自然及自然资源保护联盟分别对提名的文化遗产和自然遗产评估，对文化遗产中的文化景观（Cultural Landscapes）则共同评估，决定其是否符合标准和真实性条件，并提供最终的评估报告。遗产委员会规定，评估应尽量严格。还规定在遗产委员会评审提名是否可列入世界遗产名录时，提名国政府的代表，无论其是否为委员会成员，均不准对本国提名的遗产投赞成票。

遗产提名统一使用委员会制定的表格，表格要求填写多项内容，主要有以下各项：

①确切地点：国家，省，市，遗产名称；标明遗产地点和地理坐标的地图和平面图。

②法律资料：遗产所有者（公有或私有）、有关本遗产保护和管理的法律和条例、开放程度、管理机构和组织。

③说明材料：遗产描述和图表、照片和影片资料、历史状况、文献资料。

④保存状况：现状描述、保护管理机构、此前的保管过程、保护措施、当地的开放计划。

⑤提议列入名录的理由：符合哪些规定的标准、在与其他同类地点比较的前提下评估本地点的保护状况、遗产的真实性。

⑥提名建筑群或遗址群所需的特别材料：不同范围内容和比例尺的地图、地形图和平面图，多种照片、幻灯片和光盘，有关本遗产研究成果的论著和相关机构的资料，有关保护的法律资料、各级管理机构的资料。

从遗产的提名到被列入世界遗产名录要经历若干程序和相对漫长的时间。世界遗产委员会于每年7月1日前，按照统一规定的严格格式和内容将各国自认为条件已经完全成熟的预备项目正式申报文本（包括文字、图纸、幻灯、照片、录像或光盘等）送达世界遗产中心。世界遗产中心将把有关材料转达国际专业咨询机构，由相关的专业咨询机构从当年年底至下一年的三四月份进行考察和论证，并向世界遗产委员会提交评估报告。世界遗产委员会于每年的6月底至7月初召开一次主席团（7个成员国）会议，初步审议与世界遗产工作相关的事项，包括新的（上一年）世界遗产申报项目，提出建议；再于每年的11月底至12月初召开主席团特别会议，补充审议第一次主席团会议未尽事宜，然后将包括审定新的世界遗产申报项目在内的相关大事提交紧随此次主席团会后召开的世界遗产委员会全会通过。

  办理申请的程序和时间表大体如下：7月1日，接受提名申请截止。9月15日，秘书处登记并索要所缺材料，材料完整的申请将被交给国际古迹遗址理事会或国际自然及自然资源保护联盟，这两个组织再次检查并索要所缺材料。到次年4月1日前，这两个组织根据委员会制定的标准进行专业评估并将结果通知秘书处，结果有3种：无保留地建议列入名录；建议不列入名录；不清楚是否适宜列入名录。4月，秘书处核对评估结果并通知委员会成员国。6月和7月，遗产委员会办公室检查提名申请并向委员会提出建议，建议有4种：无保留地列入；不列入；发回申请国要求补充说明和材料；由于要进一步评估或研究而推迟审理。7—11月，秘书处将办公室的建议发送给遗产委员会的全体成员国政府和其他有关国家的政府。属于建议列入名录的，秘书处要等候各国反馈的信息，收到后再转递给国际古迹遗址理事会、国际自然及自然资源保护联盟和遗产委员会各成员国。假如到10月1日收不到所需信息，在当年12月的委员会会议上就不再审议这项提名。对于要求补充材料的遗产，如果只是核对事实的材料，当年会再审议。12月，世界遗产委员会召开全体会议，在委员会办公室建议、有关国家提供的附加信息以及国际古迹遗址理事会和国际自然及自然资源保护联盟评估报告的基础上审核提名，最后通过决定。决定共有三种：列入；不列入；推迟审核。1月，秘书处将世界遗产委员会上年12月会议上的全部决定送交给所有国家的政府。至此，一轮申报工作完成。也就是说，申报一项新的世界遗产，至少需要2年。从2002年起世界遗产大会改在每年的7月份举行。

  世界遗产委员会于1978年确定了首批世界遗产名录后，每年都有新的遗产加入到这个行列中，由联合国教科文组织负责遗产保护计划的官员组成的遗产委员会秘书处已经开始工作。从1978年起遗产委员会每年都审议遗产提名。如果遗产提名没通过，以后也不再复审。每年审议通过的遗产数目不等，20世纪70年代和80年代数目相对均衡，每年20处上下。进入20世纪90年代，每年通过的遗产数目增多。1997年世界遗产委员会大会在意大利召开，当年通过列入世界遗产名录的意大利遗产就有10处，是各年度一个国家的遗产被列入名录的最高纪录。后来由于名录中的遗产数目增加过快，而且各国遗产数目差别较大。在

2000年的第24届大会上经过讨论决定，今后每个国家每年最多只能申请将1处遗产列入遗产名录，现在尚没有遗产的国家可以不受这项规定的约束。遗产数目已经较多的国家，应当减缓申请新的遗产。2004年的第28届大会上又作了更改，规定每个国家每年最多可申请将2处遗产列入遗产名录。2012年的第36届大会上规定，各国每年可申报两项世界遗产，而其中至少一项是自然遗产。另一项新规是世界遗产委员会会议每年只接受45项世界遗产的申请，其中还包括了扩展项目、跨国项目、推迟项目、紧急列入项目等。

各国境内的世界遗产数目不等，至2012年7月，数目较多的国家有意大利46处，西班牙44处，中国43处，法国39.5处，德国38处，墨西哥31处，印度29处，英国28.5处，俄罗斯26.5处，美国22处。其中的0.5处是指与一个邻国共有的一处遗产。

3.3 中外世界遗产纵览

3.3.1 中国的世界遗产

中国是一个历史悠久、文化灿烂、旅游资源十分丰富的国家，不仅拥有巍峨的山川、秀美的河流、雄伟的古代建筑，还有数不尽的名胜古迹，可谓自然景观与人文景观交相辉映。众多的世界自然与文化遗产闪烁着中国人民的智慧和勤劳的光芒。

1985年12月22日第六届全国人民代表大会第13次会议批准中国加入《世界遗产公约》，至此中国就成为这个组织中的一个重要成员，中国政府为履行《世界遗产公约》的责任和义务，做出了积极认真的努力。在加入《世界遗产公约》的第二年，即1986年，有关部门就参照世界遗产委员会制定的世界文化遗产的有关标准，向联合国教科文组织提交了包括长城在内的28项文化遗产作为"中华人民共和国预备名单"。1987年，中国提名的长城、北京故宫、敦煌莫高窟、秦始皇陵及兵马俑坑、周口店北京猿人遗址和泰山六项遗产首次经世界遗产委员会通过被列入世界遗产名录。在1991年缔约国第11次大会上，中国首次当选为世界遗产委员会成员，在1992年、1993年的世界遗产委员会上，两次当选为副主席。到2012年7月中国已有43处遗产被列入世界遗产名录（见表3-1），从而成为拥有世界遗产最多的几个国家之一。

表 3-1　2012 年中国拥有的 43 处世界遗产

序号	名　　称	类　　型	批准时间
1	长城	文化遗产	1987-12
2	北京故宫	文化遗产	1987-12
3	敦煌莫高窟	文化遗产	1987-12
4	秦始皇陵及兵马俑坑	文化遗产	1987-12
5	周口店"北京人"遗址	文化遗产	1987-12
6	泰山风景名胜区	文化和自然双重遗产	1987-12
7	黄山风景名胜区	文化和自然双重遗产	1990-12
8	武陵源风景名胜区	自然遗产	1992-12
9	九寨沟风景名胜区	自然遗产	1992-12
10	黄龙风景名胜区	自然遗产	1992-12
11	承德避暑山庄及周围寺庙	文化遗产	1994-12
12	曲阜孔庙、孔府、孔林	文化遗产	1994-12
13	武当山古建筑群	文化遗产	1994-12
14	布达拉宫	文化遗产	1994-12
15	庐山风景名胜区	文化景观遗产	1996-12
16	峨眉山—乐山大佛	文化和自然双重遗产	1996-12
17	苏州园林	文化遗产	1997-12
18	平遥古城	文化遗产	1997-12
19	丽江古城	文化遗产	1997-12
20	天坛	文化遗产	1998-11
21	颐和园	文化遗产	1998-11
22	大足石刻	文化遗产	1999-12
23	武夷山风景名胜区	文化和自然双重遗产	1999-12
24	龙门石窟	文化遗产	2000-11
25	青城山—都江堰	文化遗产	2000-11
26	明清皇家陵寝	文化遗产	2000-11

续表 3-1

序号	名　称	类　型	批准时间
27	安徽古村落（西递村、宏村）	文化遗产	2000-11
28	云冈石窟	文化遗产	2001-12
29	云南三江并流	自然遗产	2003-7
30	高句丽王城、王陵及贵族墓葬	文化遗产	2004-7
31	澳门历史城区	文化遗产	2005-7
32	四川大熊猫栖息地	自然遗产	2006-7
33	河南安阳殷墟	文化遗产	2006-7
34	中国南方喀斯特：重庆武隆、昆明石林、黔南州荔波	自然遗产	2007-7
35	广东开平碉楼与村落	文化遗产	2007-6
36	福建土楼：漳州南靖、龙岩永定、漳州华安	文化遗产	2008-7
37	江西三清山	自然遗产	2008-7
38	山西五台山	文化景观	2009-7
39	河南登封天地之中古建筑群	文化遗产	2010-8
40	中国丹霞：贵州遵义赤水、湖南邵阳崀山、广东韶关丹霞山、江西鹰潭龙虎山、上饶龟峰、浙江衢州江郎山、福建三明泰宁	自然遗产	2010-8
41	浙江杭州西湖	文化景观	2011-6
42	内蒙古元上都遗址	文化遗产	2012-6
43	云南澄江帽天山化石地	自然遗产	2012-7

下面介绍中国颇具代表性的 4 处世界遗产。

（1）万里长城

万里长城像一条巨龙盘踞在中国北方辽阔的土地上，是世界闻名的奇迹之一，符合文化遗产的第 1、2、3、4、6 条标准，1987 年 12 月被列入世界遗产名录。

早在公元前7世纪，中国长城的修筑就开始了，它是世界上修建时间最长和工程量最大的一项古代防御工程。至公元前221年，秦始皇统一六国之后，曾下令以北方已建的长城为基础大规模地修筑新的长城，以后历代都有修建，其中以汉、明两代规模最大，汉长城东起辽东、西迄莆昌海（即今罗布泊），长达10 000千米。明长城西起嘉峪关，东至鸭绿江，全长约6 300千米，我们现今见到的多属明长城。

历代递建的长城始终遵循"就地取材，因地制宜"的原则，建筑材料多以土、石、木为主，而且大多由城墙、敌楼、关隘、烽燧等多种防御工事组成。城墙是防御工事的主体部分，多建于高山峻岭或平原险阻之处；关隘是最为集中的防御据点和交通要道；烽燧是传递军事情报的设施。长城上著名的关隘有山海关、居庸关、嘉峪关等，现均为驰名中外的旅游景点。

（2）九寨沟

位于四川省阿坝藏族羌族自治州九寨沟县境内。距离成都市400多千米，是一条纵深40余千米的山沟谷地，因周围有9个藏族村寨而得名，总面积约620平方千米，大约有52%的面积被茂密的原始森林所覆盖。因其景色奇特秀美，符合自然遗产第3条标准，于1992年12月被列入世界遗产名录。1997年，又被纳入联合国"人与生物圈"自然保护区网络。

九寨沟的山水形成于第四纪古冰川时期，现保存着大量第四纪古冰川遗迹，最高处海拔3 000米上下。整个地势呈梯状重叠，相连成串地分布着大小湖泊，湖泊间有十几个瀑布呈梯状重叠分布。九寨沟分三条沟：日则沟、树正沟、则查洼沟，以高山湖泊群和瀑布群为其主要特点，集湖、瀑、流、滩、雪峰、森林及藏族风情为一体，因其独有的原始自然美、变幻无穷的四季景观、丰富的动植物资源而被誉为"童话世界"和"人间仙境"。

（3）泰山

位于山东泰安市北面，惯称"东岳"，古称"岱山"、"岱宗"，为中国五岳之首，号称"天下第一山"。它拔地通天，巍然屹立于山东东部，总面积426平方千米，最高峰玉皇顶海拔1 545米。在夏、商时代，就有72个君王来泰山会诸侯、定大位，刻石记号。秦始皇统一中国封禅泰山以后，汉代武帝，唐代高宗、玄宗，宋代真宗，清代康熙、乾隆等也相继效仿来泰山举行封禅大典，所到之处，建庙塑像，刻石题字，为泰山留下了大量的文物古迹。因泰山山体巍峨、景色峻秀，又有数不清的名胜古迹、摩崖碑碣，使泰山成了世界少有的历史文化游览胜地，符合自然遗产第3条和文化遗产第1、2、3、4、5、6条标准，于1987年12月被列入世界遗产名录。

泰山景区分丽、幽、妙、奥、旷五区，主要景点有岱庙、岱宗坊、一天门、经石峪、红门宫、万仙楼、壶天阁、回马岭、中天门、五松厅、十八盘、南天门、碧霞祠、玉皇顶等，其中又以天柱峰（即玉皇顶）的景色最为奇特，在山顶上可观赏到泰山"四大奇观"——旭日东升、晚霞夕照、黄河金带、云海玉盘。

（4）庐山

位于江西省九江市境内，东滨鄱阳湖、北临长江，是一座独特的地垒式断块山，大江、大湖、大山浑然一体，险峻与秀丽刚柔相济，素以"雄、奇、险、秀"闻名于世，最为主要的是还有20世纪20—30年代建成的具有欧美风格的别墅建筑800多栋。符合文化遗产第2、3、4、6条标准，1996年12月被列入世界遗产名录。

庐山山地面积约600平方千米，外围保护地带面积约500平方千米，共有99座山峰，主峰汉阳峰，海拔达1 474米。景区内具有河流、湖泊、坡地、山峰等多种地貌类型，水流交错，在河谷断裂处形成许多急流与瀑布、溪涧、湖潭，其中尤以三叠泉瀑布闻名。

此外，庐山地处亚热带季风区域，面临江湖，生物资源相当丰富，生态系统完整，森林覆盖率高达76.6%，并且具有明显的山地气候特色，气温随高度增加而递减，夏季凉爽，是中国著名的避暑胜地。因此，景区内建有大量的别墅，采用欧洲、美洲等民间建筑风格，例如东谷，俨然是个别墅博览会，至今仍保留着美、英、法、德、俄、芬兰、荷兰、奥地利、意大利等20多个国家风格不同的别墅。民国时期，有相当多的文武官员也在庐山建有式样各异的别墅，其中当属蒋介石夫妇的"美庐"别墅最具特色。

中国政府在对文化遗产中的古迹遗址和古代建筑的保护方面提出了"保护为主、抢救第一"的方针和"有效保护、合理利用、加强管理"的指导思想。在自然遗产方面提出了把保护放在首位、合理利用开发、加强管理的方针，这与世界遗产委员会制定的规章和办法一致。首先要加强保护，另一方面保护的目的又在于发挥遗产的作用，如果利用得不好，反而会影响保护，甚至造成破坏，所以必须"合理利用、加强管理"。近年来联合国教科文组织世界遗产委员会加强了对各国遗产保护的监督管理工作，不断派专家到名录中的各个遗产地去考察和监测。1994年联合国教科文组织世界遗产委员会首次派专家组来中国，对长城和北京故宫实地监测，以后又多次派专家来中国对其他的文化遗产和自然遗产考察。专家们对中国世界遗产的保护管理工作给予了充分的肯定，同时也坦率地提出了存在的问题和改进建议。他们的建议得到了中国政府主管部门的积极采纳，这些都有力地推动了中国文化遗产和自然遗产的保护管理工作。

中国的世界遗产状况也存在一些不容忽视的问题。在管理方面，由于受经济利益驱使，重利用、轻保护的现象屡见不鲜。如近年发生的武当山火灾，都江堰附近修建高坝，明孝陵石碑区迁移，以及泰山新建第二条索道，水洗古建彩画造成损失，等等。

另一种倾向是重申报、轻管理。据了解，目前全国有超过百个项目宣布申报世界遗产。申报世界文化遗产的成功，对于发展当地的旅游业有着特殊意义。事实证明，任何景点、任何地方一旦被列为"世界遗产"，无论是自然遗产还是文化遗产，都立即身价大涨，带来旅游业的大发展和丰厚的回报，这是申报的最大动力。而问题恰恰也在这里，中国的世界遗产正因此面临着严重威胁。有学者痛心地指出，目前对中国自然文化遗产和风景区的最大威胁，是失控的旅游开发，尤其是错位超载的旅游开发，已造成国家级风景区和世界遗产地有史以来最严重的破坏。据了解，中国风景区80%左右都有上千年的开发历史，按照对自然文化遗产保护利用的原则，不少名山风景区早已"超标"。尤其是近十多年的错位、超载开发，不少风景区宾馆饭店、培训中心、乡村摊点、索道、旅游列车、娱乐城等"人造景观"一应俱全，人工化、商业化、城市化现象十分突出，自然度、美感度严重下降，自然生态系统遭到空前破坏。

3.3.2　外国的世界遗产

保护文化遗产和自然遗产相结合的思想最初是由美国提出来的。1956年，美国政府提出了"世界遗产之希望"的倡议，旨在促进国际合作。1968年，国际保护自然资源联盟（IUCN）也向联盟成员国提出了相同的倡议。1972年，这项倡议又在斯德哥尔摩的联合国人类环境大会上一起被提出。1972年11月在联合国教科文组织的全体会议上，这一倡议为所有成员国响应，最后体现在会议所通过的《世界遗产公约》中。

截至2012年7月，列入世界遗产名录的外国遗产共有919处，所包括的种类和内涵非常丰富。由于数量相对较大，限于篇幅，下面仅介绍具有代表性的10处。

（1）罗马历史中心区

位于意大利罗马城中奥勒利安城墙内，包括罗马历史中心、城内教廷管辖区和圣保罗大教堂三部分，是当今一国首都内完美保存古城建筑结构的典范，于1980年被列入世界遗产名录，符合文化遗产第1、2、3、4条标准。

罗马是世界著名的历史文化名城，罗马帝国的发源地和首都，也是意大利的文化和交通中心。罗马历史源远流长,早在公元前510年,罗马已成为罗马共和国首都;4世纪时又是西罗马帝国都城;14至15世纪是欧洲文艺复兴的中心;1870年意大利统一后成为王国的首都。不同的历史时期,艺术、建筑、经济、文化和政治都得到不同层次的发展,期间修建了许多神庙、教堂、廊柱、凯旋门、纪功柱和竞技场等建筑,罗马历史中心区犹如一座露天的历史博物馆,记录着罗马辉煌的过去。罗马历史中心区面积约占罗马市面积的2/5,宏伟的宫殿、教堂、博物馆、雕像、喷泉遍地分布。其中有古罗马的行政中心——圆柱广场;建于公元2世纪埋葬着历代帝王和许多作家、艺术家的万神殿;最著名的是堪称"世界八大名胜古迹"的古罗马斗兽场,整个布局呈椭圆形,可容纳数万名观众,是古罗马最杰出的建筑。

(2) 伦敦塔

位于英国伦敦泰晤士河北岸、伦敦塔桥附近,是具有罗马人建筑风格特点的白塔,是影响整个英国建筑风格的巨大建筑物。伦敦塔是威廉沿泰晤士河建造的,目的是为了保护伦敦,并宣称此地是他的领土。伦敦塔是围绕白塔建造的一个十分有历史意义的城堡,也是王室权力的象征。符合文化遗产第2、4条标准,1988年被列入世界遗产名录。

伦敦塔是因军事需要而建成的,但从未在战争中派上用场。"二战"后,伦敦塔和与之相连的古堡成了一座博物馆,馆内展出历代兵器和盔甲,珍宝库里陈列着数百年来英国王室的珠宝、王冠、权杖及帝王所用的器皿、王袍等。伦敦塔主要由诺曼底塔楼、血塔、礌楼、滑铁卢塔四部分组成,它们相互连接,构成一个坚固的防御体系。其中诺曼底塔楼是整个建筑群的主体部分,由乳白色的石块建成,故称白塔,主要用于举行宗教仪式和召开秘密会议。此外,伦敦塔还有一个历史悠久的传统,即每天晚上十点都要举行各主要大门的上锁仪式,自1458年至今从不间断。

(3) 凡尔赛宫及庭园

位于法国巴黎西南郊,在17、18世纪时是法国的王宫和行政中心,是路易十四、十五时期的皇家宫殿,是欧洲古典主义园林艺术的杰出代表,符合文化遗产第1、2、4条标准,1979年作为文化遗产被列入世界遗产名录。

凡尔赛宫始建于1661年,路易十四在原有狩猎行宫的基础上将其进一步扩建,修成新宫,作为政府办公的场所;其后又经路易十五的修建,增加了教堂和歌剧院,形成了现今的规模。1837年,路易·菲利浦将凡尔赛宫改为博物馆。

凡尔赛宫占地6.7平方千米,主要由宫殿、练兵场、园林及附属建筑组成。整座宫殿气势非凡,大门由黄金和黑铁铸成。宫殿中央为王宫、卧室、餐厅、工作室、会议室、游艺室及长廊等，北面有王室教堂和歌剧院。凡尔赛宫是早期古典主义建筑的代表，建筑造型严谨，内部装饰华丽而丰富多彩；庭外园林规模宏大、造型讲究，在规划设计和造园艺术上都被当时欧洲各国所模仿。

（4）自由女神像

位于美国纽约港入口处的自由岛上。自由女神像系法国人民赠送给美国独立百年纪念的礼物，是自由的象征。女神像高46米，连同底座总高约100米，是当时世界上最高的纪念性建筑，总重量达225吨，由法国雕塑家巴托尔和工程师古斯塔夫·埃菲尔合作建造而成，从1874年开工到1884年竣工，前后历时10年。符合文化遗产第1、6条标准，1984年被列入世界遗产名录。

女神像气宇非凡，身着罗马式长袍，右手擎自由火炬，左手握着一块铜板，上面用罗马数字刻着美国独立日——公元1776年7月4日，脚上有象征推翻暴政的断铁镣，她的头冠上象征自由的七道射线遍及四大洋、七大洲，给人以凛然不可侵犯的感觉。

1884年7月6日，自由女神像被正式赠送给美国，至1886年10月28日，美国总统克利夫兰亲自主持了万人参加的自由女神像揭幕典礼。1942年，美国政府将自由女神像列为美国国家级文物。自由女神像是美、法两国之间友谊的象征，也是美国的象征，永远表达着美国人民争取民主、向往自由的崇高理想。

（5）比萨的中央教堂广场

坐落于意大利中部托斯卡纳省的省会比萨。广场上的主要建筑群是建于11—14世纪的比萨主教堂、浸礼会教堂和比萨斜塔等。这些建筑群是罗马建筑的典范，尤其是比萨斜塔，更被誉为世界建筑史上的奇迹。符合文化遗产第1、2、3、4条标准，1987年被列入世界遗产名录。

建于11—12世纪的比萨大教堂，分为5个殿。半圆形的正殿上面覆盖的穹顶呈橄榄状。18根大理石柱作为教堂的支撑，正殿正面有3扇大铜门，还有4层凉廊。教堂的小窗户采光不好，因此内部比较阴暗。教堂内保存有精美的油画、木雕等艺术品。

比萨城的著名斜塔实际是比萨大教堂的钟楼，建于1173年8月9日。由奥地利因斯布鲁克市的韦利格尔穆和柏南努斯创作而成。斜塔全部用大理石建成，总重1.42万吨，外观呈圆柱形，共有8层；塔高54.5米，塔身墙壁底部厚约4米、顶部厚2米多，从下而上，外围8重拱形券门，由底层15根圆柱，中间6层各31根圆柱，顶层12根圆柱，建成213个拱形券门而成；顶层为钟楼，塔内有螺旋状楼梯294级，盘旋而上塔顶，造型古拙而又秀巧，称得上罗马式建筑的典范。站在塔顶眺望，比萨城全景就可以尽收眼底。从1173年至今，因为它的倾斜及壮观，比萨斜塔受到了游客莫大的关注，是意大利最为吸引人的景点之一。

(6) 雅典卫城

雅典城得名于女神雅典娜，卫城则是供奉雅典娜的地方，原为雅典奴隶主的城堡，公元前5世纪雅典奴隶制民主政治时期，其被改建为宗教活动中心。它位于希腊雅典西南部，是希腊建筑艺术的代表作品，符合文化遗产第1、2、3、4、6条标准，1987年被列入世界遗产名录。

雅典卫城作为古代宗教中心和防御堡垒，已有2 800年的历史。其布局错落有致，与地形巧妙结合构成完整的统一体，被认为是希腊民族精神和审美理想的完美体现，包括著名的帕特农神庙、卫城山门、厄瑞克提翁神庙和雅典胜利神庙等历史遗迹。其中最为著名的当数帕特农神庙，是供奉雅典娜女神的主神庙，又称万神殿，建于公元前5世纪中叶，被公认是多利亚柱式的发展顶峰，是希腊全盛时期建筑与雕刻的主要代表，有"希腊国宝"之称，也是人类艺术宝库中一颗璀璨的明珠，现仅剩30多根石柱和断壁残垣，殿内供奉着巨大的稀世珍宝——雅典娜女神像，高达11.89米。雅典娜胜利女神庙，则是居住在雅典的多利亚人和伊奥尼亚人共同创造的建筑艺术结晶，是智慧女神雅典娜与主神宙斯的象征。

(7) 孟菲斯与吉萨至达舒尔的金字塔墓区

位于埃及东北部的尼罗河西岸。孟菲斯，又有人称为美尼弗，其含义为"迷人住宅"，在公元前3000年由法老美尼斯所建，在人类历史上已经存在了5 000年之久，是金字塔时代行政、宗教和军事中心。符合文化遗产第1、3、6条标准，1979年被列入世界遗产名录。

在古埃及，每个法老为了在来世能够成为神仙，在登基之初就开始为自己修建陵墓。陵墓是用巨大的石块修筑而成的，之所以被称为"金字塔"，是因为它呈方锥形，颇似汉字"金"字。金字塔分为两种，一种是阶梯式，另一种为大金字塔。阶梯式金字塔的前身是马斯塔巴，大金字塔的前身是阶梯式金字塔。金字塔中最大、最著名的有三座——胡夫金字塔、哈夫拉金字塔和门卡乌拉金字塔。这三座均为大金字塔，它们是埃及金字塔建造艺术的顶峰。其中，胡夫金字塔是最雄伟壮观的一座。据说是第四王朝法老胡夫的陵墓，它被列为世界古代七大奇迹之一。

金字塔和墓地是集中体现古埃及建筑艺术与宗教密切关系的建筑，陵墓内壁上刻有大量的反映古埃及人的游戏、战争、狩猎、田间以及工场劳作场面的浮雕，是了解和研究人类社会古代文明的无价之宝。

（8）黄石国家公园

位于美国西部，横贯美国西北部怀俄明、蒙大拿和爱达荷三州，是美国建立最早、规模最大的国家公园，也是目前世界最大的国家公园。因公园内的黄石河两旁峡壁呈黄色，故称"黄石公园"。符合自然遗产第1、2、3、4条标准，1979年被列入世界自然遗产名录。

黄石国家公园以保持自然风光而著称于世。园内最大的湖是黄石湖，最大的河流是黄石河，还有众多的峡谷、瀑布、温泉及间歇喷泉等，因而它又是一个极负盛名的旅游胜地。园内最为独特的景观首推间歇喷泉，全园多达300余处，占世界总数的一半以上，其中尤以"老实喷泉"最具代表性，每天喷射21～23次，大约平均每小时喷发一次，每次持续五分钟左右，每次喷发时能把7 500至1.2万加仑（28.4～45.4立方米）的滚热泉水抛向高空，水柱高达180英尺（约合55米）。热水在空中遇冷气时即凝结成白色云柱，十分壮丽。此外，还有非常壮观的上下瀑布，高达94米，比尼亚加拉大瀑布高出一半，比中国第一瀑布黄果树瀑布也高出20米左右。

（9）维多利亚瀑布

维多利亚瀑布位于非洲南部赞比亚和津巴布韦接壤的地方，在赞比西河上游和中游交界处，是非洲最大的瀑布，也是世界最大和最美丽的瀑布之一，与北美洲的尼亚加拉瀑布和南美洲的伊瓜苏瀑布并列为世界三大瀑布。符合自然遗产第2、3条标准，1989年被联合国教科文组织列入世界遗产名录。

维多利亚瀑布是一个庞大的瀑布群，呈"之"字形分布，绵延达97千米，落差106米，自西向东被利文斯敦岛分为5段相对较小的瀑布，分别被称为"魔鬼瀑布"、"主瀑布"、"马蹄瀑布"、"彩虹瀑布"、"东瀑布"。"魔鬼瀑布"最为气势磅礴，以排山倒海之势直落深渊，轰鸣声震耳欲聋，强烈的威慑力使人不敢靠近；主瀑布高122米、宽约1 800米，落差约93米，流量最大；东侧是"马蹄瀑布"，它因被岩石遮挡为马蹄状而得名；"彩虹瀑布"位于"马蹄瀑布"的东边，因空气中的水点折射阳光，产生美丽的七色彩虹而得名，水雾形成的彩虹远隔20千米以外就能看到，并且能上升到305米的高度。在月色明亮的晚上，水气更会形成奇异的月虹；"东瀑布"是最东的一段，该瀑布在旱季时往往是陡崖峭壁，雨季才成为挂满千万条素练般的瀑布。

（10）卡卡杜国家公园

位于澳大利亚北部地方首府达尔文市东部200千米处，占地面积为2万平方千米。以前是一个土著自治区，1979年被划为国家公园。符合自然遗产第2、3、4条标准和文化遗产第1、6条标准，1981年被列入世界遗产名录。

公园以郁郁苍苍的原始森林,各种珍奇的野生动物,以及保存有 2 万年前的山崖洞穴间的原始壁画而闻名于世,是一处为现代人保存的一份丰厚的文化遗产和旅游资源的游览区。

公园内植物类型丰富,超过 1 600 种,这里是澳大利亚北部季风气候区植物多样性最丰富的地区,是澳大利亚北部地区的典型代表。公园中有 64 种土生土长的哺乳动物,占澳大利亚已知的全部陆生哺乳动物的 1/4 还多。澳大利亚有 1/3 的鸟类在这里聚居繁息,品种在 280 种以上,其中各种水鸟和苍鹰为其代表性鸟类。

公园内的许多洞穴里还有大量不同风格的绘画等艺术作品。在阿纳姆高原地带这种洞穴最多,绘画的题材主要是狩猎英雄和被猎取的动物,有些岩画的年龄达 1.8 万年之久。古代文物、1 000 多个考古遗址、土著居民的文化和大约 7 000 多个艺术遗址使这里闻名遐迩。通过发掘遗址,还找到了澳大利亚最早生活的人类的证据,为澳大利亚的考古学、艺术史学以及人类史学提供了珍贵的研究资料。

本章小结

20 世纪 70 年代,文化遗产和自然遗产越来越受到破坏的威胁,有些文化遗产和自然遗产具有突出的重要性,需要作为全人类遗产的一部分加以保存。因而整个国际社会有责任,通过提供集体援助,来参与保护具有突出的普遍价值的文化遗产和自然遗产。

文化遗产分为 3 类,即文物古迹、建筑群和遗址,内涵强调它们在历史、审美、艺术或科学方面有突出的普遍价值。自然遗产分为由物质和生物结构或这类结构群组成的自然面貌、地质和自然地理结构以及明确划分为受威胁的动物和植物生境区、天然名胜和自然区域,这些都是在审美、科学、保护或自然美方面应当有突出的普遍价值,或者已被明确划分为受到威胁的区域。

世界遗产委员会的组成。它由缔约国大会选出的 21 个国家组成,委员会委员的选举须保证均衡地代表世界的不同地区和不同文化。成员国委员任期为 6 年,但有 1/3 成员国委员任期为 2 年,另有 1/3 成员国委员任期为 4 年,这些委员由联合国教育、科学及文化组织大会主席在第一次选举后抽签决定。

世界遗产名录的制定。各国应尽力向世界遗产委员会递交本国适宜列入世界遗产名录的文化遗产和自然遗产预备名单，这份预备名录要尽量齐全，它应包括有关遗产的所在地及其意义的文献资料，历时至少2年。

世界遗产基金。这是一项信托基金。资金来自以下各个方面：缔约国义务捐款和自愿捐款；其他国家政府、联合国系统的组织或其他政府间组织捐款、赠款；团体或个人捐款、赠款或遗赠；基金款所得利息；募捐的资金、募款活动收入和世界遗产委员会拟定的基金条例所认可的所有其他资金。

世界遗产可分为三种类型，即文化遗产、自然遗产、文化和自然双重遗产。此外，世界文化遗产中还可分出世界文化景观（如庐山）和人类口述和非物质遗产代表作（如昆曲）。世界文化遗产的具体评定标准共有6个，世界自然遗产的具体评定标准共有4个，以及附属条件。

到2012年7月，被列入世界遗产名录的外国遗产共有919处；中国则有万里长城、九寨沟、泰山、庐山等43处遗产被列入世界遗产名录，另有两项"人类口述和非物质遗产代表作"，即昆曲和古琴。

▬ 课堂讨论题

1. 如何认识《世界遗产公约》和中国申报世界遗产的热潮？
2. 目前中国的世界遗产在管理上存在哪些问题？

复习思考题

1. 制定《世界遗产公约》的动机有哪些？
2. 《世界遗产公约》可分为几部分？
3. 世界遗产的类型和标准有哪些？
4. 到2012年止，中国的世界遗产有多少处？

4 旅游交通

学习要点

- 旅游交通的概念、特点和对旅游活动的作用
- 旅游交通的类型
- 游客对旅游交通方式的选择
- 铁路旅游交通的特点
- 中国与外国铁路交通的发展与布局
- 公路旅游交通的特点
- 中国与外国公路交通的发展
- 水运旅游交通的特点
- 中国与外国的水运交通的发展
- 航空旅游交通的特点
- 中国与外国航空交通的发展
- 景区特色交通的概念、类型与特点
- 城市公共交通的概念、特点与构成

4.1 旅游交通概论

4.1.1 旅游交通概述

4.1.1.1 旅游交通的概念

旅游交通是指为旅游者由客源地到旅游目的地的往返，以及在

旅游目的地各处的旅游活动所提供的交通设施及服务。其具体过程包括，游客在起始交通节点，利用某种交通工具，通过交通线路网络到达目的交通节点的运移过程。交通节点可以是旅游目的地、旅游客源地，也可以是景区、景点。

交通运输由三部分构成：交通节点、线路网络、运输工具。每个部分又都包括硬件（如属交通节点的火车站、汽车站、码头、机场等，属交通线路的公路、铁路、空中航线及水运航线等，属运输工具的汽车、列车、船只、飞机等）和软件（如管理、服务、调度、组织）等。旅游交通通常也由这三大部分构成。

旅游交通可以专门为旅游者开辟与建立，例如旅游专列、游轮、旅游专用汽车等，线路也可以是专门的旅游线路，例如专门为游客到达九寨沟而修建的公路及开通的旅游航班；景区内的交通设施旅游专用性更强。然而，更大量的旅游交通利用的是国家与地区社会经济发展所建立起来的基础交通设施，它们虽然并不是专门为旅游业设立的，但一地的交通基础设施完善，公共交通发达，对旅游交通的发展无疑具有重要意义。

4.1.1.2 旅游交通的特点

旅游者的旅游过程分为"旅"与"游"两部分，其交通性质也分旅行与游览两部分，作为旅行部分，安全、准点、快速的特点与一般的交通要求是基本相同的，但大多数旅游者要求旅游过程更舒适。相对于一般交通而言，旅游交通具有如下一些特点：

（1）舒适性

旅游交通的对象不是货物运输，也不是来去匆匆的旅客。旅游者对旅游交通设施的要求比一般旅客高，尤其对其舒适性要求更高。因为，在旅游过程中，游客的"旅"是为了到旅游目的地以后的"游"。"旅"是一项花体力与精力的活动，如果在"旅"中过于疲劳，到了旅游目的地后就没有体力与精力去"游"了。所以，为了减少旅途疲劳，要求旅游交通有较大的舒适性。

为了节省时间、降低旅游成本或者由于行程的原因，许多旅行社或游客往往白天安排游览等旅游活动，而把休息过夜的场所设在交通工具内，例如列车、游船甚至汽车里。为了保证白天旅游的效率，也要求旅游交通工具的舒适性要比一般交通工具高。

旅游交通工具的舒适性一般表现在：空间宽敞、乘坐舒适、生活方便、温度湿度适宜、运行平稳。例如，旅游汽车的座位宽敞，按照人体力学设计，且角度可调；为保证游客在车厢内有宽敞的空间，一般都在车厢底部设置专门的行李放置箱，以便随时取放，但又不影响车内空间；温度、湿度可调；交通工具内备有卫生间等设施；交通工具运行平稳，等等，这些都是旅游交通舒适性的重要标志。

正是由于旅游交通的这个特点，使目前专用的旅游交通工具有向增强舒适性方面发展的趋势。

（2）观赏性

部分旅游交通工具除了具有将游客运送到旅游目的地的功能外，对于小尺度旅游及景区内旅游活动而言，在交通工具内观看沿途风光是另一个重要的功能。例如，乘城市观光巴士观看城市市容，乘半潜艇观看海底珊瑚世界，乘观光缆车观看景区风光，乘汽车游览野生动物园，等等。这些交通工具为观赏活动而特别设计，视野要开阔，并具有特殊的防护设施，使之方便游客观光。

（3）娱乐性

在漫长的旅途中，游客往往需要以娱乐来提高旅游的乐趣，减少旅途的烦闷，故旅游活动有向旅途娱乐方向发展的趋势。为了适应游客需要，旅游交通工具中往往会设有专用的娱乐设施，这在游轮上表现最突出——设有游泳池、酒吧、舞厅、图书馆、音乐厅等；有的旅游大巴也设有卡拉OK、电视映像等设备；有的列车还提供棋牌、游戏机等娱乐工具。

（4）便捷性

便捷性主要指旅游交通为游客提供转乘的便捷程度和旅游活动的便捷程度。

旅游活动的一大特点是频繁的转点，如果转乘不便往往会消耗大量的旅途时间，而游客希望旅游活动中的旅途时间尽可能地短些，旅游交通只有与游客旅游活动同步才能达到旅途时间最省的要求。专为游客服务的旅游交通在便捷性上大大优于一般的交通。为了达到便捷性的要求，在中小尺度的旅游活动中，旅行社一般采取专车跟团的交通方式，旅游者一旦在某个景区结束旅游活动，马上就可以转点。在大尺度旅游活动中，由于游客的分散性和旅游目的地的分散性，旅行社不可能安排专用旅游交通工具，而需要利用公共交通工具，这种交通方式的便捷性不如前者好，游客必须按照公共交通时间表来安排旅游活动。当然，如果区域公共交通发达，旅行社或游客合理安排旅游活动，也可以达到交通便捷的效果。

在旅游中，游客希望旅途生活和游览都能够比较方便。游客出门时往往希望多带些衣服，以及防雨、防寒、防晒、防病、清洁等日常生活用品，但游览时又希望随身物品尽可能少。过去的旅游活动一般是先到旅游目的地，将生活用品放下后再出外游览，而现在的旅游安排一般是旅与游紧密结合，如果游客在旅游过程中带着大量的生活用品，无疑是一个极大的负担。所以，现代旅游交通工具的设计必须考虑游客旅游活动的便捷性。例如，海南岛 4 日游线路中，海南的旅行社会安排一部专车全程陪伴旅游团，由于每天住宿的酒店不同，游客必须将所有行李随身携带，晚上以酒店为家，白天则以旅游车为家。为此，旅游车下部为游客设置了专门的行李箱，游客可以把原来留在酒店的行李放到行李厢中，随身只带少量物品，这样既不影响旅途生活，也不影响旅游活动。

4.1.1.3　旅游交通在旅游活动中的重要作用

从旅游的定义可以知道，"旅"指的是从客源地到目的地的旅行过程，也就是旅游活动六大要素中的"行"，"游"是指在旅游目的地开展游览活动的过程，它们涉及的都是游客的移动过程。不论"旅"或"游"采用什么方式，这种移动都离不开旅游交通。旅游交通对旅游活动的重要性表现在：

（1）旅游交通是最基本的旅游要素

在旅游活动六大要素中，有些要素不是必需的，比如"购"、"娱"；有些要素则不是旅游特有的，比如"吃"与"住"；但"行"与"游"则是旅游活动六大要素中最基本、最重要的要素，缺少了"行"与"游"，就不存在旅游了。

（2）旅游交通是旅游地可进入性的保证

旅游交通是客源地与旅游地、旅游地与旅游地之间的联系纽带，游客能否到达旅游地，与旅游交通有直接关系，所以，旅游交通是旅游地可进入性的保证。

从旅游地角度看，开发者除了考虑开发旅游地的旅游资源外，更重要的是要考虑如何把游客引进旅游地，形成有规模的旅游客流。例如，韶关乳源的大峡谷景区，鬼斧神工，气势磅礴。但在进入大峡谷的水泥公路修通前，这里的旅游资源得不到充分利用，只有个别散客自己开车，历尽艰辛才能进入大峡谷，每年到这里旅游的人数只有几百人。而自从水泥公路修通后，这里成了广东第一峡谷，当年（1999 年）"五一"黄金周的游客就达到了 5 万多人。

（3）旅游交通直接影响了旅游者对旅游地及旅游方式的选择

从旅游者角度看，为了旅游的舒适性、行程的快速性与安全性，一般都选择交通条件好的旅游地旅游。进入旅游地的交通方式越多、越便捷，旅游者选择到这个旅游地旅游的可能性也越大。这是因为游客对旅游交通方式有一定的偏好及适应性，如果从客源地到旅游地之间有多种旅游交通的选择，则游客进入旅游地的限制性较少；如果旅游交通方式选择性小，则可能对某些游客的旅游意愿起到了限制作用。例如，乳源大峡谷景区内从谷底到谷顶有两种交通方式，一是爬 1 358 级阶梯，这足有 80 多层楼高，体力好的游客至少需要爬大半个小时，体力差些的则要 2 个多小时甚至下到谷底后就上不来；另一种方式是乘坐缆车，只需 5 分钟就可以从谷底上到谷顶。当缆车不能开动时，就限制了大多数体弱游客下谷底游玩的意愿。正因为如此，部分到过大峡谷的游客说其不好玩，可能是他们因体力问题而没有下到谷底，体验不到大峡谷真正的魅力所在，或者下去以后被漫长的"天梯"消耗掉了大部分体力和良好体验。长久以往，也就影响了旅游者对大峡谷的旅游选择。

（4）旅游交通直接关系着旅游者对旅游活动的体验

在旅游过程中大多数旅游者非常看重"游"的体验，这种体验的价值除了受景区旅游活动项目内容影响外，还受景区内交通的影响。景区内良好的交通可以把本来分散的景点有机地串联起来，客观上起到缩短景点距离、增加景点密度的作用；同时，良好的景区交通还有把游客引导到最佳旅游活动区的功能，这些作用增加了游客对旅游活动的良好体验。

例如，中国著名风景名胜区武陵源，面积264平方千米，内分张家界、天子山、索溪峪等三大景区，每个景区内有众多相对密集的景点。为了能使这个人间仙境展现在游客眼前，各景区内的游览小径蜿蜒曲折，单是张家界就有200多千米，还有索道凌空飞架，观光火车穿行其中，景区内交通形成一个整体，游客或自由自在地沿途游览观赏，留影拍照；或直奔最佳景点而去。而景区之间，又有便捷的旅游公路连通，使264平方千米的武陵源风景名胜区连为一体，给游客一种美好的旅游体验。

有些景区我们之所以说其开发程度低，首先就是指景区内的旅游交通不完善，许多景点是游客不容易到达的，这就使其旅游体验大打折扣。例如，2010年8月2日作为"中国丹霞"成功申遗的广东韶关丹霞山，景区规划范围总面积373平方千米，其中规划面积292平方千米。但目前旅游交通所覆盖的面积不到40平方千米，旅游路径只有20千米，许多景点可望而不可即，游客在丹霞山的旅游体验远不如张家界。

旅游活动大量体验还在于"旅"的过程，不论大尺度还是中小尺度的旅游活动，旅途占旅游体验中重要的、甚至是决定性的部分。这主要表现为：一是游客对乘坐某种交通工具的体验。例如，某内陆城市的旅游者准备到海南岛旅游，由于人们对大海感觉十分新鲜，旅游者决定乘坐海轮前往，以观赏大海的波涛与景色。这样的旅游体验和感受有时比在旅游地的旅游活动还要深刻。二是对旅途生活的体验。许多旅游者都喜欢三五个好友一起外出，在旅途中或谈天说地，或下棋听音乐，经过漫长的旅途生活，可以使人际间的距离拉近，而旅游交通为这种旅途体验提供了场所。三是旅途中对外部景色、景观的体验。这对小尺度的旅游活动更为重要——游客虽然是在旅途中，但由于路途较短，可以把精力集中于窗外的景色上，从而得到难忘的旅游体验。良好的旅游交通可以为游客创造出这种环境，善于把旅与游有机结合起来的旅游者可以在旅途中得到更多、更好的旅游体验。

4.1.2 旅游交通的类型

旅游交通种类众多，可从不同角度对其进行分类。

4.1.2.1 依据交通运输方式分类

旅游对交通的依赖与一般旅行对交通的依赖有许多相似之处，一般意义上的交通运输方式包括客运与货运，旅游交通属客运的一部分，可以按传统的交通运输方式对其分类。这种分类主要依据交通线路的特征进行，比较成熟，在统计上也相当方便。

按交通运输方式，可把旅游交通分为铁路旅游交通、公路旅游交通、航空旅游交通、水运旅游交通等四个大类。

4.1.2.2 依据旅游活动方式分类

运输型——旅游交通的目的只是在于为旅游者提供到达某个目的地的服务。不论采用什么交通工具，其目的都一样。我们把这个过程归纳为运输过程，这种旅游交通方式称为运输型。大多数的旅游交通属于此种类型。

观赏型——旅游交通的目的在于提供观光服务。在景区内或景区间，如果旅游者乘坐交通工具的目的只是为了观光，则可以把这种交通运输方式称为观赏型。例如，巴黎铁塔的观光电梯、海南岛大东海的海底观光半潜艇、香港维多利亚湾的观光游船、丹霞山的观景飞机等。

体验型——旅游交通的目的只是为了给旅游者某种体验。例如，自驾车旅游、自行车旅游、骑马旅游、坐轿旅游、漂流旅游等。

这种分类方法用得不多，也不通用，分类中部分旅游交通方式可能重叠，如观光电梯，它既是运输型的，也是观赏型的，还可以是体验型的。所以这种分类只有游客心理意义，而基本没有统计上的意义。

4.1.2.3 依据社会经济发展阶段分类

旅游交通随着社会经济、科技的发展而发展。按照社会经济发展阶段，旅游交通可以分为古代旅游交通方式、近代旅游交通方式、现代旅游交通方式。

古代旅游交通只能利用马匹、帆船等简单的畜力、风力、人力交通工具，多数旅游者还是要靠自己的双脚。其交通运输工具具有舒适性差、速度慢、载客量小的特点。

近代由于工业革命，出现了火车、汽车、轮船、飞机等，它们也就成了最常用的旅游交通工具了。

现代的旅游交通则在近代旅游交通基础上，在快速、大众化的舒适度、安全性等方面明显改进,火车、汽车、飞机、轮船还是最重要的旅游交通工具,同时由于高科技的发展,出现了磁悬浮列车、航天飞机、气垫游船等新型交通工具,并逐渐加入了旅游交通的行列。

4.1.3 旅游交通的构成与游客对旅游交通的选择规律

4.1.3.1 旅游交通的构成

旅游交通构成依据的是交通运输方式分类,并侧重于客运交通。在现代客运交通领域中,旅客出行分为工作出行与休闲出行,但这两者并没有现成的统计资料,一般粗略地设定工作出行约占旅客出行的70%,休闲出行约占30%。可见,旅游者在整个客运交通中是一个稳定而重要的组成部分。

根据中国的统计资料,随着交通运输工具的发展,客运交通的构成是在不断变化的,见表4-1。

表4-1 改革开放以来中国各种交通运输方式的客运周转量及比重表

年份	总周转量(亿人千米)	铁路		公路		水运		航空	
		周转量(亿人千米)	比重(%)	周转量(亿人千米)	比重(%)	周转量(亿人千米)	比重(%)	周转量(亿人千米)	比重(%)
1979	1 966	1 214	61.7	603	30.7	114	5.8	35	1.8
1980	2 281	1 383	60.6	729	32.0	129	5.7	40	1.8
1985	4 248	2 416	56.9	1 543	36.3	172	4.0	117	2.8
1990	5 612	2 616	46.6	2 600	46.3	178	3.2	278	5.0
1995	9 106	3 547	39.0	4 725	51.9	180	2.0	652	7.2
2000	12 188	4 488	36.8	6 600	54.2	104	0.9	996	8.2
2002	13 966	4 969	35.6	7 647	54.8	85	0.6	1 269	9.1
2003	13 795	4 789	34.7	7 629	55.3	94	0.7	1 263	9.2
2005	17 473	6 061.8	34.7	9 299.1	53.2	67.1	0.4	2 044.9	11.7
2010	27 779.2	8 762.2	31.5	14 913.9	53.7	71.5	0.3	4 031.6	14.5
2011	30 935.8	9 612.3	31.1	16 732.6	54.1	74.2	0.2	4 516.7	14.6
2012	33 368.8	9 812.3	29.7	18 468.5	55.3	77.4	0.2	5 010.7	15.0

据国家统计局全国年度统计公报。

从表4-1可知,在中国的各种客运交通方式中,铁路与公路占绝对优势,但目前铁路交通的地位正逐年下降，代之而起的是公路交通的迅猛发展。至2012年底，中国的铁路客运只占总周转量的29.4%，而公路客运已经占到总周转量的55.3%。水上客运的地位更是由1979年的5.8%大幅度降为2012年的0.2%。航空客运的地位则迅速提高，由1979年的1.8%上升到2012年的15.0%，对旅游者而言其重要性显然正在迅速增加。

4.1.3.2 游客对旅游交通方式的选择趋向

游客对各种旅游交通方式的选择主要由交通运输方式的特点、游客的经济条件、旅游者偏好、到旅游目的地的距离、旅游活动类型等因素所决定。其特点是：

（1）依据旅游活动的尺度选择交通方式

游客对交通方式的选择明显地受旅游目的地与客源地之间的距离影响。

直线距离 >1 000 千米的大尺度旅游活动需要交通运输工具具有快速及舒适的特点。在几种交通方式中，航空交通为最佳方式，铁路交通次之。

直线距离在 250～1 000 千米之间的大中尺度的旅游活动要求速度较快，一般以铁路交通为主，公路及航空交通为辅。

直线距离 <250 千米的中小尺度旅游活动对交通工具快速性的要求不如大中尺度高，由于距离短，即使速度快，能省的时间也是极为有限的。游客选择交通方式更重视其灵活性与方便性，所以公路交通最为适合。

至于水运交通，因其具有较高的舒适性，如果旅游者对时间性要求不高，也可以作为一种选择。

（2）依据经济状况选择旅游交通方式

在较大尺度旅游活动中，如果有多种交通方式可供选择，则在排除了旅游者的爱好、时间性等因素外，更重要的是考虑经济因素，见表4-2、表4-3。

表4-2　中国客运方式最低价格比较表

客运方式 价格	铁路	公路	内河	海运	航空
价格（元/千米）	0.10	0.17	0.12	0.24	0.70

表4-3　广州到海口交通运输方式比较表

客运方式 价格	铁路	公路	航空
正常价格（元）	264（硬卧下）	200	700
最低价格（元）	137（硬座）	160	180（打折）

表 4-2 和表 4-3 是目前全国和广东几种交通方式的价格比较表，从表中可见，在正常情况下，各种交通方式的价格基本处在同一水平上，只有航空的价格特别高，为其他交通方式的 3 倍左右。在中国，通常大尺度旅游活动的交通方式有航空与铁路两个选择，当游客经济能力强时，多选航空；经济能力差时，多选铁路。如果需要境外旅游，目前一般选择航空方式。

在市场经济条件下，由于各种交通工具间及各运输企业间存在激烈的竞争，往往使交通运输价格很不稳定，尤其是飞机票价。从广州到海口的交通方式比较表中可见，航空交通在打折情况下与公路交通正常票价相差不大，到海南岛旅游的游客一般采用航空方式。

（3）依据游客的偏好及旅游目的选择交通方式

游客在进行旅游活动时，也有按自己的偏好或目的选择交通方式的。

以快速、节省时间为目的的游客多选航空或铁路交通方式；有些游客对坐飞机有惧怕心理，则即使是大尺度旅游也只会选择铁路交通；希望体验交通工具的旅游者，多选特定的交通方式，如没有乘坐过飞机的游客多选航空，没有乘坐过轮船或没见过大海的游客多选海运等；意在体验旅途快乐的游客，多选速度不快但十分舒适的交通工具，如游轮等；需要沿途游览、路程也不十分远的游客，多选公路交通方式。

4.1.4 旅游交通的发展与规划

4.1.4.1 旅游交通的发展

旅游交通的发展有两种情况：一是在发达地区与发达国家，由于经济的发展，公共交通体系比较完善，旅游交通的发展基础良好，不需要专门为旅游而大搞交通建设，所谓旅游交通只是"搭便车"而已，故有"旅先游后，旅顺游畅"的特点。如去深圳旅游，由于珠三角的道路系统非常发达，游客利用现有的交通工具及路网系统就可以非常方便地到达深圳。

在经济落后地区及发展中国家，由于经济发展起来之前其交通体系比较落后，许多旅游区原来没有完善的交通设施，因此，交通的不便会对一些旅游地的发展带来阻碍，为发展旅游业需要建设专门的旅游交通设施。所以有"先游后旅，旅滞游难"的特点。中国不少新开发的旅游区都具有这个特点，如九寨沟，原来的道路非常困难，从成都坐汽车去仅单程就需要 2 天，后来为了发展旅游业而新建及改建了公路，现在从成都到九寨沟只要 10 个小时左右。成都坐飞机到九寨沟（黄龙机场）只需一个小时左右。

4.1.4.2 旅游交通布局与规划

（1）交通运输布局与旅游交通布局

交通运输布局是指铁路、公路、水运、航空和管道五种现代化运输方式的线路、站点的土木建筑物及相关技术设备和交通运输工具组成的交通运输网的地域分布。旅游交通是整个交通运输中客运的一部分，因此，其布局必须服从整个交通运输布局。特别是大城市之间、地区之间的旅游交通与普通客运并无多大区别，只是在进行旅游交通布局时应该突出考虑旅游业发展的需要，做出游客量必要、科学的预测，综合运用各种交通运输工具，因地制宜，以方便旅游者旅游、尽量少占土地、不破坏景观为原则。

（2）旅游交通布局注意事项

在布局旅游交通时必须注意以下三点，一是考虑到舒适性原则，旅游交通的档次、规格一般要比普通交通高，如旅游列车通常比普通列车软座多、卧铺多、卫生条件好、服务质量高；二是考虑到旅游交通观赏性原则，要特别强调交通线沿途的绿化和环境美化；三是景区内的交通要与景区的自然环境和性质定位相协调，如自然生态区和古人文旅游区不宜多铺设水泥马路，可多用步行道，或用传统交通工具且尽量不设计回头路。

（3）旅游交通规划

旅游交通规划既是旅游业发展的一部分，又是交通运输规划的一部分，它既要符合旅游业发展规划的理论、原则和方法，又要符合交通运输业发展的理论、原则和方法。其步骤包括：资料建档，调查分析诊断，政策、目标及准则的制定，体制和财政分析，供给分析，需求分析，运营和基本改进措施，区际运输活动的预测，未来交通运输方式的选择，未来运输短缺的辨识，关键通道备选方案的生成、分析和评价，备选方案的产生及其分析和评价等。

一般旅游交通规划主要是旅游管理部门根据旅游业发展的需要提出目标要求，交由交通运输部门负责实施；景区、景点内部的交通规划才由该景区、景点的旅游管理部门负责制定和实施。

4.2 铁路旅游交通

4.2.1 铁路交通的特点及其对旅游活动的影响

铁路旅游交通是铁路交通的一部分，具有铁路客运交通的一般特点：

(1) 速度较快

铁路客运交通的速度在四种交通方式中仅次于航空交通，随着高速铁路技术的不断发展，铁路运行最高时速已从20世纪60年代的210千米、80年代的250～300千米发展到了21世纪初的350千米左右。中国高铁在2010年试验最高运行时速达486.1公里，法国1990年试验铁路运行速度达到每小时515.3千米的世界最高纪录。

(2) 运量大，价格便宜

铁路运输能力大，运送速度较快。以高速铁路为例，单方向输送能力大约是空运的10倍，高速公路的5倍。

铁路运输成本低、运输能耗低、等量换算周转量占用的资源最少。国外的一般统计数据表明，在能耗方面，用于城市间旅客运输，平均人千米铁路比公路运输节约能源60%～90%。根据近年来中国交通运输基础设施建设情况统计，平均每万千米换算成吨千米，燃油消耗量，铁路为公路运输的15%；而占用的土地，铁路仅为公路运输的4%。

(3) 安全性好，舒适度较高

铁路运输尤其是高速铁路运输的安全性是很高的。据日本统计，普通铁路每运行1亿人千米的死亡人数仅为航空的18%、公路的13%。日本的高速铁路自1964年开通40年以来，除了2004年10月因地震出现唯一的一次列车出轨外，没有发生过任何人员伤亡或其他重大事故。所以，铁路的安全性是其他任何一种交通工具所无法比拟的。

(4) 受各种自然因素影响较少，准点率高

无论是风霜雨雪，炎热严寒，铁路运输都可以全天候正常运行。加上其严密的调度，准点率是所有交通方式中最高的，这对有严格时间要求的旅游者而言无疑十分重要。

(5) 灵活性较差，可达性有限

铁路交通的组织方式是极为严密的，有严格的计划与调度，所以其班次、时间、到达地点都相当固定。对旅游者而言，这种固定、准点的交通有利于旅游线路的预先计划与安排；但它也有灵活性差的弱点，游客必须提前买好票，按照预定的时间与地点旅游。只有当铁路交通发展到公交化的时候，灵活性才会有改善。目前一些发达城市的轨道交通有向公交化发展的趋势。

由于铁路建设难度比公路要大得多，铁路建设的经济性也决定了需要有较大的运量才可行，铁路的区域覆盖率比较低，这使铁路交通的可达性比公路差得多。铁路交通一般用于客源地与旅游组织中心城市之间或两个旅游组织中心城市之间的

交通。

4.2.2 中国的铁路旅游交通

4.2.2.1 中国铁路交通的地位与发展

中国的铁路交通在四种交通运输方式中占有举足轻重的地位，曾经以"铁老大"荣称。虽然目前的地位逐年下降，但其绝对运量惊人，到2012年底，全国铁路营业里程达到9.8万公里，居世界第二位。货运周转量达29 187.1亿吨千米，客运周转量达9 812.3亿人千米。铁路交通仍然是中国游客国内旅游的最主要交通方式之一。

随着中国铁路的多次提速及高速铁路的发展，快速列车、夕发朝至和朝发夕至列车不断出现，距离500千米以内的两个城市只需花费半天的时间即可到达，距离1 500千米的城市之间可以隔夜到达，而那些距离不到2 500千米的城市之间可以在24小时之内到达。目前全国列车时速已从每小时120千米提高到每小时160～200千米。中国第一条高速铁路秦沈客运专线2003年10月12日开通运营时的速度达到160千米/小时，其设计速度为200千米/小时，基础设施预留提速至250千米/小时。现在的高铁设计时速已达到350千米。

旅行速度与舒适度使铁路旅游交通正越来越受到旅游者的青睐。中国不少旅游热点城市之间已开设了旅游列车，列车名称多与旅游地有关，如北京—承德的避暑山庄号，沈阳—大连的辽东半岛号，南京—上海的紫金号，杭州—无锡的西子号，济南—青岛的齐鲁号，深圳—韶关的丹霞号，福州—南宁的武夷号等。

4.2.2.2 中国铁路网

中国的铁路网，以京广线、京沪线、京九线、京哈线、太焦—焦柳线、宝中—宝成—成昆线、西康—襄渝—川黔线等为纵贯南北的主要铁路干线；以滨洲—滨绥线、京通—京包—包兰线、陇海—兰新线、沪杭—浙赣—湘黔—贵昆线等为横贯东西的主要铁路干线。此外，纵贯台湾岛的南北铁路正线也是重要的铁路干线。

这些南北和东西的大干线与此外一些干线互相交叉，形成了联系全国的铁路干线网。在铁路干线的交叉点上形成了北京、沈阳、哈尔滨、郑州、武汉、株洲、广州、徐州、南京、上海、兰州、西安、成都、重庆、贵阳、柳州等主要铁路枢纽。目前主要省会城市，都有铁路线相连。

今后，为适应国民经济发展的需要，中国将建立起"八纵八横"铁路大通道，以充分发挥铁路的网络优势。所谓铁路大通道是连接区域中心或大城市间的能力强大的铁路线路，是由一条或多条功能相近的主要铁路干线构成的有机集合，是铁路运输网乃至整个综合运输网的主骨架。

"八纵"铁路通道为：京哈通道、沿海通道、京沪通道、京九通道、京广通道、大湛通道、包柳通道、兰昆通道。

"八横"铁路通道为：京兰通道、煤运北通道、煤运南通道、陆桥通道、宁西通道、沿江通道、沪昆（成）通道、西南出海通道。

根据规划，到2020年，中国高速铁路将达到1.6万千米以上，将建成"四纵四横"客运专线。

4.2.3 外国的铁路旅游交通

自2004年至2008年，全世界有146个国家和地区拥有铁路约120余万千米，其中美国铁路约23万千米，俄罗斯铁路约13万千米，加拿大铁路6万多千米，印度铁路6万多千米。其他如法国、德国4万多千米，阿根廷、澳大利亚3万多千米，日本、乌克兰、意大利、巴西、波兰、南非等2万多千米，英国、西班牙、瑞典、哈萨克、墨西哥、罗马尼亚等1万多千米，4 000千米以上的国家还有匈牙利、新西兰、奥地利、芬兰、智利、古巴、挪威、保加利亚、巴基斯坦、土耳其、朝鲜、印度尼西亚、伊朗、埃及、捷克、苏丹、白俄罗斯、刚果民主共和国、瑞士、泰国等。

从地区看，西欧和北美地区铁路多，路网密度大。地域广大的亚洲、非洲和中、南美洲，铁路不多，路网密度低。

全球具有重要意义的铁路干线主要有如下6条：西伯利亚大铁路、北美横贯大陆铁路干线、拉丁美洲铁路干线、巴格达—巴尔干铁路干线、横穿印度半岛的铁路干线、东南非纵贯铁路线。

铁路作为陆上运输的主力军，在长达一个多世纪的时间里居于垄断地位。但自20世纪以来，随着公路、航空的迅速发展，铁路不断受到新浪潮的冲击。为了与其他交通工具竞争，适应市场需要，各国铁路客运发展的共同趋势是高速、大密度、扩编或采用双层客车。在未来的铁路发展中，大城市快速运输系统将同全国铁路网连接，紧密配合，形成客运统一运输网。

高速铁路的迅猛发展代表了铁路客运的新趋势，它使选择铁路客运方式的人越来越多。例如，在法国，由巴黎至里昂的TGV高速列车最高时速达270千米，在列车开行的当年，往返于两地的旅客20%乘坐火车，80%乘坐飞机。而到

1999 年时，乘坐火车的已达 90%，乘坐飞机的仅占 10%。法铁有关专家得出结论：高速铁路运程在 500 千米以内，运行时间在 3 小时以内，其竞争力和抗衡力是其他运输工具所不能比的。目前世界上运行时速在 200 千米以上的线路总营业里程已超过 15 000 千米。这些线路仅占世界铁路总营业里程的 1.5%，但却担负着各拥有国铁路较大部分的客运量。

世界上高速铁路发展迅速的国家主要有法国、德国与日本。具有代表性的高速铁路包括：日本的 5 条新干线；德国目前有两条高速铁路：一条是曼海姆至斯图加特线，一条是汉诺威至维尔茨堡线；法国现有三条高速新线和 TGV 列车。

4.3 公路旅游交通

4.3.1 公路交通的特点及对旅游的影响

公路建设由于在国民经济发展中所起的基础性作用和所产生的巨大经济与社会效益，决定了其优先和超前发展的产业地位，受到各国产业政策的大力扶持。目前在世界范围内，公路运输已超过铁路、水运等而成为最重要的交通运输方式。由于公路交通的特点和不可替代的作用，使其在旅游业中有着举足轻重的作用。公路交通的主要特点包括：

(1) 具有很大的灵活性与独立性

公路交通最大的特点是灵活性和独立性强，可实现点到点的交通。相对于其他交通工具而言，公路的里程远远大于其他线路的里程。公路可伸展到几乎每一个区域，一些偏僻地区可以没有铁路、机场、码头，但总是有路，只要路面比较宽阔，就可以行汽车，汽车在所有交通工具中可达性最强。这对于旅游者而言有极其重要的意义。对于开发比较好的旅游区，一般交通条件亦较好，有些旅游区还可以有多种交通方式到达，如武夷山，可以选择公路、铁路、航空方式旅游；但大多数旅游区地处偏远地区，发展其他运输方式的经营成本太高，不符合经济利益，一般只有公路可通；更有些处于旅游发展的第一阶段的旅游点，可能连固定的班车都没有，但只要有公路，旅游者就可以利用汽车旅游的方式到达那里。

目前在发达国家、甚至在中国也迅速发展的自驾车旅游，则更显示了公路交通对旅游极大的独立性。人们可以在公路上行驶，可随意停车游玩；经济条件好的家庭或个人还可以利用房车，带上帐篷及日常用品，自己选择任意景点旅游，可以不受旅游地开发程度的影响。

(2) 速度较快

过去汽车的速度比较慢。但随着高速公路的迅速发展，车速已有了极大提高，平均时速可达 100～120 千米。目前中国高速公路小车限速 110 千米/小时，美国高速公路限速约 100 英里（约 160 千米/小时）。如果是自驾车，由于省去购票、转车、候车的时间，若旅游路程不太远，到达目的地的用时比乘坐其他交通工具要少得多。例如，从广州到韶关距离 200 多千米，火车的运行时间一般为 2 小时 20 分，加上候车、市内交通的时间大约要 4 小时，而自驾车只需 2.5 小时。如果距离较远，则公路交通的速度将比航空与铁路要慢，如从广州到北京路程约 2 700 千米，飞机飞行时间需要 2.5 小时，提速后的火车运行时间只要 22.5 小时，在高速公路上汽车行驶时间需要 30 小时，实际上到达目的地的时间往往需要 2 天。从汽车的特点与速度考察，公路交通一般适合中小尺度旅游，主要是作为旅游组织中心城市与旅游景区间或旅游景区之间的交通；在没有其他交通工具的情况下，大尺度旅游也需要公路交通。

（3）舒适性较差，安全系数较低

如果长途旅行，因汽车内的活动空间小，生活、娱乐设施少，加上运行的平稳性较差，汽车的舒适性在所有交通方式中是最低的。但随着旅游业的兴起，专门为旅游而设计的豪华大巴的舒适性已经有了极大的改善。

公路交通的安全性也是最低的，尤其在一些发展中国家和地区。例如，浙江省有 16 条公路干线，共 2 889 千米，2003 年 1—8 月份死亡 1 295 人，平均每千米死亡 0.45 人。当然，这些死亡人员中部分属于车外人员，乘坐汽车旅游基本上是安全的。随公路交通管理的规范化，公路安全性会大大提高。目前发达国家的公路安全性较高，如美国的亿车千米死亡率只有中国的十分之一。

4.3.2 中国的公路旅游交通

4.3.2.1 中国公路交通的地位与发展

改革开放以来，中国公路建设实现了跨越式发展。截至 2012 年底，全国公路总里程达 423.75 万千米，全国公路密度为 44.14 千米/百平方千米，公路运输已经成为促进中国经济发展的最重要的运输方式。

公路通达深度进一步提高。目前，中国已实现了全国县县通公路，乡镇通公路的达到 99.97%，行政村通机动车的达 99.55%。

"五纵七横"国道主干线累计完成 2.76 万千米，占总里程的 77.1%。2011 年底，安徽、黑龙江、湖北、陕西、江西、山东、广东、辽宁、河北、江苏、河南、四川、浙江、山西等共14个省高速公路里程突破3 000千米。辽宁、山东省实现了省会到地市全部由高速公路连接。浙江省实现了"4小时公路交通圈","8小时重庆"也正在变为现实。

中国的高速公路发展更为迅速，至2012年底，高速公路通车总里程为9.62万千米，居世界第二位，仅次于美国，见表4-4。

表4-4　中国公路发展状况对比

年份	公路总里程（万千米）	高速公路里程（万千米）	所占比重（%）
2005	193.05	4.1005	2.12
2008	373.02	6.03	1.62
2009	386.08	6.51	1.69
2010	400.82	7.41	1.85
2011	410.64	8.49	2.07
2012	423.75	9.62	2.27

资料来源：《2012年公路水路交通运输行业发展统计公报》。

随着中国经济的成长，不论是乘坐大、中型客车或是自驾车的旅游者都大大增加，公路旅游交通也成为了中国旅游交通的主角。

4.3.2.2　中国的公路网

经过多年的建设，中国的公路网已经具有相当的规模。除原来东部地区密集的公路网和西部的青藏、滇藏、新藏、川藏等主要公路外，2007年底，"五纵七横"国道主干线系统基本贯通，其道路总长约3.5万千米，均由以高速公路为主的高等级公路组成，是全国公路网的主骨架，连接城市超过200个，并与区域公路网相接，形成中国四通八达的公路网系统。[①]

"五纵"：

①黑龙江同江至海南三亚，全长5 700千米；

②北京至福州，长约2 540千米；

③北京至珠海，长约2 291千米；

④二连浩特至河口，长约3 451千米；

⑤重庆至湛江，长约1 381千米。

---

①　资料来源：中国交通运输部网站。

"七横"：
①绥芬河至满洲里，长约1 527千米；
②丹东至拉萨，长约4 590千米；
③青岛至银川，长约1 610千米；
④连云港至霍尔果斯，长约4 395千米；
⑤上海至成都，长约2 154千米；
⑥上海至瑞丽，长约4 090千米；
⑦衡阳至昆明，长约1 980千米。

4.3.3 外国的公路旅游交通

自19世纪末以来，世界各国公路经历了开始普及—不断改善—快速发展三个阶段。特别是从20世纪50年代开始，各国高速公路和干线公路快速发展；到20世纪80年代末90年代初，各国高速公路进入了综合发展阶段，这期间各国主要是在已建成发达的公路网络的基础上，维护改造已有的路、桥设施和进一步完善公路网络系统。

从表4-5可见，发达国家的公路交通都十分发达，一是道路系统完善，二是个人拥有汽车多，使得选择公路作为交通方式旅游的人比例十分高。例如，美国公路运输所完成的旅客周转量占旅客总周转量的90.9%，日本占59.3%，德国占52.7%。随着世界高速公路的快速发展，公路运输在交通运输业中的地位日益突出。

目前世界各国的公路总长度约6 900万千米，约70个国家和地区修建了高速公路，建成通车的高速公路已达30万千米，其中美国、英国、德国、法国、意大利、日本、加拿大和澳大利亚这些主要经济发达国家的公路里程约占世界公路总里程的18%，高速公路里程约占世界高速公路里程的45%以上。

表4-5 主要国家公路交通情况表

国家	公路里程（万千米）	高速公路里程（万千米）	公路密度（千米/百平方千米）	小汽车拥有量（辆/每百户）
美国（2008）	650.62	7.52	67	180
日本（2011）	121.02	0.78	298	100
英国（2009）	39.44	0.35	164	106
中国（2012）	423.75	9.62	18.3	1.3

美国是世界上公路交通最发达的国家,它拥有世界上最庞大的公路交通网,公路通车里程为 650.62 万千米,居世界首位。美国的公路密度为 69 千米/百平方千米,是中国的 1.6 倍。

美国现代化的主干道公路网使城乡道路条条相连,各种立交桥、高架桥、大转盘纵横交错,公路两旁植被良好,郁郁葱葱。高速公路路面平整、路幅宽阔,大部分为 8 车道,最宽的为 12 车道,常见 6 辆汽车同时相向行驶,场面甚为壮观。据不完全统计,美国机动车保有量达到 2.3 亿辆,其中乘用车占 96%,载货汽车只占 4%。

日本高速公路已经连通了所有 10 万人口以上的城市,任何城镇与乡村都可以在 1 小时内到达高等级干线公路网。

4.4 水运旅游交通

4.4.1 水运交通的特点及对旅游的影响

水运交通分为海上航运交通和内河航运交通,海上交通运输又可分为远洋运输和沿海运输两类。水运交通具有如下特点:

(1) 运量大,价格较低

就货运而言,水路、公路、铁路每吨千米的综合运价分别为 0.116 元、0.5 元、0.12 元,水路运输价格较低。就客运而言,水路交通价格与铁路、公路交通的费用相当,但在同样的舒适度下,水路交通则相对比较便宜。

在当今旅游者普遍追求舒适度的情况下,由于水运的舒适度可以相当高,其价格也可以十分昂贵,特别是豪华游轮。过去游轮总是被视为有钱有闲者的专利。到了 20 世纪 90 年代后,由于全球的游船公司纷纷建造巨型豪华游轮,才让游轮旅游变得平民化,例如,近年来丽星游轮在台湾以低价位抢夺客源,从而一改游轮高不可攀的传统形象,成为了大众化的旅游产品。

(2) 舒适性强

一般来说,由于轮船的空间大,船上的生活设施与娱乐设施可以十分齐全,是所有交通方式中最舒适的一种。但内河运输由于河道宽窄不一,在一些较小河道运行的客轮,设施比较简陋,而在主干航道运行的游轮的设施则可以相当豪华。

乘坐豪华游轮是一种高档享受。游轮旅游最大的特色在于悠闲浪漫与自主性强,它就像是一艘航行在海上的五星级度假饭店,各种设施齐备。游客在船上可以尽情吃喝玩乐，或享受碧海蓝天簇拥的悠闲时光，上了岸后则都有不同的游览行程，既不需带着行李一路奔波，也不用为三天两头换旅馆而困扰，这使已有 150 年历史的游轮之旅能够历久不衰。因经济发达，特别会享受生活的欧美等国家的游轮消费早在 19 世纪初就已兴起，如今更成为国际潮流。近年来，莱茵河的游轮年游客接待量达到 600 万人次，伏尔加河也达到 200 多万人次。

以中国长江轮船海外旅游总公司"国宾"系列游轮为例，该游轮除了双人标间外还有豪华套房、总统套房，每间房都有独立的卫浴设备，此外中西式餐厅、娱乐大厅、酒吧、全天候观景台、健身房、桑拿按摩房、美容美发室、小型商场等也一应俱全，游客可以得到舒适的生活享受和高水准的服务。

（3）速度慢

轮船是四种交通方式中速度最慢的一种，每小时在 20～30 千米，这对于远距离旅游而言速度太慢。例如，从上海到武汉，坐火车要 17 个小时，乘豪华大巴只需 13 个小时，走水路则要三天三夜；从南京到上海，高速公路要 4 个小时，铁路经历三次提速之后只需 3 个小时，而轮船即使顺水流行驶也要 20 多个小时。但速度慢对于游览而言却十分适宜，在视觉上该速度最适合观光，从旅游角度看，山水美景多集中于水边，船驶水中徐徐而行，就如置身诗情画意之中。这一优势是飞机、火车、汽车所不及的。

（4）线路少，灵活性差

对于海运而言，海上航线比较灵活，航线主要决定于港口，只要有海港就可以开辟航线，但其通达只限于沿海城市。

内河交通则受限于河网分布、河道等级、水位变化等因素，在水网密布及水位稳定区域，内河交通的限制性较小。但在大多数区域，内河交通毕竟受河道分布影响，不可能随意通达任意地方。因此，水运交通因线路少而固定，凸现出其灵活性差的特点。

（5）受天气等因素影响较大，安全性差

水运交通特别是内河交通受天气影响较大。例如，大多是天然形成的长江航道水位的高低变化给轮船航行造成很大的影响，1998 年遭遇特大洪水，使 807 千米的长江航道首次禁航 43 天；1999 年春运期间，长江南京航道局所辖的九江张南水道因枯水造成碍航，长江断航一个多月。

水运交通因天气或交通工具等原因而造成事故者也不罕见，在多种交通运输方式中其事故率属较高的一种。以中国 2003 年为例，水运与公路运输相比，公路旅客周转量与客运量都是水运的 100 多倍，但死亡人数只是水运的 2 倍多。可见水运的安全性比公路还差。

4.4.2 中国的水运旅游交通

主要包括内河运输和海洋运输两个方面。中国是世界海运大国。海运按航线划分为沿海航线与远洋航线。

沿海航线包括：以上海、大连为中心的北方沿海航区，主要海港有：秦皇岛、天津、烟台、青岛、连云港、宁波等；以广州为中心的南方沿海航区，主要海港有厦门、汕头、深圳蛇口、湛江、海口等。

中国远洋航线以上海、大连、秦皇岛、天津、青岛、宁波、广州、湛江等沿海开放城市为进出口岸，同世界150多个国家和地区的重要港口有航运关系。

中国的许多港口，如大连、上海、青岛、广州等，既是沿海航线的港口，又是远洋航线的港口，有些还是重要的河港，海陆联运十分便利。中国海洋运输以货运为主，客运主要局限于沿海航线，有少量的线路与班船，远洋航线因为没有豪华游轮而基本上处于空白，偶尔有外国豪华游轮来访。

中国的重要河流都有内河航运，以长江航道、京杭运河航道及珠江航道比较重要，其中又以长江航道和京杭运河航道为重点。长江是中国内河航运的大动脉，有"黄金水道"之称，沿岸的重庆、武汉、上海为重要港口。京杭运河是世界上开凿最早、里程最长的运河，历史上以"漕运"著称，现在以货运为主，运输量仅次于长江。

发展水运最重要的自然条件是要有适于运输的水域。中国广阔的海域、曲折的海岸线为海洋运输提供了有利条件。而内河运输主要看是否有合适的河流和湖泊，按照水运资源"T"形分布的特点，中国重点建设贯通东南沿海经济发达地区的海上运输大通道和主要通航河流的内河航道。全国水运主通道总体布局规划是发展"两纵三横"共5条水运主通道。

"两纵"是沿海南北主通道，京杭运河淮河主通道；"三横"是长江及其主要支流主通道，西江及其主要支流主通道，黑龙江松花江主通道。除沿海南北主通道外，内河主通道由通航千吨级船队的四级航道组成，共20条河流，总长1.5万千米左右。这些主通道连接了17个省会和中心城市，24个开放城市，5个经济特区。

利用水运交通开展旅游活动其条件要求比较苛刻：首先要有承载游轮航行的江河湖泊和海洋；其次游轮航线沿途要有丰富的旅游资源；第三是要有供游客使用的豪华旅游船。同时满足以上3个条件者，在中国内地屈指可数。长江无疑是最为理想的游轮旅行场所。长江流域自然风景荟萃，人文景观丰富，拥有全国40%的景区。其中长江大小三峡、洞庭湖、岳阳楼、黄鹤楼、鄱阳湖、中山陵等著名景区景点就在长江边上，而张家界、庐山、黄山、苏州园林、杭州西湖等美景距离长江各港口距离大多在 3 小时车程以内。因此，游客乘坐游轮旅行不仅十分方便，而且在长江上旅行能够获得比其他地区更多的收获。长江水资源丰富，在历史上从没有断流的记录，可以保证游轮一年四季均可航行。同时，长江自古以来就一直是中国的运输大动脉，经过人类千百年的探索与征服，长江的航道及驾引人员的技术都十分成熟，非一般江河湖泊所能比拟。经过 20 多年的发展，长江已经形成了中国最大规模的游轮群和最为规范的游轮服务。

此外，古运河旅游，浙江的钱塘江、富春江旅游，桂林的漓江旅游等都是一些水上旅游精品，深受旅游者青睐。水上的传统旅游交通工具如游船、竹筏、皮筏、乌篷船等亦是近年来较受游客欢迎的旅游产品，适应人们回归自然潮流的漂流项目成了全国的热点旅游产品，迄今方兴未艾。

4.4.3 外国的水运旅游交通

外国许多河流都是水上旅游交通的热线，如欧洲的莱茵河、多瑙河，亚洲的湄公河、恒河等。欧洲有些河流和运河流贯许多国家，在这些河流上搞客船航游具有得天独厚的条件。如游人从波罗的海通过内河可航游到地中海或黑海。此外，许多国家的湖泊也是重要旅游线。如瑞典、芬兰的湖泊，瑞士的日内瓦湖，非洲的维多利亚湖，北美的五大湖，中国的鄱阳湖、洞庭湖等。近年，许多大河湖泊出现了气垫船，这种船航行速度快，日益成为短途水上旅游的主要新交通工具。目前世界上最大的英制 SRN4—Ⅲ 型全浮式气垫船，可容纳 400 余人，时速 100 千米；美国的侧壁式气垫船，时速 167 千米，几乎赶上日本的高速火车。

海上旅游是水上旅游交通的重要组成部分。随着航空公司的崛起，轮船的经营费用急剧上升，定期班船开支庞大。当前，班船多转为航游。如已建造的专用于航游的冈纳德公司的冒险家号，苏联的高尔基号，联邦德国的汉堡号，以及希腊、挪威商行所经营的航船等。旅客乘坐这些旅游船，在多数场合下是乘飞机去港口，再换乘游船，这样可加速航游者的周转，避免长距离乘船往返于航游区。船上拥有举办游艺和舞会的场所，有便宜的饭食供应。游船航行到引人入胜的地方，航游者可以沿岸观览。

豪华游轮旅游已成为世界旅游业中一个生机勃勃的行业。据统计，2010 年，乘坐邮轮旅游的欧洲人大约为 550 万，其中英国人最多，达 160 万人；德国和意大利次之，分别为 120 万和 89 万人；西班牙为 64.5 万人。从整个欧洲的范围来说，豪华游轮的游客只占到全部游客总数的 1%。

目前世界上许多大的游轮旅游公司都组织了丰富的游轮旅游线路，例如，大洋的相会（加勒比海—巴拿马运河—墨西哥—洛杉矶—温哥华 21 天）；豪情北国巡礼（大阪—釜山—萨哈林岛—北海道—北冰洋—北极圈—阿拉斯加—西雅图 21 天）；浪漫在亚洲（曼谷—新加坡—越南—香港—上海—长崎—釜山—北京 20 天）；红海古城巡航（罗马—土耳其—埃及—红海—阿拉伯海—安曼—孟买—新加坡—曼谷 33 天）；巡洋北非精华（威尼斯—土耳其—雅典—罗马—佛罗伦萨—摩洛哥—巴塞罗那 16 天）；北大西洋探秘（哥本哈根—英格兰—爱尔兰—冰岛—格陵兰—加拿大—纽约 29 天）；南美洲海岸线（智利合恩角—麦哲伦海峡—阿根廷马德普拉塔港—乌拉圭—布宜诺斯艾利斯 20 天）；南极生态探险（南非开普敦—大西洋—马尔维纳斯群岛—南极圈探险—合恩角—智利圣地亚哥 29 天）；横渡太平洋（洛杉矶—夏威夷群岛—萨摩亚—斐济—新西兰—澳大利亚 34 天），等等。

4.5 航空交通

4.5.1 航空交通的特点及对旅游活动的影响

随着航空业的发展及人们生活水平的提高，人们利用航空交通进行旅游活动的趋势越来越明显。航空交通对旅游活动而言有着其他交通方式所没有的优势，主要表现在：

（1）速度快、时间省

目前大型飞机时速 800～900 千米，是铁路的 13～15 倍，比轮船快 20～30 倍。在追求高效率的今天，航空运输为人类旅行节省的时间具有无法估量的价值。由于航空运输速度快，十分适合远距离交通。例如，从广州乘飞机到成都只需 2 个多小时，而乘火车则需要 30 多个小时。

（2）机动、灵活

空中航线不受高山、大川、沙漠、海洋的阻隔，它能跨越各种地面障碍，航行于相距遥远的世界各地。过去旅游者不容易到达的地方，现在由于发展了航空运输而得到了解决。如东非的远征狩猎旅行，北非和加那利群岛的海滨胜地及美国落基山脉的冬季体育运动等，都因航空运输而变为现实。许多风景名胜，如高山、深谷、火山、南极冰山、大规模动物迁徙等，也可从空中进行鸟瞰。此外，航空交通还可根据客源数量随时增加班次。

（3）安全、舒适、服务质量好

据国际民航组织统计，近年来世界民航定期航班失事率大大降低，平均每亿客千米的死亡人数为 0.04 人，是其他运输方式事故死亡人数的几十分之一到几百分之一。

同时，航空交通虽然没有豪华游轮设备齐全及豪华，也没有那么宽阔的空间，但在几种交通方式中，还是属于舒适性较高的一种，其宽阔舒适的座椅，空中服务员优质的服务，大型飞机平稳的飞行，加上飞行时间不太长，大大提高了旅途的舒适性。

（4）载运量小、费用高

航空交通的总载客量在所有交通运输方式中是最小的，原因之一是其单机载客量较小，现在的大型飞机也可载数百人，但比起列车与轮船则少得多；从飞机的航班密度看，则远远比不上其他交通方式，这是总载客量少的最主要原因。

由于速度快、服务好、能耗大，致使飞行成本高，在所有交通方式中，航空交通的费用最高，一般是其他交通方式的 3～5 倍。

4.5.2 中国的航空旅游交通

随着中国旅游事业的迅速发展，航空运输业的建设也在高速度前进。截至 2012 年底，我国共有颁证运输机场 183 个，通航 178 个城市（不含香港、澳门、台湾）。重要的 4 个传统门户机场是：香港、北京、上海和广州。此外，重庆、成都、沈阳、武汉和西安等几个机场也是重要枢纽机场。[①]

截至 2012 年底，全国共有定期航班航线 2 457 条，民航全行业运输飞机期末在册架数 1 941 架。其中国内航线 2 076 条（港澳 99 条），通航百余城市，形成以北京为中心辐射至全国各省、自治区、直辖市的国内航空干线网。

北京、上海、广州、昆明、大连、厦门等国际机场已架起了通往 30 多个国家的"空中桥梁"，共有国际航线 194 条。目前，中国通往国外的主要航线有：北京—贝尔格莱德—苏黎世、北京—卡拉奇—亚的斯亚贝巴、北京—卡拉奇—布加勒斯特—贝尔格莱德、北京—沙迦—法兰克福、北京—沙迦—苏黎世—伦敦、北京—沙迦—巴黎、北京—东京、北京—莫斯科—柏林、北京—乌鲁木齐—沙迦—伊斯坦布尔、北京—平壤、北京—上海—东京、北京—上海—大阪、北京—广州—马尼拉、北京—广州—曼谷、昆明—仰光、北京—广州—新加坡、上海—福冈、上海—长崎—东京、上海—东京、上海—洛杉矶、北京—上海—旧金山—纽约、北京—上海—旧金山—洛杉矶、北京—上海—温哥华、北京—广州—墨尔本—悉尼、广州—巴黎，等等。

[①] 资料来源：中国民用航空局《2012 年民航行业发展统计公报》。

载至 2012 年底，我国共有运输航空公司 46 家，2012 年旅客总量达 31 936 万人次，其中国内航线 29 600 万人次（含港澳台航线 834 万人次），国外航线 2 336 万人次。

4.5.3 外国的航空旅游交通

许多国家都在致力于发展航空旅行，并把飞机作为国际、洲际和长途旅游的常用现代化交通工具。从 1978 年至今，美国航空公司由 38 家猛增为 250 家，俄罗斯航空线由 39 条增加到 85 条。英国近年的国际旅游者乘飞机的达到 63%。

4.5.3.1 国际航空港

目前世界上不少国家的首都和重要城市都建有国际航空港，主要有：

亚洲的北京、上海、广州、香港、东京、首尔（汉城）、马尼拉、新加坡、仰光、曼谷、雅加达、德里、加尔各答、卡拉奇、德黑兰、贝鲁特、吉达、迪拜。

非洲的开罗、阿尔及尔、喀土穆、内罗毕、达喀尔、拉各斯、约翰内斯堡、布拉柴维尔。

欧洲的伦敦、巴黎、布鲁塞尔、阿姆斯特丹、法兰克福、柏林、维也纳、苏黎世、华沙、莫斯科、罗马、雅典、布加勒斯特、马德里、哥本哈根、斯德哥尔摩。

北美洲的纽约、华盛顿、芝加哥、亚特兰大、洛杉矶、旧金山、迈阿密、西雅图、达拉斯—沃斯堡、休斯敦、蒙特利尔、多伦多、温哥华。

拉丁美洲的布宜诺斯艾利斯、里约热内卢、圣保罗、利马、圣地亚哥、加拉加斯、墨西哥城、圣胡安。

大洋洲的悉尼、奥克兰、火奴鲁鲁、楠迪。

美国是世界上航空运输最发达的国家，日本居第二位。此外，英国、俄罗斯、德国、法国、意大利、加拿大和澳大利亚均占有重要地位。航空运输发展最为迅速的则首推东亚新兴工业化国家和地区。

4.5.3.2 世界重要航空线

世界上航空线密如蛛网，其中最繁忙的航线有三条，分别是：

（1）北大西洋航空线

本航线连接西欧、北美两大经济重心区，是当今世界最繁忙的航空线，主要往返于西欧的巴黎、伦敦、法兰克福和北美的纽约、芝加哥、蒙特利尔等机场。

（2）北太平洋航空线

本航线连接远东和北美两大经济重心区，是世界又一重要航空线，它由香港、东京和北京等重要国际机场经过北太平洋上空到达北美西海岸的温哥华、西雅图、旧金山、洛杉矶等重要国际机场，再接北美大陆其他航空中心。太平洋上的火奴鲁鲁（檀香山）国际机场、阿拉斯加的安克雷奇国际机场是该航线的重要中间加油站。

（3）西欧—中东—远东航空线

本航线连接西欧各主要航空港和远东的香港、北京、东京、首尔（汉城）等重要机场，为西欧与远东两大经济重心区之间的往来航线。

除以上三条最繁忙的国际航空线外，重要的航空线还有：北美—澳新航空线；西欧—东南亚—澳新航空线；远东—澳新航空线；北美—南美航空线；西欧—南美航空线等。

4.6 景区特色交通

4.6.1 景区特色交通的概念

景区特色交通是指在景区内设置、专为游客提供的交通线路、交通工具及交通设施与服务。其主要作用是连接旅游景区内的各个景点。

景区特色交通与区外交通的性质不同，它所针对的对象是游客，它最主要的目的是为游客在旅游景点、景区之间的移动提供服务，同时也为游客在景区内的移动过程提供特殊的体验。

4.6.2 景区特色交通的特点

（1）交通线路专门为旅游而布局

每个旅游景点都必须要有相应的旅游交通线路沟通，为游客游览景点而开辟的交通线路，在设计上需要尽量靠近景点。景区交通线路包括景区内的各种游览道路。例如，庐山景区内有南、北登山公路和环山公路连接景区内部的交通，各种道路系统十分方便地沟通了游客与各景点的联系。

根据游客旅游需要，景区交通线路设计一般呈环形，尽可能多地串联旅游景点，尽量不走回头路，这与区外交通使两点间距离最短的设计思路不同。

（2）使用环保型的交通工具

景区是环境优美的地域，开辟旅游道路不能破坏景区优美的景观，也绝对不容许交通工具对其环境产生破坏作用，中国风景区评价标准中就有5A级景区内必须使用环保交通工具的规定。为保护生态环境，九寨沟景区内只准开行以天然气为动力的几乎没有污染的环保型专用观光车。

步行是最环保的交通方式，在景区内距离不太远的条件下，旅游交通大量靠步行。例如，九寨沟在景区内设有多条步行栈道，游客可自由漫步在森林、溪涧和各种美景中，与大自然做亲密接触。九寨沟目前开放了树正、诺日朗、剑岩、长海、扎如等景区，游览公路总长55.5千米；为保护环境，方便游客，修建了观景栈道8千米，观景亭16个。栈道公路交织，形成了环形游道。

（3）交通方式多种多样，极具特色

为满足游客在景区内的各种交通需要，根据各景区本身的特点，可开辟丰富多彩的特色交通服务。包括：观光汽车、电瓶车、观光火车、观光船或游船、渡船、缆车与索道、马车、马匹、骆驼、滑竿、轿子、人力车、观光飞机、雪橇、等等。例如，深圳世界之窗景区内交通设施齐备，有高架单轨环游车、游览车、古代欧式马车、吉卜赛大篷车、老爷车、单桨木船、橡皮筏等，为游客提供多种趣味的观赏活动设施。位于河北省北部丰宁满族自治县的喇嘛山景区特色旅游交通由观光火车、直升机、马队等组成。哈尔滨市太阳岛景区的特色交通包括船、筏、人力车、狗拉犁、马车、雪橇等。

4.6.3 景区内特色交通的类型

根据景区内各种特色交通的作用可分四种类型：

①景区内主要用于游客位移的交通工具，如汽车、渡船等。

②主要供游客观光用的交通工具，如观光汽车、观光船、观光火车、观光电梯、观光飞机等。

③主要为游客提供特殊体验的交通工具，多为马匹、骆驼、轿子、雪橇等。

④多种作用集合的交通工具，如索道与缆车等。

4.7 城市公共交通

4.7.1 城市公共交通概述

4.7.1.1 城市公共交通的概念

城市公共交通是城市交通的一个重要组成部分，它是城市中供公众乘用、经济方便的各种交通方式的总称。城市公共交通工具包括定时定线行驶的公共汽车、无轨电车、中运量和大运量的快速轨道交通，以及小公共汽车、出租汽车、客轮渡、轨道缆车、索道缆车等。

城市公共交通是城市最基本的功能之一，它用于满足城市居民和外来游客在城市内的出行需要。随着城市化的发展，城市越来越大，新增的客流和向市区集中的客流就更多，公共交通需要向交通运量大、车速快、准点、能保证居民的出行时耗控制在某一规定范围内的方向发展，快速轨道交通是城市公共交通发展的重要措施。

4.7.1.2 城市公共交通的特点

城市公共交通虽然也由我们比较熟悉的多种交通工具与线路等组成，但由于是在城市区域，人口密度大，道路密集，各种交通工具有机地结合形成城市公共交通系统。这个系统具有如下特点：

（1）城市公共交通是独立而复杂的交通系统

城市交通相对于其他运输系统，是一个复杂的、相对独立、完整的运输系统。这包括私人小汽车、自行车、摩托车、社会车辆、公共电汽车、轨道交通等私人与公共交通方式；也包括停车、换乘设施，道路、轨道、轮渡设施等各种基础设施。在城市有限的空间中，分布着庞杂的交通线路网络与交通设施，运行着种类众多、数量庞大的各种交通工具，形成复杂而独立的交通系统。城市公共交通是城市运输系统中一个最复杂的子系统。

（2）城市公共交通以客流为主，流量集中

城市公共交通因车流交通和人流交通分散在城市各区，集中在主要交通道路上，联系着大量的客、货集散点，以客流为主。

城市公共交通的规模、路线随时间经常在变化。行人和车辆的流向和流量变化剧烈，每天有明显的高峰期。而公共车辆的线路与开行密度则相对固定，其客流变化反映在高峰期车辆极高的载客量上。

为适应这种特点，城市公共交通有向提高车辆行车密度与发展大载客量交通工具方向发展的趋势。目前中国一些中等城市的公共汽车每车的载客量由90人增加到200人以上，总发车频率也从每小时30次增加到90次。

（3）交通工具种类繁多，各自特点不同，密度大，形成典型的混合交通

城市交通汇集了几乎所有的水陆交通工具与线路，在中小城镇和大城市郊区，除机动车、自行车外，还有大量非机动车行驶，而城市公共交通由于其构成复杂，工具繁多，特点各异，与其他城市交通工具一起形成典型的混合交通。城市居民或旅游者可以根据需要灵活地选用或换乘各种交通工具，以到达目的地。

人流、车流量大及混合交通的特点又使得人流和车流汇集于交叉口，形成人与车、车与车的交叉；在一些道路上各种车辆争道、拥挤。因此，地面行车速度和交通安全问题对于城市交通特别突出。

（4）占用大量的城市面积和空间，是城市的一个有机组成部分

城市公共交通需要用到各种城市交通设施。有些是属于城市交通的公用部分，例如为了保证错综复杂的城市道路交通能安全、便捷、流畅、高效率，布置了过街天桥或过街隧道、停车场、加油站以及多种交通管理标志、信号灯、交通岗亭等；有些则是城市公共交通专有的设施，例如公共交通系统的停靠站。这些复杂的城市道路设施与管理设施常占市中心地面面积的30%～40%，约占郊区面积的20%。它们是城市的一个重要组成部分。

（5）低价格，面向城市社会服务的公用性

在大中城市，居民不论是上班、上学，还是逛街、购物，因城市内各点的距离较远，平均每天需要花费大约一个小时的时间用在路途交通上。由于城市公共交通在服务上的公用性，被居民外出时最大量地使用。城市居民需要的城市公共交通具有便捷、快速、低价的特点，这也就成为了城市公共交通的发展趋势（杨吾扬，1987）。

4.7.2 城市公共交通的构成与特点

根据交通工具的走行方式，公交分类标准将中国已有及将来可能会有的公交工具分为四大基本类型：城市道路公共客运交通，包括公共汽车系统，无轨电车系统，出租汽车等；城市轨道公共客运交通，包括地铁、轻轨、区域快速轨道等导轨系统，磁悬浮列车系统等；城市水上公共客运交通，包括客轮渡系统等；城市索道与缆车系统，包括架空索道和缆车系统等。

4.7.2.1 城市道路公共客运交通

（1）公共汽车

公共汽车是大中城市的主要客运工具之一，具有机动性和对道路的适应性强、调动灵活、密度大、线路多、安全、乘车方便、价格低、载客量较大的优点；但也具有速度慢、污染和噪声大、能耗高、拥挤、舒适性差、占地和需要工作人员多的缺点。

（2）无轨电车

无轨电车是介于公共汽车和有轨电车之间的公共车辆。其主要优点是起动快、行驶速度高、不用液体燃料、无废气污染等。但受到导线限制而灵活性不

够。在狭窄街道，它与其他车辆会让不便；在宽敞马路，它在停站时接近人行道又较勉强。此外，易于造成串车堵塞，干扰整个街道交通。

（3）城市快速公共汽车运营系统

城市快速公共汽车运营系统简称快速公交系统，乃近年来世界上许多城市正在逐步推广的另一种快速公共交通方式。它是利用改良型的公交车辆，运营在公共交通专用道路空间上，保持轨道交通特性且具备普通公交灵活性的一种便利、快速的公共交通方式。实施快速公交不仅在项目投资及运营成本上远低于建设轨道交通（建设一条1千米的地铁线所需资金可以建成10～20千米的快速公交网络），而且快速公交建设与使用的灵活性高于轨道交通。因此，一个完善的快速公交网络对整个城市公共交通所起的作用往往高于一条轨道交通走廊。

（4）出租汽车

出租汽车是每个城市中公共交通的一个重要组成部分，它的主要优点是出行方便、舒适、速度较快；缺点是污染大、占地多、运量少、费用高。适合于经济条件好、舒适性要求高、对城市交通线路不熟或有特殊需要的乘客。

4.7.2.2　城市轨道公共客运交通

（1）地下铁道

地铁是大城市，尤其是特大城市常用的一种城市电气化交通类型。它在闹市区全部通过地下隧道或者部分高架空中运行，但在市郊又可行驶在地面上，是一种三维空间交通，有效地解决了城市道路堵塞拥挤的问题。地下铁道的运量大，每小时可以发送4万～5万旅客，其运输能力要比地面上的公共汽车大7～10倍，为其他城市公共交通工具所望尘莫及；速度快，地铁列车速度比一般电车快2～3倍，有的时速可超过100千米；无污染，地铁列车以电力作为能源，不存在大气污染问题。此外，地铁还具有准时、方便、舒适和节约能源等优点。它适宜于作为中心区与郊区公共交通的联络线路，或作为穿过整个市区的直通线路、城市的环行线路。地下铁道的缺点是线路密度小，耗资巨大，工期较长，技术也较复杂，维护成本高。上海地铁1号线16.1千米总造价高达100多亿元人民币。世界上造价最高的日本东京地铁1千米达1.2亿美元。建设地铁需要投入大量资金，在一定程度上限制了地铁的发展速度。目前只宜于在百万人口以上的大城市中建设。

（2）轻轨交通

轻轨交通是一种中等运量的城市轨道交通客运系统，其客运量在地铁与公共汽车之间，每小时可运送2万旅客。轻轨可分为两类：一类为车型和轨道结构类似地铁,运量较地铁略小的轻轨交通,为准地铁;另一类为运量比公共汽车略大,在地面上行驶,路线可以共用的新型有轨电车,是在传统有轨电车基础上发展起来的新型快速轨道交通系统,由于其造价低、无污染、乘坐舒适、建设周期较短而被许多国家的大、中城市所接受,近年来不断得到发展和推广。

4.7.2.3 城市水运公共客运交通

世界上许多重要城市都在河流两岸兴建,沟通河流两岸城区交通除了使用桥梁外,还有大量的水运公共客运交通。

渡船主要用于江河两岸或海峡、河口、岛屿间的交通运输,航程短,船上的设备比较简单。旅客渡轮一般甲板面积和客舱面积大,航行平稳。渡轮速度虽然不高,受天气影响较大,但由于它可形成河流两岸的捷径而使出行时间大大缩短,受到不少乘客欢迎。它构成了城市公共交通体系的一个组成部分,是陆路交通的补充。

4.7.3 旅游者对城市公共交通工具的选择与利用

一般来说,旅游者如果是参加旅行团的话,可能不必使用所到城市的公共交通工具;但如果是自由旅游,或是旅游团有自由活动时间,则需要利用城市公共交通系统。

旅游者对城市公共交通的利用包括从客源地到达旅游组织中心城市后,在这个城市内的活动所需要的交通。对旅游者而言,城市公共交通是旅游交通的一个组成部分。游客在选择城市公共交通时,也必然以快速、舒适、安全、节省作为选择条件。依据旅游者的旅游目的,还可以以观赏城市风光、体验城市特殊交通工具等作为一种选择目的。

同时,旅游者对城市公共交通方式的选择也受到城市主要交通方式的影响,游客一般会根据当地城市交通特点及游客对城市公共交通的熟悉程度选择最便捷的交通方式,见表4-7。

表4-7 不同规模城市的最大出行时耗和主要公共交通方式

城市规模		最大出行时耗(分钟)	主要公共交通方式
大	>100万人	60	快速轨道交通、公共汽车、电车
	<100万人	40	公共汽车、电车
中		35	公共汽车
小		25	公共汽车

本章小结

旅游交通是指为旅游者由客源地到旅游目的地的往返，以及在旅游目的地各处的旅游活动所提供的交通设施及服务。旅游交通具有舒适性强、方便景色观赏、提供一定的娱乐设施、便捷快速等特点。

旅游交通是景区景点可进入性的保证，它影响到旅游者对景区景点的选择，也关系到旅游者在旅游过程中旅游体验的好坏程度。游客一般根据旅游距离远近、经济条件和个人偏好选择旅游交通方式。

旅游交通发展与地区经济条件有关，分"先游后旅型"与"先旅后游型"。旅游交通布局与规划的特殊性在于要考虑旅游的舒适性、观赏性及与景区的协调性。

旅游交通可按交通运输方式、旅游活动方式或社会经济发展阶段分类，最常见的是按交通运输方式分为铁路交通、公路交通、航空交通、水运交通等。

铁路交通具有速度快、运量大、价格低、安全性与舒适性强、可全天候运行等优点，但也有灵活性与可达性较差的缺点。中国的铁路交通在各种交通方式中占重要地位，对旅游业发展有重要意义。中国铁路网建设已取得重大成就，形成了"七纵五横"的铁路干线网，并向"八纵八横"的铁路大通道发展。世界大多数国家都有铁路交通，以北美与西欧最发达。目前国内外铁路交通正向高速化方向发展。

公路交通具有独立性、灵活性、较快速的优点，也有舒适性与安全性较差的缺点。中国的公路交通已实现跨越式发展，高速公路长度居世界第二，并以"五纵七横"国道主干线为骨干，形成了四通八达的公路网系统。外国公路交通发展很快，其中美国、西欧、日本等发达国家的公路现代化程度高，地位重要。

水运交通具有运量大、舒适性强、速度慢、价格较低、灵活性与安全性较差等特点。利用水运交通有到达旅游目的地及沿途游览的作用。中国长江的旅游交通开发得最好。外国利用海洋、湖泊与河流开展水上旅游历史悠久，豪华游轮是外国水运旅游交通中最典型的旅游项目。

航空交通具有速度快、机动性强、安全舒适、载客量小、费用高的特点。中国与外国都有众多的机场与航空线，对旅游业发展起着重要作用。

景区特色交通是指在景区内设置，专为游客提供的交通线路、交通工具及交通设施与服务。其布局要符合旅游者的需要。为保护景区环境，要尽量使用环保型的交通工具。景区特色交通方式多姿多彩，极具特色。

城市公共交通是指城市中供公众乘用、经济方便的各种交通方式的总称。它是城市交通的一个复杂的子系统，具有密度大、流量变化大、交通工具种类繁多、价格低的特点。包括城市道路公共客运交通，城市轨道公共客运交通，城市水上公共客运交通，城市索道与缆车系统等。在城市旅游的游客可根据需要利用各种城市公共交通。

▰ 课堂讨论题

1. 如何根据旅游需要选择旅游交通方式？分析各种因素对选择旅游交通方式的影响。
2. 分析中国旅游交通的构成、特点及对旅游活动的作用。

复习思考题

1. 什么是旅游交通？它对旅游活动有何重要意义？
2. 旅游交通包括哪些类型？各有什么特点？
3. 比较航空旅游交通、铁路旅游交通、公路旅游交通、水上旅游交通的主要特点及在旅游活动中所起的作用。
4. 外国旅游交通有何主要特点？

5 旅游线路

学习要点

- 旅游线路的概念
- 旅游线路的类型及分类方法
- 旅游线路的设计原则与方法
- 中国旅游线路的设计特点
- 中国的主要旅游线路
- 境外旅游线路的设计特点
- 境外的主要旅游线路

5.1 旅游线路概说

对于旅游业而言,旅游线路是最终的旅游产品,其类型决定了旅游者的旅游方式,决定了旅游者在旅游过程中是否达到理想的效果,也决定了旅行社组织旅游的方式和销售价格。所以,旅游线路的设计与销售往往是旅行社经营管理成功与否的关键之一。作为旅游者,对旅游线路的选择也是旅游决策过程中的一个重要环节。

5.1.1 旅游线路的概念

旅游线路是为旅游者提供的开展各种旅游活动的路线,是旅游部门或企业针对旅游目标市场,凭借旅游资源、旅游设施和旅游服务,遵循一定原则,专为旅游者进行旅游活动而设计,并用交通线把若干个旅游景区、旅游城市与客源地合理贯穿起来的线路网络，它包括了旅游产品的所有要素，从而形成一个完整的旅游产品。

有时旅游线路也指景区内的游览路线，这种线路尺度小，只涉及旅游者在景区内的游览轨迹，其组织与设计主要由景区设计完成，与旅行社无关。本书所指的不是这种旅游线路。

旅游线路是发展和组织现代化旅游业的必要条件。在旅游事业中，旅游线路联系着旅游者和旅游对象，是客源地和旅游目的地之间的重要环节，在两者之间起着桥梁和纽带作用。

5.1.2 旅游线路的类型

根据不同的分类标准，具有各种不同类别的旅游线路。

（1）按旅游者的旅游目的　可分为观光度假型、娱乐消遣型、文化知识型、商务会议型、探亲访友型、主题旅游型、修学旅游型、考察型、医疗保健型。

（2）按旅游线路跨越的空间尺度　可分为大、中、小尺度旅游线路；或国际旅游线路、国家级旅游线路、省级旅游线路和区内旅游线路。

（3）按旅游者在旅途中的时间　可分为一日游线路、二日游线路、多日游线路。

（4）按旅游者所乘交通工具　可分为铁路旅游线路、徒步旅游线路、自行车旅游线路、水上旅游线路、飞机旅游线路、豪华快车旅游线路等。

（5）按旅游者行为和意愿　可分为"周游型"和"逗留型"旅游线路。周游型旅游线路的旅游目的是观赏，线路中包括多个旅游目的地，同一旅游者重复利用同一线路的可能性小。逗留型旅游线路的旅游目的为度假性质，线路中旅游的目的地相对较少，同一旅游者重复利用同一线路的可能性大。

（6）按旅游组织形式　可分为传统旅游线路（面向包价旅游）和"灵便式"旅游线路（面向散客旅游）。后者又分为"拼合选择式"线路（整个旅程有几种分段组合线路，游客可自己选择和拼合，且在旅行中可改变原有选择）和"跳跃式"线路（旅游部门只提供整个旅程中几小段线路或几大段服务，其余皆由旅游者自己设计）。

（7）按旅游目的地　可分境外旅游线路；国内旅游线路；地接线路。

（8）按旅游者休闲时间　分平时短线、平时长线、元旦线、春节线、"三八"线、"五一"线、"七一"线、"十一"线、暑期线。

无论何种旅游线路的安排，都是为了增强旅游活动组织的科学性，提高旅游组织的效能，以方便游客，使其获得满意的旅游效果。

5.1.3 旅游线路的设计原则

旅游线路设计要考虑到旅游者的心理，路线安排、价格及旅途舒适度。在尽可能满足游客的旅游愿望的同时，要便于旅游活动的组织与管理。因此，在旅游线路组织和设计中必须遵循以下基本原则。

5.1.3.1 市场原则

旅游线路作为旅游商品向社会推出，与其他商品一样，其设计的关键是适应市场需求，最大限度地满足旅游者的需要。旅游者对线路的基本要求是花最少的时间和费用获取最大的旅游体验，所以游览时间的长短、游览项目的数量与质量、在途时间和花费的多少将影响游客对旅游线路的选择。

5.1.3.2 特色原则

特色是旅游线路形成吸引力的关键性因素。由于旅游动机、旅游形式、旅游资源的属性各不相同，要求旅游线路设计突出特色，形成有别于其他线路的鲜明主题。旅游线路上的各个景区（点）不仅要具有特色，而且所联结的景区（点）要有群体规模，以显示其整体效果。

5.1.3.3 热点、冷点兼顾原则

为了保持客流平衡，不能把所有的热点景区安排在同一旅游线路上，而应把热点、温点、冷点有机地搭配起来组织旅游线路。这样，既可使一贯客流量大、游客集中的旅游热点不致人满为患，也可使一贯游客少、旅游设施闲置的旅游冷点不致无人问津，以提高整体经济效益。

5.1.3.4 不重复原则

旅游线路要尽可能设计成环状和网状，避免大的迂回往返和不必要的重复，不走回头路。

5.1.3.5 张弛有序原则

线路设计要跌宕有致，节奏感强，注意安排好高潮景点与一般景点的关系，要全面分析游客心理，注意将游客心理、兴致与景观特色分布结合起来，注意高潮景点在线路上的分布、布局，要在一定的时间和空间间距上，出现一个旅游高潮。一条成功的旅游线路，至少要有三个旅游高潮：出发后不久有一个高潮，使游客对本次旅游充满喜悦之情；中间一个高潮，使游客游兴大增；最后一个高潮，让游人对本次旅游流连忘返。

5.1.3.6 推陈出新原则

旅游市场在日新月异地发展，游客的需求与品位也在不断地变化、提高。已有的旅游线路也会因为各种因素的变化而出现变化，有些线路会衰落，而新的旅游线路又会不断地涌现。为了满足游客追求新奇的心理，旅行社应及时把握旅游市场动态，注重新产品、新线路的开发与研究，并根据市场情况及时推出。一条好的新线路的推出，有时往往能为旅行社带来惊人的收入与效益。

5.1.3.7 安全性原则

即旅游线路设计中要注意游客的安全因素。一方面要避免线路小，游客拥挤、碰撞、线路阻塞，甚至造成事故；另一方面要避免线路通过气象灾害、地质灾害区和人为灾害区（如战争、宗教纠纷地）。同时，要注意在旅游线路上设置必要的安全保护措施。

5.1.4 旅游线路设计的方法

设计旅游线路是旅行社的重要工作，而散客旅游也需要自己设计旅游线路。旅行社设计旅游线路的方法与过程一般如下。

5.1.4.1 确定旅游线路开发的目标市场

旅游线路是旅行社最重要的旅游产品，旅行社开发旅游线路的最根本目的是有利可图。当推出的旅游线路价格低于成本价时，从长远看，此线路根本不可能开发与经营；若旅游线路价格偏离旅游者承受能力时，此线路也没有实际意义。因此首先要确定客源市场，并根据客源市场各种条件定位不同线路价格目标。

5.1.4.2 发现和组织有意义的景点形成旅游线路

根据旅游线路开发的市场性原则，旅游线路必须能吸引旅游者，所以发现与组织有吸引力的旅游景点形成旅游线路是旅游线路开发的重要环节。本项工作一般由旅行社负责开发的市场开拓部门完成。发现有吸引力的有特色的旅游景点、景区的方法包括：

（1）开拓部门人员到各旅游景区、景点考察，并听取景区管理人员的建议与意见，这是最重要的方法，即使已有相关旅游景区、景点的资料，也必须到实地考察。

（2）倾听旅游者的旅游经验与体会，注意旅游者提出的要求。许多特色景区的发现是通过一些旅游者旅游时发现的，或者是旅游者听说的。

（3）注意有关旅游杂志、报纸、电视、互联网等媒体的报道。

（4）参加有关地区部门组织的旅游推介会，从中获取有用信息。

（5）注意参考其他地区旅行社组织的旅游线路，从中可得到很好的启示。

5.1.4.3 组织有关人员研究、论证

将收集到的可供开拓的旅游景区、景点的信息汇总，并组织旅行社有关人员进行研究、论证，如果是大型项目还可请有关高校或旅游规划部门的有关专家进行评价与论证，如果可行，则可进入旅游线路组织阶段。

5.1.4.4 根据旅游线路组织原则确定其类型、路线、价格

（1）选择不同的旅游点组织旅游线路

根据不重复原则，除了旅游路线尽量不走回头路外，还应尽量选择不同的景色与类型的旅游景点组合成一条旅游线路，以满足旅游者效应递减规律。

（2）根据不同的客户群组织旅游线路

由于不同年龄、不同文化背景、不同经历的旅游者所需要的旅游体验不同，应根据具体旅游者的需要灵活组织旅游线路。应该利用同一批旅游景区景点设计不同天数、不同旅游景区组合、不同主题、不同交通方式、不同价格的多种旅游线路，以满足不同的旅游者的需求。

（3）选择适当的旅游点的数量来组织旅游线路

要根据每个旅游景点的可游时间合理安排旅游线路中旅游景点的数量，做到游客在景点、景区游览时有充足的时间。同时要按旅游者的年龄特点安排线路中旅游景点的数量，老人团可安排少些，青年人为主的团可安排多些，但一天的旅游景点数量一般在4～5个之间为宜。

（4）根据旅游点的距离来组织旅游线路

旅游线路中的旅游点布局要合理，各景点之间的距离不宜太远，以免在旅途中耗费大量的时间与费用，交通时间占旅游全程时间的1/2左右比较合适，除非某些景点、景区具有巨大的吸引力，否则如果大大超出这个比例，则要求导游沿途介绍以弥补这个不足。

5.1.4.5 对线路进行包装及试验性销售，并依据反馈意见对线路进行修改

一条新的旅游线路设计完成后，要与各景区、景点、酒店、旅游汽车公司等进行业务洽谈，落实价格及各项安排。

同时要进行市场推销，一般可采用电视、广播、报纸等发布旅游广告，或召开旅游推介会，派发旅游线路宣传资料，等等。

在组织试销后，如果效果不理想，则必须进行检讨与改进，以求取得理想效果。

5.1.4.6 推出市场，形成相对固定的旅游线路

如果试销效果理想，即可形成相对固定的旅游线路，旅游线路设计告一阶段。但旅行社还必须广泛搜集各种反馈信息，对旅游线路进行定期的检查与评价，对旅游线路进行必要的改进，也为进一步开发产品提供依据。

5.2 中国的主要旅游线路

5.2.1 中国旅游线路设计特点

中国大陆已经开发的旅游景区星罗棋布，截至2012年10月中国风景名胜区有962处，占国土面积的2.6%，其中国家级重点风景名胜区就有225处，每个景区内又有数十至上百个景点。[①] 这些旅游景区、景点按地域组合形成旅游区，每个旅游区域的特色各不相同。众多的、分布广泛的、特色各异的旅游景区、景点为中国的旅游线路设计与开发提供了良好的条件。

中国各地旅行社为了适应旅游者的需要，设计了许多具有特色的、长短不一、价格不等的旅游线路，为国内外旅游者在中国大陆旅游提供了丰富的选择空间。例如在中国文化旅游网的"走遍中国"栏目中就收集了157条旅游线路。

根据旅游线路设计原则及中国大陆旅游资源的特点与分布，中国国内旅游线路设计的主要特点如下。

5.2.1.1 以观光旅游线路为主，其他旅游线路为辅

从旅游层次看，观光游览为基本层次，国内外的旅游者对此需求最大，观光的旅游线路占了所有线路的近60%；其次是文化旅游和度假旅游，另外自助与自驾旅游的主要目的多是为了观光、文化与度假，这三种旅游线路合计超过了90%，见表5-1。

---

① 资料来源：新华网。

表5-1　中国文化旅游网收集的旅游线路类型统计表

类型	观光	文化	度假	自助	自驾	探险	自由人	商务	体育
数量（条）	91	24	13	12	7	5	2	2	1
比例（%）	58	15.3	8.3	7.6	4.4	3.2	1.3	1.3	0.6

5.2.1.2　以当地特色景区与旅游项目为龙头，辅以相关景区组织旅游线路

旅游线路的设计一般是根据旅游景区的特色展开的，例如：昆明—大理—丽江—泸沽湖旅游线路展现了中国 26 个少数民族绚丽的自然风光、浓郁的民俗文化和宗教特色。如古老的东巴文化；大理白族欢迎客人寓意深长的"三道茶"；"东方女儿国"泸沽湖畔摩梭人以母系氏族的生活形态闻名于世界；美丽而淳朴的丽江古城；以及纳西族妇女奇特的服饰"披星戴月"装，等等。这些都以其绚丽多姿的魅力深深吸引着广大的中外游客。这些具有特色的旅游项目在世界上是独一无二的，具有不可替代性，并构成了旅游线路的主体，同时可辅以其他景点，形成一条完整的旅游线路。

5.2.1.3　以低价线路为主，各种价格并存

随着旅游业竞争的日益激烈，为了争取游客，不少旅行社打起了价格战。为适应各种经济层次的旅游者需要，一条旅游线路往往有多种价格，例如分为豪华团、标准团、低价团、学生团等。从中国旅游网的旅游线路统计看，在 157 条旅游线路中，豪华旅游线路有 128 条，占 81.5%；标准线路只有 29 条，占 18.5%。当然，旅行社以推出豪华线路为主，若旅游者需要把价格降低，旅行社可以采用降低标准的方法。

从深圳国旅所做的几条旅游线路来看（见表 5-2），只要价格在合理的范围内，越来越多的旅游者会着重选择旅游品质。

表5-2　深圳国旅不同价格类型的线路旅游人数表

线路类型＼旅游地	北京			海南			清远		
	价格（元）	人数（人）	比例（%）	价格（元）	人数（人）	比例（%）	价格（元）	人数（人）	比例（%）
品质线路	2 380	74	79.6	1 280	379	57.1	438	509	100
标准线路	2 080	19	20.4	980	285	42.9	388	0	0

根据中国旅游者目前的消费情况，推出的旅游线路不可能实行高价格，统计 51 条旅游线路的价格可见，主要线路以低价为主，绝大多数的旅游线路价格在

2 000 元以下，见表 5-3。

表 5-3　2004 年中国旅游线路报价统计表

线路价格（元）	>1.5万	1.5～1万	1万～5 000	5 000～2 000	<2 000
线路数量（条）	2	3	3	6	37
百分比（%）	4	5.9	5.9	11.8	72.4

5.2.1.4　以假日型旅游线路为主，平日及长时间型旅游线路为辅

一条旅游线路可长可短，但一次旅游的时间一般以 3～7 天为宜，据 150 条旅游线路统计，其中 3～7 天的线路有 125 条，占 83%，而 1～2 天的线路只有 9 条，占 6%，8 天以上的旅游线路 16 条，占 11%。这与中国居民的闲暇时间有关，由于有了国庆等黄金周长假期，使得旅游的时间在 7 天以内的旅游线路成为最有吸引力的线路。

5.2.1.5　以团队周游型旅游线路为主，跳跃型旅游线路为辅

旅行社推出的旅游线路主要是针对周游（全包）型团队的，这是旅游线路的主体，但有些旅游中心城市的地接社往往也推出当地或附近景区的一日或二日游线路，这是针对外地自主旅游的游客，特别是为喜欢无拘无束的旅游者来到旅游地，又想方便地旅游而设计的，这就是所谓的跳跃型旅游线路方式。当然，这种线路也可以为当地居民提供本地游的方便，如广州一日游，成都的乐山大佛、峨眉山二日游，等等。

5.2.2　中国主要旅游线路纵览

在中国广袤的地域内，依据各大旅游区不同的资源特色，可以组合出多种多样的旅游线路。

5.2.2.1　东北区主要旅游线路

本区包括黑、吉、辽三省。目前推出的旅游线路主要有：

黑河、俄罗斯边境 4 日游，镜泊湖、地下森林 4 日游，鞍山、千山 4 日游，哈尔滨—长春—沈阳—锦州—兴城 8 日游，绥芬河—海参崴边境 6 日游，亚布力滑雪场—松花江冰上运动 3 日游，五大连池火山—扎龙自然保护区 3 日游，长白山及天池 5 日游，等等。

以哈尔滨康辉旅行社推出的哈尔滨—吉林—长春—沈阳—大连 7 日游为例：

D1：哈市中午接机，午餐后游览太阳岛风景区，可自费赏雪雕、参观索菲

亚教堂广场，游览中央大街、防洪纪念塔、松花江畔欣赏冰雪风光、参观俄罗斯工艺品商店，晚观冰灯，宿哈市。

D2：早餐后参加松花江冰上活动（观冬泳、乘冰帆等）、黑龙江电视塔外观、开发区广场、果戈理大街观光、东北特产展厅，午餐后乘2016次硬座（13：22/18：46）赴吉林，晚餐后宿吉林。

D3：早餐后松花江畔观雾凇（视天气情况）、滑雪场滑雪、龙潭山鹿场，乘K666次硬座（14：20/16：02）赴长春，晚餐后宿长春。

D4：参观伪皇宫、电影城、文化广场、关东军府邸、南湖大桥外观，晚乘K666（16：10/19：50）赴沈阳，晚餐后宿沈阳。

D5：早餐后参观故宫、少帅府、清代一条街、中街步行街，下午乘K680次硬座（15：40/20：45）赴大连，晚餐后宿大连。

D6：早餐后乘车赴旅顺，参观电岩炮台、军港、胜利塔，返大连，游滨海路、北大桥、虎滩广场、星海公园、星海湾广场、百年城雕、人民广场、中山广场，晚餐后宿大连。

D7：早餐后送机返程。（此线路亦可由大连接团哈市送团）

以上是一条典型的东北冬季旅游线路，它包含了辽宁、吉林、黑龙江的东北三省的旅游线路。沿线包括哈尔滨的冰城风光、有"塞北春城"美誉的长春、因努尔哈赤曾在此建郡而号称盛京的沈阳、美丽的海滨城市大连、军港旅顺等东北主要旅游城市。

这条旅游线路利用等级较高的冰雪旅游资源与独特的历史旅游资源为旅游吸引物，把目标市场定位于中国中、南部大多数省份，其吸引范围大，冬季的冰雪旅游对南方客具有极大的吸引力。所以是一条等级较高，旅游尺度较大的旅游线路。从广州出发的双飞6日团需要3 799元（南湖国旅2013年暑假报价）。

5.2.2.2　华北区主要旅游线路

本区包括京、津、冀、晋、鲁、豫、陕等省市，是中国最重要的人文历史旅游区。本区旅游线路众多，主要有：

五台山—恒山—大同云冈石窟7日游，娘子关—苍岩山4日游，太原—壶口—平遥3日游，天津—北戴河5日游，北京—承德6日游，北京—涞源4日游，郑州—鸡公山3日游，北京—十渡3日游，郑州—开封—洛阳—少林寺6日游，济南—泰山—曲阜4日游，山东半岛5日游，西安—延安—华山5日游，等等。

5.2.2.3　华东区主要旅游线路

本区包括沪、苏、浙、皖等省市。目前开发的旅游线路主要有：

雁荡山—天台—楠溪江6日游，天目山—安吉—小九寨沟3日游，金华—千岛湖—桐庐5日游，合肥—巢湖3日游，天柱山3日游，庐山3日游，龙虎山—圭峰—上清3日游，景德镇—婺源3日游，井冈山4日游，黄山—九华山—太平湖6日游，南京—镇江—扬州3日游，三清山3日游，连云港—洪泽湖3日游，苏南4日游，千岛湖—黄山7日游，浙东7日游，普陀山双飞3日游，厦门—东山岛4日游，龙岩—永定—连城5日游，等等。

长三角19个城市联合开发了"三名"（即名山——黄山、名水——杭州西湖、名城——上海购物天堂）旅游线路，力求打造一条世界级精品旅游线路。

5.2.2.4　西北区主要旅游线路

本区包括甘、宁、新三省区。目前推出的旅游线路以观光与文化旅游为主，例如：

河西走廊—丝绸之路8日游，兰州—西宁—西藏7日游，甘南5日游，喀纳斯湖—魔鬼城8日游，古丝绸之路13日游，乌鲁木齐—天山天池—吐鲁番4日游，天鹅湖—南山牧场5日游，帕米尔风光与风情5日游，天水—兰州—青海湖8日游，银川—贺兰山—腾格里4日游，黄河源头—草原风光6日游，海北（青海以北）5日游，等等。

5.2.2.5　华中区主要旅游线路

本区包括湘、鄂、赣、渝四省市。目前开发的旅游线路较典型的有三峡、湖北线：

长江三峡（至武汉）4日游，长江三峡（至宜昌）3日游，成都—新三峡—宜昌3日游，宜昌—当阳—江陵—沙市4日游，武当山—神农架6日游，神农架5日游，等等。

5.2.2.6　华南区主要旅游线路

本区包括粤、闽、琼三省。主要旅游线路有：

福州—太姥山2日游，武夷山—金湖6日游，南少林—妈祖庙—泉州3日游，厦门—武夷山单卧5日游，普陀山双飞3日游，厦门—东山岛4日游，龙岩—永定—连城5日游，海南环岛4日游，广州—深圳—珠海7日游，台湾7日游，等等。

5.2.2.7　西南区主要旅游线路

本区包括川、滇、黔、桂四省区。目前开发的旅游线路主要有：

九寨沟黄龙线：九寨沟3日游，九寨沟—黄龙3日游，九寨沟—牟尼沟4日游，九寨沟—峨眉山—乐山6日游，成都—九寨沟—峨眉山—乐山7日游，九寨沟—三星堆—黄龙环线自助游。

海螺沟、卧龙线：海螺沟 3 日游，成都—海螺沟—康定 5 日游，海螺沟—木格措—康定 4 日游，四姑娘山—卧龙 3 日游，成都—四姑娘山—卧龙 5 日游。

峨眉乐山线：乐山大佛—峨眉山 2 日游，成都—乐山大佛—峨眉山 3 日游。

稻城亚丁线：泸定—康定—稻城—亚丁 8 日游，金秋稻城亚丁—俄初山红叶 7 日环线游，稻城—亚丁 7 日游，米亚罗红叶—温泉—藏羌风情 3 日游。

其他线路：宜宾—蜀南竹海 3 日游，四川嘉绒藏区 4 日游，都江堰—青城山 1 日游，成都—都江堰—三星堆 2 日游，自贡—恐龙博物馆 2 日游，西昌—彝族火把节 5 日游，碧峰峡—野生动物园 2 日游，神奇康巴精华越野 8 日游，西南丝路之古道峡谷自驾车 2 日游，香格里拉之稻城、丽江自驾车 15 日游，铜仁—梵净山—九龙洞 6 日游，凯里—少数民族山寨 10 日游，黄果树—红枫湖—龙宫—织金洞 4 日游，荔波—大七孔—小七孔 4 日游，徒步走漓江—阳朔踏春 4 日游，桂林—灵渠—龙胜—融水—柳州 5 日游，泸沽湖 5 日游，三江口—女儿国 9 日游，怒江大峡谷 6 日游，瑞丽—大理—缅甸 7 日游，昆明—九乡—石林 3 日游，西双版纳 4 日游，香格里拉 5 日游，等等。

5.2.2.8　青藏区主要旅游线路

本区包括青、藏两省区，地域广阔，但目前交通不便，开发的旅游线路不多，主要有：

拉萨—布达拉宫—大昭寺—羊卓雍错—日喀则—扎什伦布寺双飞 6 日游，拉萨—日喀则 5 日游，青藏高原世界屋脊汽车探险游，藏北草原—地热—纳木错 4 日游，甘青藏藏传佛教（黄教）六大寺院探秘 13 日游，道教圣山昆仑山寻祖 11 日游，神秘青藏高原之旅 11 日游，塔尔寺—日月山—青海湖 3 日游，等等。

5.2.2.9　港澳台区主要旅游线路

目前中国的各国际旅行社都开发有港澳游的线路，时间一般不长，以观光、购物性质为主，价格也较低，如香港、澳门 5 日游，香港 4 日游等。但随着中国开放内地居民到港澳的自由行，近年内地赴港澳的游客激增，2011 年达 2 810 万人次，占中国出境游游客的 40%，是出境游的最大构成部分。目前祖国大陆已开辟直通赴台旅游线路，并且于 2011 年起开放台湾自由行[①]。

---

① 资料来源：国家旅游局网站。

5.3 外国主要旅游线路

随着中国经济的高速发展，人民生活水平的日益提高，中国公民出境旅游越来越普遍，2012年中国出境旅游人数达到8 318.27万人次[①]，首次超过日本成为亚洲出境人数最多的国家。同时，随着越来越多的国家对中国开放旅游，中国公民可选的旅游目的地国越来越多，传统的东南亚线路，以及后来开发的澳新线路、日韩线路、南非线路和2004年的欧洲线路，使得旅游产品日渐丰富。

5.3.1 外国旅游线路设计特点

各地旅行社设计了诸多旅游线路，为中国旅游者提供到国外旅游的多种选择。外国旅游线路设计的主要特点如下。

5.3.1.1 在对中国开放的旅游目的地国中组织旅游线路

按法律规定，旅行社所经营的境外旅游线路，必须在对中国开放旅游的国家与地区中组织。少数经营还没有对中国开放旅游的国家与地区的旅游线路的旅行社应属违规行为，例如目前有些旅行社所经营的英国、美国等旅游线路。同时，在中国必须是国际旅行社才能经营境外旅游线路。

截至2012年，中国公民可正式成行的组团出国旅游的目的地国家和地区达到115个，这标志着中国已成为世界重要的旅游客源输出国。这115个国家与地区是：

亚洲：泰国、新加坡、马来西亚、菲律宾、韩国、日本、越南、柬埔寨、缅甸、文莱、尼泊尔、印度尼西亚、印度、巴基斯坦、土耳其、马尔代夫、斯里兰卡、伊朗伊斯兰共和国、乌兹别克斯坦、黎巴嫩、阿曼、台湾、以色列、阿曼、约旦、叙利亚、阿联酋、孟加拉、朝鲜、老挝、蒙古、塞浦路斯32个。

欧洲：德国、马耳他、克罗地亚、匈牙利、法国、比利时、意大利、荷兰、卢森堡、丹麦、爱尔兰、希腊、西班牙、葡萄牙、奥地利、瑞士、芬兰、波兰、捷克、斯洛伐克、斯洛文尼亚、爱沙尼亚、立陶宛、拉脱维亚、冰岛、挪威、瑞士、罗马尼亚、列支敦士登、英国、俄罗斯、安道尔、保加利亚、摩纳哥、塞尔维亚共和国、黑山共和国36个。

美洲：古巴、北马里亚纳群岛联邦、哥伦比亚共和国、厄瓜多尔、多米尼克、

---

① 资料来源：中华人民共和国国家旅游局网站。

加拿大、委内瑞拉、美国、圭亚那、格林纳达、阿根廷、安提瓜和巴布达、巴哈马、墨西哥、秘鲁、巴巴多斯、智利、牙买加、巴西 19 个。

大洋洲：澳大利亚、新西兰、斐济、瓦鲁阿图、汤加、法属波利尼西亚、巴布亚新几内亚、密克罗尼西亚、萨摩亚独立国 9 个。

非洲：埃及、南非、埃塞俄比亚、津巴布韦、坦桑尼亚、毛里求斯、突尼斯、塞舌尔、肯尼亚、赞比亚、乌干达、摩洛哥、纳米比亚、佛得角共和国、加纳共和国、马里共和国、马达加斯加共和国、喀麦隆共和国 18 个。

随着对中国开放旅游的目的地国家与地区的增多，中国可以组织的境外游的旅游线路也越来越丰富，这为境外旅游线路的设计与开发提供了良好的条件。

5.3.1.2 按旅游目的地国的区域组织线路，多数一条线路包含数个国家

中国的旅游者对境外旅游景区不太了解，一般希望一次旅游可以走多几个国家。在旅游线路设计时，旅行社提供给旅游者的境外旅游线路多为几个国家的组合，例如：欧洲 7 国 9 日游；日韩 5 日游；新马泰 11 日游，等等。为适合不同旅游者的需求，目前也有向只游一个国家的所谓"全景游"、"深度游"等线路发展的趋势，例如，韩国全景 5 日游、法国 8 日深度游。

对于地域较小而路途遥远的旅游目的地国，尤其是欧洲国家，每次出境游的旅途时间与费用所占的比例较大。根据旅游最大效益原则，境外旅游线路设计中为了增加游客在旅游目的地国的游览时间，旅游总时间一般以 7～9 天为多，部分旅游线路可达 13～15 天，这样也需要在一条线路中游览数个国家。而短线旅游线路安排时间则可以较短。

5.3.1.3 以文化、城市观光的旅游线路类型为主

由于中国旅游者过去对出境的体验很少，对国外的了解也较少，对境外旅游的一切都感到新鲜好奇，尤其是对国外的风俗、文化特别感兴趣，所以旅游线路的设计以文化旅游、城市旅游为主。例如以北京为旅游起始点的法国 7 日游的线路，7 天的旅游中就安排了游览法兰克福、海德堡、罗藤堡、慕尼黑、斯图加特 5 个城市，只有不到一天的时间游览阿尔卑斯山的风光。

日本全景 6 日游的线路中，安排了游览大阪、京都、名古屋、箱根、横滨、东京 6 个城市，几乎所有的时间都安排在城市新老建筑的参观、文化体验、游乐园游乐上面。另外，中国旅游者出境游时具有大量购物的行为，线路安排往往也包含较多的购物时间。

5.3.1.4 中高档旅游线路所占比重大，但中低档线路游客数较多

相对于国内旅游线路，出境游线路的价格一般都比较高，统计北京青旅的

123 条旅游线路数据可知，境外游线路价格在 10 000 元以上的有 61 条，占 50%，而 3 000 元以下的旅游线路只有 12 条，占 10%。这是由于一般国外旅游线路路途远，发达国家生活水平高，各种费用高的原因。

然而从旅游者人数看，目前境外游主要是三分天下：欧洲占 1/3，这是万元以上的高中档旅游线路；二是东南亚旅游线路，这组线路也占 1/3，其为中低档旅游产品，费用在 3 000～6 000 元之间；三是其他旅游线路，包括澳新旅游线、南亚旅游线、日韩旅游线、非洲旅游线，等等，这些旅游线路的等级高低不等，也占了旅游市场的 1/3。可见，中低档旅游线路的客源还是占了重要的部分。

5.3.1.5　以旅游团形式的旅游线路为主，自由行线路少

由于境外旅游的手续麻烦，目前的旅游线路安排还是以旅游团的形式操作为主，尤其是欧洲等长线旅游线路。中国香港、澳门旅游，短距离的境外旅游如东南亚一些国家，由于旅行社利薄，旅游地的接待设施及服务都方便，所以有向自由行、自助游的方向发展。

5.3.1.6　旅游线路较少，出行时间不固定

相对于国内游，境外旅游线路数量较少，大多数旅行社以经营国内旅游线路为主，例如，北京青年旅行社经营国内旅游线路共 269 条，经营境外旅游线路 58 条，国内旅游线路是境外旅游线路的 4.6 倍。

从游客数量看，2012 年中国国内旅游人数达 29.6 亿人次，而国内居民出境人数 8 318 万人次，相对于巨大的国内旅游市场，境外游人数只相当于国内游的 2.8%[①]。

正因为境外旅游线路属正在培育的旅游产品，其旅游者人数较少，经营成本较高，所以大多数旅游线路没有固定的团次，往往需要预约，待人数凑够后才能成行。与国内线路相比，许多境外游旅游线路的出游时间不能固定，这给时间紧凑的旅游者带来不便。

5.3.1.7　旅游线路的设计与经营需要考虑签证因素和安全因素

出境游要涉及旅游目的地国家，所以许多国家或景区的旅游线路开发或组织需要涉及外交层面，相对国内旅游线路而言需要考虑的因素较多。除了旅游产品价格、目的国旅游产品特色及旅游的时间因素外，签证是否便利已成为影响游客出境游选择的第四大因素。例如韩国游等线路，由于韩国、南非需要中国旅游者提供 50 000 元押金才允许办签证，旅游签证也需要 400 到 5 000 多元的费用，南

---

① 资料来源：中国 2012 年统计公报。

非等国办一个旅游签证还要等 30 个工作日,这在一定程度上影响到旅游线路的游客量,进而影响到旅游线路的设计与经营。

由于国际形势变幻,部分国家与地区受战争、恐怖袭击或传染性疾病等影响,旅游线路的设计与经营都需要考虑这些因素,应尽量避免到这些国家与地区旅游。

5.3.2 外国主要旅游线路介绍

目前各旅行社所推出的外国旅游线路,主要按大洲与地区划分。依据不同地区的社会、经济、文化状况,各线路价格、特色不同,可满足不同旅游者的需要。

世界各地可组织旅游线路的资源多得数不胜数,而外国旅游线路一般只包括目的地国中部分最有代表性的景区景点。从各旅游区域的旅游特色出发,中国的旅行社一般把外国旅游线路分为以下几个方向。

5.3.2.1 欧洲线

在对中国开放旅游的欧洲 30 国中,可组织多种旅游线路,比较受欢迎的是多个国家游览型线路。如英国瑞士经典 8 日游,欧洲 11 国 14 日风情游,法意梵瑞 4 国 10 日游,法瑞奥德 4 国 9 日游,德法荷比卢奥意梵瑞列圣 11 国 15 日游,德法荷比卢 5 国 7 日游,欧洲 5 国 7 日休闲游,德国匈牙利 8 日游,德国埃及 11 日游,匈牙利克罗地亚 12 日游,等等。

另一种是以一个国家为唯一的旅游地去设计旅游线路,以满足部分旅游者需求,如法国 8 日深度游,瑞士 8 日游,德国 8 日游等。

根据市场原则,欧洲绝大部分国家于 2004 年 9 月向中国开放旅游地,尽管这些旅游目的地已开辟近 9 年,对中国游客来说仍然感到新奇,各旅行社抓住机遇,大力组织客源和旅游线路,大多数国际旅行社都组织了十多条欧洲的旅游线路供游客选择。本线路特点是:

(1)走马观花式旅游

"德法荷比卢奥意梵瑞列圣 11 国 15 日游"是在最短时间内,游览最多有特色国家的一条走马观花式的旅游线路,它体现了旅游线路设计的最大效益原则。由于欧洲多个国家组成了共同体,国与国之间的旅游无须签证与办手续,可以方便快速地进行多个国家的旅游,加上许多国家面积十分小,旅游过程中许多城市或国家都是一逛而过,只能给游客一种大致的印象,如果将来需要深度体验异国文化或享受异国风光,则可选择一个国家进行深度游或全景游。

（2）以城市旅游为主，体现了欧洲文化的精华

根据旅游线路设计的特色原则以及旅游者行为特点，大尺度旅游必须首先选择最高级别的旅游地与旅游点旅游。欧洲经济发达，城市化程度高，许多文化精华都集中在城市中，所以旅游线路以游览各国城市为主，15天里游览了20个城市或袖珍国，著名的城市或国家包括：

欧洲金融之都——法兰克福，德国第三大城亦是巴伐利亚首府慕尼黑，山城因斯布鲁克，世界闻名的"水都"威尼斯，意大利被誉为"永恒之都"的罗马，有雄伟壮丽的圣彼得大教堂的袖珍国梵蒂冈，文艺复兴的发源地佛罗伦萨，瑞士的金融中心及最大城市苏黎世，瑞士度假小城卢塞恩，邮票袖珍王国列支敦士登，"千堡之国"卢森堡，法国首都巴黎，被称为"欧洲首都"的比利时首都布鲁塞尔，荷兰的阿姆斯特丹，德国最古老的城市科隆，等等。

（3）属大尺度、长时间、高档次的旅游产品

本线路来回路程达3万千米，跨8个时区，旅游时间需要15天；旅游目的地国基本属于发达国家，与中国风貌、风情、风俗差异巨大，能给旅游者以深刻的旅游体验。旅游团费用14 300元，加上签证、购物、小费等，旅游消费可达2万元以上，属出境游中的高档产品。

5.3.2.2　西亚、北非线

目前该区开发的旅游线路不多，一般旅行社只提供3～4条线路。主要有：土耳其埃及8日游，埃及文化8日游，土耳其埃及全景9日游，埃及8日尼罗河寻梦之旅等。

5.3.2.3　澳新线

澳新的景点不算十分多，但有些值得深入旅游。旅游线路既可组织走马观花式的旅游，也可以组织深度旅游。各旅行社组织的线路中的景点大同小异，一般有4～10多条，线路差别在于天数不同及游览的景点数不同。常见的旅游线路，例如：

澳大利亚、新西兰12日精华游，澳大利亚大堡礁（邦德堡）9日游，澳大利亚、凯恩斯9日精华游，新西兰南北岛8日纯净之旅，澳大利亚7日奇趣之旅，澳大利亚、新西兰10日休闲游等。

对中国游客而言，澳新线是跨南北半球的洲际旅游，旅游线路安排时间一般可达7～14天，旅游团费用高达14 000～30 000元，属等级高的旅游线路。

5.3.2.4　南部非洲线

非洲原来只有埃及与南非对中国开放旅游地，但2004年10月非洲8国与中

国签订旅游目的地国协议后,组织到非洲旅游的线路就比以前灵活了。目前条件较好的除了北非—中亚线的埃及外,这条线路的旅游目的地国主要是南非。

南非距离中国十分遥远,旅游的时间与费用都多,单纯到南非的线路不大合算,所以一般旅行社组织的旅游线路多与其他旅游地组合,也有组织单纯的南非旅游的。南非旅游线路团费一般要在 10 000 元以上,属大尺度、高档旅游线路。南非线路目前游客不多,不少国际旅行社只能开出一个月左右一个的不定档期的旅游团。主要旅游线路有:

南非 8 日游,南非 8 日自由行,南非 9 日钻石之旅,南非、埃及 10 日游,南非、肯尼亚 10 日游,南非、津巴布韦 10 日游,南非(花园大道)10 日游等。

5.3.2.5 亚洲线

亚洲地广国家多,自然条件与人文条件均差异较大,旅游资源丰富。

(1) 亚洲旅游线路特点

由于亚洲各国均是中国近邻,文化、生活等习惯与中国差别不太大,以观光游览旅游为主,中国游客出游比较方便。

旅游距离近,费用可以较低,时间安排可以较灵活,所以,亚洲旅游线路是中国旅游者选择得最多的线路。

对中国大陆开放旅游的时间早,2000 年以前对中国大陆开放旅游的 14 个国家与地区中,亚洲国家与地区就占了 12 个,其中港澳地区早在 1983 年就对祖国大陆开放旅游。所以,亚洲各国家、地区一直是中国大陆旅游者旅游的传统目的地。

(2) 主要旅游线路

亚洲的旅游线路可具体分为东南亚、南亚、日韩三个方向。

东南亚线——包括新加坡、马来西亚、泰国、越南、缅甸、柬埔寨、文莱、菲律宾、印度尼西亚等国家与地区,这些国家与地区对中国开放比较早。东南亚线路能使游客体验到泰国的悠闲、新加坡的繁华和马来西亚的热情;充分享受迷人的热带风光、蔚蓝的海岸、金碧辉煌的皇室、古老的庙宇;感受浓郁的异族风情。东南亚线路组织灵活,价格较低,在 2 000 ~ 5 700 元之间,是中国旅游者选择最多的线路之一。常见线路如:泰国曼谷苏梅岛 5 晚 7 日休闲游、越南—柬埔寨 6 日游,香港—泰国—新加坡—马来西亚—澳门 14 日游,菲律宾长滩岛 6 日游,印尼巴厘岛—泗水—雅加达 6 晚 8 日游,越南 5 日游,泰国芭堤雅普吉 8 日超值游、印尼巴厘岛 6 日游,非凡泰国—新加坡—马来西亚 10 日游,菲律宾马尼拉精选 5 日游,泰国—香港 10 日游,泰国 7 日超值游,新加坡—马来西亚 7 日游,泰国普吉5日游,泰国一地7日游,泰新马11日游,等等。

日韩线——中国各旅行社设计了不少日韩旅游线路,如韩国全景5日游,韩国3日周末游,全视角之韩国超值全景5日游,塞班天宁超值6日游,首尔—济州精华4日游,韩国豪华游轮7日游,日本全景6日游,日韩经典7晚8天特价游,日本精华4日游,日本经典7日游,日本欢乐亲子5日游等。

南亚线——中国到南亚的旅游线路不多,有代表性的如:印度金三角6日精华游、马尔代夫休闲5日游、尼泊尔6日游、斯里兰卡休闲6日游、尼泊尔拉萨8日游,等等。这些线路的价格一般较高,以观光与度假性质的线路为主。

5.3.2.6 美洲线

美洲目前对中国开放旅游的国家有古巴和巴西等19个。

古巴位于加勒比海西北部,素有"加勒比明珠"的美誉,气候宜人、风光旖旎。属热带气候,四面环海,旅游业兴盛,每年12月到次年4月是最佳的旅游季节。目前国内的古巴旅游线路包括著名的巴拉德罗海滩、自然森林和城市建筑观光等,价格都在3万元以上。

巴西是一个多民族的、多姿多彩的国家,它以节日众多闻名于世。春秋之季是巴西最好的旅游时间。巴西的人文旅游资源丰富,著名的有足球、桑巴舞及各种各样的节日。有巴西三大名城——巴西利亚、圣保罗、里约热内卢,还有桑塔那的水上村庄、古城萨尔瓦多。对于喜欢大自然的旅游者,有亚马孙森林、伊瓜苏瀑布、亚马孙海潮、巴拉那石林等胜景。目前,巴西正开发11个旅游项目以吸引外国游客:阳光与大海、贸易与会议、度假与聚会、生态旅游、冒险、垂钓、体育、潜海、高尔夫、朝圣、文化遗产城市与行业有奖旅游等。目前国内的旅游线路价格都在4万元以上。

[案例5-1]

广州广之旅国际旅行社2013年推荐的九寨双飞6日游线路

1. 行程特色:

住:入住高级酒店,九寨沟2晚升级入住豪华酒店。

游:四大佛教名山——【峨眉山】和【乐山大佛】;游览"人间仙境、童话世界"【九寨沟】,让您陶醉在一片仙景之中。

2. 行程安排:

时间	行程	行程说明	住宿
第一天	广州—成都—茂县	广州乘航班飞往成都（空中飞行时间约 2 小时），抵达后乘车前往茂县。途经广州对口支援县城"汶川的心脏"——【威州镇】，沿途可见当地居民生活条件的新飞跃，远观修葺一新的川西民居建筑，仿如欢迎远道而来的贵宾。远观威州镇援建项目【穗威大桥】、【阳光家园】，感受广东对口援建项目对当地居民生活条件的飞跃突变！	茂县
第二天	茂县—川主寺—黄龙—九寨沟沟口	早餐后，前往历史上有名的边陲重镇——【松潘古城】拍照留念，松潘古城已有千年历史，千年城楼古色沧桑。午餐后，前往游览"人间瑶池"【黄龙景区】（游览时间约 3 小时，门票 200 元/人自理），欣赏迎宾池、争艳池、洗身洞、金沙铺地、五彩池、黄龙寺等美景，可自费乘索道上下山。后乘车前往九寨沟口（车程约 3 小时），途经甘海子，晚上可自费参加藏民家访，亲身感受少数民族的热情豪迈。	九寨沟
第三天	九寨沟	早餐后，游览"童话世界"【九寨沟风景区】（观光车费 90 元/成人已含，沟内中餐 60 元/人自理，游览时间约 6 小时），九寨沟的蓝天、白云、雪山、森林、尽融于瀑、河、滩，缀成一串串宛若从天而降的珍珠。乘坐环保观光车游览日则沟、树正沟、则查哇沟，参观"九寨精华"之誉的五花海、西游记拍摄地珍珠滩、自古英雄出少年的取景地树正群海和古磨坊、诺日朗瀑布、长海、老虎滩、犀牛海等绮丽的自然景观。晚上可自费参加藏族风情晚会及藏民家访，走进藏羌人的篝火、舞蹈和古老而美丽的传说之中，体验他们热情强悍的民族风情。	九寨沟
第四天	九寨沟—成都	早餐后，沐浴晨光，离开迷人仙境九寨沟，途经九道拐车观岷江源头，体验毛泽东的"更喜岷山千里雪"的豪迈情怀，乘车返回成都（行驶约 6～7 小时，请做好心理准备），抵达后入住酒店。	成都

续上表

时间	行程	行程说明	住宿
第五天	成都—峨眉	早餐后，乘车前往峨眉山（车程约3小时），游览"天下第一山"【峨眉山】（游览时间约6.5小时，于景区内用午餐）。乘景区观光车前往雷洞坪（成人上下山小车费90元/人自理），步行至接引殿，乘缆车上登至峨眉主峰金顶（海拔3077米）（成人往返缆车120元/人自理），金顶是峨眉山景点和寺庙的汇集，是人与自然的和谐相处，是普贤行愿和人们美好心愿的融合。游览三重殿（金殿、银殿、铜殿），48米高的四面十方普贤金像矗立在金顶，集天地灵气，映日月光辉，俯世俗百态，圆众生心愿。（幸运的话还可以看到云海、佛光），在世界最大的朝拜中心祈福许愿。后乘坐观光车下山，安排入住酒店	峨眉
第六天	乐山—成都—广州	早餐后，前往乐山（约1小时），乘船游览世界第一大佛【乐山大佛】（游览时间约40分钟），大佛是依凌云山栖霞峰临江峭壁凿造的一尊弥勒坐像，开凿于唐玄宗开元初年，历时90年才告完成，大佛高71米，头长14.7米，宽10米，头顶上每一个发髻都可以放一张大圆桌；素有"佛是一座山，山是一尊佛"之称。船上您可观赏到大佛全景，感受岷江、青衣江、大渡河在此三江汇聚的汹涌气势。后乘车返成都（车程约2小时）。后乘航班返广州（空中飞行时间约2小时），结束愉快旅程！	

[案例5-2]

中国北京康辉旅行社2013年推出的多国精选13日游线路

第一天 北京/柏林：乘机飞往柏林，抵达后入住酒店休息。

用餐：——

第二天 柏林/法兰克福：参观勃兰登堡门、国会大厦。后乘坐德铁ICE前往法兰克福，参观法兰克福市政厅、罗马人广场。

用餐：早餐—晚餐

第三天 法兰克福/兰斯/巴黎：乘车前往法国小镇兰斯，参观兰斯大教堂。后乘车前往巴黎。

用餐：早餐—午餐—晚餐

第四天 巴黎：参观戴高乐广场、协和广场和埃菲尔铁塔。可自费乘游船欣赏塞纳河两岸，晚上可自费欣赏歌舞表演。

用餐：早餐—午餐—晚餐

第五天 巴黎：参观罗浮宫，后到百货公司购物。

用餐：早餐—午餐—晚餐

第六天 巴黎/普罗旺斯/戛纳/尼斯：乘TGV前往普罗旺斯，参观教皇宫及圣母院（外观）。后前往戛纳，观影展会场后前往尼斯。

用餐：早餐—午餐—晚餐

第七天 尼斯/蒙特卡蒂尼：参观尼斯，漫步盎格鲁街。后去往意大利蒙特卡蒂尼。

用餐：早餐—午餐—晚餐

第八天 蒙特卡蒂尼/罗马：前往罗马，市区观光。然后参观梵蒂冈。

用餐：早餐—午餐—晚餐

第九天 罗马/佛罗伦萨/威尼斯：前往佛罗伦萨，市区观光，观赏传统工艺。乘车往威尼斯。

用餐：早餐—午餐—晚餐

第十天 威尼斯/福森：威尼斯游览，徒步参观圣马可大教堂、圣马可广场及叹息桥。乘车往福森。

用餐：早餐—午餐—晚餐

第十一天 福森/琉森/苏黎世：前往新天鹅堡，后前往琉森，参观狮子纪念碑、卡贝尔桥。乘车往苏黎世。

用餐：早餐—午餐—晚餐

第十二天 苏黎世/北京：乘车赴卢森堡，游览宪法广场，阿道夫大桥，大公府，乘车前往巴黎。

用餐：早餐

第十三天：安全抵达北京，全程结束。

本章小结

旅游线路是为旅游者提供的开展各种旅游活动及旅游游览的路线。

为设计旅游线路和有关部门统计及游客选择线路的方便，可将旅游线路按旅游目的、旅游线路跨越的空间尺度、旅游者在旅途中的时间、旅游者所乘交通工具、旅游者行为和意愿、旅游组织形式、旅游目的地、旅游者休闲时间等来分类，其中最常用的是按旅游目的分类。

旅游线路设计原则的主要依据是尽可能满足旅游者的需要，又要便于旅游活动的组织与管理。可将其归纳为七个方面：市场原则、特色性原则、热点、冷点兼顾原则、不重复原则、张弛有序原则、推陈出新原则、安全性原则。

旅游线路设计的方法首先是确定旅游线路开发的目标市场，然后需要发现和组织旅游景点，依据旅游线路设计原则形成初步的旅游线路，经有关人员研究、论证后，确定旅游线路的类型、路线、价格。再对线路进行包装及进行试验性销售，并依据反馈意见对线路进行修改。最后形成相对固定的旅游线路推出市场。

中国境内的旅游线路设计特点是以观光旅游线路为主，以地方特色景观为主组织线路，以低价线路为主，以团队周游型旅游线路为主，以假日型线路为主。

中国境内各地旅行社可按十大旅游区，依据旅游者需要、区域旅游资源特色设计组合出多种多样的旅游线路。

外国旅游线路在对中国开放旅游的国家里由国际旅行社组织经营，线路以文化、城市观光的旅游线路类型为主，其中高档的旅游线路所占比重大，并以团队形式的旅游线路为主，需要考虑的因素比国内线路要多。

外国旅游线路按区域分成欧洲线、西亚北非线、澳新线、南非线、美洲线、亚洲线等。

■ 课堂讨论题

按照旅游线路设计的原则与方法，分别设计一条中国华南区的旅游线路和一条日韩旅游线路，并说明其线路特色。

复习思考题

1. 什么是旅游线路？它分为哪些类型？
2. 旅游线路设计需要遵循哪些原则？
3. 旅游线路设计一般用什么方法？
4. 中国国内与境外的旅游线路设计分别有哪些特点？
5. 中国国内及境外有哪些典型的旅游线路？

6 中国旅游地理分区（上）

学习要点

- 旅游地理区划原则与本教材所提出的中国旅游地理区划方案
- 东北、中原、华东、华中和华南等5大旅游区的空间范围
- 旅游资源突出特色和主要类型
- 旅游业发展特征
- 主要旅游城市和景区

6.1 中国旅游地理区划原则与方案

所谓旅游地理区，就是自然地理与人文地理环境特征基本相似，旅游资源与旅游业发展特征基本相近的地理区域综合体。

根据不同的目的和要求，可以对旅游进行不同类型和功能的区划，如资源区划、发展区划、综合区划等。但具体到旅游地理区的划分，强调的则是旅游的地理性，主要是针对旅游资源进行分区，两者在一定程度上等同，即对客观存在的旅游资源区域所进行的逐级划分和归并，同时兼顾市场、旅游活动、管理等的区域特色。就各国而言，旅游资源分区的目的在于为全国和各地区合理开发利用旅游资源与因地制宜地发展旅游业打下科学的基础。

6.1.1 旅游地理区划的一般原则

旅游地理区划是一项复杂的工作，一般来说，它应该遵循以下

原则。

6.1.1.1 地域性原则

旅游资源的形成、开发和利用，由于受自然条件和人为因素的影响，分布不均衡，具有明显的地域性。无论是在中国，还是在世界，多种多样的旅游资源因自然地理分异规律和人文历史发展规律的制约而呈现出的地域性，即地理性，是旅游资源最本质的特征之一，也是旅游地理分区的基础和依据。

只有真正科学地和完整地认识旅游资源的地域性，方能准确地对旅游资源和旅游地理进行分区。

导致旅游资源地域分异的原因，对自然景观旅游资源来说，是自然要素地域分异规律，即纬度地带性、经度地带性和垂直地带性规律。由于热量由低纬度向高纬度、水分由近海向内陆呈现有规律的递变，水热关系的综合作用，使得地表自然景观也呈现纬度和经度地带性的变化。山地因高度不同而引起热量、水分及水热关系对比的变化，使得自然景观也呈现由下到上有规律的垂直递变。自然景观旅游资源空间分布的差异是这三种基本规律综合作用的产物。人文景观旅游资源的空间分布有其历史、民族和人文诸因素的作用，但也深受自然环境的影响和制约。因此，地域性原则是我们遵循的根本原则，也可以说是区划的总原则，它应该贯穿于规划的全过程。

6.1.1.2 资源相似性原则

资源相似性原则，也就是一些学者提到的相对一致性原则。王钟印（1994）曾试图用哲学规律来解释这一原则对旅游地理区划的重要性。旅游环境和旅游资源，在地域空间上虽然千差万别，但地理要素的地域分异规律仍具有哲学上的量变和质变的规律性，即旅游资源和环境发生质变的临界点才是地理区划的界限。

资源相似性原则要求在进行旅游地理区划时，应将那些成因上具有共同性、形态与特征上具有类似性、功能上具有通用性和发展方向上具有一致性的旅游资源归并在相同的旅游区内，使所划分的同一区域内部旅游资源相似性最大，而差异性最小；区际间则差异性最大，而相似性最小。反映在旅游资源地域等级系统中，高级区域内部相似性小、差异性大，而低级区域内部则相似性大、差异性小。这样，就有助于深入发掘同一旅游区内各种旅游资源之间的内在联系和规律，以及不同旅游区之间旅游资源的本质差异，从而为旅游资源开发提供较为系统的科学依据。

6.1.1.3 主导因素原则

各旅游地域内分布着多种类型的旅游资源，但它们在旅游地域内所起的作用和所处的地位是不均衡的，经常是某一两种类型起着长期的或主导的作用，制约着旅游地域的属性特征、功能和利用方式。

这就要求在旅游地理的分区过程中，面对类型多样、分布广泛的旅游资源，必须在综合分析各种资源在空间组合上和时间演变中所具有的共同特征的基础上，寻找区域旅游资源的主要特点，特别是突出能够反映本区特色和体现区域差异的主导因素，对不同等级，甚至同一等级内的不同地域，则突出其一两个因素，作为划分旅游区的主要依据，从而使区域旅游主题和旅游形象更加鲜明。

在旅游地理区划中要突出旅游资源成因类型的共同性。从全国来看，旅游资源成因类型差异性明显，但各地旅游资源的成因类型和分布又有一定的规律性。例如，黄河中下游从古人类及原始社会开始，经过了奴隶社会和封建社会，数千年来一直是中国的政治中心，保存有大量名胜古迹，是中国人文景观旅游资源最丰富、最集中的地区；东北三省，因纬度偏北、接近西伯利亚而呈现林海雪原景观等，都是旅游资源类型的共同性形成的。因此，可以把旅游资源成因类型的共同性，作为全国第一级旅游区划的重要依据，这也是地域性原则、主导因素原则和相对一致性原则相互结合的具体应用。

6.1.1.4　行政区域相对完整原则

旅游业是国民经济的重要组成部分，它与地区经济发展密切相关。作为国民经济的一个部门，旅游业理所当然地要受地方政府机关的领导和管理。同时，旅游业作为一项具有高度文化性质的经济事业，涉及许多部门，这就需要行政管理部门综合平衡和协调各相关部门间的关系。中外行政区域均是历史积淀和长期发展的产物，也是今天各国实施有效旅游管理的基本空间，因而在旅游地理分区中尽可能保持现有各种行政区域的相对完整，就显得十分重要。

具体来说就是，除非确有必要，在划分国家内部的旅游区时，应尽可能在一定级别的行政区域范围内进行，或将几个行政区域组合成为一个旅游区，而一般不宜打破行政区域界线；在划分全球旅游区时，应尽可能在各洲范围内进行，一般不宜跨洲分区。

6.1.1.5　综合性原则

综合性原则是对主导因素原则的有益补充，因为，一方面，旅游资源是在自然地理各要素与人类的政治、经济、文化活动过程中长期相互作用所形成的，即旅游资源具有综合性；另一方面，旅游地理区划并非单纯的旅游资源区划，而是以旅游资源为主导因素，同时还要兼顾旅游功能、管理、市场等多种因素，因而在区划过程中需要综合考虑这些因素，以达到协调的目的。

此外，由于旅游地理区划同时兼顾市场需求、旅游活动特点、管理等因素，在区划中还要考虑旅游活动的主导性和多样性原则及地域完整性原则。旅游行为是多层次的，但作为具体的旅游者参加旅游活动，必然有主要动机和次要愿望。从宏观上分析，旅游资源的不同结构与层次，可以满足人们旅游行为多层次的需要；从微观上分析，必须建设功能各异、一主多辅的旅游区，以满足旅游者旅游行为多层次的需要，这往往是划分次级旅游区划单位所遵循的原则，也是综合性原则、主导因素原则的具体运用。地域完整性原则是要求旅游区划既然是一个区域，在地域上就必须有明确的区域范围，如高一级的旅游区具体包括哪些省份，同时具体到小景区也该有明显的界线，这也是出于方便管理的考虑。

6.1.2　中国旅游地理区划方案

迄今为止，中国尚未进行过任何官方的旅游地理区划，但出于研究和学术争鸣的目的，不少学者提出了各自的区划方案。由于所依据的区划原则的侧重点不同，即使在相同或类似原则的指导下，也会产生不同的区划方案及相应的分区体系。

6.1.2.1　中国旅游地理区划方案综述

宋家泰分区方案　1985年，宋家泰在其主编的《中国经济地理》教材中依据旅游资源的特点和经济运行的自然网络，在保持行政区划体系完整性的前提下，采用单一区域方位因子命名法，将中国大陆分为东北、华北、华东、长江中上游、东南、西南、青藏、西北共8大旅游地理区。此为中国较早的旅游地理区划方案。

周进步分区方案　1985年，周进步在《中国旅游地理》一书中，依据旅游资源形成的共同性、形态的类似性和旅游业发展现状的相似性，找出旅游区的主导因素作为划分指标，采用地域单位名称或旅游资源主导因子命名法，将中国划分成中央、东部沿海、川汉、华南热带景观、西南岩溶、西北丝绸之路、东北、北疆塞外和青藏高原共9个旅游区。

刘振礼分区方案　1987年，刘振礼等根据旅游条件和旅游业发展现状，采用旅游景观主导因子加区域名称复合命名法，将中国大陆分成10个旅游区，即京畿要地——北京旅游区，白山黑水——黑吉辽旅游区，民族摇篮——黄河中上游旅游区，大浪淘沙——长江中上游旅游区，山水神秀——滇黔桂旅游区，南国侨乡——闽粤琼旅游区，塞外风光——内蒙古宁夏旅游区，丝绸之路——甘新旅游区，世界屋脊——青藏旅游区，港澳台旅游区。

濮静娟分区方案 1987年，濮静娟、朱晔根据舒适度指数和风效指数指标，对中国大陆地区气象资料进行分析计算，以各地最佳旅游月份和适宜旅游季节进行旅游季节气候区划，采用区域方位和热量带主导因子复合命名法将中国大陆分成北方温带气候大区等18个旅游气候区，又按照舒适风月份和闷热有不明显风的月份作为气候亚区的区划指标，将中国大陆地区划分为22个旅游气候亚区。这是中国第一次较系统的旅游专业区划。

郭来喜分区方案 1988年，郭来喜根据旅游资源的相似性、行政区划体系的完整性和运输便捷性、管理方便性等原则，采用区域名称或文化景观主导因子综合命名方法，将中国大陆地区分成10个旅游带，即京华古今风貌旅游带、白山黑水北国风光旅游带、丝路寻踪民族风情旅游带、华夏文明访古旅游带、西南奇山秀水民族风情旅游带、荆楚文化湖山景观旅游带、吴越文化江南水乡风光旅游带、岭南文化南亚热带—热带风光旅游带、世界屋脊猎奇探险旅游带，以及港澳台中西文化海岛风貌旅游带，带以下又分成29个旅游省，149个基本旅游区，整个结构体系分成三大层次。

雷明德分区方案 1988年，雷明德等依据旅游资源成因类型的共同性原则，采用地域区位名称和自然或文化景观主导因子复合命名法，将中国分为东北林海雪原等9个旅游区。

阎守邕分区方案 1989年，阎守邕根据旅游资源区域特征和旅游环境的区域差异，采用地域名称和自然或文化景观主导因素复合命名法，将中国分为东北温带湿润景观旅游资源区等8个一级区和41个二级旅游资源区。

陈传康分区方案 1991年，陈传康将传统文化与现代文化资源相结合，观光游览与科学文化导游相结合，以传统文化资源、现代文化资源、自然风光、开发重点和客源市场五项内容，采用区域方位和区域名称单因子命名法，将中国大陆地区分成华北、长江中下游流域、华南、西南、东北、内蒙古西北、青藏高原共7个一级旅游文化区。

陈传康的旅游地理区划方案无疑突出了"文化是旅游的灵魂"这一全新理念，同时兼顾了自然风光、开发重点和客源市场等多个因素，是旅游地理区划的一种大胆尝试。但由于该方案没有考虑到地域完整性、与行政区划相对一致性等原则，使分区显得有些凌乱，造成实施和管理上的困难，也不便于方案的记忆和推广。

雍万里分区方案 1991年，雍万里根据旅游资源产业的相对一致性、自然环境和社会经济环境的近似性原则，采用地域名称与自然或文化景观复合命名法，将中国大陆地区分为 10 个一级旅游区，即东北——林海雪原火山景观旅游区，华北——古都古迹名山旅游区，东南——名山胜水园林景观旅游区，华中——名山峡谷古迹旅游区，华南——海湾海岛热带景观旅游区，西南——喀斯特景观民情旅游区，横断山地——高山峡谷景观民情旅游区，内蒙——草原景观民情旅游区，西北——荒漠绿洲古迹旅游区，青藏——高原雪山宗教旅游区。每个旅游区又包括若干主要旅游地、景区和旅游点。

杨载田分区方案 1994 年，杨载田等根据旅游资源成因、形态和发展方向的一致性，地域分布完整性等原则，取各家分区方案之长，采用地域方位名称、文化景观和自然风光三因子综合命名方法，将中国大陆地区分成东北关东文化林海雪原火山风光旅游区、黄河中游华夏文化名山沃原海滩风光旅游区、华东吴越文化山水园林旅游区、华中荆楚巴蜀文化峡谷湖山旅游区、华南沿海岭南文化亚热带—热带山海风光旅游区、西南民族风情岩溶山水风光旅游区、青藏藏乡草原文化世界屋脊风光旅游区、西北丝路文化雪峰绿洲草原风光旅游区 8 大旅游区，以及若干个旅游省，省下含若干游览区。

此外，孙大文、吴必虎（1990）曾提出中国旅游区景观—经济区划方案，将全国分为 10 个旅游区；王钟印（1994）考虑多因素原则，提出从旅游区、旅游亚区到游览区的中国旅游区划系统，其中一级旅游区有 9 个；庞规荃（1996）根据行政区划完整性、旅游资源的类型和协调管理等因素，将全国划分为 8 大一级旅游区；罗兹柏、张述林（2000）从教学角度，在借鉴各专家方案的基础上，根据层次性与相似形、综合性、主导性与多样性、地域完整性及与行政区划相协调的原则，将全国分为 8 个旅游大区、31 个旅游亚区和 73 个游览区。

这些方案虽然初看大同小异，但却各有其切入点，区划原则不尽相同，目的也各异，各有所长，充分体现了中国旅游地理区划研究的蓬勃势头和显著成果。

6.1.2.2　本教材采用的旅游地理区划方案

肖星在全国高校统编教材《中国经济地理》（1999）和专著《旅游资源与开发》（2000）中，综合考虑地域性、资源相似性、主导因素、与行政区划协调一致等原则，采用地理方位或地名加自然、人文景观特色资源（各选 1～2 种，地位突出者在前）的命名法，将中国划分为 10 个一级旅游区。这一旅游地理区划方案因思路清晰、特色突出和便于记忆，受到学生的欢迎和教师的好评。鉴于本教材的教学性特点，我们继续采用肖星的区划方案，即将全国划分为如下 10 个旅游区（详见图6-1、图6-2、图6-3）：

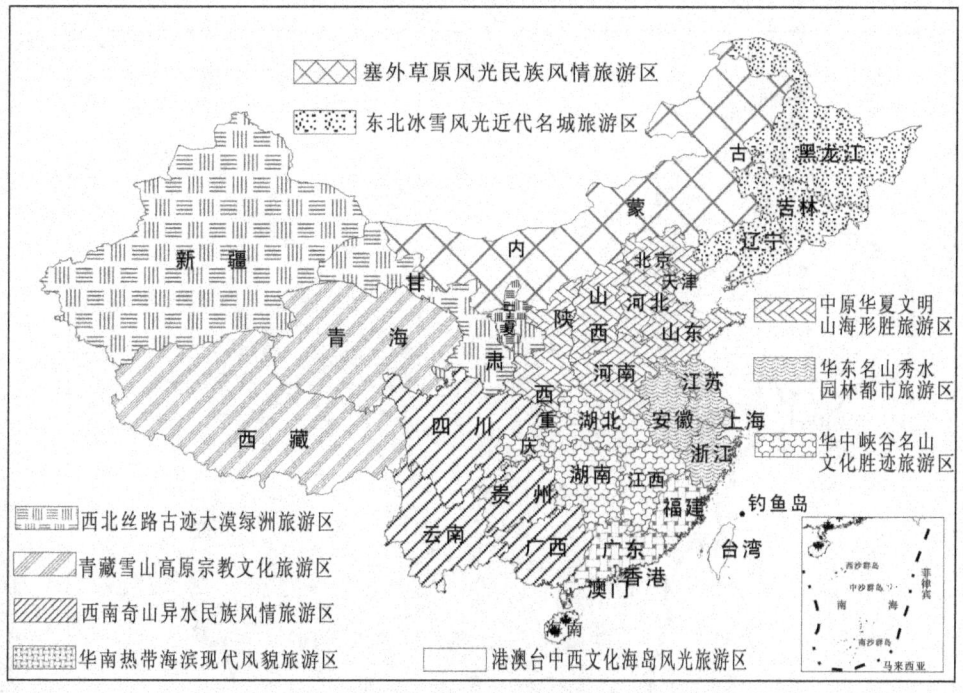

图6-1 中国旅游地理分区示意图

Ⅰ．东北冰雪风光近代名城旅游区，包括辽宁、吉林和黑龙江3省；

Ⅱ．中原华夏文明山海形胜旅游区，包括北京、天津、河北、山西、陕西、河南和山东2市5省；

Ⅲ．华东名山秀水园林都市旅游区，包括上海、江苏、浙江和安徽1市3省；

Ⅳ．华中峡谷名山文化胜迹旅游区，包括重庆、湖北、湖南和江西1市3省；

Ⅴ．华南热带海滨现代风貌旅游区，包括福建、广东和海南3省；

Ⅵ．西南奇山异水民族风情旅游区，包括四川、云南、贵州和广西3省1区；

Ⅶ．西北丝路古迹大漠绿洲旅游区，包括甘肃、宁夏和新疆1省2区；

Ⅷ．塞外草原风光民族风情旅游区，即内蒙古自治区全境；

Ⅸ．青藏雪山高原宗教文化旅游区，包括青海省和西藏自治区；

Ⅹ．港澳台中西文化海岛风光旅游区，包括香港、澳门特别行政区和台湾省。

本书未再进一步划分旅游亚区，但考虑到旅游的经济性和文化性，为兼顾旅游发展管理和市场开拓，我们认为旅游区的下一级单位应与省级行政区域保持一致。

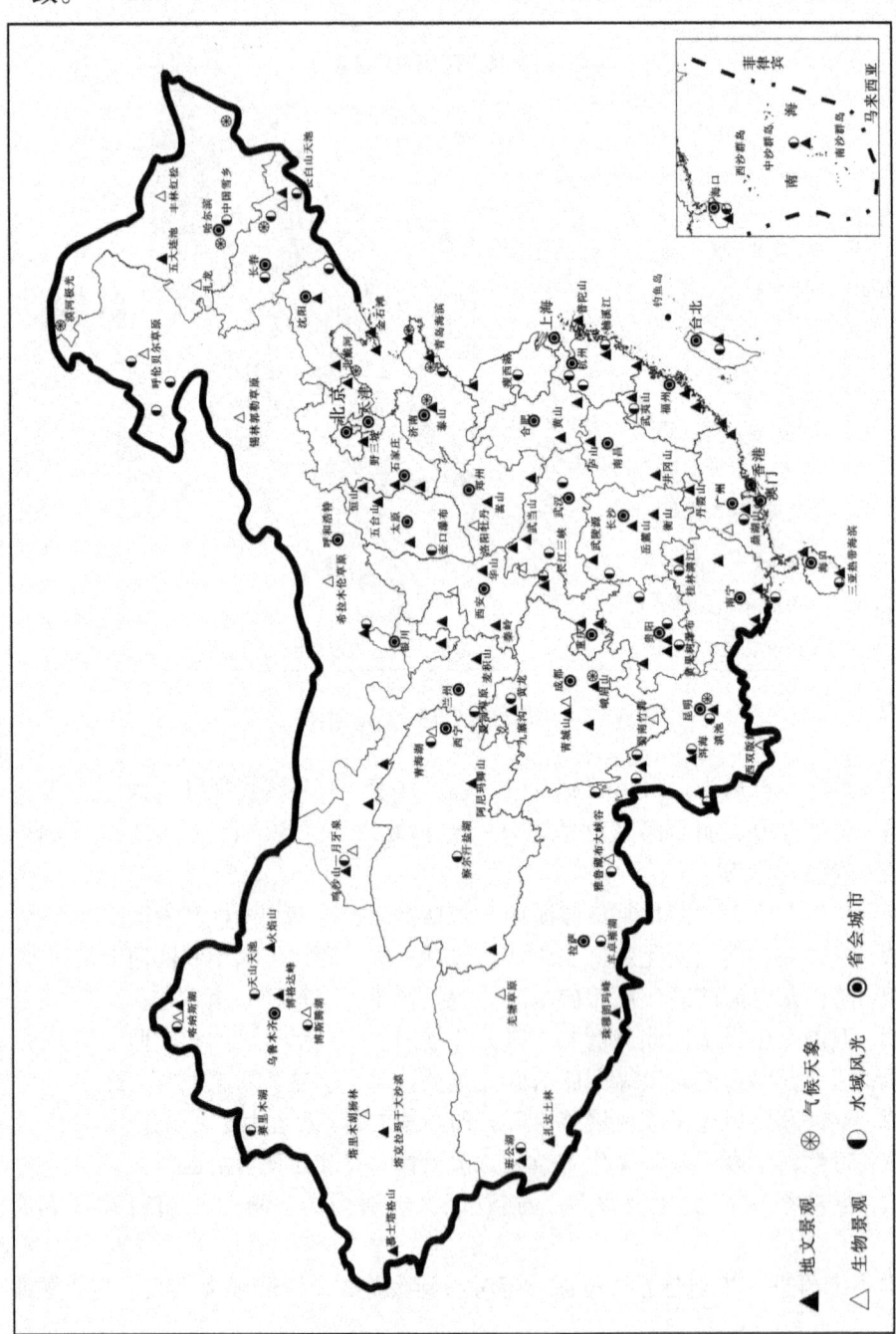

图6-2 中国主要自然景观旅游资源分布示意图

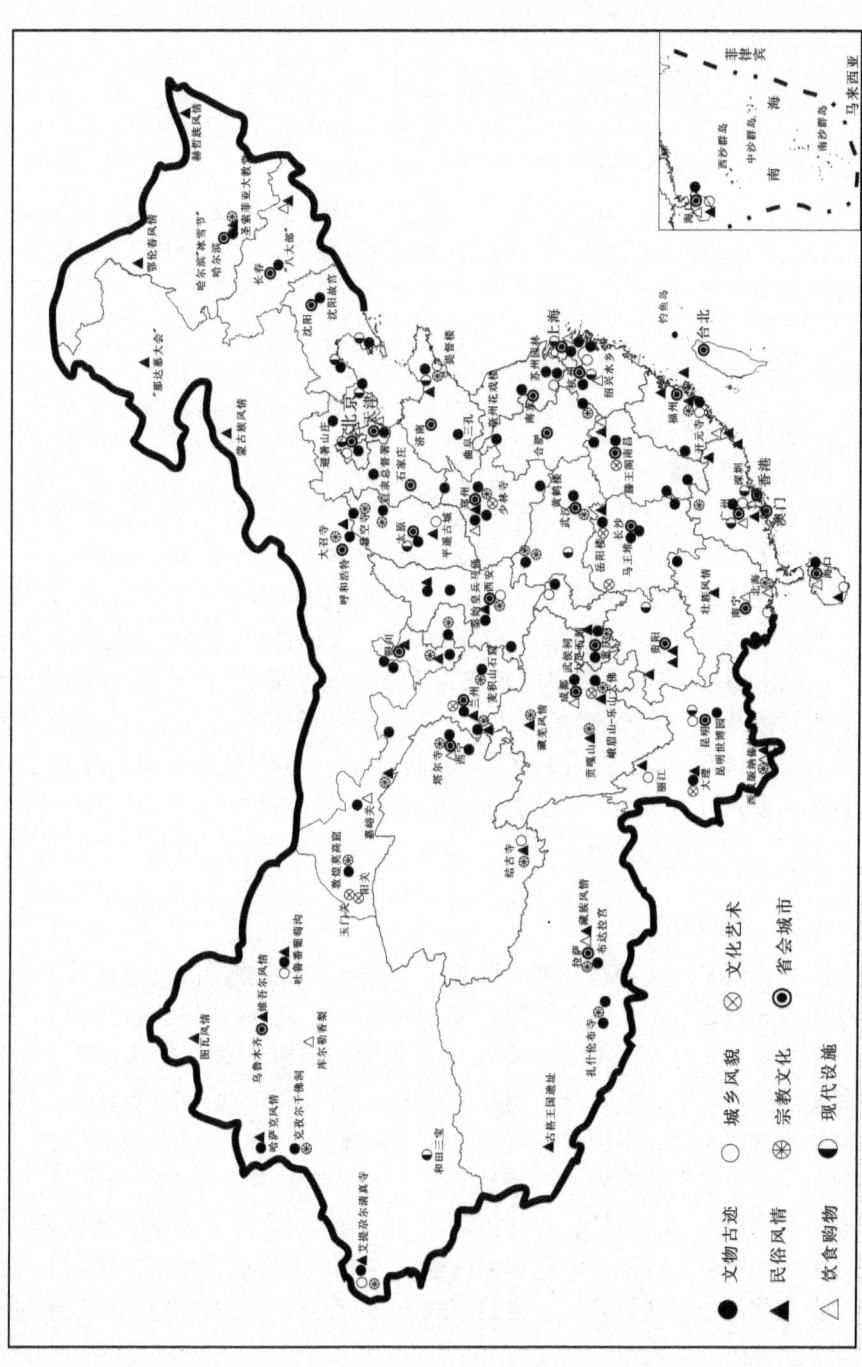

图6-3 中国主要人文景观旅游资源分布示意图

6.2 东北冰雪风光近代名城旅游区

位于中国大陆东北部,包括辽宁、吉林和黑龙江3省,因地处山海关以东的中国东北地区,亦称关东。相对发达的工农业生产和便利的交通运输,为其旅游业的发展提供了良好的物质基础;毗邻东北亚的地缘优势,则为其开发国际旅游提供了有利条件。

6.2.1 区域概况

6.2.1.1 区域地理环境

(1) 自然地理环境

本区地处中高纬度地带,邻近蒙古高原(冷空气聚集地)、东西伯利亚的上扬斯克—奥伊米亚康地区(北半球寒极)、鄂霍次克海(太平洋"冰窖")三个冷中心;整个地形成多层半环状向海突出,外围水绕边界(黑龙江、乌苏里江、图们江、鸭绿江)、中层山体隆起(兴安岭山地、长白山)、内层平原低陷(松嫩平原、辽河下游平原),三江平原则成为打破环状连续的一个缺口。全区山地不高,多为海拔500～1 000米的低山,不足以阻挡冷空气的入侵。这里冬季严寒漫长(普遍超过6个月,最北地区可达230多天),大地银装素裹,冰清玉洁,冰雪覆盖厚度最大可达50～70厘米,直至翌年5月方得融化,1月平均气温大都低于-20℃,漠河极端最低气温达-52.3℃(1969年),素有"中国寒极"之称。

(2) 人文地理环境

地方文化特征是人文地理环境的重要组成部分。东北旅游区无论就其民族成分还是生产方式而言,都是一个典型的多元文化复合区。区内民族以汉为主,还包括满、蒙古、朝鲜、回、锡伯、鄂伦春、鄂温克、赫哲族、达斡尔等少数民族;按其传统生产方式,既有汉、朝鲜等农耕民族,也有达斡尔、鄂伦春、鄂温克等以狩猎为主的民族,中国唯一以捕鱼为主的赫哲族也在本区,还有历史上曾经以游牧为主、后逐渐转向农耕的满族。众多的民族及多样的生产和生活方式,形成了本区复合型的民族风情,并与体现北国风采的冰雕艺术及乡土气息醇厚的东北民间艺术相结合,构成了特色鲜明的东北本土人文景观。同时,多民族化而又兼具中西文化风格的建筑艺术,也是东北历史变迁和区域人文地理环境特征的真实反映。

6.2.1.2　旅游资源特色及其开发方向

尽管本区旅游资源数量和种类较为丰富，但最具特色和垄断性的资源还是冰雪风光和近代名城。

寒冷湿润的气候特点，造就了东北奇特壮观的冰雪景观，也使这里成为全国开展冰雪旅游的最佳地区。哈尔滨冰雪节、松花江"冰雪大世界"和亚布力滑雪场，吉林"江城树挂"和北大湖滑雪场，以及海林的"中国雪乡"等，是本区最令人神往的自然景观旅游资源（哈尔滨冰雪节同时也是人文景观旅游资源）。东北的冰雪旅游资源，为中国有效开发淡季旅游产品、打造冬季旅游新亮点提供了得天独厚的条件。

与此同时，近百年的沧桑岁月，给本区的哈尔滨、长春和大连等近代名城留下了不可多得的独特建筑风貌和厚重的历史文化沉淀；邻近韩国、朝鲜、日本和俄罗斯的区位特点，又为这里增添了不少别有风味的异国情调。素有"东方小巴黎"、"东方莫斯科"之称的哈尔滨那充满欧陆风情的中央大街和以圣索非亚教堂洋葱头造型为代表的诸多俄式建筑，"塞北春城"长春那"宽马路、四排树、圆广场、小别墅"的城市风貌和保存完好的伪满洲国皇宫及"八大部"建筑，"北方明珠"大连那令人赞叹的欧式花园广场、俄国及日本风格建筑和旅顺日俄战争遗址，构成了本区独具特色、但目前开发力度明显不足的人文景观旅游资源。

此外，大、小兴安岭和长白山的茫茫林海，五大连池的火山熔岩景观和药泉"圣水"，长白山天池和镜泊湖的湖光山色，沈阳的前清古迹，大连和兴城的海滨风光和宜人气候，长春的"汽车城"和"电影城"，漠河的"北极村"奇观，延边的朝鲜族风情，以及3省均有的边境风光，也是区内的优势旅游资源；大连"足球城"、国际服装节和女子骑警等新兴的体育、节庆和都市旅游资源成为目前最火爆的旅游产品。

东北区今后旅游资源开发的方向，冬季应以冰雪观赏、冰雪运动和节庆旅游为主，夏季应以森林生态、边贸互市、界江探秘、科考修学、疗养度假等多种特色旅游为主，全年则适宜开展近代名城欧陆—东洋风情旅游。

6.2.1.3　旅游业发展现状

东北地区是中国重要的工业基地和农、林、牧业基地，经济基础比较雄厚，目前又面临国家实施振兴东北老工业基地战略的良好机遇。发达的第一、第二产业为旅游业的发展奠定了雄厚的经济基础，在全国自成一体的现代化交通网络系统，也成为旅游开发的便捷通道。

近年来，本区旅游业发展速度迅猛，旅游外汇收入连续以18%以上的速度增长，特别是2012年，辽宁、吉林和黑龙江三省的旅游收入增长速度还曾分别达到了18.1%、26.8%、19.13%，远远高于全国平均水平。其中辽宁不仅是东北的旅游大省，也是全国的旅游重点省份，2012年其旅游收入已经占到了全省GDP的15.9%，吉林和黑龙江也分别占到了9.8%和9.5%，这也同样远远高于全国平均水平。

但是，区内旅游发展水平的差距又是相当明显的。以最能反映地区旅游经济发展状况的指标——旅游外汇收入为例，2012年，东北三省分别为：辽宁31.8亿美元，黑龙江8.35亿美元，吉林4.95亿美元，在全国31个省、市、自治区（不包括港、澳、台三地）中的排名分别是7、17和24位，即处于全国旅游业发展的不同水平上。

2012年，全区拥有星级饭店1 010座，是全国星级饭店总数的8.63%，但辽宁的星级饭店数量却在全国占第10位，落后于广东、山东、浙江、北京、江苏、云南、湖北、新疆和湖南。全区旅行社的拥有量也以同样的水平分布于三省。

总的来看，虽然东北旅游区还不是全国旅游业最为发达的地区，但目前正呈现出强劲发展势头，完全有可能成为中国旅游发展中一个后来居上的地区。

6.2.2 旅游资源精粹

6.2.2.1 冰雪旅游资源

冰雪运动资源 冰雪运动项目通常有滑雪、堆雪人、滑冰、冰橇、冰帆、坐雪橇、打冰球等。滑雪是一种较为高雅和刺激的冰雪运动项目。在一般年份里，东北旅游区的松嫩平原北部、兴安岭和长白山地降雪日数都在30天以上，积雪厚度达20～50厘米，积雪日数长达100天以上，具有雪期长、雪量大、雪质好的特点，因而吸引着世界各地的滑雪爱好者。滑雪场地又以哈尔滨的亚布力滑雪场、吉林的北大湖滑雪场和松花湖滑雪场最为著名。北大湖滑雪场是按照举办国际赛事的标准设计的，是集竞赛、训练、旅游、健身康复于一体的体育和旅游中心，曾成功地承办了第八届和第九届全国冬季运动会；松花湖滑雪场也曾是第六届全国冬运会的举办地。

堆雪人，只要是有雪的地方都可以进行。这种本该是孩子玩的游戏，却一直对成年人具有不小的吸引力，可以让人在洁白的冰雪世界里体验童心常驻的可贵，而且在中国只有东北才最适合开展此项活动。

滑冰是东北普及率最高的一种冰上运动，举凡泼了水的平坦地面、操场、广场或结了厚厚冰层的湖面与河面，都可以成为天然的滑冰场，人们都可以在冰面上尽情活动，享受无穷的乐趣；冰橇是一种有趣的简易冰上游乐工具，人们或坐或卧在其上，沿冰道自高处飞速滑下，如瀑布飞帘，颇为刺激；冰帆形似帆船，利用风力推动，在冰封的湖面上乘风滑行，似陆地行舟，与水上行舟相比别有一番情趣。一般情况下，东北天然河面、湖面冰封长达3个月以上，其中辽河为3个月，松花江在哈尔滨一带冰封达5个月，黑龙江冰封达半年以上，冰厚1.5米左右，是天然的冰上运动场地。

此外，东北还有坐狗拉雪橇（爬犁）、驾雪地摩托、打冰球和冰陀螺等丰富多彩的冰雪体育娱乐活动。

冰雪观赏资源　在中国，东北向以千里冰封、万里雪飘的严冬景观闻名于世，其中又以中国四大自然奇观之一的吉林雾凇最为著名。因雾凇俗名树挂，吉林市区又有松花江缓缓流过，故吉林雾凇又称"江城树挂"。雾凇是在气温降至0℃以下，大雾弥漫或细雨蒙蒙的气象条件下，雾滴附着于低温物体、特别是树丛上迅速冻结冷凝为一层毛茸茸的乳白色外壳所构成的玉树琼花的特殊自然景观。这种景观在东北随处可见，但出现频繁、持续时间最长的是吉林市。雾凇虽是一种自然景观，但吉林雾凇却是人与自然相互作用的结果，因为，在松花江绕流吉林市区之前，其上游的水流由于冲击丰满水电站的巨型水轮机而增温，使这段江面不易结冰，水分蒸发，易于生雾，加之市区内沿江两岸林木繁茂，从而为雾凇的形成创造了良好条件。吉林雾凇每年大致可出现60多次，主要集中在1—2月份。到2012年底，中国吉林雾凇冰雪旅游节已经成功地举办了18届，吸引了大量国内外游客前来观赏。

冬季的东北，是一片银装素裹的洁白世界，自有它分外妖娆的一面。富于创造力的东北人，在冰的世界里充分地发挥着他们的艺术想象力和创造力，将一块块冰疙瘩雕琢得千姿百态，通过与灯光的巧妙结合，给游人构筑了一个梦幻般的冰雪乐园。在东北，冰灯游园是最常见的冰雪艺术观赏活动。人们通过对自然原料的雕刻、建筑、构造、点景，将园林布置成一个独特的冰雪艺术整体，既有形象生动的冰雕人物、动物，也有高大宏伟的冰建筑；既有因物造型、人工巧成的冰峰玉洞，也有托霜凝雪、独放异彩的冰灯雪盏。到处冰砌玉楼，珠围翠绕，曲折幽深，引人入胜。当夜幕来临的时候，冰雕内外灯光隐映，宛如神宫仙境。冰雪艺术观赏无论是对于老年群体赏心悦目，还是对中青年陶冶情操，或者是对青少年体验乐趣、开发思维、培养创造力，都具有广泛的吸引力。

6.2.2.2　建筑文化旅游资源

建筑是历史最生动的见证，东北三省独特的发展历史在各地特色建筑中得到了很好的反映。

明清民族融合建筑 在明清之前，本区主要受各少数民族游牧文化的影响，兼受中原文化影响，因而各地文化遗址既富有游牧民族的风格，又不乏与中原文化的联系，如吉林省集安市及辽宁省桓仁县境内汉魏时期的高句丽王城、王陵及贵族墓葬（2004 年已入选世界文化遗产），黑龙江宁安市的上京龙泉府遗址，黑龙江省阿城区金代前期的都城——上京会宁府遗址等。从明代开始，河北、山东大量农民迁进关东，掀起了汉文化与当地游牧文化融合的高潮，沈阳故宫满汉结合的建筑风格和高超工艺水平实为这段文化融合历史的真实写照。

沈阳故宫，是清朝入关前的皇宫，清迁都北京后被称作"陪都宫殿"、"留都宫殿"。后金第一代汗努尔哈赤 1625 年始筑。努尔哈赤死后，第二代汗皇太极继续修建直至完成。占地 6 万多平方米，宫内建筑物保存完好，是中国仅存的三大宫殿建筑群之一，既有汉族庄重宏伟的特点，又有满族粗犷豪放的特色。如大政殿和成八字形排开的十座亭子，其建筑原形乃脱胎于少数民族能移动的帐篷，是满族从游牧生活转入定居的佐证。

沈阳故宫的建筑布局可分为三路：东路为清太祖努尔哈赤时期建造的大政殿与十王亭；中路为清太宗皇太极时期续建的大中阙，包括大清门、崇政殿、凤凰楼以及清宁宫、关雎宫、衍庆宫、启福宫等；西路则是乾隆时期增建的文溯阁、嘉荫堂和仰熙斋等。

沈阳故宫现已被辟为沈阳故宫博物馆，馆内珍藏有丰富的清宫文物。2004 年作为明清皇宫的扩展项目入选世界文化遗产名录。

此外，清朝入关前的祖先和皇帝的陵寝——盛京三陵（福陵、昭陵和永陵）也是东北典型的明清融合古建筑，2004 年作为明清皇家陵寝的扩展项目入选世界文化遗产名录。

近代西洋建筑 1896 年，沙俄通过与清政府签订的不平等的《中俄北京条约》进入黑龙江省，以哈尔滨为侵略据点输入欧洲文化，并向东北各地扩张。20 世纪初日本开始与沙俄抗衡，并于 1931 年"九一八事变"后完全侵占了东北三省，实行殖民统治。这样，东北就在近 50 年的时间内留下了大量欧式及日式或多种文化融合的建筑，使本区城市建筑风貌呈现出与关内截然不同的风格。

最典型的是哈尔滨。其道里区的中央大街，是典型的"欧陆风情一条街"。漫步在这条长约 1 400 米的石铺步行街上，欣赏着富丽堂皇的马迭尔宾馆、高贵华美的教育书店（原松浦洋行，巴洛克建筑）、儒雅俊逸的中央大街百货商店（原道里秋林商行）等欧式风格建筑，仿佛置身于异国他乡。哈尔滨之所以有"东方莫斯科"之称，主要原因就在于其城市建筑充满俄罗斯风格。位于市中心的圣索非亚教堂是远东地区最大的俄罗斯大圆顶式东正教堂；清新典雅的哈尔滨铁路局办公楼（原中东铁路管理局办公楼），宁静安逸的南岗颐园街1号（原满铁理事公馆），妩媚优雅的黑龙江省博物馆（原莫斯科商场），造型严谨的东北烈士纪念馆（原东省特区图书馆）等也都是欧式建筑的精品。而长春的伪皇宫陈列馆，伪国务院和"八大部"——现白求恩医科大学和空军长春医院等及其宽阔的田园街路，关东军司令部——现吉林省委，满洲银行——现中国人民银行长春分行，大和饭店——现春谊饭店等，则是融合了中国文化的日式建筑，又另具一番风情。至于大连，由于近代史上曾先后遭受过沙皇俄国和日本帝国主义的殖民统治，故其城市建筑风貌是欧式和日式风格兼容并蓄。例如，前者在市区东部的中山广场（俄国人规划设计并最初修建的原尼古拉广场）表现得淋漓尽致——直径达212米的圆形广场平面、10条向外辐射的放射状街道、环状分布的建筑格局和9座融西方不同时期风格的典雅欧式建筑（如大连宾馆——原大和饭店、辽宁省经贸厅办公楼——原大连民政署、中国银行辽宁省分行——原横滨正金银行大连支店、大连市财政局——原大连市役所厅舍等），简直就是19世纪建造的巴黎"明星广场"的翻版！后者则在市区西部的人民广场（日本人规划设计修建的原长者广场）表现得非常明显——矩形方格的广场平面、轴线对称的建筑格局和北、东、西三座典型的日式风格建筑（大连市人民政府——原关东州厅舍、大连市中级人民法院——原关东州地方法院、大连市公安局——原警察署大楼）。

6.2.2.3 民间艺术

东北是群众文化生活异常活跃的地区，这突出表现为具有浓郁乡土气息的民间艺术——"二人转"在国内外影响很大。

作为东北土生土长并深受群众喜爱的一种艺术形式，"二人转"源于民间歌舞"大秧歌"，至今已有200多年的历史。其表演特点是以叙事为中心线索，每当讲述到具体人物时，演员必须进入到各种角色去代言，即演员"又说又扮，分包赶角"，演员既是角色，本身又存在自我意识，与观众感情息息相通。这种艺术形式最能表现出关东人，尤其是关东农民直率和豪爽的性格，地方特色特别突出。近年随着电视连续剧《刘老根》的广泛播映，东北"二人转"的魅力更是与日俱增。

随着东北"二人转"火爆起来的还有沈阳的龙泉山庄。它位于铁岭市清河旅游度假区内，依山面水，风景秀丽，是电视剧《刘老根》续集的拍摄基地。剧中的董事长办公室、药膳房、绿色饭庄等皆已开放接待中外游客，每到周末分别有

4套演出队伍表演地道的"二人转",并有模仿秀穿插于游人中搞笑,游人看了后忍俊不禁,别有一番情趣。

东北另一项独具特色的民间艺术就是冰雕。哈尔滨自清代起就有制作冰雕、冰灯及雪雕的传统,但每年定期展出雄伟壮观的大型冰雕艺术群始于1973年。现每年1—2月松花江兆麟公园就成了欣赏冰雕艺术的神奇殿堂,参加制作冰雕艺术作品的不仅有中国的冰雕艺术家,还有来自世界其他国家的杰出同行。他们通过交流学习,将东北的冰雕艺术传播到了世界各地,从而大大提高了其知名度。哈尔滨冰雪节、沈阳冰雪旅游节等都是依托东北冰雕艺术形成的节庆盛会,吸引着国内外的越来越多的游客。

6.2.2.4 主要旅游城市巡礼

大连 著名的国际花园城市,向称"北国明珠"。它那丰富多彩而又和谐统一的城市建筑,"不求最大,但求最佳"的城市风貌,由足球和时装所体现出的开朗与向上的城市形象,美丽迷人的海滨景色,令无数游人如醉如痴,流连忘返。乃东北第一旅游强市,也是2004年"中国10大最具经济活力的城市"之一。2009年被国际公园与康乐管理协会(IFPRA)评选为国际花园城市的最高奖,2010年中国城市竞争力报告中,大连综合竞争力名列全国城市第八位。夏季是大连的最佳旅游季节。

大连在近代史上曾长期被沙皇俄国和日本占据,至今仍保存有大量具极高历史和艺术价值的异国建筑和令人怀旧的有轨电车。金石滩国家旅游度假区、南部滨海风光带和"水兵城"旅顺也是其著名的旅游资源。金石滩是中国首批12个国家旅游度假区之一,其有着上亿年地质历史的海蚀景观堪称全国一绝,且与市区有轻轨相连。南部滨海风光带中新建的虎滩极地馆为其添色增辉,老虎滩是大连享有盛名的海滨浴场,星海公园、傅家庄和棒槌岛海水浴场也颇富魅力。旅顺则因100多年来一直是外国和中国的重要海军基地,又是当年日俄战争的主战场和拥有别具一格的欧式建筑风貌而对游客有着持久的吸引力。大连市区还有大连自然博物馆、圣亚海洋世界等新老景点和星海会展中心及现代化的购物、娱乐场所,是观光求知、休闲度假的好去处。大连港是中国仅次于上海港的第二大港口,港阔水深,终年不冻,规模宏大的港区和忙碌的海港作业场景,引得不少游人驻足观望。金州足球训练基地及其场馆则因全国各地集训队每年都来集训和各种足球赛事的频繁举办,不仅吸引了众多的球迷,也使大连的体育旅游产品极具开发潜力。而每年一届的大连国际服装节更让人很自然地将美丽和时尚与这个城市紧紧相连,从而吸引着数不胜数的中外游人。

沈阳 位于辽宁省中部，为其省会，东北三省的商业中心和最大的工业城市。乃一座具有 2 000 多年历史的古城，曾被称为"盛京"、"奉天府"，是清王朝的发祥地。因而其境内的主要古迹多为清代所建，如沈阳故宫和盛京三陵中的福（东）陵和昭（北）陵等。此外，市区还有张学良旧居陈列馆、"九一八事变"陈列馆、沈阳植物园等人文景观旅游资源和怪坡、棋盘山等自然景观旅游资源。2004 年沈阳又当选为"中国 10 大最具经济活力的城市"之一，体现了这一老城市的新魅力和年轻活力。2012 年沈阳在布鲁金斯研究机构（Brookings Institution）给出的全球前 200 经济总量城市活力排名第十位。

哈尔滨 为黑龙江省会，地处东北北部，松花江从市区北缘流过。受西伯利亚寒流的影响，在中国各大城市中冬季气温最低，素有"冰城"之称。哈尔滨是中国冰雪艺术的发祥地，这里每年的 1—2 月都要举办中国哈尔滨国际冰雪节（到 2012 年 1 月共成功举办了 28 届），它那潇洒雄奇的北国风光、如梦如幻的冰雪艺术、浪漫惊险的冰雪运动，以及从 2000 年第 16 届冰雪节开始在松花江上年年兴建的世界最大人工冰雪游乐园——松花江冰雪大世界，从 2002 年第 18 届冰雪节起开展的中国冰雪汽车挑战赛和青少年冰壶比赛等，吸引着无数中外游客前来观雪玩雪。2011 年第 27 届冰雪节，深化与迪士尼等国际品牌合作，着重提升冰雪景观艺术水平，打造世界级品牌，新增"林海雪原"大型冰雪实景演出、"冰雪口磨坊"演出、"COOL 大型冰上风情秀"表演。如今的哈尔滨冰雪节已成为冰雪艺术、冰雪经贸、冰雪外事、冰雪旅游、冰雪体育的理想载体，成为哈尔滨与世界沟通的桥梁，它温暖了哈尔滨整个漫长的冬天。与此相对应的是夏季气候的凉爽，使得哈尔滨又成为著名的避暑疗养胜地。每年在美丽的太阳岛上举办的哈尔滨之夏音乐会，歌清如风，给这座北方城市增添了无穷的魅力。冬夏是哈尔滨的最佳旅游季节。

哈尔滨是 20 世纪初随着东清铁路的通车才发展起来的城市。由于历史的原因，市内云集了大量欧陆风情建筑，尤以中央大街和圣索非亚教堂（今哈尔滨建筑艺术馆）为典型代表；在哈尔滨的民俗文化中也不乏俄罗斯文化的烙印，如市民不分男女皆好喝啤酒，喜食俄式黑面包。人称哈尔滨有"三大怪"：穿皮袄，毛在外；喝啤酒，像灌溉；大列巴（面包），像锅盖。

长春 位于松辽平原中部，为吉林省会。长春的名字很好地概括了这座北国城市的特色，城市满目绿色，四季分明。夏日一片绿荫，冬季冰雕玉琢，素有"塞上春城"、"森林城"的美誉，春天到处是盛开的樱花和飘飞的柳絮，秋日白桦树的身影在蓝天下显得格外简洁优美。

长春在历史上曾是伪满洲国的首都，有许多伪满时期的日式建筑旧址。其城市规划起步较早，马路宽阔，市容整洁。经过新中国60多年的建设，今日的长春已成为一座新兴的工业城市和艺术城市，以"汽车城"——中国第一汽车集团公司和"电影城"——长春电影制片厂享誉中外。

中国第一汽车集团公司的前身是1956年投产的长春第一汽车制造厂，乃新中国汽车工业的摇篮，最初以制造解放牌中型卡车闻名中外。如今，经过50多年的发展，"一汽"已成为能生产重、中、轻、微、轿、客6个系列550多个品种的汽车，年产销量居全国第一的特大型汽车生产企业集团；并形成了拥有30万人口的欧洲风格与中国传统风格相结合、中西合璧的长春汽车工业城，被称为"中国的底特律"。2004年其生产的解放中重型卡车和红旗、马自达6、捷达、宝来、高尔夫、奥迪等轿车及陆地巡洋舰、佳宝等微型车已突破60万辆，实现工业增加值212亿元，销售收入873亿元，交纳税金总额75.8亿元。截至2009年10月，中国1000万辆自主轿车在长春下线，2010年3月18日，一汽品牌在世界品牌价值实验室（World Brand Value Lab）编制的2010年度《中国500最具价值品牌》排行榜中排名第40位，品牌价值已达246.57亿元。在2012《财富》杂志世界500强名单中一汽集团排名第165位。"一汽"现代化的生产线、50年的光辉历史和高知名度的品牌效应使其成为游人了解新中国汽车工业发展历史、观赏现代化汽车生产过程、游览具有苏联古老建筑风格的汽车城风貌必到的新兴工业旅游区，为长春的工业旅游提供了宝贵的资源和名牌产品。前来参观的游客络绎不绝，目前年接待约20万人次，旅游总收入达到2000余万元。

长春电影制片厂位于长春市南湖公园西侧，是新中国第一座规模最大、建厂最早的电影生产基地，具有"新中国电影事业摇篮"之美誉。长春电影城是国家旅游局确定的重点旅游项目，电影大世界、电影宫、欧洲街区等匠心独具，不仅可供观光、娱乐，还可成为电影、电视的拍摄基地。

长春电影节是集电影、文化、经贸、科技、旅游于一体的盛会。自1992年以来，已成功举办11届。电影节期间，展映中外及港台影片，举行中外影片展评会，举办群众文艺表演盛会，开展丰富多彩的旅游观光活动。同时还举办大型进出口商品交易会、商品物资科技成果展销会、重点工业产品订货会等。

长春市及其周围的主要旅游景点有伪满皇宫博物院、地质宫、净月潭国家森林公园、南湖公园、卡伦湖度假村等。

吉林　吉林曾是吉林省会，现为吉林省第二大城市。市区四面环山，松花江从市区蜿蜒绕流而过，素有"北国江城"之称。吉林历史悠久，高句丽山城等古迹散布在城区周围，人文景观丰富。由于气候和地理环境的特殊性，冬季在吉林市区沿松花江两岸形成了华夏奇观——"雾凇"，吸引了大量游客慕名而来。

松花湖是松花江上随着丰满水电站的兴建而形成的著名人工湖泊，湖区狭长，面积达 480 多平方千米。其湖岸曲折，两岸青山叠翠，奇峰林立，湖上渔帆点点，构成了吉林市郊一道优美的风景线。湖畔著名的青山滑雪场，以雪质纯净、线路合理等特点，成为中国重要的冰雪运动基地；距市区约 60 千米的北大湖滑雪场，是中国第八、九届冬运会的举办地，也是国内优良的雪上运动基地。市区主要景点还有乌拉满族街、市博物馆等，重庆路为吉林市最繁华的地带。

6.2.2.5 节庆旅游资源

东北人善于将自己丰富的文化活动融入旅游活动中，吸引国内外游客广泛参与，并通过各种各样的节庆活动体现出来。据粗略统计，东北现在较为成熟的节庆活动有哈尔滨国际冰雪节、哈尔滨之夏音乐会、黑龙江国际滑雪节、漠河北极光节、吉林雾凇冰雪旅游节、长春电影节、大连国际服装节、大连赏槐节、沈阳冰雪旅游节等 30 余个。截止到 2012 年底，这些节庆活动都已成功地举办过 14 次以上，其中哈尔滨国际冰雪节和哈尔滨之夏音乐会已经分别举行过 28 届和 36 届，大连国际服装节和赏槐节都已经是 23 届了。此外，每年都会因为市场的变化产生一些新的节庆，如大连冬泳节、沈阳清文化国际旅游节、长白山冰雪旅游节、五大连池饮水节、黑龙江森林生态旅游节等。它们中的不少已成为具有地域特色和轰动效应的东北旅游精品。

6.2.2.6 其他旅游资源

森林与火山旅游资源 东北之所以被称为"林海雪原"，原因就在于它除了拥有中国最好的冰雪旅游资源外，还是中国最大的林区，区内的大、小兴安岭和长白山地拥有集中连片的温带和寒温带原始森林。那里林相完整，森林覆盖率高，夏季郁郁葱葱，令人陶醉；冬季银装素裹，形成"林海雪原"，是开展森林度假和山地冰雪旅游的好地方。同时，森林里还有红松、长白美人松、人参、东北虎、梅花鹿等许多珍稀观赏树种、名贵中草药和野生动物。

此外，由于本区位于太平洋板块的俯冲地带，深大断裂发育，火山活动频繁，是中国火山地貌类型最丰富、数量最多、分布最广的区域，形成很多奇观。区内有火山锥 230 多座，组成了 20 多个火山群，主要集中分布在黑龙江省和吉林省。有"火山地貌博物馆"之称的世界地质公园——五大连池风景名胜区（现已被联合国列入"人与生物圈"保护区网络，并被评为首批世界地质公园之一）、由火山口积水而成的中国最深湖泊——长白山天池和由火山熔岩流阻塞松花江所形成的中国最大火山堰塞湖——镜泊湖是其中三个最典型的火山地貌风景区。

民族风情与体育旅游资源 东北是一个多民族聚居的地区，满族的服饰、延边朝鲜族的歌舞、乌苏里江畔赫哲人的渔家生活、大森林中赶着驼鹿的鄂伦春与鄂温克人，都是本区特有的民族风情旅游资源，有的已经开发为民族文化特色旅游产品，有的则至今仍保持着原汁原味的生活形态，吸引着富有探险精神的游人去揭开其神秘的面纱。

与此同时，本区体育氛围浓、赛事多，而且配备有较为完善的体育运动场地及设备，如滑雪场、游泳池等，辽宁更是中国的体育大省，培养出了很多优秀的田径运动员和世界冠军，足球在全国也占有举足轻重的地位，成为中国足球冲出亚洲的地方，大连的金州体育场、沈阳的五里河体育场等承办了很多国家级的足球赛事，颇具纪念意义。依托体育场地、设施和赛事等体育旅游资源来大力开发体育旅游产品，将是本区旅游业发展的一条新思路。

6.3 中原华夏文明山海形胜旅游区

位于黄河中下游地区，包括北京、天津、河北、山西、陕西、河南和山东2市5省。适中的地理位置、雄厚的经济实力、便捷的立体交通和颇具国际垄断性的旅游资源，使其成为中国最为重要的旅游区之一。

6.3.1 区域概况

6.3.1.1 区域地理环境

（1）自然地理环境

地貌类型多样，为旅游资源发育提供了良好的自然基础——本区跨越中国的第二、三级地形阶梯，在自然地理上属黄河中下游及海河流域，并东临渤海、黄海。地貌类型多样，既有华北、关中平原、山东丘陵，又有秦巴、豫西山地，还有黄土高原、海岸地貌，这就为旅游资源的发育提供了良好的自然基础。如著名的华夏五岳，本区就占有泰山、嵩山、恒山和华山四岳；还有佛教名山五台山、道教名山崂山等。海岸地貌与夏季较为凉爽的气候相结合，又使本区形成了诸多海滨度假胜地，如北戴河、南戴河和烟台、威海海滨，青岛石老人国家旅游度假区等。

暖温带湿润、半湿润季风气候影响了本区景观特征，并延长了旅游时间——本区位于大陆东部，中纬度地带，除秦巴山地以外皆为暖温带湿润、半湿润季风气候。气候特点是四季分明，冬长春秋短；冬季寒冷少雪，春季干燥多风，夏季炎热多雨，秋季则天高气爽，为旅游的黄金季节。这样的气候原本使本区旅游旺季较短，但由于人文景观丰富，而名胜古迹观光游览活动对气候的要求并不严格；加之多海滨和名山，它们都是夏季避暑的胜地，因而气候的影响反而相对延长了本区的旅游旺季时间。

本区总体上属夏绿林景观。同时，受降雨及地形条件的影响，天然植被自东向西依次为湿润落叶阔叶林、半湿润落叶阔叶林、半干旱草原带。山地垂直地带性以秦岭最为典型，南北坡植被、土壤分别呈现出北亚热带与暖温带的垂直地带性变化规律。由于秦岭植被的丰富性，其高达3 767米的主峰——被辟为"太白山自然保护区"，是夏绿林典型的保护区。秦岭又是中国自然地理上的南北分水岭，秦岭以南的秦巴山地、汉中盆地具北亚热带自然景观特征，故是与本区主体部分截然不同的一个旅游资源特色区域。

黄河贯穿本区4省，成为本区的一条景观主轴——本区兼有海河、黄河、淮河、长江4大水系，又以黄河水系为主。黄河贯穿本区4省，即山西、陕西、河南和山东，切割黄土高原，形成了诸多峡谷、急流和瀑布。例如，在晋陕大峡谷中段形成了著名的壶口瀑布（宽30~50米，落差20米，激流澎湃，有"黄河之水天上来"之势，随着1998年柯受良先生的驾车飞跃，黄河壶口瀑布也在海内外名声大振）；穿过三门峡，形成了陡峭险要的石壁，是漂流黄河的最佳地段；出峡进入黄淮平原后，因上游带来的泥沙在此堆积，形成著名的"地上悬河"景观，虽然给沿河人民和城镇生活带来威胁，但也构成了一道独特的风景线。同时，黄河又串珠状地连接了区内众多大小城市，成为一条名副其实的主轴。

此外，本区开发利用价值较大的水景旅游资源还有"北方天然水乡"白洋淀；济南、北京、临潼、太原等地的名泉等。

（2）人文地理环境

黄河流域气候温润，土地肥沃，灌溉便利，适宜人类的生存和繁衍。中原地区位处黄河中下游，自古就是中华民族的摇篮和政治、经济、文化中心。中华民族的祖先在这里创造了古代文明，发展了原始文化和华夏文化。现已发现有蓝田人、丁村人等古人类化石和遗址遗迹，以及新石器时代的仰韶、大汶口、龙山文化遗址等。中华始祖黄帝及其部落活动于黄河中下游地区，并最后定居中原，其后代与其他民族共同融合，形成中华民族。自夏以来的奴隶社会，都城虽几经迁移，但始终没有离开黄河中下游地区。中国2 000多年的封建社会，绝大多数朝代也都把都城建在中原，如洛阳是九朝古都，开封是七朝古都，西安是十二朝古都。所以本区古文化遗址遗迹众多，文物古迹遍布，历史文化底蕴非常深厚。

本区的主要民族为汉族，但因居住地域的差异，在其内部也产生了一些不同的民俗特色，如黄土高原的窑洞、信天游、秦腔和山西锣鼓等都是自然地理环境作用于当地生活而产生出来的。

本区位于中国心脏地带，是中国工农业生产、商业贸易和交通网络都较为发达成熟的地区。北京更是中国的政治、经济、文化中心，是无数国内外游客梦寐以求的地方。这就为发展旅游业提供了得天独厚的条件。

6.3.1.2 旅游资源特色及其开发方向

尽管自然、人文地理特征决定了本区拥有数量丰富、种类繁多且颇具规模的旅游资源，但其突出特色还是在于华夏古今文明和山海形胜。

本区是中华民族的重要发祥地，几千年的华夏文明史，给这里留下了以万里长城、北京故宫、承德避暑山庄、秦陵兵马俑、曲阜三孔、平遥古城、白马寺和泰山为代表的博大精深、富甲全国的文物古迹旅游资源，堪称世界最大的天然历史博物馆。中国现有30处世界文化遗产、自然遗产和文化与自然双重遗产中，本区就占13处，如表6-1所示。中国七大古都，本区据其五，三大石窟有其二；101座国家历史文化名城本区占四分之一以上；中国重要的古墓葬，绝大部分都在本区；中国目前保存最完好的古代四大官衙（中央衙署/宫殿——北京故宫；省级衙署——保定直隶总督署；州级衙署——山西霍州署；县级衙门——河南内乡县衙）全都集中在本区；区内地上地下所保存的其他价值颇高的文物古迹，更是数不胜数。而首都北京作为新中国半个多世纪建设新成就的荟萃之地，其日新月异的都市风貌和规模宏大的现代设施，无疑也是中原人文景观旅游资源的重要组成部分。

区内自然景观以蜚声中外的名山胜景和夏季凉爽宜人的海滨风光为佳：华夏五岳占其四，尤以东岳泰山声名最为显赫；"清凉佛国"五台山、"山海奇观"崂山是信徒向往的宗教名山；峡奇水绝瀑高林幽，但却长期"养在深闺人未识"的云台山因2004年入选首批世界地质公园而一跃成为河南旅游的新亮点；4 000多千米长的黄金海岸汇集了北戴河、青岛、威海、烟台等中国最优良的温带海滨避暑胜地。

表6-1　　中原旅游区世界遗产分布一览表

名称	类别	分布省市
长城	世界文化遗产	北京、河北、山西、陕西及区外的甘肃、宁夏
北京故宫	世界文化遗产	北京
秦始皇陵及兵马俑坑	世界文化遗产	陕西
北京猿人遗址	世界文化遗产	北京
泰山	世界自然与文化遗产	山东
承德避暑山庄及周围寺庙	世界文化遗产	河北
孔府、孔庙和孔林	世界文化遗产	山东
颐和园	世界文化遗产	北京
平遥古城	世界文化遗产	山西
龙门石窟	世界文化遗产	河南
明清皇家陵寝	世界文化遗产	北京、河北及区外的江苏、湖北
云冈石窟	世界文化遗产	山西
天坛	世界文化遗产	北京
登封天地之中古建筑群	世界文化遗产	河南
五台山	世界文化景观	山西
安阳殷墟	世界文化遗产	河南

资料来源：中国旅游网。

本区今后旅游资源开发的方向，应以华夏文明怀古、首都观光购物、名山朝觐览胜和海滨休闲度假旅游为主。

6.3.1.3　旅游业发展现状

本区是中国旅游业最先发展起来的区域，也是中国"白天看庙，晚上睡觉"的传统旅游方式备受批判的典型区域。在这里，尽管旅游业起步早，但却多是依赖文物古迹发展起来的，目前旅游产品已进入其生命周期的"停滞"发展阶段，正面临着升级换代的紧迫任务，如果转型成功，则有可能迎来旅游业新的复苏，否则就会进入衰退阶段，这在陕西、河南等地表现得尤为典型。

从旅游外汇收入来看，进入21世纪以来的几年里，本区旅游经济发展的相对位置及在全国的排名维持不变，呈现三个梯度，即北京位于全国旅游外汇收入的第一梯度，排名第5；山东、天津与陕西排在第二梯度，即处于全国的中上等水平，分别排在第8、9和11名；山西、河南与河北则排在本区的第三梯度，处于全国中等靠后的位置，分别排在第20、21和23名，反映出旅游业发展的区内差异较大。

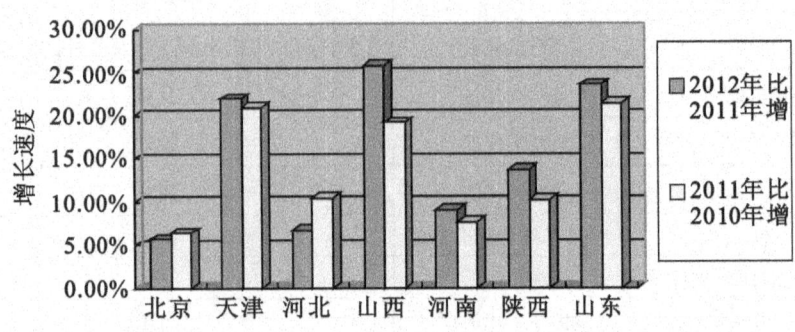

图6-4 中原旅游区各地旅游外汇收入增长趋势比较图

从图6-4所示区内各地旅游外汇收入的增长趋势来看，北京、河南两地的增长速度在15%以下，表现为缓慢增长；山东则徘徊在15%的边缘，2011年的增长速度有所提高；天津、山西、陕西、河北四地则基本以20%以上的速度持续增长，尤其是山西2012年的增长幅度超过2011年5个百分点。该图反映出的区域旅游发展态势是：北京旅游业成熟稳定，而河南、陕西则是停滞缓慢，河北甚至出现了萎缩现象，山东、天津和山西则由于近年来旅游开发力度加大，一些新的旅游产品和景区景点成功地补充和丰富了原有的旅游产品结构。这也基本上如实地反映出了目前本区旅游业发展的成绩和趋势。

本区旅游服务设施和机构相对比较完善。2011年底，全区星级饭店总量达2 746家，占全国星级饭店总量的23.31%；旅行社6 852家，为全国总数的28.92%。但区域内部差异仍然明显，山东、北京、河南等地较具优势。由于国际化开放的需要，北京、山东等一些城市的旅游从业人员素质也较其他地区高，懂管理、外语的人员比重大，这是旅游业良性发展的前提与表现。

6.3.2 旅游资源精粹

6.3.2.1 文物古迹

作为中华民族的摇篮，从古至今，丰富的文化遗产构成了本区旅游资源的突出特色。它们具体可以分为以下几个方面：

史前文化遗址 经考古发现，115万—80万年前旧石器时代早期的陕西"蓝田人"、60万—50万年前的周口店"北京人"、20万年前的陕西"大荔人"和1万年前的大荔县"沙苑人"遗址，以及新石器时代的河南仰韶文化、陕西半坡文化、山东大汶口文化和龙山文化遗址都位于本区境内。其中，周口店龙骨山岩洞是中国发现的最早的猿人住所，也是当今世界上发现的古人类遗址化石最齐全、最多的一处，成为中外古人类遗址价值最大的胜地之一。从全国已经发现的新、旧石器文化遗址分布地点情况看，中原地区比较集中。如旧石器早期的古文化遗址，黄河流域现共发现15处，占全国22处的68.2%；旧石器中期的古文化遗址主要集中在晋、陕、鲁、豫一带；旧石器晚期的古文化遗址在黄河流域就有20多处；至于新石器时代的文化遗址，分布在本区的就更多了。由此可见，本区是中国古老文化的发祥地，是开展人类寻根觅祖专项旅游的最佳区域。

帝王遗迹　本区是华夏始祖黄帝的主要活动地和定居地，帝王文化从那时就已经开始在这一区域留下烙印。而后的奴隶社会、2 000多年历史的封建社会，虽然几经变迁，但历代帝王大多将都城选在了这方中原腹地，本区也就自然留下了大量的帝王文化遗迹——昔日帝王们生活、办公或放松身心的地方，甚至死后的归所，并成为今天本区最引人入胜的旅游资源之一。

帝王都城——中国古代帝王都城随着自然环境及国家政治、经济形势的需要而不断发生变迁，形成了著名的七大古都，即历代的经济、政治和文化中心，按照建都先后依次为安阳、西安、洛阳、南京、开封、杭州和北京，其中有五个位于本区内。

帝王宫殿——目前保存最完整的只有故宫，即紫禁城，位于北京市中心，是明清两代的皇宫，也是中国规模最大的古建筑群，世界规模最大的宫殿建筑。故宫宏伟壮丽，金碧辉煌，对称严谨，体现了皇权的尊贵与威严。

故宫始建于明永乐四年（公元1406年），自建成至今590多年，历经明清两代共24个皇帝，虽经多次重修，仍保持原来格局。故宫占地72万平方米，有屋宇9 000余间，建筑面积15万平方米。宫墙高大，四周矗立精巧角楼，城墙外有护城河环绕，形成森严壁垒的城堡。1925年成立故宫博物馆。现有藏品150余万件，其中相当一部分为具有极高价值的历史文物与艺术珍品。所以，故宫是中国历代文化艺术的巨大宝库，最具代表性的中华文明的象征。

除故宫外，本区还有一些著名的帝王宫殿遗址，如汉三宫遗址、唐大明宫遗址、秦阿房宫遗址等。

皇家园林——有北京颐和园、北海公园、景山公园和毁于英法联军之手的圆明园遗址，以及世界现存最大的皇家园林——承德避暑山庄等。

帝王陵寝——由于"神权"和"天命论"思想及宗教的扭曲影响，使人相信"灵魂不灭"及"来世转生"的谬说，中国历史上逐渐形成了"事死如生"的厚葬风俗，帝王的"陵寝"和达官贵族的"阴宅"就更显得奢华。帝王陵寝大多是仿照皇宫形制修建的。本区聚集的帝王陵墓无论是数量之大，还是内容之奢华都令人叹为观止。仅西安及其周围的关中地区就埋葬了秦、唐时期的20多位皇帝；北宋陵墓集中于河南巩义市洛河南岸的台地上；明代除朱元璋的孝陵在南京外，其他13位皇帝都葬于北京昌平寿山下方圆40平方千米的小盆地上，即明十三陵；清朝也有9位皇帝葬于河北遵化的清东陵和易县的清西陵两个陵区；而且各代帝王的陵寝各有其特色。

帝王陵墓的奢华以西安东去37千米的骊山北麓秦始皇陵为最。整个陵区占地50多平方千米，墓冢南北长500多米，东西宽480余米，高约55米，巍然如山，气势宏大。据《史记》记载，秦始皇的陵墓工程从他登上王位就开始动工，共动用人力70万人，建造用时达37年，墓室内"以水银为百川江河大海"。出于文物保护的考虑和技术条件的限制，秦始皇陵至今尚未开掘。但仅陪葬兵马俑坑的发现即已震惊天下，被称为"世界第八大奇迹"，其陵墓内部的奢华也就可想而知了。

本区其他重要帝王遗迹还有北京天坛、地坛、日坛、月坛和泰山岱庙天贶殿等帝王祭祀场所。

长城　中国的长城是人类文明史上最伟大的建筑工程，它始建于2 000多年前的春秋战国时期，秦朝统一中国之后联成万里长城，汉、明两代又曾大规模修筑。其工程之浩繁，气势之雄伟，堪称世界奇迹。而万里长城中最具观赏价值和知名度最高的景点主要都集中在本区，如北京的八达岭、慕田峪长城，河北秦皇岛的山海关及老龙头长城，承德的金山岭长城，天津的黄崖关长城，山西的雁门关等都是保存较为完好、开发比较成功的长城旅游景点。

宗教建筑　宗教在古代人们的社会、经济、文化生活中扮演着非常重要的角色。本区历来是中国的中原腹地，宗教文化或经过西域传到这里，或以这里为中心向周围辐射，因而区内云集了大量的宗教建筑，如名寺、古塔、石窟艺术等。

洛阳白马寺是佛教传入中国后最早出现的一座寺院，建于东汉永平年间（公元68年），为藏经之地。白马寺掩映在林荫之中，与寺外金大定年间的齐云塔相辉映，古雅而秀丽。北京的雍和宫、大钟寺、东岳庙、白云观和牛街清真寺，天津的独乐寺，山西的恒山悬空寺（人称"三根马尾空中吊"的建筑奇观）、五台山塔院寺和应县木塔，陕西的西安大雁塔和宝鸡法门寺（因1982年发现4枚佛指舍利而名噪世界），河南的嵩山少林寺和开封相国寺等也都是本区保存较为完好的著名宗教寺院。少林寺位于嵩山五乳峰下，保存有中国最大的塔林，被称为"天下第一名刹"，始建于北魏太和十九年（公元495年），距今已有1 500多年历史。公元527年，印度僧人菩提达摩在此首创禅宗，少林寺因此成为在中国佛教界有着极高地位的禅宗祖庭。唐代初年,更因少林武僧辅佐唐太宗开国而闻名于世,"少林功夫"自此成为其最著名之处,影响远远超出了宗教本身的范畴。所以大多数游客嵩山之行的真正目的,首先是观赏独特的武术表演,其次才是欣赏壮美的山岳景色。

此外,本区精美的佛教石窟艺术宝库——洛阳龙门石窟和大同云冈石窟,皆跻身中国三大石窟之中,均已进入世界文化遗产行列。

历史文化名人遗迹 本区是中国历史文化名人的汇聚之地,保存有大量的相关遗迹,以曲阜"三孔"最为著名。"三孔"指孔庙、孔府和孔林。孔庙,是历代祭祀孔子的庙宇,原为孔子故宅,后经历代反复修建,规模日大,占地22万平方米,与北京故宫、承德避暑山庄齐名,为中国现存规模最大的古建筑群之一。庙内主体建筑大成殿气势不凡,与北京故宫太和殿、泰山岱庙天贶殿并称中国古代三大殿。孔府是孔子历代嫡裔衍圣公的官署和私邸,又称圣公府,占地约10万平方米,院落9进,是中国最大、最豪华的贵族府第。孔林又称圣林,是孔子及其家族的专门墓地,占地200多万平方米。陵区内有2万余株古树名木,古墓、碑碣如林,环境庄严肃穆。从孔子至今,陵区已延续2 300多年,是中国规模最大、持续时间最长、保存最为完整的家族墓地和园林。

原为纪念晋国开国君主唐叔虞而建的晋祠也是本区的一大名人胜迹,至今已有1 500多年历史。晋祠位于太原市南25千米的悬瓮山麓,背山面水,古树参天,建筑宏伟,有近百座堂、楼、阁、亭、台、桥、榭等建筑,具有江南园林雅秀风格。周柏隋槐、难老泉、侍女塑像为著名的"晋祠三绝",鱼沼飞梁和圣母殿的建筑艺术具有很珍贵的科学价值。

此外,北京的宋庆龄故居、老舍故居、鲁迅博物馆、徐悲鸿纪念馆、郭沫若纪念馆,天津"五大道"的众多近代名人旧居,以及山西解州关帝庙、西安临潼兵谏亭等也都是历史文化名人遗迹或纪念场所。西安碑林因收藏碑数最多而闻名天下,被誉为"中国最大的石刻图书馆",更由于收藏了11 700余块中国各代名人墨迹碑石而成为广大书法和文化旅游爱好者向往的胜地。

恭王府 全国重点文物保护单位,始建于1776年,最初是乾隆皇帝宠臣大学士和珅的私宅,后由咸丰帝赐给其六弟恭亲王奕䜣,始称恭王府。是北京现存清代王府中布置最精美、保存最完整的一处,见证了200多年沧海桑田的历史巨变。恭王府府邸和花园的全面开放是周恩来总理的遗愿,得到了党和国家三代领导人的共同关注。1988年恭王府花园部分对社会开放,共接待中外游客880万人次,包括上百名外国政要和贵宾。按照文化部要求,恭王府作为国家级王府博物馆,已在2008年奥运会前实现对社会全面开放。

6.3.2.2 古今名城风貌

本区是华夏文化的发祥地,中原正统文化的聚集地,历史上有很多城市曾是各朝都城,或昔日繁荣的市井。目前全国 101 座历史文化名城中,本区就占了 24 座,故古今名城风貌堪称本区一项举足轻重的旅游资源。

北京 中国首都,全国政治、经济、文化和对外交往的中心。金、辽、元、明、清五个朝代曾建都于此,留下了丰富灿烂的历史文化遗产,是中国著名的历史文化名城和七大古都之一。而且北京的旅游资源多是高品位和垄断性的,如故宫、长城、颐和园、天坛、明十三陵等世界文化遗产和恭王府、雍和宫、北海团城、牛街清真寺、卢沟桥等全国重点文物保护单位,天安门广场、人民大会堂、人民英雄纪念碑等现代史迹及代表性建筑,国家博物馆、中央广播电视塔、首都国际机场、王府井和西单商业街等现代都市景观,世界内陆最大水族馆之一的北京海洋馆和北京世界公园等投资浩大的主题公园。为迎接在这座千年古都举办的 2008 年奥林匹克运动会,北京进行了大规模的城市基础设施建设和以"鸟巢"造型的国家奥林匹克体育场为代表的奥运场馆建设,以一个崭新的形象出现在世人面前。

但北京总的来说还是一座文化都市,其表现主要有四:一是拥有悠久的历史和大量历代遗留下来的古建筑;二是集中了一大批国家级的文化设施,如国家博物馆、国家图书馆、中国美术馆、国家大剧院、中国人民革命军事博物馆、中国科技馆、北京自然博物馆、北京音乐厅,以及许多名人故居、纪念馆等,集中反映了这个城市浓郁的文化气息,而这恰恰是北京以外的其他任何中国城市所无法比拟的;三是拥有中国一流的高校资源——这里云集了以北京大学和清华大学为代表的诸多中国乃至世界著名的高等学府;四是其地域文化还体现为皇家文化与市井文化的交融,如紫禁城和四合院、小胡同,京味十足的茶馆与最时尚的音乐厅,古老的琉璃厂文化街与现代化的商业街区的和谐相处等。正是这些古与今、传统与现代、土与洋的文化,共同构成了北京旅游资源的精华。

西安 古称长安,现为陕西省会。位于关中平原中部,地理环境优越,有"八水绕长安"的美誉。早在新石器时代就有部落形成,半坡遗址就是距今 6 000 年前的母系氏族村落生活于此的证明。自公元前 11 世纪西周建都丰镐以来,共有 12 个朝代建都于西安或其附近地区,历时 1 000 余年,农民起义军黄巢、李自成也曾在此建立政权,是中国历史上名副其实的千年古都(见表 6-2)。它在汉、唐时达到鼎盛,是与雅典、开罗、罗马齐名的世界四大古都之一。

表6-2 西安地区历代建都年代简表

朝　代	起止年代	京城名	建都时间
西　周	公元前11世纪—前771年	丰　镐	约300年
秦	公元前350年—前206年	咸　阳	143年
西　汉	公元前206年—公元8年	长　安	214年
新　莽	公元9年—24年	长　安	15年
西晋（愍帝）	公元313年—316年	长　安	3年
前　赵	公元319年—329年	长　安	10年
前　秦	公元351年—383年	长　安	32年
后　秦	公元384年—417年	长　安	33年
西　魏	公元535年—556年	长　安	21年
北　周	公元557年—581年	长　安	24年
隋	公元581年—618年	长　安	37年
唐	公元618年—907年	长　安	289年
各朝建都年代总计			约1 120年

　　西安市区和郊外保存有大量历史文化胜迹，尤以秦始皇陵和兵马俑博物馆、半坡遗址陈列馆、昭陵、茂陵、大雁塔、华清池、西安碑林和陕西历史博物馆等最为著名。市区内的明代城墙严整坚固，经近年全面整修后已完全连为一体，是目前世界上规模最大、历史最长、保存最完整的古城墙。此外还有钟楼、鼓楼、小雁塔、东岳庙、清真寺、汉长安城、唐大明宫遗址、秦阿房宫遗址等。西安还云集了西安交通大学、西北工业大学等众多高等学府，又拥有国家级的高新科技开发区，从而使整个城市被古老文明与现代科技所笼罩，充满了浓厚的文化韵味。

　　西安市内近年新建成的鼓楼广场、大雁塔北广场等，是市民休闲娱乐的好去处，那独具匠心的布局、寓意深刻的雕塑，仿佛在讲述一个个古老的故事，向人们诉说着这个城市的古往今来，也因此吸引了众多外来游客。

　　西安同时还是一个具有光荣革命传统的城市，中国近代史上的重大事件"西安事变"就发生在这里，多处西安事变旧址和八路军驻西安办事处等革命遗迹仍然保存完好。

青岛 位于山东半岛东南部，胶州湾东南岸，港阔水深，风平浪静，是冬季不冻的优良海港，为中国北方航道重要的交通枢纽，也是14个沿海开放城市之一。近代史上曾被德国统治多年。青岛三面临海，一面傍山，海水湛蓝，沙细浪软，景色秀丽，气候宜人，空气清新，是中国著名的避暑、疗养和旅游胜地。其城市随山势而建，建筑起伏有致，高低错落，多国风格的红砖小楼点缀于绿树丛中，蜿蜒曲折的海岸线与别具欧洲风情的街区和谐统一，碧海、蓝天、红瓦、绿树组成了一幅色彩斑斓的图画，素有"东方瑞士"和"亚洲的日内瓦"等美誉。每年一度的"青岛啤酒节"由于其迥异的风格和刺激的挑战，以及众多明星的演艺助阵，而成为中国的一大盛会，不仅汇集了世界各地的啤酒品牌，也吸引了众多的啤酒爱好者，使青岛的名字远远超过了"青岛啤酒"本身的影响力。

市内主要景点有各大海水浴场、前海栈桥、鲁迅公园与青岛海产博物馆、海军博物馆、精美的德国古堡式建筑——提督府（现青岛迎宾馆），以及松林繁茂、海浪拍岸、名列中国4大近代避暑别墅区之中的八大关等。中山路为其最繁华的商业特色街。市郊最著名的景点是险峰紧逼大海的道教名山——崂山和石老人国家旅游度假区，二者皆位于青岛东部海岸带上。夏秋两季为青岛最迷人的旅游季节。

天津 中国4大直辖市之一，首都北京的出海门户，中国北方的工商业中心，一座既蕴涵古城风韵，又富有现代气息的大都市。近代史上曾有英、法、美、俄等西方列强9国租界（为中国设立外国租界最多的城市），总面积达4 575公顷，完好地保留了1 000多幢极具审美价值、文化价值和历史积淀的西洋近代建筑（其中名人旧居100多幢），堪称"万国建筑博览会"，以解放北路（旧时称中街，号称"东方的华尔街"）的众多银行和邮局建筑、利顺德大饭店、中共天津市委办公楼（原英资开滦矿务局大楼）、天津市人大常委会办公楼（原英国俱乐部）、天津市政协办公楼（原德国俱乐部）和天津市少儿图书馆（原法租界工部局）、马场道、睦南道、大理道、重庆道和常德道"五大道"幢幢风格迥异的小洋楼、海河北岸的第一工人文化宫广场（原意大利广场）、望海楼教堂和袁世凯旧居等最为典型。

逶迤蜿蜒的海河穿城而过，形成了天津城市的景观轴，海河风光带是天津风景的精华所在。异彩纷呈的各类博物馆（如天津民俗博物馆——天后宫和天津戏剧博物馆——广东会馆）、纪念馆（如天津义和团纪念馆——吕祖堂）、名人故居（如孙中山和溥仪都曾住过的张园）令人流连驻足。滨江道和南市食品街一带是最主要的商业中心，劝业场等百年老店至今魅力犹存，古文化街是天津重要的旅游纪念品一条街。"天塔"（天津广播电视塔）、天津科技馆等现代设施和

"京东第一山"——盘山等也对游人有较大吸引力。当然，老百姓说起天津，最津津乐道的还是它的狗不理包子、大麻花等风味小吃和杨柳青年画、泥人张彩塑等民间艺术。虽然天津的王牌景区并不多，旅游业给人的印象也是不温不火，但实际上近年天津旅游业的发展是相当迅猛的，旅游外汇收入2011、2012年连续两年居全国第10位，且每年均以20%以上的速度增长。

洛阳 位于河南省西部，洛河北岸。是一个古老的城市，从东周起，曾经历东汉、曹魏、西晋、北魏、隋、唐、后梁和后唐，先后有9个朝代、70个帝王在此建都，故称"九朝古都"。龙门石窟、白马寺、关林和白居易墓等是其最具代表性的文物古迹。近年又开发了以东周王城地下文物旧址为主要内容的洛阳王城公园。

如今，洛阳更因牡丹而名扬海内外。牡丹为"中国名花之最"，洛阳素有"牡丹甲天下"之美誉。这里的牡丹始栽于隋，至宋已成为全国牡丹培植中心，现发展到200多个品种，且种植规模甚是宏大。每当清明和谷雨之间，牡丹盛开，倾城赏花风俗至今不衰。每年一度的洛阳牡丹花会吸引了国内外游客接踵而来，形成这座城市的一大旅游高潮。

其他如泉城济南，滨海避暑城市秦皇岛、烟台和威海，世界文化遗产平遥古城，"七朝古都"开封，国家历史文化名城曲阜、承德和大同，齐国故都临淄、中国最大的铁路枢纽郑州，"离京城最近的省会"石家庄等城市，都从不同侧面展示了中原城市的独特风貌，并以其引人入胜的旅游景点为依托，吸引着越来越多的游客。

6.3.2.3 名山大川

本区名山众多，且可进入性强，多为中国旅游热点。全区共有22处国家重点风景名胜区，其中16处为山岳型风景名胜区，如"五岳"中的泰山、嵩山、恒山、华山，佛教名山五台山、道教名山崂山、避暑佳境鸡公山等。尤其是在太行深处及其山麓，分布着一大批景色各异的山岳风景区，如愚公移山的故事发生地——王屋山，瀑布壮观、盆景峡谷独特的云台山，丛林苍郁、楼生绝壁的苍岩山，"三栈牵九套、四屏藏入锦"的障石岩。而距北京颇近、位于太行山与燕山交接处的野三坡，其雄、险、奇景观为华北地区所罕见，极富原始野趣。此外还有临潼骊山、宝鸡天台山、永济五老峰、北武当等。秦岭主峰太白山、北京香山等，更是以其自身独特的自然景观如"太白六月飞雪"、"香山红叶"而闻名天下。

本区山岳型旅游资源不仅数量丰富，品位高，而且大多与人文景观相得益彰。历代帝王、文人墨客都在此众多名山大川上或以足迹、或以作品真迹、或以动人的故事留下印记，也成为后人追逐、攀越的动力。如泰山，它本身海拔仅有1 538.2米，因位于华北平原之上，才显得异常雄伟。同时，由于地处中国东方，又是五岳之首，所以是历代帝王封禅、祭告天地的地方，以昭示"君权神授"。据统计，历史上曾有72位帝王登基后都在泰山举行过封禅大典。历代众多帝王将相、文人骚客亲临泰山后，在山中留下了众多摩崖石刻，是中国宝贵的文化遗产。临潼骊山，山高仅800米，但山中温泉所形成的华清池，因唐杨贵妃曾在此沐浴而闻名遐迩。出家人也往往选择到风景秀丽的山中归隐和修身养性，如崂山因山海奇观和道教景观、五台山因"清凉佛国"而闻名。

从自然地理学上来说，山脉是地形的骨架，它控制着河流的走向、流域面积及其流量等。本区境内多山，又兼有海河、黄河、淮河、长江四大水系，这就造就了本区一些独特的山水景观。

黄河在本区流经里程最长，形成了壶口瀑布、地上悬河、冲积平原等景观；还在三门峡一带形成良好的漂流河段。此外，据说大禹治水就是从壶口至孟门开始的，故壶口三门（孟门、石门、龙门）段至今流传着许多关于大禹治水的传说。淮河发源于河南南部的桐柏山区，本来直接流入东海，却因历史上黄河的多次改道与泛滥，扰乱了淮北水系，泥沙淤塞下游河道，形成洪泽湖，淮河并因此改道南去，迂回流入长江。淮河干流与秦岭构成了中国南、北方的自然地理界线，沿途景观变化和旅游意义明显。海河水系发源于燕山、太行山、五台山、恒山和黄土高原，是本区汇集众多名山灵气的一条河流，五大支流在天津汇合，为天津市区打造了一道美丽的水景，最后注入渤海。黄、淮、海三河共同作用，形成了农业文明相当发达的黄淮海平原，这里也是中国历代都城迅速成长的地方。

源于秦岭南坡的汉江，是长江最大支流，它所流经的秦巴山地（即秦岭与大巴山），包括中间所夹以汉中、安康盆地为中心的汉江谷地，是地理上一个与秦岭—淮河以北的本区主体差异颇大的区域，属北亚热带气候，水热条件较好，无论是自然景观还是当地的生产生活习惯，都具有显著的南方特色。在人文景观上，两汉遗迹是这一地区的独到特色，如汉中古汉台、留坝张良庙和勉县定军山武侯墓等。水文化特征在汉江流域表现得淋漓尽致。围绕汉江开发起来的陕南旅游，是陕西文物型观光旅游的有益补充，如汉江漂流、安康龙舟节等皆是近年比较火爆的旅游产品。

6.3.2.4 民俗文化

本区主要居住着汉族，虽缺乏少数民族的特色风情，但由于开发历史悠久，文化积淀深厚，民风古朴淳厚，集中体现了中原汉民俗文化的特征。如名扬海外的京剧、唱遍全国的秦腔和陕北信天游、威震四海的山西锣鼓、乐趣横生的河南梆子及吕剧等，仅山东的地方戏就达 30 多种，而且还随着时代的发展不断演绎出新的戏种。此外如剪纸、泥塑、贝雕、风筝、农家画（天津杨柳青年画和陕西户县农民画）等民间工艺也是广为流传，别具特色。

俗话说"民以食为天"，"吃"也排在旅游六大要素之首，因而不能不提到本区的"食文化"。虽然在中国四大菜系中本区只占了鲁菜一个，但本区享誉全国乃至世界的地方传统名菜和风味小吃却是吸引广大中外游客的一项特色旅游资源。如北京烤鸭、涮羊肉、谭家菜和褡裢火烧，天津"狗不理"包子、"耳朵眼"炸糕和桂发祥什锦麻花，陕西饺子宴、牛羊肉泡馍、石子馍和岐山臊子面，山西熘鸡脯、刀削面和拨鱼儿，山东荷叶饼、金丝面和德州扒鸡，河南糖醋黄河鲤鱼、道口烧鸡和枣锅盔，等等，举不胜举。

除了吃，住——传统民居也是本区的一大特色。如黄土高原的窑洞，北京的四合院和胡同，山西的晋中大院等，都是备受国内外游客青睐的特色旅游资源。

从小吃、民居中不仅能最贴切地见证原汁原味的市井生活，还能透视一个民族文化发展的历程。

6.3.2.5 红色文化

红色文化旅游资源在本区相当富集，且品位颇高。

本区的陕北是中国工农红军完成二万五千里长征的终点站，陕甘宁根据地的首府延安是中国革命的圣地，1937—1947 年间，毛泽东主席和中共中央一直驻在这里，延安遂成为中国人民解放事业的领导中心，并留下了凤凰山、杨家岭、王家坪、枣园、清凉山、南泥湾和延安宝塔等众多革命旧址，连同新中国成立后建立的延安革命纪念馆等，共同构成了中国革命传统教育的大本营和探索中国革命道路的研究基地。

中国共产党还曾在本区建立过多个革命根据地，本区又是早年"五四"革命运动的发祥地，留下了诸如山西武乡王家峪八路军总部旧址、北大红楼等许多革命遗迹，不仅成为青少年教育基地，还是革命题材影视剧的拍摄地，二者相得益彰，对当地是不小的宣传，也激发了人们的求知欲望和前往瞻仰的旅游动机，而且还是很多单位开展员工奖励旅游的目的地。

6.4 华东名山秀水园林都市旅游区

地处长江下游，位于中国东部沿海地区中枢，包括上海、江苏、浙江和安徽

1市3省。优越的自然环境,良好的区位条件,繁荣的经济,丰饶的物产,密集的旅游城市,便利的水陆交通和相映生辉的自然与人文景观,使这里长期成为中国的热点旅游区之一。

6.4.1 区域概况

6.4.1.1 区域地理环境

(1) 自然地理环境

本区地处中国地形三大阶梯的最低一级,呈现出平原和低山丘陵相间分布的地形结构,自北而南依次为黄淮平原、皖中丘陵、长江中下游平原和长江三角洲,以及江南丘陵和闽浙丘陵的大部。区内海拔不高,水网密布,多河流、湖泊,水景秀丽。本区河流分属淮河、长江和钱塘江水系,汛期长,含沙量少,无冰期,航运价值大,因而自古水上船只往来穿梭,一片忙碌景象。如此丰富的水资源,也是江南鱼米之乡的命脉和根基。

本区属亚热带湿润性季风气候区,具有四季分明、冬温夏热、雨量丰沛的气候特征。每年从3月中旬开始,自南而北逐渐进入春季,时而风和日丽,时而春雨绵绵;5月进入梅雨季节,之后便是盛夏,河谷平原地带为高温中心,南京就被称为"火炉";9月上旬后通常秋高气爽。冬季在无寒潮侵入时比较温暖。因而全区适游期较长,可从每年的3月延伸至11月。盛夏虽热,但本区大量的风景名山、湖岸、海滨提供了充足而又理想的避暑胜地。

(2) 人文地理特征

主要表现在以下几个方面:

吴越文化特色鲜明——由于江浙一带青山秀水,气候湿润,土地肥沃,这里自古便是繁华之地。特别是三国东吴、东晋、南北朝及五代时期,北方连年战争,这里则少受战争破坏,北方移民几次渡江南迁,带来了中原先进的生产工具和技术,京杭大运河的开凿成功,更极大地促进了南北经济的交流与发展。五代时,钱镠在杭州建立了吴越国,采取了一系列发展政策,使杭州成为当时中国东南的政治、经济、文化中心和人文荟萃之地。在得天独厚的自然环境和特定的历史进程中,经济的繁荣和城市的繁华推进了文化艺术的发展,本区逐渐形成了以灵毓秀雅、尚文崇慧为特色的吴越文化,其表现主要有三:一是崇尚文化的民风;二是从各种建筑到文学艺术、戏曲等都以纤巧、秀雅、婉转、细腻为特色,这在江南古典园林中得到了广泛的体现;三是商业发达,游乐之风较盛。吴越文化对华东旅游区的影响可谓根深蒂固,也体现在旅游资源的方方面面。

经济发达，城市密集——本区地理位置和自然条件优越，人口众多，开发历史悠久，古往今来一直为中国重要的农耕区，其棉、麻、蚕丝、茶叶、花生、水产等经济作物在全国占有十分重要的地位。长江三角洲平原和杭嘉湖平原等则一直是中国主要的商品粮生产基地之一。至于现代工业和商贸业，本区更是在全国占有举足轻重的地位。上海历来是中国最大的经济中心。

由于经济基础雄厚，城市发展较早，而且人口密布，本区遂出现了上海、南京这样一些典型的特大城市，以及以上海为中心，包含苏州、无锡、常州和宁波、嘉兴、湖州等诸多大中城市的长江三角洲城市群，是中国城市化发展最成熟的区域。

水、陆、空交通都十分便利和发达——本区内河航运与海上航运相辅相成，构成了完整的水上运输网；航空运输方面，主要大中城市之间都有航班相通，上海还是中国东部地区最大的航空枢纽，开通了直达世界近100个城市的航班；陆地交通以铁路、公路为主。本区的铁路已随着全国铁路的连续5次提速而发生了历史性的变革，形成了以上海为中心向外辐射的格局，并在管理与服务上出现了中国现代几十年铁路运输史上质的飞跃，如上海直通北京的旅客列车，每日晚7点后连发7趟，且提供与飞机上同等的服务，旅客若出现误点现象，只需简单的程序便可在随后的任何一趟车次上享受同等待遇，这也是彻底改善"铁老大"反应迟钝现象的一次大胆尝试，在全国具有表率作用，无疑也显示了本区在中国引领群雄的地位。

6.4.1.2 旅游资源特色及其开发方向

自然与人文地理特征交融于旅游资源之中，使本区的旅游资源呈现名山秀水、古典园林和都市风貌的突出特色。

大自然赋予了华东山、湖、江、海之利：世界遗产黄山景色瑰丽，奇绝天下；"海天佛国"普陀山、"莲华佛国"九华山、"寰中绝胜"雁荡山和"海上仙山"嵊泗列岛早已闻名遐迩；烟波浩渺的太湖、景致如画的杭州西湖和扬州瘦西湖、水碧山青的"两江一湖"（富春江，新安江，千岛湖）、瀑多岩奇的楠溪江、岁月悠悠的大运河和涛声如雷的钱塘海潮等秀水丽景更是美不胜收。

历史上这里又曾是一些封建王朝偏安避难之所，本区古文化遗存亦相当丰富：除"十朝都会"南京、"人间天堂"杭州两大古都外，还拥有苏州、扬州、上海、绍兴、宁波、歙县等一大批国家历史文化名城和周庄、同里等诸多江南水乡古镇，其中以精美绝伦的苏州园林为代表的本区古典宅第园林，无论是保存数量还是艺术价值，皆冠于神州，饮誉全球，是当之无愧的华夏建筑艺术瑰宝。

中国的东方门户和最大工商业中心、崛起中的国际经济和航运中心——上海，则以其气势恢弘的世界大都会风貌、国内一流的现代设施（如金茂大厦、上海大剧院和上海国际会议中心等"新中国50年上海十大金奖经典建筑"）和丰富无比的饮食购物旅游资源，对海内外游客有着愈益强烈和经久不衰的吸引力。同时，以上海、南京、苏州、杭州为代表的长三角都市圈，是中国目前和未来相当长一段时期内发展城市旅游、会展旅游、购物旅游的理想场所。

本区今后旅游资源开发的方向，应以会展和商务旅游、都市采风购物、名山避暑朝圣、古城名镇观光、水乡休闲度假旅游为主。

6.4.1.3 旅游业发展现状

本区的经济发达，不仅体现在工业、农业方面，第三产业也位居全国前列。区内旅游业的发展同时又表现出不平衡性，即位于沿海的江苏、上海、浙江旅游业较为发达，而稍居内陆的安徽就显得相对落后，近年其旅游外汇收入一直在全国10名之外徘徊。此外，无论是从海外旅游人数，还是从国外在中国定居的人数来看，上海都居全国首位，也就是远高于其他三省。总的来说，本区当属中国旅游经济整体实力最强的一个区。

根据中国年鉴的统计，2012年本区旅游外汇收入增长平均在13.23%（上海2011、2012年外汇收入负增长），浙江达到了13.4%，江苏和安徽省分别是11.4%和32.5%。而当年旅游人数本区整体上也是有增无减，上海、江苏、浙江分别以3.79%、9.92%、11.89%的速度猛增，安徽也达36.85%之多。2012年上海接待入境过夜旅游者800.4万人次，实现旅游外汇收入55.82亿美元，接待国内旅游者25 093.69万人次，实现国内旅游收入3 224.39亿元人民币，旅游业增加值占全市GDP的17.74%。这表明，华东不仅长期以来是中国的旅游大区和强区，且旅游业的产业地位还在随着全国旅游的普遍升温而得到更大的增强。

本区的旅游交通无疑是中国最发达的，尤其是区内交通，已经基本实现了公交化，以上海为中心，通往南京、杭州、无锡、苏州等地的班车，车次密集，方便快捷。如上海至苏州只需45分钟，至南京2.5小时，上海到无锡、杭州等地也不过1.5小时，这就大大缩短了旅行时间，加强了区域旅游的便捷性。而且各大景区均已发展得较为成熟，景区设施配套相应地也比较完善。同时，这里的人们观念新颖，信息灵便，能够及时洞悉市场、适应市场。旅游服务设施也相当完备。2011年底，全区有星级宾馆2 224座，其中上海的五星级宾馆比例最高，达14.78%，远高于全国4.63%的水平，也高于广东8.33%和北京9%的水平，反映出上海旅游基础设施的高档次化，这也是它日益走向国际化的客观需要。

6.4.2 旅游资源精粹

6.4.2.1 园林艺术

古典园林是中国人文景观旅游资源中的一朵奇葩。本区的江南园林开创了中国古典园林艺术的一派新风，与北方的皇家园林遥相呼应，并列组成了中国园林艺术的主流，成为"中国文化四绝"之一。

本区地处江南水乡，开池得水极为容易，植被易于存活，具有营造园林的优越自然条件。同时历史上又是富商文人云集之地，修建了大量的私家园林宅第。所以，华东旅游区园林众多，且多为私家园林，如以庭园取胜的苏州园林、湖山取胜的杭州园林和介于两者之间的扬州园林等。与皇家园林相比，这些私家园林规模小、奇石秀水、玲珑纤巧、轻盈秀丽、清雅淡薄、韵味隽永，囊括了吴越文化的精髓，用现代时髦的术语来形容就是极具"小资情调"。江南园林多属达官、巨富、文人骚客为颐养天年而筑，建筑体量小、色彩淡雅，表现了与北方园林迥然不同的"南方之秀"的特点，也成为北方园林效仿的对象，如承德避暑山庄就吸纳了江南园林的一些造园特点和技巧。

区内园林主要分布于苏州、扬州、南京、无锡、上海、杭州、绍兴等地，以苏州最为集中和著名，它是中国园林艺术精华荟萃之地，素有"江南园林甲天下"、"苏州园林甲江南"之说。早在春秋时期，吴王阖闾就在这里建造了苏州最早的园林姑苏台，至明清造园艺术达到顶峰，现尚存大小不等、风格各异的园林80多座，如已收入《世界文化遗产名录》的拙政园、留园、狮子林、沧浪亭（号称"苏州四大名园"）、网师园、环秀山庄、藕园、艺圃和退思园等。苏州园林以其丰富的内涵、完美的形式、鲜明的地方艺术风格而成为国之瑰宝。此外，扬州个园、何园，南京瞻园、煦园，无锡寄畅园、蠡园，上海豫园，杭州西湖郭庄和刘庄，绍兴沈园等也是本区的名园。

6.4.2.2 都市风貌

本区可谓古城新貌，城市云集，如南京、杭州这样的文明古都在以崭新的现代面貌示人，将其历史文化的积淀蕴涵于文明的精髓中。以上海为中心，南京、杭州、苏州、无锡等城市组成了中国长江三角洲最大的都市圈，且以高度的现代文明而著称，是中国人口最密集、城市化程度最高、工业化最成熟、经济最发达的地区。

上海 位于东海之滨，长江入海口。其最大优势是位于亚洲心脏地区，优越的地理位置可以使全世界 50% 左右的人口在 5 小时之内到达上海。上海原是一个偏僻荒凉的小渔村，明代已成为全国最大的棉纺织业中心，清代在此设立海关，遂逐渐成为中国的贸易大港和漕粮运输中心，被称为"江海之通津，东南之都会"。但上海真正的大发展还是在鸦片战争之后，当时有"东方巴黎"之称，外滩密集的异国建筑正是这一繁华时期的真实写照。如今，上海是中国最大的工业基地、商业中心和外贸港口。

现代化的都市风貌和购物天堂的商业氛围是上海吸引中外游客的最大魅力所在。浦东陆家嘴那几十幢气宇轩昂、足以展示当今世界最高设计水平的超高层建筑、黄浦江上那由杨浦大桥和南浦大桥与东方明珠广播电视塔共同构成的"双龙戏珠"景观、人民广场和浦东一带那令人叹为观止的上海大剧院和上海科技馆等现代文化设施、南京路上那琳琅满目的购物中心，构成了上海无与伦比的世界大都会氛围，是其不仅吸引旅游者，同时也诱惑外来居住者的重要因素。以"城市，让生活更美好"为主题的 2010 年世博会的申办成功，更为这座超级都市注入了新的活力。而明清江南古园林豫园、唐代经幢和外滩近代建筑群等昔日的文明又使其不乏历史文化的积淀。

上海市区的主要旅游线路是黄浦江—外滩—南京路—淮海路，这是其观光和购物的黄金地段，而且游客全部可以免费享用。南京路和淮海路是上海最繁华的街区，也是全国最大的游憩商业中心。浦西外滩全长 1.5 千米，沿黄浦江分布有以仿古希腊式圆顶的原汇丰大楼（英国人自诩为"苏伊士运河到白令海峡之间最讲究、最豪华的建筑"，其内穹顶近年发现有 9 幅 20 世纪 20 年代精美非凡的马赛克壁画。新中国成立后曾长期作为上海市政府驻地、现为上海浦东发展银行）和号称"远东第一楼"的原沙逊大厦（现和平饭店南楼）为代表的 30 多栋风格各异的异国建筑，被称为"万国建筑博物馆"。沿江还设有观光休闲平台、陈毅广场、黄浦江水下观光隧道、渡江码头等，游客出入方便，可以灵活组织游览线路。外滩充满了浪漫的情调，是众多影视剧作品的拍摄地。其夜景和浦江夜游令人流连忘返。与之隔江相望的浦东陆家嘴，是上海新的金融中心，东方明珠电视塔为其标志性建筑，同时还汇集了众多高楼大厦，以全国第一高楼——420.5 米高的金茂大厦最具特色。金茂大厦和东方明珠广播电视塔都设有观光电梯和旋转大厅，分段分层开放，游客在此可饱览浦江两岸的都市风光。

上海人民广场及其附近是高雅文化、特色建筑的汇聚之地，分布着上海大剧院、上海博物馆、上海城市规划展示馆、上海图书馆新馆、上海美术馆新馆等。其中大剧院被称为上海乃至全国最瑰丽的建筑，其白天犹如一座巨型玻璃工艺品,展翅欲飞的优美身姿诠释着艺术的真谛,夜晚灯火灿烂的艺术圣殿又仿佛童话中的水晶宫,并经常接待来自世界各地的著名演出团体,是一处高雅的艺术场所;上海博物馆形如巨鼎,象征"天圆地方",是悠久中国历史与崭新现代科技结合的典范,展品内容丰富,分设11个专题博物馆、1个捐赠文物专馆和3个展览厅,总计12万件珍贵文物,而且配套服务相当周到;上海城市规划展示馆则以声、光、电等高新科技全方位展示了上海城市的发展历程。此外,上海科技馆、上海地铁、轻轨和磁悬浮列车及杨浦大桥等也都是上海现代设施的典型代表。

作为世界大都会,上海所拥有的商业场所繁多也是引人入胜的一个重要因素,因而被称为购物天堂。南京路—淮海路云集了众多的上海老字号店,1.5千米长的南京路共有600多家商店,"中华老字号店"就达100多家,现已改造为商业步行街,沿街设置了诸多雕塑、花坛、长椅、绿地、休闲广场等,成为游憩商业中心;淮海路曾是新中国成立前著名的霞飞路,共有400多家商店;这两条商业街每日的客流量均在100万人次以上。徐家汇是近十多年新崛起的商业中心。城隍庙则是一处独具上海传统特色的综合性商业中心,百余家大小商店的楼阁构成了仿古特色街区,多经营上海工艺品和种类繁多的小商品,尤其是上海地方风味小吃最为汇集。此外,上海还有很多大型购物中心或连锁超市,如农工商、八佰伴、易初莲花、家乐福、华联等。

此外,上海还有中共"一大会址"、宋庆龄故居、8万人体育场、佘山天主教堂、锦江乐园、上海大观园、龙华寺、横沙岛、崇明岛等一些旅游的好去处。而优化整合浦江旅游客运资源,开发水上观光游览则是其今后都市旅游的一个重要发展方向。

概括地说,豫园—城隍庙代表过去的老上海,外滩代表近现代的上海,20世纪90年代之后的上海则集中体现在陆家嘴金融贸易区,从这三个地方就完全可以一睹上海的前世、今生和来世,故它们是上海旅游资源的精华所在。

南京 江苏省会。地处江河湖泊、平原丘陵相会之处,自古就有"江南佳丽地,金陵帝王州"之称,被认为是中国东南沿海地区建都最好的地方。从东汉三国到民国,先后共有10个政权定都于此,故被称为"十朝都会",是中国七大古都之一。深厚的历史文化底蕴和鲜明的城市文化特色是南京最吸引游客的地方,漫步在铺满金色落叶的古城墙下,眺望夕阳映照中的古代陵墓,倾听秦淮河水拍打船舷的声音,让人感受到的是一种大气、成熟,一种宁静、深永……虽然处于长江三角洲繁华的城市群中,南京却以它的深邃文明为这座现代化的古都装点着永恒的色彩。

南京既有自然山水之胜，又有历史胜迹之雅，是一座融山水城林于一体，集十朝古韵于一身的秀丽名城。古有"金陵四十八景"之说。"灵谷深松"（今灵谷公园）、"栖霞红叶"、"燕子矶"等均为古都胜景；苍松翠柏覆盖的钟山（又名紫金山）雄踞市区东郊，为南京的风景名胜集中之地；明孝陵是明代开国皇帝朱元璋与马皇后的合葬墓，规模宏大，已有600多年历史；其前的六朝石刻造型逼真，堪称绝品；中国伟大革命先行者孙中山的陵寝——中山陵居高临下，气势恢弘，是南京经久不衰的旅游热点；紫金山天文台以在中国建设最早和杰出的科研成就而享有国际盛誉；灵谷寺、美龄宫、中山植物园也是钟山颇具价值的可游之处。市内举世闻名的"总统府"曾为清代两江总督署和太平天国天王府，号称"一座总统府，半部近代史"，现已被辟为中国近代史博物馆。自古就与夫子庙融为一体并包括若干景点的秦淮河风光带是中国"旅游胜地40佳"之一，最能体现古都南京的历史风貌和风土民情。建于明代的南京城墙依山就势，并与玄武湖交相辉映，曾是世界上最长的城市城墙，现仍存21.35千米，有城楼8座，其中的标志性建筑中华门是世界目前规模最大且保存最完整的古城垣。其南的雨花台因盛产雨花石和建有纪念国民党统治时期被屠杀的10万共产党人的烈士陵园而闻名。市内还有莫愁湖、白鹭洲公园等多处景点。

此外，建于20世纪60年代后期、全长6 772米的南京长江大桥，曾是中国"自力更生"精神的象征。它以宏伟的气势和极具中国民族特色的桥头堡与公路引桥，成为南京市的标志性建筑。

苏州 位于上海与南京两大都市之间，是一座具有2 000多年悠久历史的文明古城。在这里，人们至今还能看到别具一格的"东方威尼斯"水城景观——充满诗情画意的小桥、流水、人家，水网密布、河路并行、古桥众多的棋盘状古城布局，"小中见大"的奇秀古园、巍峨壮观的虎丘古塔、历史悠久的盘门古城。而以"太湖山水、古镇古村"为主题的苏州环太湖旅游品牌也在全国打响。

在2004年"CCTV城市中国"评选活动中，苏州以"绿色GDP打造新'天堂'——在古城保护和经济发展相协调方面做出的探索，对于中国的众多城市具有借鉴意义"的理由入选"中国10大最具经济活力的城市"，并以绝对优势当选"中国年度最具经济活力的城市"，其当年的GDP总值已居中国城市第4位。也就在这一年的6—7月，苏州成功地承办了第28届世界遗产委员会会议，这是其雄厚物质基础和深厚文化底蕴的使然，标志着苏州可持续发展的理念和为此做出的不懈努力得到了世界的承认。早在2004年初，苏州就在全国率先提出，把经济增长和环境保护综合考虑到 GDP 的统计中来。为此，苏州首先对水环境进行了重点治理，长达 6 千米的环太湖绿色长廊已经建成；而为了恢复往日小桥流水、绿水绕城的景观，苏州还投资 2.75 亿元，将长江水引入了环城河。

"上有天堂，下有苏杭。"江南鱼米之乡是古城苏州持续繁荣的物质基础。江南的富庶、江南的安宁、江南的诗书风流，在苏州体现得淋漓尽致，无不使人倾倒。苏州同时又是一座高度现代化的城市。为了妥善解决古城风貌保护与经济快速发展的矛盾，它在"假山假水城中园"的古城以东辟建了全国唯一、世界闻名的苏州新加坡工业园区，在古城以西辟建了规划设计十分超前的"真山真水园中城"——苏州新区，从而形成了独特的古城居中、东园西区、一体两翼的城市新格局，昔日的"姑苏城外寒山寺"也随之变成了今日的"姑苏城内寒山寺"。

除园林艺术在中国独树一帜外，苏州的苏绣与湘绣、蜀绣、粤绣齐名，乃中国四大名绣之一，苏州的文物字画和美食也引人入胜。

杭州 浙江省会。坐落在杭州湾口、钱塘江下游北岸、京杭大运河南端。自古风景优美，经济繁荣，元时曾被意大利旅行家马可·波罗称赞为"世界上最美丽华贵的城市"，现为世界知名的风景旅游城市和魅力经久不衰的中国黄金旅游城市。

杭州自秦置钱塘县以来，已有 2 000 多年历史。唐代的杭州是"东南名郡"，此时"上有天堂，下有苏杭"的谚语已在民间流传开来。历史上先后有 14 个皇帝以杭州为都城，作为都城的历史长达 237 年，是中国七大古都之一。

杭州的繁荣和美丽得之于水：隋炀帝开凿大运河，促进了杭州经济的发展，"珍异所聚"、"商贾并辏"；白居易和苏轼两大诗人主持疏浚治理西湖，更为这座城市增添了最有诗意的一笔。"绕郭荷花三十里，拂城松树一千株"的湖光山色令天下游人流连忘返。可见，杭州的美丽与西湖的妩媚不可分割，正所谓苏州有园林之胜，杭州有西湖之美，西湖奠定了杭州旅游的重要基础。

大自然赋予的独特环境和几千年人类文化的积累，塑造了杭州驰名中外的自然景观和人文景观，使其拥有得天独厚的风景旅游资源——西湖和"两江一湖"两个国家重点风景名胜区，之江国家旅游度假区和天目山国家级自然保护区，千岛湖和大奇山两个国家森林公园，早已跻身"中国旅游胜地四十佳"的桐庐"瑶琳仙境"等，是中国东部风景名胜荟萃之地。近年来，杭州全面实施"大杭州、大旅游、大产业"发展战略，形成了以西湖风景名胜区为依托，东连绍兴、宁波、普陀，西至黄山、九华山，南接天台山、雁荡山，北达莫干山以至上海、苏州、无锡、南京等地的旅游网络。

此外，杭州还拥有中国最大的宋文化主题公园——宋城和4个国家级的专业博物馆，充分显示了这座国家历史文化名城的深厚积淀。

宋城。宋城景区是中国人气最旺的主题公园，年游客逾600万人次。景区分为：宋城千古情文化演艺区、高科技体验区、儿童游乐区、市井街、仙山佛窟区、文化广场区、城楼广场区、宋河区、戏水天地等主题区。景区内一年四季活动不断，有新春大庙会、火把节、泼水节、锅庄狂欢节等，经过将近20年的打造，宋城景区已成为演艺宋城、科技宋城、游乐宋城、文化宋城，是一座古今结合、老少同乐、晴雨皆宜的综合性主题公园。

中国丝绸博物馆——展示了中国5 000年来的丝绸历史、文化、文物和产品。

中国茶叶博物馆——展示了中国茶的发明、茶的文明、茶的文化。

南宋官窑博物馆——建于原官窑作坊遗址上，是一个以南宋官窑为中心题材，以窑址和出土文物为主要展品，兼有其他历史陶瓷文物和现代仿古瓷佳作的综合性陶瓷陈列馆。官窑是专为皇帝及皇室烧制瓷器的瓷窑。中国有五大名窑，南宋官窑位居这五大名窑之首。

胡庆余堂中药博物馆——胡庆余堂创建于1874年，它和北京同仁堂并称为中国著名的南北两家国药老店。胡庆余堂中药博物馆是在具有晚清风格的胡庆余堂古建筑基础上建立起来的，属中国国家重点文物保护单位。馆内展示和介绍了中国历代医学名人以及药物的起源、药物学的发展、中外药物的交流、制作中药的工具及上万种中药材标本。在中药手工作坊内，可看到老药师手工切制中药的表演。在销售厅则可选购来自中国各地的中药材。

宁波　位于浙江东北部，简称甬，古称明州，为中国著名对外贸易港口和历史文化名城。唐宋时期，宁波曾是中国"海上丝绸之路"和"海上陶瓷之路"的起点，此后遂成为中国东南重要的经济中心和交通枢纽，素有"小上海"之称。宁波名胜古迹甚多，著名景点有三湖三寺，即东钱湖、慈湖、月湖和保国寺、天童寺、阿育王寺，以及天一阁、河姆渡遗址、奉化溪口蒋宅和雪窦山等，前者是中国现存最古老的私家藏书楼，为宁波地域文化的象征和宁波人自古尚文的历史见证，为这个重商之城增添了浓浓的书香。

宁波轻工业发达，尤其是服装制作水平享誉全球。宁波人以善于经商遍布全中国，闻名海内外，宁波的生意人也在经商中传播了宁波地域文化和商业精神，在中国的影响力和知名度相当高。

合肥 安徽省会，位于东淝河与西淝河的合流处。汉代曾是全国十大商业城市之一。地理位置重要，历来是兵家必争之地。三国时期，吴魏交兵，曾留下许多古迹。市域内自然景观以丘陵湖泊为主，巢湖为中国五大淡水湖之一。合肥绿化较好，素有"绿色城市"之称。这里文化发达，著名的中国科技大学就设在市区。绿树成荫、碧草连绵的环城公园规模很大，与西安、济南的环城公园并列为全国三大环城公园。合肥是宋代清官包拯的故乡，有包公祠和逍遥津等人文胜迹。

此外，本区的著名旅游城市还有太湖明珠无锡、园林名城扬州、山林名城镇江和文化名城绍兴等。

6.4.2.3 名山秀水

名山 本区虽位于江南低山丘陵地区，却也集中了一大批名山，除集天下美誉为一身的黄山和四大佛教名山中的九华山、普陀山和风景名山雁荡山外，还有"清凉世界"莫干山、道教圣地齐云山、古南岳天柱山和琅琊山、天目山、太湖洞庭东山和西山等。

黄山坐落于皖南低山的中心，是一座西南—东北走向的花岗岩断块山，号称72峰，最高的莲花峰海拔1 873米，是中国东部少有的高峰。山中有很多与黄帝有关的传说和纪念古迹。古语"五岳归来不看山，黄山归来不看岳"，足以说明黄山风光兼具各山之长。黄山自古就以奇松、怪石、云海、温泉"四绝"闻名于世，吸引着八方游人，可谓经久不衰。已被联合国列入世界自然与文化遗产名录，并被评为首批世界地质公园。

秀水 华东向来为中国的"鱼米之乡"，无论是"鱼"还是"米"都与水不可分割。水不仅养育了本区农业，使这里自古富庶；水还养育了这里的人，使这里才子佳人辈出，美女如云；水更孕育了这里的灵秀风光，乾隆皇帝之所以六下江南，就因为看不够江南的美景。而江南美景大多是因水而生。如西湖的妩媚多姿、太湖的开阔大气、瘦西湖的清雅秀丽、钱塘潮的汹涌澎湃、秦淮河的窈窕多情、黄浦江的干练从容等，这些汇聚了本区风光精华的旅游胜地无不与水有着千丝万缕的联系。此外，本区的著名水景旅游资源还有上海的淀山湖，南京的玄武湖和莫愁湖，浙江的富春江、新安江、千岛湖和楠溪江，安徽的巢湖等。

杭州西湖旧称武林水、钱塘湖，因其位置在杭州城的西部而得名西湖，亦称西子湖。其水面达5.7平方千米，随着历代文人墨客在此不断地驻足留迹和近年西湖东扩，现在的西湖风景区面积已经达到了约60平方千米。

西湖南、北、西三面被挺秀群山所环绕，湖面因白居易和苏轼主持修建的白堤、苏堤而分成外湖、里湖、岳湖、西里湖和小南湖5部分，湖中有孤山、三潭印月等著名小岛。这里因而湖山相映，掩映生趣，相得益彰，真可谓"远山近景皆有情"。苏堤春晓、平湖秋月、花港观鱼、柳浪闻莺、双峰插云、三潭印月、雷峰夕照、南屏晚钟、曲院风荷、断桥残雪为西湖十景。近年又增加了虎跑梦泉、龙井问茶等"西湖新十景"，为西湖风景添色不少。

由于西湖依山临城，风光秀美，无论阴晴雨雪、清晨黄昏，总有一种特殊的风韵，宋代诗人苏轼将其比作著名美女西施，写诗赞曰："欲把西湖比西子，淡妆浓抹总相宜"，这就是西湖又名"西子湖"的来由。

西湖除了湖光山色迷人外，环湖周围还遍布岳王庙、九溪十八涧、飞来峰造像、灵隐寺、六和塔等其他自然和人文胜迹。

近年杭州为打造世界休闲之都，大规模地整治了西湖景区，特别是大手笔地修通了几十千米的环湖游步道，投巨资新建了雷峰塔，拓展了西湖的游览空间，使其旅游吸引力明显增强。

水乡古镇 江苏苏州的周庄镇和同里镇、浙江桐乡的乌镇、上海的朱家角镇被称为江南四大水乡，它们因保存完好的小桥流水人家的诗情画意、船儿弯弯的浪漫情怀、古色古香的街道和建筑、古风依旧的民风而成为当前急剧升温的一批旅游热点和许多影视作品的拍摄地。例如，拍摄于周庄的《橘子红了》播映后，在全国的影响很大，吸引了众多旅游者，有的还是千里迢迢，专门从中国西北内陆赶来实地观赏，这不仅是因为演员的精彩表演，更是因为美轮美奂的水乡古镇美景。类似的水乡古镇还有苏州甪直镇、嘉兴西塘镇、绍兴柯桥镇新安江边的屯溪老街，等等。在这些地方，人和水达到了真正的融合，如此和谐的美景，怎能不令人留恋？

6.4.2.4 名人与古村落

名人辈出，是吴越文化对本区影响的典型体现。因为，吴越文化的精髓之一就是崇尚文化。无论是在城市还是农村，古代还是今天，人们崇文重教、崇尚儒风已成风气。因而本区人们的整体文化素质较高，历史上人才荟萃，人杰地灵。

且不说江南四大才子、大乔小乔这样一些才貌双全的才子佳人，或者是扬州八怪这样一些画坛奇才，单是对中国的文化、科技发展产生过重大影响的名人就已不胜枚举，如科学家祖冲之、沈括、徐光启，书画家顾恺之、唐寅、郑板桥，文学巨匠施耐庵、吴承恩、冯梦龙，地理学家徐霞客等都是江苏名人的代表。浙江的名人就更多，仅绍兴一地就有春秋时期的名臣范蠡、宋代诗人陆游、明代书画家徐渭、书圣王羲之，以及近代的革命志士秋瑾、徐锡麟，现代文化巨匠鲁迅，教育界泰斗蔡元培，绍兴还是周恩来的祖籍，故素有"文化之邦"的美称。当地至今仍然沿袭一些古代文人的雅俗，如每年三月三来自中国各地的书法家都要聚集绍兴举行兰亭书会，怀古叙志，咏诗论文，纪念书圣王羲之；而鲁迅笔下的咸亨酒店和他本人幼年苦读过的三味书屋也是人们到绍兴的必游之处。

由于华东历史悠久，文化灿烂，一些保存完好、颇具特色、观赏和研究价值很高的古村落成为其人文景观旅游资源中的一大亮点。安徽南部山区是中国高品位古村落分布最集中的地区，已入选世界文化遗产名录的黟县西递村和宏村便是其典型代表，江西平安县的流坑村和婺源县的李坑村也毫不逊色。步入这些古村落，时光仿佛倒流，游人置身于江南古村美景图画中，尽情地欣赏着古街、古屋、古树和古桥、古井、古塘，感受着古风、古俗，所受到的地域文化和民俗文化的熏陶之大是可想而知的。

6.4.2.5　会展旅游资源

会展业对本区而言并不陌生。早在1910、1929年，南京和杭州就曾分别承办过南洋劝业会和西湖博览会，尤其是西湖博览会盛况空前，不亚于1926年的美国费城博览会。所以，本区承办国际性会展的历史可谓久矣。近年，上海又相继成功承办了堪称世界顶级的"'99《财富》全球论坛"和2001年亚太经合组织会议，接待过日本和西班牙波利CRV322等大型奖励旅游团。前几年，本区也陆续举办了2006年杭州世界休闲博览会和2010年上海世界博览会。这些国际性大型会展的申办成功，不仅充分证明了本区的办会能力，也是对本区会展旅游资源的最好宣传。

上海是全国三大会展中心之一，杭州、南京等大城市又是全国会展网络的有机组分。根据国际会展评估权威机构——国际博览会联盟（UFI）的评估标准，从经济、科技、法律与政治，以及自然区位条件来考虑，中国的一些城市已经具备了举办现代国际会展的条件，尤以上海最为突出。为"'99《财富》全球论坛"年会专门修建的上海国际会议中心，是上海最大的兼具宴请、聚会等多功能的大厅，其气魄与豪华令来宾赞叹不已。而会议和展览往往伴随着旅游的发生，且会展旅游的游客档次高、消费支出大、综合效益明显，是旅游开发的重要方向。本区会展旅游的资源——场馆众多，在中国具有得天独厚的开发优势，见表6-3。

表6-3　华东旅游区主要会展场馆

地点	展馆名称	设施	备注
上海	上海国际展览中心	展厅总面积12 000平方米 每层分别为6 000平方米	
	上海展览中心	展厅面积90 000平方米	
	光大会展中心	展厅面积35 000平方米	
	上海新国际展览中心	室内展览面积25万平方米	亚洲展览面积最大、设施最先进、智能化程度最高的国际级现代化专业展馆之一
南京	南京国际展览中心	占地面积12.6万平方米，建筑面积10.8万平方米，展览面积4.4万平方米，可搭建220个国际标准展位	
昆山	昆山国际会展中心	2万多平方米的展览面积	
杭州	浙江世界贸易中心	室内展场实用面积8 000平方米，室外展场2 000平方米。拥有不同规格的会议厅（室）33间	
	西湖国际会议中心	总建筑面积49万平方米	曾是国内设计规模最大的国际会议中心

资料来源：胡平．会展旅游概论．2003：55～58。

6.5　华中峡谷名山文化胜迹旅游区

位于中国腹地的长江中上游，包括重庆、湖北、湖南和江西3省1市。是全国十大旅游区中唯一既不沿海、又不沿边的区域，但却向为九省通衢之地，水陆交通方便，加之开发历史悠久，自古就是富庶的"鱼米之乡"，近些年来经济增长速度又名列全国前茅，对旅游业的发展颇为有利。

6.5.1　区域概况

6.5.1.1　区域地理环境

（1）自然地理环境

本区山地、丘陵、盆地、平原交错分布，且山地、丘陵比重大。各省市地形均呈三面环山态势：重庆地处山区，其东北是大巴山、巫山，东南是大娄山、武陵山，西南是四川盆地东缘，海拔75～2 797米；湖北处于中国地势第二级阶梯向第三级阶梯的过渡地带，全省西、北、东三面被武陵山、巫山、大巴山、武当山、桐柏山、大别山、幕阜山等山地环绕，山前丘陵岗地广布，中南部为江汉平原，与湖南的洞庭湖平原连成一片，地势呈三面高起、中间低平、向南敞开、北有缺口的不完整盆地；湖南也是东、西、南三面环山，峰峦叠嶂，中部丘陵起伏，北部是广阔的洞庭湖平原；江西地势周高中低，东、南、西三面环山，重峦叠嶂，山势峻伟，中部丘陵、盆地相间，北部平原坦荡，河湖交织。

本区大部属暖湿亚热带季风性气候，雨量充沛，无霜期长，冬暖夏热，四季分明，年均气温多在15～20℃，江汉平原夏季最高气温更超过40℃，为中国酷热地区之一，武汉、长沙、重庆、南昌等地是著名的"火炉"城市。除重庆山城终年多雾，日照较少外，其他三省均光照较为充足，热量丰富，适合农作物生长，为主要商品粮产地，"鱼米之乡"。

本区水系发达，河流、湖泊众多。最大河流是联系四省市的纽带——长江。重庆被长江纵穿全境，嘉陵江、乌江也分别在重庆市区和涪陵汇入长江。长江由西向东横贯重庆、湖北，在渝鄂边境切过巫山，形成雄伟壮丽的三峡，过宜昌后，穿行于江汉平原，经小池口流入江西、安徽2省，汉江全长的3/4流经湖北省境内，与源出边境山地的众多河流共同汇注长江。湖北省境内中小河流达1 193条，总长度达3.5万多千米；加之淡水湖泊众多，故有"千湖省"之称，多分布于江汉平原，洪湖、梁子湖面积均在200平方千米以上。湖南省主要水面有洞庭湖及湘江、资水、沅江、澧水，四水由西南向北汇聚洞庭湖，经岳阳城陵矶注入长江。洞庭湖还是湖南、湖北的天然分界线。江西省最大、最长的河流为赣江，故江西又称"赣"。省内共有大小河流2 400余条，总长约18 400千米，全省除寻乌、定南县部分地区属珠江流域外，其余均属长江流域，且在长江流域中又有94%的面积属鄱阳湖水系。

（2）人文地理环境

本区物华天宝、人杰地灵，历来是人文荟萃之地，因而文化底蕴深厚，名人、名胜、遗址遍及全境。

重庆早在3 000多年前的夏商周时期就已成为奴隶制部族联盟的中心，称"巴"，与成都"蜀"地共称"巴蜀"，自公元1189年得名重庆以来已有800多年，在此期间，重庆备受重视的历史从未间断。抗日战争爆发后，重庆又成为国民党政府的战时"陪都"。3 000多年来，重庆处处留下了中国传统文化的印痕，历代诗人如李白、杜甫、刘禹锡、苏轼、陆游、郭沫若等，都在这里写有许多脍炙人口的名篇佳句。由于重庆在近代革命史上的重要地位，它还保留了国共两党众多名人名事遗址。

湖北省历史悠久，著名的先民文化遗址——京山屈家岭遗址距今已有4 000多年。武汉市黄陂区发掘的蟠龙城为中国迄今在长江流域发现的最早的商代古城之一。湖北是古楚文化的发祥地。春秋时期，楚是当时南方最强大的国家，楚庄王为春秋五霸之一。战国时，楚国同齐、燕、韩、赵、魏、秦一起被称为战国七雄。楚国在长达800年的历史中，创造了光辉灿烂的楚文化，为中华民族的古老文化增添了耀眼的光彩，也对湖北的今天产生了深刻影响。楚三闾大夫屈原的《离骚》是中国诗坛上的千古绝唱。全国重要的民间节日——端午节，就是从楚地兴起传开的。人们所熟知的《阳春》、《白雪》、《下里》、《巴人》，都是当时楚国的歌曲。湖北在历史长河中还先后涌现出楚国名人伍子胥、道家代表人物老莱子、明代著名医药学家李时珍、四大美女之一的王昭君等一些名垂青史的人物。

据考古发掘和文字记载，在8 000多年前，就有先民曾在湖南境内过着以原始农业和家畜饲养为主的定居生活。湖南对中华民族农耕文化的形成贡献非凡，常德市澧县城头山原始社会古城址的发现，把中华文明史向前推进了近两千年。这里古水稻田的发掘，表明了长江流域与黄河流域同是中华文明的摇篮和发祥地。湖南春秋战国时期曾属南方楚国的版图。在近代和现代史上，从"戊戌变法"到辛亥革命、五四运动、新民主主义革命、社会主义革命与建设时期，湖南涌现出了一大批革命志士和领袖人物，对中国革命和建设产生了极为深远的影响，谭嗣同、黄兴、蔡锷、毛泽东、任弼时、刘少奇、彭德怀、贺龙、罗荣桓等就是他们中间的杰出代表。

江西亦自古人杰地灵，属物华天宝之地。《禹贡》曾把江西划归为"扬州之域"，春秋战国时期，江西分属吴、楚，元时曾设置江西行中书省，辖包括今江西、广东两省的大部地区。在近代，江西又被誉为多个"中国的摇篮"：南昌是"中国人民解放军的摇篮"，井冈山是"中国革命的摇篮"，瑞金是"中华人民共和国的摇篮"。

此外，由于长江东西横穿全境，伴随着葛洲坝和三峡水利枢纽工程的建设，三峡旅游文化、移民文化逐渐成为本区人文地理上的一大特色。

6.5.1.2 旅游资源特色及其开发方向

本区旅游资源的突出特色在于峡谷名山和文化胜迹。幽深壮丽的"山水画廊"长江三峡横贯本区西部，构成了华夏乃至全球最为亮丽的一道峡谷风景线；举世瞩目的三峡水利枢纽工程已全面竣工，从宜昌三斗坪到重庆600多千米长的

"高峡平湖"将成为游人仰慕的世界级游览胜地;鬼斧神工的大自然杰作武陵源、"一柱擎天"的武当山、五岳独秀的衡山、革命摇篮井冈山、碧水丹崖的龙虎山和方竹遍野的金佛山,皆景色奇丽,引人入胜;原始险峻的神农架,是珍稀动植物汇聚的生物资源宝库;而洞庭湖、鄱阳湖和武汉东湖等绰约多姿的大小湖泊,则呈现一派水乡泽国的壮美风光。由于历代文人墨客为这里的名山大川所吸引、宗教文化源远流长和历史上魏蜀吴三国长期逐鹿于此,加之钟灵毓秀,名人辈出,本区形成了诸多在全国独树一帜的高品位文化胜迹:不仅中国古代江南三大名楼全都荟萃华中,宋代四大书院据其三(岳麓、白鹿洞和石鼓书院),更有轰动世界的长沙马王堆西汉古墓,"水下碑林"白鹤梁石刻带,"仙山琼阁"武当山古建筑群,"世界文化景观"庐山,"世外仙境"桃花源,以及屈原、昭君等历史名人故里和毛泽东、刘少奇等一代伟人故居,白帝城、古隆中、荆州古城和赤壁古战场等三国遗址。它们为华中积淀了丰厚深邃的历史文化内涵。

本区今后旅游资源开发的方向,应以山水风光、历史文化、宗教朝圣旅游和三国寻踪、生态、漂流、科考等专项旅游为主。

6.5.1.3 旅游业发展现状

本区的重庆、湖北、湖南三地旅游业的发展状况不相上下,居于全国中等略微偏上的位置;而江西旅游业则较为落后,主要表现在以国内旅游为主,入境旅游人次和收入均有限,且增长缓慢。例如,2012年江西省旅游外汇收入48 473万美元,在大陆31个省(市、自治区)中排名第25位,比2011年的24位和2010年的23位名次都有所下降,虽然旅游外汇收入仍有增长,但速度已由2011年的19.93%下降为16.8%,见表6-4。

表6-4 华中旅游区各省2012年旅游业发展状况

指标 地区	入境旅游人次 (万人次)	旅游外汇收入 (万美元)	比2011年增长比率(%)	国内旅游人次 (万人次)	国内旅游收入 (亿元)	旅游总收入 (亿元)	占GDP比例(%)
重庆市	224.28	11.68	20.7	28 806.06	1 576.67	1662.1	14.5
湖北省	264.72	12.03	28	34 230.26	2 553.55	2 641.54	11.87
湖南省	224.6	9.3	-10.7	30 000	2175.5	2234.1	10.08
江西省	156.2	4.85	16.8	20 347.3	1 372	1 407.5	10.87

资料来源:中国旅游年鉴2013。

对本区4省(市)来说,旅游业的发展状况首先取决于其自身的经济基础。如重庆、湖北和湖南三地,工业相对发达,就可以为旅游经济提供良好的发展环境、道路交通、旅游服务设施、旅游开发投资的支持等。以湖南为例，全省旅游交通发达，目前有4个民用航空机场，长沙、张家界2个空港口岸，80多条国内航线和2条国际航线，铁路有京广、枝柳、湘黔、湘桂、浙赣和长石等干线铁路，成"井"字形纵横交错，以及多条支线铁路。公路则构成湖南境内旅游交通的主体，形成了以107、319、320、322国道为骨架，以省道为干线，覆盖全省城乡、沟通毗邻六省的公路网络。全省星级饭店1 445家，其中五星级饭店48家、四星级饭店218家、三星级饭店675家，另有中小型旅馆遍布全省，可满足国内外旅游者不同层次的需要。湖南卫视的传媒效应已经辐射全国，且声势浩大，极大地促进了湖南文化娱乐业的发展，对华南旅游的刺激作用明显。

相对而言，江西是一个农业型省份，整体经济不甚发达，相关的旅游配套设施和服务难以跟上，从而制约了其旅游业的发展。

6.5.2 旅游资源精粹

6.5.2.1 名山峡谷

名山 本区汇聚了众多名山旅游资源。湖南武陵源后来居上，闻名中外；南岳衡山以秀见长；近年莨山又声名鹊起。湖北武当山，以"七十二峰朝大顶，二十四涧水长流"的雄、奇、险、秀之美为历代文人器重，是中国首屈一指的道教名山，其古建筑群已被列为世界文化遗产；有"华中屋脊"之称的神农架自然保护区，不仅以"绿色宝库"的原始森林和珍稀动植物而闻名，"野人之谜"更为其增添了神秘色彩；江西有革命圣地井冈山、政治名山庐山和道教名山龙虎山、三清山等，集自然与文化特色为一体；重庆本身就有"山城"之称，枇杷山、缙云山等更为其增添姿色。

武陵源——位于湖南省西北部的张家界市，总面积264平方千米，由张家界国家森林公园和索溪峪、天子山自然保护区三大景区组成，是国家重点风景名胜区，1992年被联合国列入世界自然遗产名录，并被评为首批世界地质公园。主要景观为地球上罕见的石英砂岩峰林峡谷地貌，以奇峰、怪石、幽谷、秀水、溶洞"五绝"闻名于世。区内耸立有黄石寨、金鞭岩、御笔峰等3 103座奇峰，姿态万千，蔚为壮观；其间"十里画廊"等翠谷纵横交错，金鞭溪等溪涧碧流淙淙，宝峰湖水光山色迷人，黄龙洞地下世界神秘（长达11千米，其内有地下暗河——响水河蜿蜒穿流，高19.2米的钟乳石石柱"定海神针"堪称国宝，因被投注1亿元保费而开国内自然奇观保护的先河）。武陵源完好保存了未受干扰的亚热带生态系统，森林繁茂，生物多样性丰富（森林、植被覆盖率分别高达

85%和99%，拥有3 000余种中、高等植物，珙桐、银杏、红榧木、鹅掌楸等720多个乔木树种，450种可供观赏的园林花卉，50科116种陆生脊椎动物，其内不乏猕猴、锦鸡、大鲵等珍稀动物）。整个武凌源风景名胜区空气清新，生态环境极佳，被联合国世界遗产专家称赞为"连空气都可以罐装出口的地方"。

庐山——位于江西省北部，北依长江，东临鄱阳湖，面积282平方千米，主峰汉阳峰海拔1 474米，以"一山飞峙大江边"的风姿闻名于世。1996年被作为"世界文化景观"列入世界文化遗产名录。

庐山雨量充沛，植被葱茏，气候湿润，夏季凉爽宜人，在"火炉"环拥的长江中游地区形成难得的天然凉岛，是中国著名的避暑胜地。全山优雅明秀，含鄱口、仙人洞、三叠泉和庐山植物园闻名遐迩，地质、山石、气象、瀑布、植被巧妙组合，素有"匡庐奇秀甲天下"之称，此为其魅力之一。庐山历史文化积淀深厚，始建于公元386年的东林寺，是佛教净土宗的发源地；多姿多彩、囊括20多个国家建筑风格的中国最大近代山地别墅群掩映于浓荫丛中，既丰富了世界文化景观，也留下了无数中外名人的踪迹；更有国共两党影响当时中国历史进程的一系列重大事件（如国民党庐山军官训练团、中共中央多次庐山会议）的诸多遗址保存完好，使庐山又以"政治名山"引人入胜，此是其魅力之二。而山腰牯岭小镇的一家电影院里终年播放着风光音乐电影《庐山恋》，既可成为游人游庐山前的向导，又可帮助游人细细回味游庐山后的感受，这种独特的旅游体验，在其他地方是很难得到的，此为其魅力之三。

神农架——位于湖北省西北部，紧邻重庆。共有6座海拔3 000米以上的山峰，人称"华中屋脊"。主峰神农顶海拔3 105米，被称为"华中第一峰"。已建成3 250平方千米的自然保护区。特殊的地理环境使之较好地保持了大自然的原始状态，是中国东部仅有的一片原始森林，森林覆盖率达70%左右，现有森林总蓄积量1 575万立方米，约占湖北全省总蓄积量的1/3，有"绿色宝库"之称。植被结构具明显垂直分布特征。植物种类达2 000余种，仅世界稀有或中国特有植物就有30多种，如珙桐、香果树、水青树、银杏、铁坚杉、野生蜡梅等。还有野生动物570余种，其中20多种为国家重点保护对象，如金丝猴、闽中羊、苏门羚、金钱豹、毛冠鹿等。神农架的动物存在它处少见的白化现象，如神农白熊、白麂、白鹿、白蛇、白猴等，吸引了广大生物学家的关注，而多次被报道的"野人之谜"更给这里蒙上了一层异常神秘的面纱。

峡谷 由于地质地貌的原因，本区著名峡谷众多，尤以长江三峡最为典型。

长江三峡——是长江干流瞿塘峡、巫峡、西陵峡的总称，西起重庆奉节的白帝城，东至湖北宜昌的南津关，全长204千米。两岸悬崖壁立，峡内急流汹涌，水路迂回，景色万千，构成一条世界闻名的天然山水画廊。三峡三段各具特色：瞿塘雄，巫峡秀，西陵险，并有众多溶洞、神话传说和人文胜迹相伴。

瞿塘峡又名夔峡，居三峡之西，位于白帝城至巫山之间，长约 8 千米，为三峡景色之冠。峡口为夔门，两山壁立，犹如门户，其江面最窄处仅有几十米，山高水急，蔚为壮观，人称"夔门天下雄"。峡内名胜众多，以摩崖石刻和绝壁栈道遗迹最为引人注目，峡口高处有刘备托孤的白帝城，内多三国遗迹，风箱峡的古代巴人悬棺则充满神秘色彩。

巫峡居三峡之中，地处重庆巫山大宁河和湖北巴东的巴渡口之间，全长 40 多千米。谷深峡长，幽静秀雅，烟雾苍茫。著名的巫山十二峰恰似亭亭玉立的十二仙女对峙巫峡两岸，妩媚动人，自古有"朝为行云，暮为行雨"的浪漫传说。传奇般的神女峰坐落在长江北岸，因峰顶立着一块秀丽巨石，如传说中的神女而得名。另有孔明碑、箭穿洞、神女庙等景点，伟大爱国诗人屈原和汉代美女王昭君的故乡就在巫峡附近的秭归、兴山。

西陵峡居三峡之东，在湖北境内，为三峡中最长的一峡，从秭归香溪口至宜昌南津关，全长 66 千米。西陵峡历来水急滩多，行船艰险而令人望而生畏，现经整治，通航条件已大为改善。两岸石壁的形态和色泽都非常奇特，以牛肝马肺、兵书宝剑、黄牛、灯影"西陵四峡"名气较大。名胜以黄陵庙和三游洞最为著名。西陵峡下口就是长江水利枢纽工程。

三峡旅游的线路一般有两条：一是重庆—武汉三峡游，全程 1 370 千米，游览内容包括丰都鬼城、石宝寨、江城万州、白帝城、三峡景区、长江三峡和葛洲坝两大水利枢纽工程、荆州古城等，山水风光、人文胜景均可领略；二是万州—宜昌三峡精华游，全程 320 千米，主要游览三峡风光。

长江三峡水利枢纽工程——位于湖北省宜昌市以西约 40 千米处的西陵峡中段三斗坪，系当今世界最大的水利水电枢纽工程。整个工程包括一座混凝土重力式大坝，泄水闸，一座堤后式水电站，一座永久性通航船闸和一架升船机。三峡工程建筑由大坝、水电站厂房和通航建筑物等三大部分组成。1994 年 12 月动工，2003 年 6 月左岸首台机组开始发电，2009 年全面建成。静态投资（按 1993 年 5 月末不变价）900.9 亿元人民币，考虑物价上涨和贷款利息，最终投资总额估计在 2 000 亿元。三峡工程具有巨大的防洪、发电、航运等综合效益，见表 6-5。

表6-5 长江三峡水利枢纽工程主要技术指标

项目	指标	项目	指标
1. 水库		装机台数	26台
正常蓄水位	175米	永久通航船闸	双线，5级梯级船闸
防洪限制水位	145米	闸室有效尺寸	280米×34米×5米
枯季消落低水位	155米	升船机	单线、单级
千年一遇洪水水位	175米	承船有效尺寸	120米×18米×3.5米
总库容（正常蓄水位以下）	393亿米^3	3. 水库淹没区	
防洪库容（正常蓄水位以下）	221.5亿米^3	淹没耕地	1.72万公顷
兴利调节库容	165亿米^3	淹没河滩地和园地	1.12万公顷
枯季调节流量	5 860米^3/秒	淹没区人口（1992年初指标）	84.41万人
改善航道里程	650千米	规划动迁人口	120.50万人
年均发电量	847亿千瓦时	4. 工程施工	
2. 主要建筑物		土石方开挖	8 789万米^3
大坝坝型	混凝土重力式	土石方填筑	3 124万米^3
坝顶高程	185米	混凝土浇筑	2 715万米^3
最大坝高	175米	金属结构安装	28.08万吨
水电站型式	坝后式	钢筋制作与安装	35.45万吨
装机容量	1 820万千瓦	总工期	17年
单机容量	70万千瓦	第一批机组发电	11年

三峡工程分三期施工建设，逐渐抬高的长江水位会淹没部分三峡景观，少量峡景山色将消失，但由于回水上升，同时也会营造近百处新的景观。白帝城和石宝寨分别成为白帝岛、石宝岛。许多长江支流形成各种新的旅游资源等待我们去开发和利用。所以，三峡大坝截流，三峡景观依旧。三峡工程建成后，其高耸的大坝、飞流直下的人工瀑布本身就是一幅绝妙的风景画。有关方面已决定将三峡

坝区建设成世界级的旅游风景区。此外，巴东神农溪、格子河石林、红池坝高山草场和双溪溶洞等十多个新景观的开发也正在计划或实施中。届时，三峡旅游景观将更加丰富，以三峡大坝为中心的黄金旅游区将变成长江旅游的一颗璀璨明珠。与此同时，今后行驶在三峡航线上的游船可建造得更大，游船的平稳舒适性进一步增强，长江旅游业发展重心会有所变化，线路、游程将呈现多样化，现有格局将重新洗牌。人们可能不会再为上水、下水的优缺点烦恼，游船公司也用不着再制定上下水的游船差价。

近年随着三峡工程的不断推进，三峡大坝旅游热正在兴起。2012年三峡人家文化旅游区接待人次突破150万，营业收入增长50%。

葛洲坝水利工程——位于宜昌市西北约4千米处，1970年动工，1988年建成，历时18年，是万里长江第一坝，被认为是三峡工程的序曲。这是一个由水电站、泄洪建筑和通航建筑等组成的综合性大型水利工程。大坝长2 560米，高70米，游客乘船游览三峡前后，将在此经过全长280米，形如人工峡谷的现代化大型船闸，气势磅礴，蔚为壮观。

大宁河小三峡——大宁河古称巫溪，发源于川、陕、鄂交界的大巴山区，自北向南流经200多千米，在巫峡西口注入长江，沿岸风光奇秀。大宁河小三峡由龙门峡、巴雾峡和滴翠峡构成，全长约35千米，两岸古栈道的方孔遗迹绵延120千米，不时还有悬棺葬出现。比之长江大三峡，小三峡"水更清，峰更秀，峡更幽"，故有"不是三峡，胜似三峡"，"除去巫山不是云，宁河归来不看峡"之说。小三峡风光的精华集中于长约20千米的滴翠峡，这里水色透碧，岸树葱茏，乘舟其间，颇有古诗"空翠湿人衣"的感受。其上游原有袖珍小城大昌古镇，保留着古朴的石板街和典型的明清古建筑，随着三峡水库水位逐渐接近175米正常蓄水位，现已整体搬迁。滴翠峡北端有大宁河支流——马渡河自西向东汇入，其"小小三峡"景致又别有一番韵味。

6.5.2.2 文化胜迹

旅游离不开文化，文化是旅游的灵魂，旅游业的持续发展要靠文化来支撑。本区文化底蕴深厚，文化胜迹众多，且品位高、涉及面广，为旅游业的发展提供了十分有利的条件。

三国文化 中国历史上魏、蜀、吴三国鼎立的半个世纪，是一个群雄争霸的时代，演义了脍炙人口的故事，也在华中留下了大量的三国文化遗存，对本区影响范围最为广泛。湖北是三国争雄最激烈、故事流传最多的地方。荆州是当时三国竞相争夺的军事重镇，刘备借荆州、关羽大意失荆州的故事人尽皆知，至今仍保存完好的荆州古城就始建于三国，城内还保存有关公庙、关公刮毒处等胜迹。其东南的芦花荡是孔明三气周瑜的地方，15千米外的八岭山为关羽驻兵扎营之地，山坡上有"汉关公白马跑泉"。襄樊隆中为诸葛亮出山前躬耕之地，家喻户晓的刘备三顾茅庐请军师的故事就发生在这里，现有三顾堂、梁父岩、草庐亭、武侯祠等景点，为国家重点风景名胜区。此外，司马徽向刘备力举天下贤士的南漳水镜庄、孔明借东风的南屏山、火烧乌林映赤壁的蒲圻（今赤壁市）、东吴水军基地黄盖湖、让盖世英雄关羽兵败身亡的麦城、东吴故都武昌城（今鄂州）及吴都明珠西山等均在湖北境内。湖南长沙为吴蜀争夺的重镇，也是东吴发迹之地，关云长义释黄忠就发生在该城。岳阳曾为赤壁之战东吴鲁肃的阅兵台，今岳阳楼东南300米处还有周瑜之妻小乔的墓。益阳有关云长单刀赴会的龟蛇山，还有马良湖、关帝庙、三圣庙等。重庆曾为四川的一部分，处于三国时蜀地影响范围之中，有刘备托孤的白帝城、云阳张飞庙等三国遗迹。

红色文化 本区是具有光荣革命传统的地方，是开展革命传统和爱国主义教育的广阔课堂。江西是中国革命的摇篮，毛泽东和刘少奇曾在萍乡安源组织发动中国最早的工人运动，周恩来、朱德等老一辈无产阶级革命家在南昌领导了震惊全国的"八一"起义，井冈山是毛泽东同志创立的全国第一个农村革命根据地，瑞金是第二次国内革命战争时期中央工农民主政府所在地，素有"红色之都"的美誉，震撼世界的二万五千里长征由此迈出了第一步；重庆曾为抗战陪都，红岩村等八路军办事处旧址和渣滓洞、白公馆等"中美合作所"旧址让人难忘那过去的岁月；湖北既有辛亥革命遗址起义门、阅马场，又有中央农民运动讲习所及"八七会议"旧址，从武昌起义军政府旧址（红楼）到京汉铁路工人运动"二七"纪念馆，无一不是红色革命在湖北烙下的印记；从某种意义上说，没有湖南就没有新中国，因为，从这里曾经走出了众多中国革命的领袖。所以，湘潭韶山毛泽东故居及滴水洞和毛泽东早年常去的长沙橘子洲头、岳麓山爱晚亭，宁乡刘少奇故居（花明楼）与彭德怀故居、桑植贺龙故居等伟人故里和遗迹无疑是进行革命传统教育极为珍贵的人文景观旅游资源，并已成为红色旅游的热点，每年吸引着成千上万的游人前来瞻仰、参观。

民俗文化 在长期的历史演进中，本区形成了许多独具特色的民俗、民风，如重庆的巴人遗风，表现为崇拜白虎的原始图腾信仰、富有泥土气息的民间体育运动、喜好歌舞、哭嫁婚俗。在湖北，楚文化的影响深刻，不仅使这一带在青铜铸造、丝织刺绣、美术音乐等方面独领风骚，而且当地人为纪念屈原投江自杀所沿袭下来的端午节吃粽子、赛龙舟的民间习俗早已传遍全国。本区还流行多种深受老百姓和外来游客欢迎的地方戏剧和曲艺，如川剧、湖南花鼓戏、汉剧、楚剧、黄梅采茶戏、湖北大鼓、湖北评书等。

民族文化 华中虽然不是中国少数民族的主要分布地区，但聚居在湘西和鄂西南恩施的土家族与苗族也形成了独树一帜的民族风情和民族文化。土家人以善歌舞而闻名，他们不仅节庆要跳摆手舞，耘草时有"薅草锣鼓"，就连办丧事也要跳"撒尔荷"，其歌舞旋律神奇，动作有力，节奏感强，被誉为"东方迪斯科"。千百年来土家族政治、经济和文化的中心——湘西猛洞河民俗风光带与电影《芙蓉镇》所展示的王村土家古镇（现改名芙蓉镇），沈从文代表作《边城》的原型凤凰古城（国家历史文化名城）及其县境的中国南方长城——苗疆长城，古老小山城吉首（湘西土家族苗族自治州首府）及其德夯苗寨等，都是集优美自然风光与浓郁民族风情于一体的特色旅游地。此外，恩施土家族苗族自治州境内清江隔河岩水库雄奇壮美的湖光山色与民族风情组合在一起，也更增加了其旅游开发价值。

饮食文化 重庆原属四川，重庆菜是传统川菜的主要代表之一，近年重庆火锅更是异军突起，风靡全国。湖北、湖南、江西三地的美食则以鱼见长，毛泽东"才饮长沙水，又食武昌鱼"的著名诗句便是最好的说明。在武汉一般的酒楼里，鱼菜品种就有六七十个之多。湖南的饮食文化历史悠久，湘菜是中国八大菜系之一，用料注重本地特色，以蒸、煨、煎、炒、烧、腊见长，具有酸、辣、焦、香的特点和清香、浓鲜、脆嫩多种风格，现有菜肴 4 000 多种，仅名菜就达 300 多种，风味独特，讲究色、香、味、形、器兼美，令人回味无穷，还有丰富的小吃。江西美食则以选料广、手法多为特色，南昌的三杯鸡、藜蒿炒腊肉和九江的"浔阳鱼席"、庐山石鱼、石耳、石鸡等都很出名。

6.5.2.3 主要旅游城市巡礼

重庆 位于四川盆地东南，长江与嘉陵江汇合处，四面环山，江水回绕，城在山上，山在城中，依山傍水，建筑层叠而上，具有独特的山城风貌。夏长温高，冬暖少雪，春早秋短，多雾湿润，向有"雾都"之称。抗日战争期间，国民党政府内迁至此，重庆成为抗战陪都，一度是全国瞩目的政治中心，1997 年定为中央直辖市，现为中国西南地区最大的工业城市和重要的经济、文化中心，长江上游最大的交通枢纽。

重庆旅游资源丰富。市区除朝天门码头、重庆人民大礼堂、解放碑（商业中心）、红岩村、渣滓洞、白公馆、嘉陵江小三峡、南北温泉和缙云山等景区景点外，最具特色的当属山城夜景。由于地形狭窄，江面曲折，每到夜晚，游人登临枇杷山公园极目远眺，只见万家灯火高低错落，与两江粼粼的波光、满天闪烁的星斗交相辉映，绚丽醉人，闻名全国。

与此同时，中国著名自然奇观长江三峡大部分位于重庆境内。市域重要名胜古迹还有大宁河小三峡、大足石刻、石宝寨等。

武汉　湖北省省会，由隔长江、汉水相望的汉口、武昌、汉阳三区组成，是华中地区最大的商业和交通中心，素有"九省通衢"之称。武汉山水兼胜，龟蛇两山并立，江汉二水合流，自然风光壮丽。市区商贸繁荣，主要集中于汉口，中山大道、江汉路及附近街区是主要商业区，汉正街还是全国闻名的小商品市场。位于武昌蛇山脚下、珞珈湖畔的武汉大学校园规模宏大，风景秀美，是开展修学旅游的好去处。而汉阳的东风汽车集团公司轿车厂和武汉钢铁公司则为工业旅游提供了很大空间。

武汉市内旅游景点主要有位列中国古代江南三大名楼之首的黄鹤楼、武昌起义军政府旧址（红楼）、"八七会议"旧址、号称"九十九湾"的东湖、纪念伯牙高山流水觅知音的古琴台，以及武汉长江大桥、湖北电视塔、晴川阁和归元禅寺等。

宜昌　古称彝陵，位于湖北省西部，扼长江三峡西陵峡口，是长江上、中游的分界点。随着三峡水利枢纽工程的全面建成，宜昌也逐渐成为世界水电旅游城市。葛洲坝水利枢纽工程、三峡水利枢纽工程均是以宜昌为依托基地建设起来的。宜昌未来城市的定位是"水电城、旅游城、生态城和文明城"。三峡风光和现代化的两大水利枢纽工程是宜昌最具垄断性的旅游资源，三国文化、移民文化、水电文化是宜昌旅游的灵魂。

此外，宜昌还有三游洞、屈原祠、昭君故里等人文景点。

长沙　位于湖南省中部偏东，京广铁路线上，是湖南省省会，华中重镇。作为国家历史文化名城，长沙在本区旅游中所占的重要地位是毋庸置疑的：震惊全球的马王堆汉墓和湖南省博物馆，岳麓山及其岳麓书院和爱晚亭，湘江、橘子洲和白沙古井（毛泽东"才饮长沙水"的诗句即指的是白沙古井水），五代时楚王马殷所建的开福寺，以及天心阁和湖南美食等都是长沙经久不衰的旅游吸引物。

但说到今天的长沙，不能不提到其媒体在全国乃至世界的影响。从湖南卫视的《快乐大本营》，到历时多届的《金鹰电视艺术节》，再到丰富多彩、引人频频关注的《超级女声》、《快乐男生》、《动漫宝贝》之类的电视栏目和赛事，影响力已经超越了国家级赛事，去湖南参与电视节目制作已成为很多年轻人的梦想和目标，三湘四水的很多旅游景点又以背景的形式出现在这些节目中，无论是对长沙还是湖南都是不小的宣传。长沙旅游也由于有了这些优秀的节目而在全国名声大振，人气不断攀升。

南昌 江西省省会，位于江西北部，是京九铁路线上唯一的省会城市，华中地区重要的交通枢纽，也是本区的一个游客中转中心。因 1927 年 8 月 1 日中国共产党在此组织了震惊中外的"南昌起义"，又有"英雄城"的美誉，被誉为"中国人民解放军的摇篮"。

南昌市襟江带湖，地势低平，河网稠密，自然风光旖旎，郊区是一片宁静的"鱼米之乡"；老城区街道曲折，多人文景点，有滕王阁、"八一"南昌起义纪念馆等名胜，体现了南昌的历史发展；新城区位于老城区以南，多现代建筑，展示了南昌的今日风采。

滕王阁位于老城区西部的赣江边上，始建于唐高宗显庆四年（公元 659 年），此时洪州都督是李渊的儿子李元婴，落成之日正值李元婴被诏封为"滕王"，故此楼得名"滕王阁"。唐初青年文学家王勃曾在此写下《滕王阁序》，成为千古传诵的名篇，其后王绪作《滕王阁赋》，王仲舒作《滕王阁记》，韩愈作《读三王所为〈序〉、〈赋〉、〈记〉》，从此滕王阁影响巨大，名扬天下，与湖北黄鹤楼、湖南岳阳楼并称"江南三大名楼"。因战乱屡废屡修，现存建筑系 1989 年 10 月第 29 次重建，为仿木结构，飞檐翅壁、雕梁画栋，具有唐阁"房台耸翠、上出重霄、飞阁流舟、下临大地"的雄伟气势。高阁上下共 9 层，高 54.5 米，其"落霞与孤鹜齐飞，秋水共长天一色"的楹联为毛泽东亲笔所书。登高望远，赣江似带，田园如染，山河形势、城郭景色尽收眼底，令人心旷神怡。

6.6 华南热带海滨现代风貌旅游区

位于中国南部沿海，包括福建、广东和海南 3 省。本区毗邻港澳台，面向东南亚，区位优越，交通便捷，又是全国最大的侨乡，向为众多海外华侨华人归国和港澳台同胞还乡的首到或必经之地，客源异常充足，加之对外开放度高，经济充满活力，因而是中国发展国际旅游条件最好和旅游业最发达的地区之一。

6.6.1 区域概况

6.6.1.1 区域地理环境

（1）自然地理特征

主要表现在以下几个方面：

地貌类型复杂，名山奇石诱人，海岸线曲折，多海岛和温泉——本区地表起伏不平，地貌类型多样，山地丘陵占总面积的 3/4 以上，平原狭小。东部地带花岗岩广泛出露，在高温多雨气候影响下形成不少著名山岳风景，如罗浮山、太姥山、清源山等；闽东沿海和闽南山地则多千姿百态的奇石景观，如厦门的万石岩、鼓浪屿日光岩和东山岛的"风动石"等；西部南岭和武夷山一带多红色沙砾岩经流水侵蚀形成的丹霞地貌，其特征是红峰高耸，碧水环绕，以广东仁化县的丹霞山最为典型，福建武夷山、冠豸山也都呈现碧水丹山景观。广东肇庆七星岩则是典型的岩溶景观。

本区濒临东海、南海，海岸线曲折，岛屿众多。福建省海岸线曲折率达1:6.2，居全国之首。区内海岸多为岩岸，因曲折而易形成岬湾，故天然良港广布，海上交通便利。部分地区因海水侵蚀而形成海蚀崖、海蚀柱、海蚀洞、浪蚀台地等海岸侵蚀地貌，为海滨旅游添色不少，如三亚天涯海角的"南天一柱"就是典型的海蚀柱，已成为闻名海内外的旅游景点。此外，海岸地带在河流出口处发育有不同规模的河口三角洲，如珠江三角洲和韩江三角洲，其上不仅形成肥沃的良田，而且在淤泥质海滩常发育大面积的红树林，红树林海岸遂成为中国华南海岸的一大景观。海南则集中了中国大多数的珊瑚礁海岸。本区岛屿类型也丰富多样，主要有大陆岛和珊瑚岛等，前者如海南岛、厦门岛、南澳岛等，后者主要是东沙群岛、西沙群岛、中沙群岛和南沙群岛等南海诸岛。

同时，由于本区位处环太平洋火山地震带沿线，地热资源丰富，温泉分布广泛。广东境内温泉出露点达200多处，几乎县县有温泉；福建、海南也分别有200和100多处温泉发育。其中又以从化、福州和官塘温泉最为著名。从化因温泉多、水质好、水温适宜和温泉旅游开发早而有"温泉城"之称。

较为典型的热带和亚热带季风气候与自然景观——受临海地理位置和地形特征的影响，高温多雨、长夏无冬的热带、亚热带季风气候是本区自然面貌的重要特征，也是本区与中国大陆其他几大旅游区的主要区别之处。区内大部分地区年均气温都在20℃以上，最冷月均气温也在10℃以上，季节更替不明显，一年四季皆适宜旅游，是中国旅游季节最长的地区之一。尤其冬季是避寒佳地。本区年降水量1 400～2 000毫米，是中国雨量最为丰沛的旅游区。在这种湿热的自然条件下，本区天然植被表现为终年常绿的热带雨林、季雨林和亚热带常绿阔叶林景观，并保存了大批古老生物种属，如苏铁、银杏、紫杉、罗汉松、木兰等珍稀植物和角怪（两栖动物）、坡鹿、海南猕猴等名贵动物。

（2）人文地理特征

主要表现在以下几个方面：

本区是中国著名和最大的侨乡——在遍布海外的华侨中，有一半以上祖籍为广东；其次是福建，占侨胞总量的20%以上；海南虽是一个小岛，新旧世纪交替之际，侨胞人数也达到了 300 多万。可见，本区是中国华侨最多的地区，并以广东的梅州、潮州、汕头和珠江三角洲地区，福建的厦门、晋江、泉州、南安、漳州，海南的文昌、琼海等地最为集中。海外华侨的分布以东南亚居多，即古时的"下南洋"。华侨众多对本区吸引经济建设投资、开发探亲祭祖旅游具有极大的推动作用。

岭南文化具有海内外交融的特点——早在新石器时代，岭南地区就出现了印纹陶文化。但古时本区多为流放之所。一些贬臣如韩愈、苏轼、海瑞等对当地文化艺术的发展具有重要影响，加上唐代以来历代移民的迁入，使中原文化和本地文化相融合，促进了岭南文化的形成和发展。唐初伊斯兰文化从广州和泉州等地传入中国，二者当时已是全国著名商业城市和对外贸易港口。宋时与中国通商的国家已达 70 多个，广州与泉州一道成为每年举行祈风祭海典礼的地方。元时与泉州通商的国家和地区达 100 多个，明显推动了中外文化的交流。明清之后，华南又为外国资本主义侵华的入口，加上造船业与海外贸易的兴旺，以及闽粤之地农民出海谋生浪潮的涌起，使此时本区的人文特征突出表现为本土文化与外国文化的结合，如园林、建筑中常有外国风格的影子。而今，随着侨胞归国投资、旅游热潮的影响，本区文化又呈现多元化特色。

外来文化与本土文化的交融，使本区的人文景观表现出三个鲜明特点：一是园林、民居和其他建筑物以中国民族形式为主，兼收外国风格。中国最早的三大清真寺中有两座位于本区，其中泉州清净寺呈典型的阿拉伯叙利亚石砌建筑风格，广州怀圣寺的主体为中国传统庭院式建筑，而造型别致的邦克楼——"光塔"则又冒险吸收了外来建筑风格。始建于唐代，包容了古埃及、古希腊和印度造型艺术的泉州开元寺建筑及其雕塑，中西合璧的广东开平碉楼，都堪称不同文化融合的典范。二是戏曲艺术和特种工艺南北兼蓄，独树一帜。如福建梨园戏有"宋元南戏活化石"之称，福建闽剧、雕漆、客家山歌和软木画，广东粤剧、潮州戏、端砚、竹编和抽纱刺绣，海南琼剧和椰雕等都历史悠久，独特精湛。三是地方文化特色突出。如在语言方面，本区的闽北话、闽南话、客家话、广州白话占了中国汉语八大语系的一半；饮食文化有兼容全国八大菜系之长、又具浓郁地方风味的粤、闽两种菜系并存；福建的客家风情和妈祖文化，海南的黎苗风情，以及广东的舞狮、赛龙舟、花市，都颇具地方特色。

商贸繁荣，社会经济发展迅速——本区不仅是中国对外开放的先行地区，而且包罗了中国五大经济特区的全部，内外贸易十分兴旺发达。每年春秋两季的广交会是中国盛大的外贸洽谈会，也是最大的交易市场，吸引着世界各国的商人前往洽谈贸易；区内以广州、深圳为中心的珠江三角洲和由厦门、漳州、泉州组成的闽南"金三角"是国内物流发达、商品交换和集散的重要地区。商贸业的繁荣也极大地推动了商务旅游和购物旅游的发展。

本区农业基础较好，大部分农作物可一年两熟或三熟，且拥有最好的水产养殖与捕捞条件。工业则以轻纺和电子信息工业为主，是中国吸引外来劳动力的主要地区。食品、纺织工业优势还奠定了本区旅游业发展中"吃"与"购"的基础。

此外，交通便利也是本区人文地理上的一大优势，尤其是发达的航空业和水运业，既能运送游客，又便于旅游观光，游客往往在一次旅途中可以同时体验海、陆、空三种不同的交通方式。

6.6.1.2 旅游资源特色及其开发方向

本区旅游资源的突出特色在于热带海滨和现代风貌。

由于绝大部分区域处于长夏无冬的南亚热带和热带，3省又都濒临海洋，遂形成了在中国最为独特、也最迷人的南国热带海滨风光。椰风海韵醉游人的海南岛，是中国避寒冬泳、休闲度假和生态旅游的最佳去处；碧水金沙的闽南、粤东、深圳和珠海海滨，"海上花园"鼓浪屿，水清沙白的平潭、东山、南澳、上川、海陵、放鸡诸岛，也各有其诱人的阳光海滩风情。

本区得改革开放风气之先，中国5个经济特区全都集中于此，珠江三角洲和闽南"金三角"则是东部沿海的主要经济开放区。改革开放30多年来经济的迅猛发展，使本区展现出全国其他任何地区都无法比拟的崭新现代风貌。诸如广州、深圳、厦门等各具风采的现代都市，深圳世界之窗、广州番禺香江野生动物世界和海南三亚南山佛教文化苑等主题突出的人造景观，广州酒家、陶陶居和泮溪酒家等久负盛名的美食餐馆，顺德、虎门、石狮等地商品琳琅满目的特色市场，珠海、中山、海口、三亚等环境优美的花园城市，珠江三角洲和闽南"金三角"那令人羡慕的乡村风貌，武夷山、亚龙湾等高品位的国家旅游度假区，都使海内外游客倾心向往，慕名而至。

此外，"奇秀甲东南"的世界文化与自然双重遗产武夷山、"世界宗教博物馆"泉州和清源山及其老君岩造像、北回归线上的"绿宝石"鼎湖山与湖光山色的七星岩、妙趣横生的海南南湾猴岛和五指山区的热带雨林及黎苗风情、台胞敬仰的湄州岛妈祖庙等，也都是区内高品位的优势旅游资源。

本区今后旅游资源开发的方向，应以热带海滨避寒度假、现代都市游乐购物、侨乡故土寻根朝觐旅游为主。

6.6.1.3 旅游业发展现状

本区三省在中国旅游业中的地位可谓举足轻重。就旅游资源而言，广东和福建算不上是全国最丰富的地区，但由于最早成为中国对外开放的窗口和经济充满活力的地区，吸引了大量的海内外人流、物流和资金流、信息流，旅游业也随之得到了蓬勃发展。广东自20世纪90年代中后期以来一直是中国最大的旅游强省，旅游外汇收入稳居全国榜首，2012年和2011年分别比第二名高出59.64%和58.64%。福建则长期排在全国第6位。

特别值得一提的是海南。建省办经济特区以来，海南旅游业从一个嗷嗷待哺的幼小产业迅速发展成为一个初具规模的"朝阳"产业。2012年，海南实际接待过夜国内外游客3 320.37万人次，实现旅游总收入379.12亿元，同比分别增长10.6%和17%；对GDP的贡献率为13.28%；其中接待外国游客81.57万人次，增幅达0.1%。接待国内旅游者3 238.8万人次，同比增长10.9%。目前海南旅游收入排位虽然在全国居中，但作为一个陆地面积仅有3.4万平方千米、人口只有800余万的海岛省，其旅游资源不仅品位高，而且特色相当鲜明，加之冬季气候宜人，近年度假旅游开发和宣传促销成效显著，每年春节期间往往成为中国旅游首屈一指的热点地区。

海南近年旅游业发展的成就首先应当归功于1988年建省后旅游基础设施和服务设施的建设成就斐然。尽管地处天涯海角，海南的旅游交通却无疑是便捷的：岛内拥有北部海口美兰和南部三亚凤凰两个国际机场，前者已跻身中国10大空港行列；海南航空是全国第4大航空公司，不仅与国内外众多城市通航，且经营方式灵活，市场口碑好；由于在全国最先试点实行燃油税，均以海口为起点和三亚为终点的东、西环岛高速公路全程没有一座收费站，游客踩动油门后不用刹车就可绕岛一圈，而且沿途碧海蓝天、椰风送爽，感觉特别惬意；海运作为海南传统的进出岛方式，如今也在客船更新和码头改造方面有了长足的进步；而随着2004年12月5日中国第一条跨海铁路——粤海铁路的海口—广州客运列车的开通，许多人坐着火车逛海南的心愿得以满足，游客进出海南岛又多了一种可供选择的交通方式。目前星级宾馆遍布全岛。截止到2011年底，海南省共拥有挂牌星级宾馆186家，其中五星级宾馆20家，年可接待旅游过夜人数5 000多万人次。国外一些著名酒店管理集团已在海南经营管理若干设施完善、服务一流的豪华酒店，如三亚喜来登、博鳌索菲特、兴隆康乐园和海口文华等。截止到2011年，全省拥有旅行社299家。

6.6.2 旅游资源精粹

6.6.2.1 热带海滨风光

本区是中国纬度最南、拥有大陆海岸线最长和海岛最多的一个旅游区，因而具有发育热带、亚热带海滨旅游资源的优越条件,其中又以海南的丰度和品位最高,见表6-6。三亚亚龙湾堪称中国最好的热带海滨,人称"三亚归来不看海,除去亚龙不是湾"。

表6-6 海南主要海滨旅游资源一览表

序号	名称	位置	海岸线（米）	砂质	水下坡度（°）	年平均水温(℃)	年平均气温(℃)
1	亚龙湾	三亚市亚龙湾中	7 000	细砂	0.95～1.95	26.4	25.5
2	芝兰湾	文昌市清澜港	7 000	细砂	1.02～1.83	20.1	23.9
3	铜鼓岭沙滩	文昌市铜鼓岭	7 500	细砂	0.51～1.91	25.8	24.0
4	冯家湾	琼海市	4 500	中粗砂、细砂	0.76	25.8	24.0
5	陵水湾	陵水湾南端	5 000	细砂	0.95	26.1	24.7
6	大东海	三亚市大东海中	700	细砂	0.76～2.92	26.4	25.5
7	天涯海角	三亚市	1 000	粗、细砂少砾	1.27	26.4	25.5
8	鱼鳞洲	东方市八所港	4 000	粗砂		26.0	24.7
9	北黎湾	东方市	6 000	粗砂	0.11～0.15	26.0	24.6
10	后海沙滩	万宁市	13 950	细砂	0.64～1.27	26.6	24.4
11	春园湾	万宁市	1 000	细砂	0.64～1.27	26.6	24.4
12	假日海滩	海口市秀英海滨	5 000	中粗砂	0.95～1.91	24.9	23.8
13	塔市海滩	海口市琼山	4 000		0.47～1.27	24.9	23.8
14	大兰港沙滩	文昌市	20 000	中砂	0.50～1.91	25.8	24.0
15	铺前湾	文昌市铺前湾东	7 200	细砂	0.18～1.42	25.5	23.9
16	莺歌海沙滩	乐东县莺歌海	36 000	粗砂	0.95～1.91	27.0	25.2
17	感城—十所沙滩	东方市	20 000	粗砂	0.95～1.91	26.0	24.7
18	三亚湾	三亚市三亚湾中	14 400	细砂（含生物碎屑）	0.76～1.27	26.4	25.5
19	涯州湾	三亚市涯州湾中	15 000	细砂少粗砂、砾	0.76～2.36	26.4	25.5
20	大花角	万宁市				26.6	24.4

续上表

序号	名称	位置	海岸线（米）	砂质	水下坡度（°）	年平均水温(℃)	年平均气温(℃)
21	石梅湾	万宁市				26.6	24.4
22	南湾	陵水县		中砂		26.1	24.7
23	香水湾	陵水县	10 000	细砂		26.1	24.7
24	陵水角	陵水县陵水角北	9 750	中细砂，砾5%	1.09～2.50	26.1	24.7
25	抱虎湾	文昌市抱虎角	28 000	中砂、粉砂含砾	0.09～2.36	25.5	23.9
26	龙湾港	琼海市	3 750	中细砂85%	0.76	25.8	24.0
27	棋子湾	昌江县	7 200	中粗砂	0.13～0.27		23.7
28	洋浦湾	儋州市洋浦港中	4 500	中粗砂	0.15	23.2	
29	后水湾	儋州市后水湾中	6 000	细砂、粉砂，粘土20%	0.11～0.38		23.2
30	临高角	临高县临高角东	4 800	中粗砂少砾含粉砂	0.42	23.4	
31	澄迈湾	澄迈县澄迈湾中	12 000	粉砂	0.17～1.27		23.7
32	椰岛沙滩	陵水县		细砂中粗		26.1	24.7
33	小洞天沙滩	三亚市大小洞天				26.4	25.5
34	东锣湾	三亚市		细砂	1.91	26.4	25.5
35	马袅港沙滩	临高县马袅湾	3 000	中细粉砂	0.23～0.27		23.4
36	望楼港沙滩	乐东县		中粗砂	0.76～2.26	26.6	24.0
37	中灶海沙滩	乐东县		中砂	0.76～2.36	26.6	24.0
38	海底村庄	琼山东北海岸					

资料来源：海南旅游网。

6.6.2.2 现代都市风貌

广州 位于广东省中部，珠江口北侧，为华南最大的工商业城市和海、陆、空交通枢纽，向有中国"南大门"之称，经济发达，商贸繁荣，综合经济实力居全国十大城市第三位。广州有珠江穿城而过，白云山耸立于市区北部，气候宜人,市容大气而又美丽,四季花香不断,终年万紫千红,享有"花城"和"国际花园城市"美誉;广州又是一座国家历史文化名城,建城史已有2 210年之久,城市标志"五羊"雕塑和"羊城"别称均来源于古老的传说;广州又是一座英雄的城市,近代轰轰烈烈的中国革命风云在此留下大量的遗迹,昭示着它辉煌的过去;广州还是古代"海上丝绸之路"的起点,是现代中国重要的沿海港口城市和对外贸易中心,每年两次的中国出口商品交易会就在这里举行。

得天独厚的云山珠水,源远流长的岭南文化,为数众多的历史古迹,丰富多彩的休闲活动,以及发达的商旅服务,使广州成为全国重要的旅游中心城市之一。主要景点有中山纪念堂、陈家祠(广东民间工艺美术馆)、珠江景观长廊、沙面近代建筑群、西汉南越王墓博物馆、镇海楼、白云山、华南植物园、黄花岗七十二烈士墓、黄埔军校旧址、余荫山房、从化温泉和广州花卉博览园等。前几年才并入广州市区的番禺新建了香江野生动物世界、长隆夜间动物世界和宝墨园等一批高品位的主题公园,并很快在市场上站稳了脚跟,为广州旅游开辟出了一片新天地。

当然,广州最吸引人的还是其现代都市风貌、优越购物环境和独特饮食文化。20世纪90年代和21世纪初以来,广州在经济持续繁荣的同时,城市面貌也发生了深刻变化,以全国一流的广州大学城、亚洲最大的新白云国际机场和琶州国际会展中心、富丽堂皇的广州地铁、高高耸立的中信广场与宽达86米的广州东站人造水景瀑布、气势如飞的广东奥林匹克国际体育中心、美艳照人的广州塔为代表的现代风貌充分显示了这个南国都市的时代魅力,标志着广州的现代化大都市建设迈上了新的台阶,吸引着越来越多的中外游客。而2010年亚运会的成功举办和围绕其所展开的一系列新的城市基础设施和亚运场馆建设,如广州(番禺)新火车站(亚洲规模最大的一流铁路站场)、广州电视观光塔、珠江水下观光隧道、广州歌剧院、广州图书馆新馆、广东博物馆新馆和广东科学中心等重大项目的陆续建成,更进一步向世人展示了广州今后的美好发展前景。

与此同时,广州是华南和全国重要的商品集散地,市场发育成熟,供销信息灵通,配套服务完善。今日的广州,各类商品应有尽有,款式新颖,代表了世界最新潮流,许多商品的价格还低于内地,特别是白马、流花、虎门等大型批发市场的服装更以物美价廉而闻名全国。北京路和上下九是广州主要的传统商业街区,以天河城广场、广州购书中心和"亚洲第一商场"——正佳广场为核心的天河商圈则构成了目前广州人气最旺的中央商务区。

长期以来,"食在广州"的说法形象地反映了广州饮食文化在全国的突出地位。粤菜是中国八大菜系之一,广州作为广东省会和珠江三角洲的中心城市,自然是各式粤菜的集中展示之地。而开放的观念、发达的经济、便捷的交通和旺盛的人气也吸引了诸多中外美食落户广州。所以，在这里，无论是在广州酒家、陶陶居、"蛇王满"等老字号的高档酒楼饭庄和白天鹅饭店、花园酒店、中国大酒店、东方宾馆等现代化的五星级酒店，还是在遍布市内各处的大众餐馆和街头大排档，都可以吃到全中国乃至全世界的各种美味佳肴。也正因为如此，广州的大小餐馆一年到头都是熙熙攘攘，宾客盈门；广州国际美食节更是办得一年比一年红火。

深圳 位于广东省南部，珠江口东北侧，紧邻香港，市域总面积2 020平方千米，而深圳经济特区则是从中划出的六分之一的狭长地带，面积327.5平方千米，是除海南省外全国最大的经济特区。深圳是中国最年轻的大城市：1978年以前还是一个边陲小镇。但它创造了中国经济发展的神话，成为全国最富有的城市：连续5年人均GDP列全国榜首。2004年深圳又当之无愧地入选"中国10大最具经济活力的城市"。

这是一个最适合旅游和人居的"国际花园城市"，艺术与生活不分，风景与衣食住行共存，处处皆是景点，华侨城堪称典范：宽阔的深南大道绿荫下长约1千米的雕塑长廊、耗资超过1亿元的亚热带园林式OCT（华侨城的英文缩写）生态广场和燕晗山郊野公园、意大利风情浓郁的波托菲诺住宅小区和威尼斯酒店等，都充分体现了旅游与生活的有机结合。

由于缺乏名山大川和历史较短，深圳的旅游景区主要是经济特区成立后建设的人造景观，且以市区西部的华侨城最为集中——这里以滚动开发的模式先后建起了锦绣中华、中国民俗文化村、世界之窗和欢乐谷4大著名景区，形成了中国最大的主题公园群，且不断以文化内涵和参与性项目对旅游产品进行充实和升级换代，从而赢得了竞争和市场，成为深圳旅游和全国主题公园的精品；规模宏大、形如飘带的市民中心和双塔高耸的地王大厦、闻名遐迩的邓小平画像和湖碧树绿的荔枝公园、景致秀丽的莲花山公园，以及典雅时尚、顾客盈门的中信城市广场，构成了深圳市区中部的旅游热点。与香港共同拥有一条街的沙头角、明斯克航母世界、大小梅沙海滨和海洋世界是深圳东部旅游的好去处；而青青世界、海上田园和荔枝世界则是深圳西部生态旅游的特色景区。此外，因盛产优质荔枝而于每年6月28日—7月8日举办的深圳南山荔枝节也吸引了大量游客。

深圳旅游开发的实践将中国的旅游规划研究从"资源导向"推向了"市场导向"，又一跃变为"形象导向"，在旅游科学研究中具有划时代的意义。

珠海 地处珠江口西岸，北近广州，南邻澳门，东与香港隔珠江口相望，是中国五个经济特区之一。因全市共146个海岛，素有"百岛之市"美称。珠海是一座幽雅别致的国际花园城市和魅力无穷的旅游城市。这里山清水秀,岩岸曲折,生态环境优美,城市规划和建设独具匠心,多彩而又和谐的建筑枕山面海,拱北关闸终日人如潮涌,情侣路和滨海公园极富浪漫情调,"珠海渔女"塑像令人流连忘返,历史文化主题公园——圆明新园使人浮想联翩,白藤湖水乡风情景区别有一番韵味,中山大学珠海校区570米的亚洲第一长楼叫人叹为观止,澳门环岛游更是长年不衰的旅游精品,很多外来游客对乘坐游船眺望澳凼风光乐此不疲。

此外,珠海每两年举办一次国际航空航天博览会和珠海电影节,在国内外影响极大。这里还建有国际赛车场,每年都举办国际性的汽车赛事,吸引着广大汽车运动爱好者前来打擂竞争。

厦门 位于福建省南部沿海的九龙江口,山环水绕,地形似一只白鹭,又因传说曾是白鹭栖息的地方,人称"鹭岛"。全市亚热带树木葱茏,海水碧清,海滨多金色沙滩和黑色花岗奇岩怪石,建筑富有闽南特色,自然与人文景观相当和谐,故有"海上花园"美誉。

厦门为福建第二大城市,中国重要对外贸易港口、五大经济特区之一和著名旅游城市。旅游资源主要集中在鼓浪屿、厦门岛和集美镇三片。鼓浪屿是一个面积仅有1.84平方千米的小岛,也是全国独一无二的没有汽车和自行车的步行岛,与厦门岛之间隔有700多米宽的厦鼓海峡,即人们通常所称的"鹭江"。岛上街道整洁典雅,多西洋近代别墅,有日光岩、菽庄花园、郑成功水操台和八卦楼(现厦门市博物馆)等名胜。居民多喜欢弹奏和教授子女钢琴,全岛有钢琴几百架,故又号称"钢琴之岛"。厦门岛古树参天,街区明净,骑楼绵长,商业繁荣,有万石岩、南普陀寺、胡里山炮台和厦门大学等知名景点。集美三面临海,乃爱国侨领陈嘉庚的故乡,他亲手创办的集美学村如今大学、中学、小学和幼儿园一应俱全,且环境幽雅,风景秀丽,是读书求知的好地方。镇内还有陈嘉庚的墓地——鳌园和毛泽东亲笔题写的"集美解放纪念碑"。

海口 中国最大经济特区海南省的省会。位于海南岛北部,北隔琼州海峡与雷州半岛相望,因地处海南最大河流南渡江入海口而得名,是海南与大陆交往的门户,海南旅游两大目的地之一和最大的游客集散地。

海口由于全城遍布椰树而又称"椰城",且从1992年起,每年4月都举办国际椰子节。这里气候夏无酷暑,冬暖宜人,雨量适中,空气清新,大气质量优良(位居全球十大空气最佳城市第五位),绿树花草遍地,椰风海韵醉人,生态环境优美,2004年又荣获"中国人居环境奖",加之城市建设日新月异,城市功能不断完善,而近年处置积压房地产的力度明显加大,购房置业的价格相对便宜,故不仅吸引了大量游客前来观光度假，也吸引了众多北方居民将其作为过冬乃至定居的首选。美兰机场候机楼、世纪大桥、粤海铁路海口火车站造型独特，成为城市的标志性建筑；万绿园、西海岸带状公园和假日海滩及热带海洋世界、火山口国家地质公园、金牛岭公园、东山湖海南热带野生动植物园、东寨港红树林自然保护区、五公祠、秀英炮台、海瑞墓等是海口最值得一游的著名景点；文华、寰岛泰得、金海岸罗顿、新国、皇冠假日、宝华海景等豪华酒店和美视五月花高尔夫球会等既为游客提供了完善舒适的高档住宿和休闲设施，其异彩纷呈的建筑造型也大大丰富了椰城的城市景观；位于市区北部海甸岛上、紧邻世纪大桥和琼州海峡、占地达200公顷的省部共建重点大学——海南大学湖面开阔、椰树摇曳、榕荫蔽日、花红草绿、建筑别致、曲径通幽，其美丽的热带生态校园在全国独树一帜，令人赏心悦目，成为海口旅游的一个新亮点。

海南盛产热带水果，更有文昌鸡、加积鸭、东山羊、和乐蟹四大名菜，并出产以热带瓜果、海产为原料加工的各种旅游食品和椰雕、贝雕、珊瑚盆景、藤器等特色工艺品，而海口作为省会和大特区首府，是品尝热带佳果和南北美食、体验中国饮食文化的最佳之地，也是购买这些海南特产名品的最佳之地。海秀路是海口最繁华的商业街，金龙路则是海口的美食一条街。

三亚 中国位置最南的城市，旧称崖县，古代中国人认为是天的尽头，因而有"天涯海角"之说。北靠五指山、黎母岭，西、南两面临海，大气质量极佳（位居全球十大空气最佳城市第二位），尤以海碧、天蓝、沙白、滩软、树绿和阳光明媚的中国最佳热带海滨风光和终年温暖宜人的气候闻名于世，被誉为"东方夏威夷"，是享誉海内外的避寒冬泳胜地。

旅游业是三亚经济名副其实的支柱产业。亚龙湾—大东海、鹿回头、天涯海角、南山文化旅游区（其内2005年建成开光的108米高的海上观音塑像为世界之最，成为众多海内外佛教信徒和旅游者竞相瞻仰、观赏的对象，而总投资近亿元的"海上观音灯光音乐喷泉演示"和"海上观光尽览名胜"等主题活动，给人以全新的感受，吸引游客广泛参与）、大小洞天、"美丽之冠"会展中心（专为2003年第53届"世界小姐大赛"所建）和西岛（中国目前最大的潜水与海上运动娱乐基地）、蜈支洲岛等主要景区景点特色鲜明，三亚河两岸风景如画，绿地、碧湖和花园广场连绵不断，近20千米长的"椰梦长廊"——三亚湾路更是中国最美的热带滨海景观大道，整座城市四季游人如云。

三亚是当之无愧的"中国度假天堂"。亚龙湾国家旅游度假区和大东海、三亚湾一带聚集了喜来登、家化万豪、凯莱、红树林、天域、金棕榈、山海天、银泰、珠江花园、欧亚国际会议中心等一大批设计独具匠心、建筑风格各异的热带园林式五星和四星级度假酒店，配以游泳、潜水、香蕉船、水上摩托、拖曳伞、帆板、日光浴、沙滩浴等丰富多彩的海上游乐休闲项目和高尔夫球会、海鲜馆、美食店、咖啡吧、购物中心等完善的服务设施，构成了中国最具魅力的热带滨海度假地，许多国内外游人在这里如醉如痴，一住就是十天、半月而乐不思蜀。近年每到元旦前后，成百上千来自寒冷北方的俄罗斯游客携家带口蜂拥而至就是一个明证。

由于有着中国最美的热带海滨、最优质的沙滩、最明媚的阳光和安全、祥和的旅游环境，三亚近年成为吸引全国乃至全球目光的许多重大活动的首选举办地，至于影视剧的拍摄活动则一年到头都络绎不绝，这更充分体现出三亚之美丽的价值。

其他 除上述几个典型城市外，本区重要的旅游城市还有：国家历史文化名城福州、著名侨乡和"石头城"泉州、水仙花之乡漳州、伟人故里中山、岩溶山水之城肇庆、"中国客家之都"梅州、红色娘子军故乡琼海、热带凉城五指山和因每年举办博鳌亚洲论坛而一举出名、号称"中国达沃斯"的博鳌小镇等。

6.6.2.3 热带—亚热带生物景观

本区自然植被为终年常绿的热带雨林—季雨林和南亚热带常绿阔叶林。区内水土、气候条件好，植物易于存活，种类丰富，广东仅维管束植物即在5 000种左右，鼎湖山保存了世界上少有的南亚热带原始季雨林，高等植物达1 200多种；福建武夷山素有"生物标本的模式产地"之称，拥有植物3 000多种，乔木1 000余种，其中不乏一些珍贵植物，如铁杉、银杏、黄杨木、肉桂等；海南热带生物资源丰富，已发现各类木本植物259科、1 347属、4 200种，约占全国的七分之一，同时还有五指山、霸王岭、尖峰岭、吊罗山和黎母山五大热带林区，以及兴隆和儋州等多处热带植物园。为保护生物多样性和优良的生态环境，国家在本区建立了大量的自然保护区，如广东的鼎湖山是中国最早建立的自然保护区，并已跻身联合国"人与生物圈"保护区网络；福建全省共有以武夷山为代表的自然保护区66个，面积42万公顷，以及6个国家级生态示范区，10个省级生态示范区；海南的自然保护区则不仅数量多，且更独具热带特色。

本区热带、亚热带植被极具观赏性：无论是高大伟岸的椰子树和大王棕、亭亭玉立的槟榔树、浓荫盖地的大榕树、宽大肥硕的旅人蕉，还是挂满累累果实的香蕉、荔枝、桂圆、芒果、菠萝蜜、木瓜、火龙果，以及橡胶、甘蔗、咖啡、胡椒等热带经济作物，都构成了一道道与中国北方大不相同的诱人风景线，而它们中的许多还给游客提供了一饱口福的绝好机会。海南更是"天然温室，热带果园",那许多游人见所未见、闻所未闻的热带珍稀水果和植物的诱惑均使人难以抵挡。

6.6.2.4 丹霞地貌景观

丹霞地貌发育在厚层红色砾岩、砂岩分布地区。此类岩石岩性坚硬,透水性强,岩层近于水平,垂直节理比较发育,在河流、沟流和崩塌作用下,形成顶部平坦、崖壁陡峭的台地、方石和石峰,形态各异,景观富有观赏性,其峰林形态类似岩溶峰林,故有"假岩溶"之称。丹霞地貌在中国主要分布于广东北部山地和福建武夷山地区。

广东北部仁化盆地的丹霞山有中国最典型的丹霞地貌,丹霞的名字也由此而来。当地发育着典型的早第三纪代表地层——丹霞层,由红色砂岩、砾岩构成,又因锦江由北向南纵贯盆地,切割丹霞层,形成不少岗丘,河面与岗丘高差达200～400米,岗丘间有峡谷、岩洞交错分布,景观独特。丹霞山共有20多座岗丘和36个岩洞,奇峰异洞风景独特,与西樵、罗浮、鼎湖合称为广东四大名山,是国家重点风景名胜区和世界地质公园,人称"中国红石公园"。广东八景之一的金鸡岭也是一处丹霞地貌景观。

福建省北部的武夷山是形成于武夷山脉北段东南坡的一处典型丹霞地貌风景区,面积约60平方千米,其旅游景观的精华集中表现为"三三秀水清如玉,六六奇峰翠插天"。"三三秀水"指蜿蜒流淌、如诗如画的九曲溪,"六六奇峰"则指高耸叠起、景致秀丽的玉女、天游等36峰。乘竹筏漂流九曲溪是武夷山最具特色的旅游项目,常年火爆。武夷山生态环境优良,区内生物资源丰富,仅树木种类就是欧洲的数倍,鸟类多达三四百种,被称为"鸟的天堂"。已被联合国列为世界自然与文化遗产和"人与生物圈"保护区网络成员,并被评为首批世界地质公园之一。

位于闽西龙岩的"客家第一名山"冠豸山以其形似古代法官头戴的獬豸冠而得名,自古就有"八闽名胜"、"三江上游第一观"(闽江、九龙江、汀江)的美称。同时又与"世界自然与文化遗产"武夷山同处一条山脉(武夷山脉),同属丹霞地貌,山势雄奇,因而享有"北夷南豸,丹霞双绝"的美誉。

6.6.2.5 温泉旅游资源

本区多温泉,从化、福州等早已是闻名遐迩的温泉城,海南也已开发了多处温泉度假、疗养旅游点,见表6-7。

从化温泉 "从化温泉好,岭南第一泉"。其温泉分布于流溪河河床及其东岸,有泉眼十余处。水温一般在60℃左右,其中礁石泉、沙滩泉最著名。泉水中富含钙、镁、钾、氡、二氧化硅等化学元素和矿物质，尤以含氡气为特色，对神经痛、神经衰弱、关节炎、某些皮肤病和妇科病、慢性胃炎、肠炎等消化系统疾病、脊椎炎、早期高血压症等均有不同程度的疗效。

福州温泉 福州市区东部有一条温泉出露带，南北长约5千米，东西宽约1千米，面积占全市的1/7。此外，郊区还有桂湖、洪圹、宏屿、浦口等温泉分布。泉眼和热水井弥补，水压大，水量足，水温一般在50～80℃，最高达97℃，因而蒸汽缭绕。宋代《三山志》有："地多燠泉，数十步必有一穴，或迸河渠中，味甘而性和热，胜者气如硫黄，能熟鳟鸥，旱涝无增减。"福州温泉中含有钾、钠、硫、钙、铁、氯、氟以及钼、钛、镓等微量元素，对皮肤病、风湿性关节炎、神经痛等多种疾病疗效显著。

表6-7 海南省已开发利用的部分温泉一览表

序号	名称	位置	内容与特色
1	玉龙泉	海口市永兴镇	天然矿泉、龙庙、玉龙湖
2	八仙泉	海口市新坡镇	天然矿泉、冼太夫人庙、冯公庙
3	迈洲温泉	文昌市	
4	会文温泉	文昌市	
5	官塘温泉	琼海市	温泉疗养、万泉河风光
6	黄棉温泉	琼海市	
7	乐会温泉	琼海市	
8	龙江温泉	琼海市	
9	朝阳温泉	琼海市	氡温泉康复疗养
10	兴隆温泉	万宁市兴隆华侨农场	温泉康复、度假村、治疗中心
11	南平温泉	陵水县南平农场	农场风光、温泉疗养
12	田仔温泉	陵水县	
13	军田温泉	陵水县	
14	七仙岭温泉	保亭县七仙岭	温泉疗养、度假、山岳风光
15	半岭温泉	三亚市	氡泉、医疗康复治疗
16	丰岭温泉	三亚市	
17	藤桥温泉	三亚市	热氡泉
18	林旺草场温泉	三亚市	

续表 6-7

序号	名称	位置	内容与特色
19	红兴温泉	东方市	硫温泉、热带水库和牧场风光
20	新街热水矿泉	东方市	
21	热水田温泉	东方市	
22	烟塘温泉	东方市	
23	天南第一泉（汉马伏波泉）	东方市	
24	七差温泉	昌江县	
25	光雅温泉	白沙县	
26	蓝洋温泉	儋州市	温泉浴、度假疗养
27	西华矿泉	儋州市	天然饮料（已达国标）
28	尖岭温泉	万宁市北大乡	尖岭山岳、森林植被、温泉治疗
29	马袅温泉	临高县	
30	仁兴温泉	澄迈县仁兴镇	

6.6.2.6 民族风情与红色文化

本区的民族风情也比较独特，如以"天上掉下来的飞碟，地上冒出来的蘑菇"——闽西土楼和粤东围龙屋为典型代表的客家风情，以鲜艳民族服饰和竹竿舞、对歌等形式表现出来的海南黎苗风情等，都对游客有着较强的吸引力。

与此同时，本区拥有丰富多彩的革命遗迹、陈列馆、纪念馆等红色文化旅游资源，是向广大群众进行爱国主义教育和革命传统教育的极好课堂。例如，广东的虎门威远炮台、三元里人民抗英斗争纪念碑、黄花岗七十二烈士墓、孙中山故居、闽西革命烈士纪念碑、海南琼海红色娘子军纪念园等。

[案例]

海南的会议旅游

在会展经济的魅力与日俱增的今天，美丽的海南岛因其绝佳的生态环境、适宜的气候条件、完善的基础设施和独特的热带海岛旅游资源，正成为诸多会议旅游的首选地。在"琼粤地方文献国际研讨会"上，来自加拿大、法国、日本、美国以及中国港澳台地区的专家学者，盛赞海南是发展会议旅游的最佳地点。

统计数字表明，截至 2004 年底，海南省具有接待大中型会议能力的三星级以上酒店 141 家。其中，五星级 10 家，四星级 35 家，三星级 96 家。海口的文华、寰岛泰得、金海岸罗顿、新国、国际商业大厦，博鳌的索菲特、金海岸温泉，兴隆的康乐园，三亚的喜来登和万豪等酒店还装有同声翻译、多媒体播放等先进设备，具备接待国际性会议团的条件。此外，海南还有 76 家旅行社完全具备接待国内大中型会议团的能力，6 家国际旅行社则有能力接待国际中型会议团。

海口的酒店业普遍从商务会议中得到实惠：黄金海景大酒店 2002 年 1—3 月接待会议团近 60 个；泰华酒店一季度接待会议团 50 多个，达 5 500 多人，比 2001 年同期增长 20% 以上；鑫源温泉大酒店也吸引了不少会议团；金海岸罗顿大酒店、寰岛泰得大酒店、海润大酒店、宝华海景大酒店等也都通过接待会议团大大改善了经营局面。

开会在海口，度假到三亚。海口源源不断地向三亚输送会议团队，使三亚的旅游经济大受其益，虽然这里直接举行的会议不多，但接待的会议团队却不少。

2002 年博鳌亚洲论坛成立大会后，一些国内外著名企业集团纷纷选择在博鳌开会，一时间博鳌几乎成了高层会议和上规模的行业性会议举办地的代名词，也成了不少游客出游海南的第一选择。

会议旅游的增多，使海南旅游业受益匪浅，也改变了海南旅游企业的传统经营模式。旅游企业通过接待会议尝到了甜头后，不再为低价位、低利润与其他企业展开恶性竞争，而是把目标转向了策划会议、接待会议上，经营层次明显提高。

本章小结

旅游地理区划一般需要遵循地域性、资源相似性、主导因素、行政区域相对完整、综合性 5 项原则。

本教材提出的中国旅游地理区划方案将全国划分为 10 个一级旅游区。

东北旅游区的空间范围包括辽宁、吉林、黑龙江 3 省，突出特色在于冰雪风光和近代名城，主要旅游中心有大连、沈阳、长春、吉林、哈尔滨等。

中原旅游区的空间范围包括北京、天津、河北、山西、陕西、河南和山东 2 市 5 省，突出特色在于华夏文明和山海形胜，主要旅游中心有北京、西安、青岛、洛阳、天津等。

华东旅游区的空间范围包括上海、江苏、浙江和安徽 1 市 3 省，突出特色在于名山秀水和园林都市，主要旅游中心有上海、南京、苏州、杭州、宁波等。

华中旅游区的空间范围包括重庆、湖北、湖南和江西 1 市 3 省，突出特色在于峡谷名山和文化胜迹，主要旅游中心有重庆、武汉、宜昌、长沙、南昌等。

华南旅游区的空间范围包括福建、广东和海南 3 省，突出特色在于热带海滨和现代风貌，主要旅游中心有广州、深圳、珠海、厦门、海口、三亚等。

■ 课堂讨论题

1. 旅游地理区划的一般原则是什么？本教材提出的中国旅游地理区划方案与其他方案相比有何优缺点？
2. 分析比较上海和广州的会展旅游发展条件与前景。

复习思考题

1. 简述东北近代名城的主要特征与分布。
2. 简述中原区人文景观旅游资源的精华及其主要景区。
3. 简述华东、华南两大旅游区现代都市景观及其开发利用方向的异同。
4. 简述华中区自然景观旅游资源的精华及其主要景区。
5. 简述中国南北方滨海旅游开发的优势与途径。

7 中国旅游地理分区（下）

学习要点

- 西南、西北、青藏、内蒙古和台港澳5大旅游区的空间范围
- 旅游资源突出特色和主要类型
- 旅游业发展特征
- 主要旅游城市和景区

7.1 西南奇山异水民族风情旅游区

位于中国西南边陲，包括四川、云南、贵州3省和广西壮族自治区。毗邻东南亚的地缘优势，日益改善的交通条件，世界一流的旅游景观，四季如春的宜人气候（云贵高原），使本区成为中国开发潜力最大的旅游区之一。

7.1.1 区域概况

7.1.1.1 区域地理环境

（1）自然地理环境

本区地貌类型复杂多样，呈现出山地、河谷、高原、丘陵、盆地交错分布，高差悬殊的特征，为开展多种旅游提供了有利的地形条件。地势西北高、东南低，跨越了中国三大自然阶梯，自西向东依次是青藏高原东部边缘与横断山地、滇西与滇南山地、云贵高原

与四川盆地、广西丘陵盆地。

在强烈的新构造运动和较湿热的气候条件下，本区云贵高原和广西北部广泛发育了中国最为典型的喀斯特地貌，形成众多孤峰、峰林和地下溶洞等岩溶奇观，尤以跻身中国四大自然奇观之列的桂林山水和云南石林闻名天下。

西南区地理纬度偏低，距离海洋较近，因此气候普遍温暖湿润。云南高原冬季受热带气团控制，气温偏高，夏季受海拔高度影响，天气凉爽，气候具有四季如春、冬暖夏凉的特点，省会昆明向有"春城"美誉；贵州高原气温变化小，但干湿季节变化明显，5—10月为雨季，其余为干季，大部分地区年均气温在15℃以上；四川盆地为温暖湿润的亚热带海洋性气候；广西和云南南部为湿热的热带气候，是全区热量和水分最丰富的，年均气温20～26℃，没有真正的冬季，年降水量在1 400～2 000毫米之间，因而适游季节长，有"四时皆为夏，一雨便成秋"的天气特点，为中国冬季旅游与避寒的胜地。

本区森林分布范围广，各种珍稀野生动物多，川西高原草场面积大，生物多样性在全国最为明显，云南更有"植物王国"、"动物王国"之称。这既丰富了自然景观，也为旅游开发提供了优越条件。

（2）人文地理环境

川、滇、黔、桂这3省1区之所以能划进同一个旅游区，最重要的原因之一在于它们都是中国少数民族集中的省份，故少数民族众多是本区人文地理最显著的特征。以聚居民族统计，贵州有9个少数民族，占全省人口的1/4；广西有11个少数民族，以壮族最多，占自治区总人口的37%左右；云南是全国少数民族种类最多的省份，共25个，占全省人口的1/3以上。多民族的特点对本区的民族文化、服饰、建筑风格乃至生产生活方式等产生了相当大的影响，浓郁的民族风情构成了本区人文景观的精华，充满了无穷的魅力。

本区历史悠久，文化灿烂，尤其是以峨眉山—乐山大佛和青城山分别为代表的佛教文化和道教文化源远流长，都江堰、兴安灵渠、丽江和镇远古城等文物古迹博大精深，武侯祠、剑门关等三国遗迹回味无穷。

由于气候因素的影响，四川、贵州一带的古老先民为了去除湿气，形成了食"辣"的习俗并世代相传下来。与此相联系，川菜作为中国四大菜系之一，在全国得到了最广泛的传播。

此外，本区的云南、广西与越南、缅甸、老挝等东南亚国家山水相连，由此带来了边境贸易的繁荣和边关跨国旅游的发展。

7.1.1.2 旅游资源特色及其开发方向

本区旅游资源的突出特色在于天造地设的奇山异水和绚丽多姿的民族风情。

这里是全球闻名的喀斯特地貌集中分布区域,在此基础上所形成的桂林山水和阳朔风光、云南石林和九乡溶洞、九寨梯湖和黄龙彩池、黄果树瀑布和龙宫水洞,是国内乃至世界独有的岩溶山水奇观;本区又是中国山高谷深、地势起伏颇大的地区,峨眉山、三江并流、虎跳峡和玉龙雪山、苍山洱海、西山滇池、马岭河峡谷及德天瀑布等世所罕见的奇山异水,都足以震撼人心和令人叹为观止。

　　同时,作为中国少数民族种类和人口最多的地区,这里古朴浓郁、神秘撩人的民族风情向来更具诱惑力。各民族能歌善舞,习俗迥异,宗教信仰各不相同,节日喜庆终年不断,人称"民族博物馆"。西双版纳的傣族风情,大理的白族风情,丽江的纳西风情,泸沽湖畔的摩梭"女儿国",滇川边界藏区的"香格里拉"风情,崇左的壮族风情,东兴的京族三岛,凯里的侗乡苗寨,阿坝的藏羌风情,大小凉山的彝族风情,早已名扬中外,令人神往。首次落户中国的"生态博物馆",作为一种与众不同的博物馆理念和形式,分布于贵州的 4 个民族地区,为有效保护当地独特、原生的民族文化走出了一条新路。

　　此外,西双版纳热带珍稀生物、蜀南竹海、卧龙大熊猫自然保护区、北海银滩及涠洲岛、自贡恐龙博物馆和专为 1999 年世界园艺博览会兴建并永久保留的昆明世博园等,也都是本区颇具吸引力的优势旅游资源。

　　本区今后旅游资源开发的方向,应以山水奇景、民族风情、南国边关旅游和宗教朝觐、高山探险、熊猫观赏、生态科考等专项旅游为主。

7.1.1.3　旅游业发展现状

　　改革开放以来,特别是 20 世纪 90 年代以来,本区旅游业发展迅速,但区内发展很不平衡,呈现滇桂较发达、四川居中、贵州滞后的态势。

　　云南是近年中国西部旅游业崛起最快的省份,2012 年其旅游外汇收入已位居全国第 10 位,旅游业总收入占 GDP 的 16.5%。2012 年,全省接待海外旅游者 886.4 万人次,旅游外汇收入 19.47 亿美元;接待国内旅游者 1.96 亿人次,国内旅游收入达 1 579.49 亿元;旅游业总收入达 1 702.54 亿元,比上年增长 31.2%。广西 2012 年接待海外旅游者 350.27 万人次,旅游业总收入占 GDP 的 12.73%。这两省区不仅是旅游资源大省和崛起中的旅游经济强省,而且旅游业无疑已经成为当地的支柱产业,发挥了较大的辐射带动作用。在广西桂林、云南大理和丽江等地,60% 以上的当地居民从事着旅游或与旅游相关行业的工作,如导游、汽车客运、餐饮和住宿服务、旅游商品买卖等;在桂林的阳朔,为游客提供导游服务是农民农闲时的主要经济活动,而且收入相当稳定。

　　四川是中国的旅游资源大省,旅游业起步早,发展比较成熟。但 1997 年重庆从四川划出单独建立中央直辖市后，对四川旅游业客观上产生了一定的消极影响，但它仍然是人们乐于前往的旅游热点地区，尤其是国内旅游热度相当高。2011年和2012年，四川的旅游外汇收入分别以67.75%和34.36%的速度上升，尤其是通过四川美食节、三国文化节这样一些盛大旅游节庆活动展开促销，对旅游经济拉动不小。

贵州旅游业发展在全国处于中下水平，2012年旅游外汇收入仅为1.69亿美元，不足居全国第一的广东省的1.1%；旅游基础设施也不甚发达，截至2011年全省仅有星级宾馆324家，五星级宾馆4家，反映出接待设施档次不高，同时也体现了其旅游业的现实发展水平；全省共有旅行社260多家，以接待本地游客为主，一些民族县尚无旅行社进驻；"地无三尺平"曾是人们对贵州崎岖地形的生动描述，尽管近年来省境铁路、高速公路和民航建设突飞猛进，立体交通网络已初步形成，但交通不便仍是其旅游业发展的最大制约因素：在许多地方，由于景点分布偏僻，道路泥泞曲折，往往70多千米的山路需要汽车行驶3～4个小时，可谓旅长游短，令游客望而生畏。

7.1.2 旅游资源精粹

7.1.2.1 奇山异水与喀斯特地貌景观

独特的地理和人文环境，造就了本区中国最美的奇山异水。秀甲天下的峨眉山和幽甲天下的青城山，与洱海交相辉映的苍山，雄伟壮丽的玉龙雪山，黔金丝猴出没的梵净山，石峰重叠的大瑶山，都集中反映了山的挺拔威严或深邃神秘，引得无数游人竞相造访。而"童话世界"九寨沟的长海、箭竹海、五花海等108个高山湖泊和树正、诺日朗、珍珠滩三大瀑布，"人间瑶池"黄龙3 400多个大至亩余、小至脸盆的各色彩池，黄果树81米高、67米宽的壮丽飞瀑，人称"真山真水"的贵阳花溪、高原明珠红枫湖和浏阳河小三峡的妩媚多姿，滇池"五百里奔来眼底"的磅礴气势，虎跳峡白浪滔天的滚滚激流，金沙江、澜沧江和怒江三江并流的世界奇观，横跨中越两国，宽200余米，落差70米，纵深60米，年平均水流量是黄果树瀑布3倍的亚洲最大跨国瀑布——广西大新德天瀑布的三级跌水，则无不体现了水的千姿百态和风情万种。它们构成了本区旅游资源的精华，并散发出持久的魅力。

由于本区是中国岩溶地貌发育最为充分和分布最为广泛的地区，强烈的岩溶作用对其山水景观产生了鬼斧神工般的影响。同时喀斯特景观也构成了本区奇山异水旅游资源的精华。

岩溶山水景观包括发育于地上的峰林、峰丛、溶蚀湖、天生桥和发育于地下的溶洞、暗河等形态。由"三山（象鼻山、伏波山和叠彩山）两洞（芦笛岩、七星岩）一条江（漓江）"组成的风景如画的桂林山水，集世界地质公园、国家重点风景名胜区、国家地质公园三项桂冠于一身的云南石林，以及黄龙彩色梯池、"世界溶洞大观园"——贵州织金洞和世界最长的贵州黎平天生桥等就是它的典型代表。而形成于6 500万年前的世界公认的最大天坑群——广西乐业天坑群，则是岩溶山水景观中的佼佼者。

天坑与乐业天坑群 "天坑"是喀斯特岩溶山区因地下溶洞和地下河大面积塌陷裸露形成的地质奇观，其四壁岩石峭立，深度百米至数百米以上，犹如一个巨大无比的"桶"。这个"桶"的口径从近百米至数百米不等，容积从10万立方米至1亿立方米以上。天坑形状奇特，地处僻壤，坑上坑下林木葱郁，如果能进入"桶"底，更觉神奇。天坑在国内外均有分布。中国重庆开县、奉节县，四川兴文县，广西乐业县、巴马县等地都先后发现了天坑，当地人分别称其为"石围"、"石院"、"岩湾"、"漩坑"、"龙缸"等。国外说法也不一样，一般称为Greatdoline（大漏斗）。中国有关专家认为称"天坑"最确切，故取名为"岩溶天坑"（Karsttiankeng），简称"天坑"。

广西乐业县位于云贵高原东部，境内百朗地下河上方已发现28个天坑，其中大型和超大型天坑达9个，无论天坑数量还是大型天坑数量，都堪称世界之最。其中城北20余千米处大石围天坑最大，坑口东西长600米，南北宽420米，最大深度613米，平均深度511米，容积约为0.8亿立方米，坑底原始森林面积达十几万平方米。专家对此天坑的定位是：地下原始森林面积居世界第一，垂直高度居世界第二（仅次于重庆的小寨天坑），容积居世界第三，是集大型岩溶漏斗与地下原始森林和地下河流、地下溶洞于一体的世界罕见地质奇观。在距该天坑5千米内，散布着巨大的天坑群与溶洞群，几乎囊括了世界上各种类型和规模的天坑"精品"；距天坑约20千米处，有一长达4千米的大峡谷，专家命名为盲谷型岩溶森林大峡谷。这一地区被专家誉为"天坑博物馆"和"世界岩溶圣地"，引起地质学界的轰动。大石围外形像巨兽张开的大嘴，坑内四周皆被刀削似的绝壁包围，形成一个巨大的竖井，神奇险峻。底部是茂密的原始森林，内有各种奇花异木和无数神秘动物，有的被称为"恐龙时代的活化石"，有的是中国一级保护植物和名贵药材，还有人类至今未曾有过记载的蕨类，幽秘无比。原始森林底部有两条地下河，一暖一冷，河里有世界罕见的朦鱼。这一奇特的景观极具旅游开发价值。2002年刚一开放，游人便蜂拥而至。国家和广西地方政府计划将大石围天坑开发成高质量、高水平的世界级旅游景观。

7.1.2.2 民族风情

本区众多少数民族以能歌善舞、节日众多和至今仍保留着风格各异的传统民居、原汁原味的生活习俗而闻名。如壮族，是中国人口最多的少数民族，以"干栏房"、石铲、稻作、铜鼓、壮锦、师公和崖壁画为代表的民族文化自古发达，尤其是歌圩，乃壮族至今仍十分盛行的群众性民族文艺活动，又以每年农历三月三的对歌最为著名，电影《刘三姐》就真实地展示了这种令无数游人陶醉不已的民族风情，由此衍生出来的每年一度的南宁国际民歌节已成为广西旅游的一大精品。号称"世界梯田之冠"的桂北壮族龙脊梯田则是中国保存最完整、最原始的梯田，历史研究和观光游览价值极高；彝族每年农历六月二十四举办的"火把节"，已有1 000多年的历史，欢快热烈，盛况空前，经久不衰，名扬海外；大理"风花雪月"的自然美景和白族"三房一照壁、四合五天井"的传统民居及艳丽的女子服饰，独树一帜，别具韵味；傣族的"泼水节"、孔雀舞、竹楼和简洁明快的女子筒裙，无不让人流连忘返。而泸沽湖畔摩梭"女儿国"的奇异婚俗，纳西族的古乐和东巴文字，阿昌族九月十五的"会街"，傈僳族二月七的"刀杆节"，苗族的芦笙舞和"龙舟节"，布依族的石头寨和"六月六"，侗族的"踩歌堂"，仫佬族的"走坡"对歌等同样迷人。

在西方游客的心目中，中国西南少数民族地区民族文化特征异常凸显的地方有两处，那就是云南丽江和贵州凯里地区。而当发现贵州东南角的黎平县境内神奇的肇兴侗族风情可与丽江媲美时，那里定会成为西方游客又一首选的旅游目的地。

黔桂湘三省交界地区是中国侗族的主要分布区域，黔东南是中国苗、侗少数民族文化的最大汇集区，具有独一无二的地位和别具特色的民族风情。黎平县与广西桂林市和湖南怀化接壤，以山地为主。距县城30多千米的肇兴是中国侗族大规模聚居的中心和侗族民俗文化的中心。肇兴侗寨处于一狭长谷地中，这里有国内规模最大的侗寨鼓楼建筑群落，花桥、鼓楼、溪流、吊脚楼交相辉映，布局风格极为独特，游客置身其中，必驻足长留。当地耕种的梯田多沿山势分布，常为云雾缭绕。每到春天，油菜花开，景色诱人。"无鼓楼不成侗寨"，作为侗寨特征的鼓楼全为木质结构，四周四根尺来粗的大木柱冲天而起，旁边配有多根小立柱，往上架起层层叠叠的飞檐和斗拱，形成高塔，最顶层放置一个大皮鼓。过去，每当寨中有重要事情商议时便击鼓召集村民，于鼓楼下听取意见或宣布决议，平时鼓楼大厅为公共休息场所。肇兴侗寨由五个村落联成，故远近耸立着5座鼓楼，于寨子穿行而过的溪流上有6座风雨桥。许多游人喜欢爬到山冈上欣赏肇兴侗寨的雄姿，或用长焦镜头拍下美妙的画面。与鼓楼同样著名的还有侗文化的又一独有特征——侗族大歌，为多人分声部无伴奏大合唱。唱者未经专业训练，只凭天生对音乐的敏感，表达出生活的各种情感。当数十人合唱时，可将高音部、低音部、混声、和声、轮唱、花腔等唱法发挥得淋漓尽致，令人荡气回肠。

7.1.2.3 生态博物馆

生态博物馆的概念诞生于20世纪70年代的法国，起初是出于对已逝文化的追忆和复原。这一概念很快得到认同，此后在欧洲、北美洲和拉丁美洲等许多国家的文化领域产生了重大影响。日本的"社区博物馆"和中国台湾的"生活·环境博物馆"实质上都是生态博物馆的表现形式。这一新的概念于20世纪90年代传入中国，并首先在贵州省落脚，先后建立了苗、布依、汉、侗4个民族的生态博物馆，这也是中国目前仅有的4座试点性的生态博物馆。

生态博物馆是将文化遗产原状保护在其所属社区及环境之中的一种形式，社区的区域等同于博物馆的面积。社区居民以及他们的生活就是对文化的一种展示，而深层次的内涵则要游人自己深入这种社区去亲身体验。与发达国家不同的是，中国生态博物馆建设的初衷不是保护或复原已经逝去的某种文化形态，而是因为这种文化形态还存在，且大都位于比较偏僻的山区，保存相对完好，原生自然环境和人文环境都比较完整，人与自然和谐共生。生态博物馆是"活"的博物馆，也是一种新的高品位旅游资源，见表7-1。

表7-1 中国生态博物馆现状一览表

名称	地点	保护对象	建立时间	性质	建设现状
梭嘎生态博物馆	贵州省六枝特区	长角（箐）苗族建筑、文化及风俗	1998年10月30日	中挪合作建立	已建资料信息中心、接待游客
镇山生态博物馆	贵州省贵阳市花溪区	布依族文化及生境	2001年底	中挪合作建立	已建资料信息中心、接待游客
隆里生态博物馆	贵州省黔东南州锦屏县	汉族明清建筑与屯田文化	2002年1月22日中挪签署合作协议，2003年5月建成	中挪合作建立	已建资料信息中心
堂安生态博物馆	贵州省黔东南州黎平县肇兴乡	侗族原生文化与生境	1999年12月9日正式命名，2004年建成	中挪合作建立	已建资料信息中心

7.1.3 各省区纵览与主要旅游城市巡礼

7.1.3.1 四川省

四川是本区地理纬度偏北的一个省份，地域辽阔，历史悠久，自古农耕发达，物产丰饶，向称"天府之国"。

四川自然与人文景观旅游资源丰富，且分布比较均衡：中东部以成都为中心，世界文化遗产青城山—都江堰、世界自然与文化双重遗产峨眉山—乐山大佛早已闻名遐迩，田园风光、三国遗迹、巴蜀文化和川味美食令人陶醉；川西阿坝、甘孜高原的雪山草地风光和藏族风情，世界自然遗产九寨沟、黄龙奇景，"国宝"大熊猫的栖息地卧龙自然保护区，世界低纬度现代冰川的典型——海螺沟冰川，中国民营企业成功开发经营国有景区的典范——碧峰峡，以及号称"蜀山之王"的贡嘎山和号称"东方阿尔卑斯"的四姑娘山等，都是四川旅游资源的精华所在；川北的剑门蜀道和广元千佛崖造像及皇泽寺，川南的千年盐都自贡和著名酒城宜宾、泸州及蜀南竹海、兴文石林，川西南的西昌彝族风情、邛海、卫星发射基地和"太阳城"与"象牙微雕钢城"攀枝花等，也都是四川高品位的旅游资源。

成都 四川省省会，驰名中外的国家历史文化名城，其旅游资源尽人皆知。市区的杜甫草堂、武侯祠、王建墓、望江楼、青羊宫等文物古迹令人频发思古之幽情，近年新建的府南河安顺廊桥和天府广场的美丽景致叫人流连忘返，川剧变脸和滚灯的绝活使人忍俊不禁，肤色白皙的成都美女令人赏心悦目，价廉物美的各种川菜和麻婆豆腐、夫妻肺片、赖汤圆、龙抄手等成都名小吃更是让人津津乐道，羡慕不已；市郊的青城山—都江堰、三星堆、刘氏庄园、宝光寺和西岭雪山早已名扬中外；"农家乐"的新兴旅游产品在全国更是独领风骚。成都在人们的印象中是一座典型的"休闲之都"，茶馆、酒楼随处可见，这触手可及的安逸与悠闲，使其成为中国最适宜人类居住的城市之一。但在《2004 CCTV 城市中国》所评选的"中国最具经济活力的十大城市"中，成都却也赫然名列其上，而且还包揽了2004年联合国最佳人居环境评选中的三项大奖，这不禁让我们对这座城市刮目相看，它那很多鲜为人知的神秘之处，或许正是其能够长期吸引游人的不竭源泉。

7.1.3.2 云南省

用"丰富多彩"来形容云南省的旅游资源是最贴切不过的了：高原地形和立体气候使其不仅有秀丽的热带、亚热带风光，而且有发育得相当好的岩溶景观，云南还是中国少数民族最多的省份，民族风情浓郁，文物古迹更是遍布全省，是进行观光旅游和民族风情旅游的最好去处。

云南旅游资源分布与开发呈典型的"一心多线"格局：即以昆明为中心，分别向滇西的楚雄—大理—瑞丽—畹町和滇西北的丽江—香格里拉（中甸）一线、滇西南的红河—思茅—西双版纳和滇南的建水—河口一线、滇东南的石林—罗平一线辐射。而一江连四国（中国、泰国、老挝和缅甸）的澜沧江—湄公河"黄金水道"旅游线路则成为亚洲大陆上最能吸引世界目光的精品旅游线之一。此外，涉及滇川藏3省区毗邻区域的"茶马古道"旅游线也因其巨大的开发价值而引起了国家和地方旅游主管部门的高度重视。

昆明 云南省省会。位于云贵高原腹地的盆地中、滇池畔，海拔1 891米，四季如春，年均气温16℃，向有"春城"美誉，自然风光与气候条件与瑞士日内瓦相当。1999年世界园艺博览会的成功举办，不仅使昆明名声大振，更一举将其城市现代化进程至少向前推进了10年。市区主要有"滇中第一胜境"西山—滇池、拥有"古今第一长联"的大观楼、世界唯一完整保留的世博会会址和具有各国各民族原创风格的园林艺术精品昆明世界园艺博览园、汇集13个少数民族村寨的云南民族村，以及金殿、翠湖、圆通寺、筇竹寺、金碧广场、云南省博物馆等著名景区景点，周边则有石林、宜良九乡溶洞、陆良彩色砂林等风景名胜区。每年冬天，成千上万的红嘴鸥纷纷从遥远的西伯利亚飞到昆明的翠湖和滇池避寒，游人则竞相解囊购买食物喂逗它们，使"春城"充满了人鸟共乐的欢快。

大理 位于云南西北部，1 200多年前曾是南诏故地，1 000多年前成为大理国国都，历史上长期是云南高原的政治、经济和文化中心，现为大理白族自治州首府，国际知名的旅游城市，由大理古城和下关新城两部分组成。大理古城和崇圣寺三塔是大理最具盛名的文物古迹。大理是白族文化的发祥地，居民多为白族，"三道茶"是其独具特色的风俗。"风花雪月"（即下关风、上关花、苍山雪、洱海月）的苍洱风光是大理最具代表性的自然景观，且在白族姑娘的帽子上体现得淋漓尽致，可谓天下一绝。每年农历三月中旬的"三月街"是白族最盛大的节日，也是大理最热闹的日子。因电影《五朵金花》而享誉中外的蝴蝶泉位于苍山云弄峰下，春末夏初蝴蝶成群飞舞，形成奇观。此外，自治州博物馆的建筑物艺术再现了白族"三坊一照壁、四合五井天"的传统民居形式，馆内收集的南诏大理历史文物尤为珍贵。州境剑川的鸡足山为西南佛教名山。

丽江 位于云南西北部，是中国纳西族的主要聚居区，世界东巴文化的中心。这里旅游资源种类丰、品位高。布局独特、家家流水、户户养花、有"高原姑苏"美称的丽江古城在终年不化的玉龙雪山映衬下显得格外秀丽，已被联合国列为世界文化遗产；被称作"洞经音乐"的纳西古乐是世界音乐史上的活化石，美妙典雅，动人心弦；东巴文字是世界上目前仍在使用的最古老的象形文字，惟妙惟肖，耐人寻味；黑龙潭是一处集泉湖水景欣赏和东巴文化研究为一体的公园；雪山森林草原交相辉映的云杉坪和蔚为壮观的金沙江大拐弯（石鼓）、虎跳峡是大自然造就的奇特景观，令人心驰神往；生活于滇川交界的泸沽湖畔的纳西族分支摩梭人，至今仍保留着"男不娶，女不嫁"的母系社会传统婚俗，人称"女儿国"，引得无数游人为之怦然心动。而走出"女儿国"的杨二车娜姆写了一系列关于自己家乡、家庭现象和民间故事的书，在丽江市场上到处有售，可以帮助游人更好地了解摩梭文化的方方面面。

西双版纳 以首府景洪为中心的西双版纳傣族自治州位于云南南部，属热带雨林气候，终年常夏，高温多雨，因品种繁多的珍稀生物和浓郁迷人的民族风情而闻名于世，素有"植物王国"、"动物王国"和"孔雀之乡"的美誉。清澈的澜沧江、美丽的橄榄坝、优雅别致的傣家竹楼、充满东南亚情调的小乘佛教寺院和欢快的泼水节，令世界各地的游客为之陶醉。当地主要旅游景区景点有曼飞龙笋塔、版纳民族风情园、橄榄坝傣族山寨、勐仑植物园、野象谷（三岔河原始森林）等，还开通了至缅甸、老挝的跨国边境游。

7.1.3.3 贵州省

贵州目前旅游业的规模尽管在西南旅游区中是最小的，但以岩溶山水、民族风情和红色文化为主的旅游资源相当丰富，有"公园省"之称，旅游开发潜力巨大。生态博物馆则是其在全国具有垄断性的特色旅游资源。

贵州的旅游资源主要分布在三片地区：黔中及黔西南——以贵阳市为中心，有花溪、黔灵山、织金洞、红枫湖、黄果树瀑布、龙宫、马岭河峡谷和百里杜鹃等重要景区，在全国知名度较高，镇山布依族和梭嘎长角苗族生态博物馆就位于这一地区；黔东南——为苗侗聚居区，少数民族风情浓郁，对游客吸引力很大，且聚集了侗族和隆里明清汉族生态博物馆，主要景区有浏阳河小三峡、苗岭新城凯里、荔波樟江、黎平天生桥、八舟河等，黎平县还于每年国庆前后举行苗侗民歌大赛；黔北——主要有遵义会议会址、梵净山、赤水、习水石林等景区，是开发红色旅游、对青少年进行爱国主义教育的极好基地。

7.1.3.4 广西壮族自治区

作为中国唯一的既沿边又沿海的少数民族自治区，广西旅游资源颇为丰富，在中国乃至世界知名度极高。以桂林山水为代表并遍布全区的喀斯特地貌奇观，以壮、瑶、苗、侗为代表的少数民族风情，以北海银滩为代表的环北部湾南亚热带滨海风光和神秘诱人的中越边境风光构成了其4大特色旅游资源。目前广西正在努力建设桂林—北海高速公路黄金旅游带，桂林和南宁两大旅游集散中心，桂林山水、北海银滩、德天跨国大瀑布和乐业大石围天坑群4大旅游品牌。近年广西在国内外开展的"广西旅游大篷车"宣传促销活动曾经轰动一时，对扩大市场份额起到了很好的作用。

桂林 位于广西北部，是整个自治区最大的旅游目的地，享誉中外的岩溶山水城市。主要景点有市区的象鼻山、伏波山、叠彩山、独秀峰、芦笛岩、七星岩和桂林王城，远郊的兴安灵渠和乐满地休闲世界主题乐园、三江程阳风雨桥等。坐落在美丽漓江与小东江汇合处的漓江民俗风情园，集中了广西四个主要少数民族壮、侗、苗、瑶的民族建筑、民俗风情、民间艺术和饮食文化，是一座融观赏性、娱乐性和参与性于一体的综合性游乐场所。

大凡说到桂林市，就离不开阳朔县和漓江，因为，桂林本身就像一个大盆景，又通过漓江水与另一个盆景阳朔相连，可谓处处皆美景，故很难将这三者分开。在桂林东南部，漓江和阳朔组成了一个山青、水秀、洞奇、石美的世外桃源，主要包括漓江山水画廊、兴坪古镇、冠岩、"中国洋人街"——阳朔西街、阳朔公园、榕荫古渡、碧莲峰、月亮山、书童山等名胜，人称"桂林山水甲天下，阳朔山水甲桂林"。而设于阳朔、由张艺谋出任总导演的世界第一幕全新概念的山水实景演出——"印象刘三姐实景剧场"，将刘三姐的经典山歌、广西民族风情、漓江渔火、自然山水等元素创新组合，创造出了一个天人合一的境界，更为桂林和阳朔旅游增添了无穷魅力。

南宁 是广西壮族自治区首府，因地处北回归线以南，阳光、雨量充沛，四季常青，树荫浓密，到处呈现一派生机勃勃的亚热带风光，故被称为"中国绿都"。城市位于邕江两岸，滨江路一带的旧城与市中心民族广场的新貌反映了南宁日新月异的变化。自治区博物馆和广西民族文物苑为游客提供了了解整个广西的窗口。青秀山和伊鸣岩风光宜人，秀色可餐。宁明花山岩画的历史和艺术价值不菲。从2004年起，每年一届的东盟博览会定址南宁，这不仅为中国和东盟带来无限商机，也为南宁和广西的旅游业带来难得的发展契机。

北海 地处广西南部的北部湾畔，其海洋资源在全国独树一帜。市区三面环海，马路整洁，榕荫夹道，以"滩长平、水温净、浪柔软、无鲨鱼"闻名的"中国第一滩"北海银滩绵延20多千米，是风景秀丽的优良海水浴场。水产博物馆、白龙珍珠城和火山熔岩形成的涠洲岛等亦是北海的特色景点。北海盛产珍珠和海产品，所产"南珠"尤以粒大色正、圆匀光泽而享誉海内外。随着铁路、港口、高速公路和机场等现代化交通设施的不断完善，北海已成为中国西南地区重要的出海大通道，旅游开发潜力巨大。

柳州 位于广西中部，是一个柳江环抱、多民族聚居的美丽城市，与壮族歌仙刘三姐的故事紧紧联系在一起的鱼峰山，为纪念唐宋八大家之一的柳宗元而兴建的柳侯祠，以及都乐岩和龙潭公园等，皆是到柳州的必游之处。

此外，拥有中国9大名关中唯一边关——"友谊关"的凭祥和位处中越界河——北仑河口的东兴，是广西两大特色鲜明的边境旅游城市。

7.2 西北丝路古迹大漠绿洲旅游区

位于中国西北部，包括甘肃、宁夏和新疆2区1省。本区拥有辽阔的土地和丰富的资源，地接中亚的区位和业已开通的新亚欧大陆桥使其向西开放更加便利。但经济基础薄弱、交通不够发达、景区较为分散和远离国内外主要客源市场则制约着西北旅游业的发展。

7.2.1 区域概况

7.2.1.1 区域地理环境

（1）自然地理环境

本区地处亚欧大陆腹地，位于中国二、三级阶梯交错地带，地形起伏显著，地貌类型齐全，高山与盆地相间分布；因远离海洋和四周有高山阻隔，难以受到海洋水汽影响，形成了温带大陆性干旱、半干旱气候，光照时间长，热量丰富，温差变化大，干燥少雨，多风沙；河流水系以内流为主；植被多呈现荒漠和半荒漠景观。

甘肃省地形以高原和山地为主，平均海拔1 000米以上。以乌鞘岭为界，以东为陇东、陇中黄土高原，以及甘南高原和陇南山地，属外流的黄河流域，太平洋暖湿气流尚可到达，年降水量在300～800毫米之间；乌鞘岭以西则南有祁连山，北有龙首山、合黎山和北山，南北山脉夹峙，形成祁连山地、北山山地及狭长的河西走廊，太平洋暖湿气流受阻于乌鞘岭，因而大陆性气候特征逐渐明显，年降水量在30～50毫米以下，属于内流流域，西北部出现沙漠戈壁，但河谷地段仍发育有水草丰美的牧场。

新疆地形可概括为"三山夹两盆"，即北为阿尔泰山地，中为天山山地，南为昆仑山及帕米尔高原，三山之间分别为准噶尔盆地和塔里木盆地。北疆西北部受北冰洋气流影响，雨量稍多，其余则比较干旱；南疆雨量更少，中部塔克拉玛干沙漠为中国最大的沙漠。全区气候总的来说呈典型的大陆性干旱特征，中国最冷、最热、最少雨和最多风的地方都在新疆。

宁夏地跨内蒙古高原和黄土高原，地形以山地、高原为主，平原只占总面积的四分之一。地势南高北低，西北部为南北向的贺兰山，南部为黄土高原，六盘山以东南—西北走向突起于黄土高原上，黄河从中卫黑山峡流进宁夏，形成了向称"塞上江南"的银川平原，这里地势平坦，水网较多，灌溉便利，日照充足，昼夜温差大，无霜期长，盛产稻麦、枸杞，故有"天下黄河富宁夏"之说。

(2) 人文地理特征

主要有三：一是丝路文化积淀深厚，不仅对本区历史和经济产生了重要影响，更构成了本区人文景观旅游资源的基础；二是乃中国第二大多民族区域，多个少数民族在此聚居。维吾尔族和回族是本区人数最多的两个少数民族，此外还有哈萨克、藏、蒙古、塔吉克、乌兹别克、俄罗斯、东乡、裕固、保安、撒拉等20多个少数民族；三是全国信奉伊斯兰教的10个少数民族基本上都聚居在这里，伊斯兰教徒数量多，分布范围广。境内清真寺遍布，穆斯林的服饰、用品、食品等都有明显的伊斯兰特色。

7.2.1.2 旅游资源特色及其开发方向

本区旅游资源的突出特色在于丝路古迹和大漠绿洲。

开拓于两千多年前、在世界文明史上地位显赫的亚欧商贸大道——丝绸之路自东向西贯穿本区，沿线保存至今的文物古迹历史之久，数量之多，品位之高，涵盖民族之广，实为世所罕见。诸如"东方雕塑陈列馆"麦积山石窟，蔚为壮观的青铜峡108塔，"东方金字塔"西夏王陵，中国旅游标志——东汉铜奔马及其出土地武威雷台汉墓，万里长城西起点嘉峪关，"世界佛教艺术宝库"敦煌莫高窟，曾经辉煌一时的吐鲁番高昌、交河古城遗址，中国古代四大水利工程之一的坎儿井，集东西方文化艺术精髓于一体的拜城克孜尔千佛洞，建筑宏伟的喀什艾提尕尔清真寺等，都是举世珍稀的无价之宝，引得无数海内外游人前来访古抒怀。

本区是中国气候最为干旱的地区，与之相伴而生的雄浑苍凉、别具情趣的大漠风光和唯此独有、生机盎然的绿洲美景，正愈来愈成为吸引中国东南沿海和日本、韩国、东南亚及欧美游客探险观光的优势旅游资源。诸如千年自然奇观敦煌鸣沙山—月牙泉和疑似江南的银川沙湖芦苇荡，神秘莫测的塔克拉玛干大沙漠和腾格里沙漠，瓜果飘香的戈壁绿洲葡萄沟，"瑶池仙境"博格达天池，"水晶世界"天山一号冰川，如诗如画的喀纳斯湖，无不给人以新奇刺激的感受，已经成为本区的旅游热点。

绚丽多彩的民族风情是西北区的第三大旅游资源。诸如吐鲁番和喀什的维吾尔风情、伊犁的哈萨克风情、喀纳斯湖畔的图瓦人风情、宁夏和临夏的回族风情、甘南的藏族风情和肃南的裕固族风情等，都令人回味无穷。

与此同时，随着"神舟五号"载人飞船在英雄杨利伟的驾驶下成功返回地面，甘肃酒泉"卫星城"也一跃成为全世界瞩目的焦点和甘肃旅游的新卖点。

本区今后旅游资源开发的方向，应以丝路胜迹、大漠绿洲、民族风情观光旅游和沙漠探险、登山、滑翔及跨国汽车拉力赛等专项、特种旅游为主。

7.2.1.3 旅游业发展现状

由于深处中国内陆，区位和可进入性欠佳，本区虽然旅游资源特色鲜明，但旅游业尚不发达。就国内旅游而言，近年宁夏的开发步子迈得很大，尤其是宣传促销攻势最猛，经常在中央电视台循环播放其沙湖、沙坡头、西夏王陵和银川等主要旅游资源的宣传短片，使不少游客为之心动，给西部旅游开发提供了值得借鉴的成功经验；新疆一直是诸多游客向往的好地方，而且它也在宣传促销上下了不少工夫，在西去的列车上，总能听到宣传新疆旅游的广播，新疆还采取了不少方便游客的旅游"订购"措施；相对而言，甘肃处于西北的过渡地带，无论是资源、区位还是基础设施，都处于雷同、替代效应区，东受陕西制约，西有新疆影响，南被西藏、青海替代，只有敦煌这样的垄断性资源，才能吸引国内远程及国际游客，加之自身地域狭长，不便管理，在空间上形成了东部天水、中部兰州和西部敦煌这样三个旅游中心，但三者之间却缺乏有机的联系，兰州往往只是敦煌旅游的中转中心，天水旅游又以本地和周边游客为主，故除非在旅游开发上有大的举措，甘肃旅游业短期内很难有大的腾飞。

就入境旅游而言，本区旅游外汇收入表现出明显的不稳定性，增长速度起伏较大，仅新疆相对稳定，见图7-1。

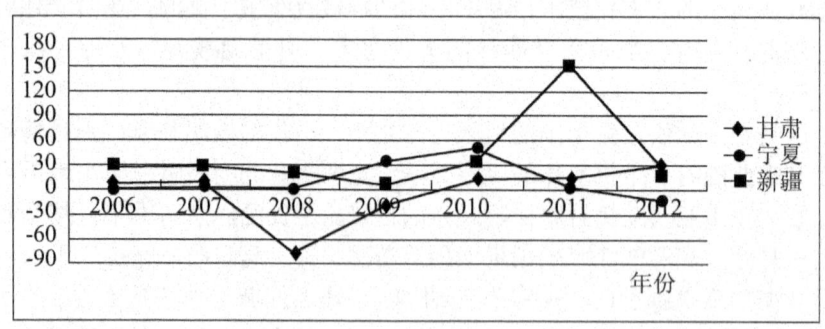

图7-1 西北区旅游外汇收入增长率曲线（2006—2012）

从游客消费水平上看，海外游客在宁夏的消费低于全国平均水平，而在甘肃和新疆略高。而在消费结构上，甘肃和宁夏两地表现出交通、住宿和景点门票等基础性支出占总消费一半以上，表明旅游收入的弹性小，短期内难以有大的提高。而新疆旅游的基础性消费要比全国平均水平高得多，弹性大的消费占优势，尤其是购物消费，一般占到总量的37.7%，这与新疆浓郁的民族特色和地方特色紧密相关，表明新疆旅游收入弹性好，可扩展的空间余地大，见表7-2。

表7-2 西北区海外游客人均每天消费构成一览表（2009）

地区	人均消费 [美元/(人·天)]	构成（%）								
		长途交通	游览	住宿	餐饮	购物	娱乐	邮电通讯	市内交通	其他
全国平均	180.77	33.1	4.5	12.5	8.6	21.8	6.5	2.1	2.1	8.8
甘肃	155.36	39.8	5.1	13	9.2	20.7	2	3.6	0.8	5.8
宁夏	155.56	38.8	7.7	14.8	6.7	10.1	8.4	3.5	3.9	6.1
新疆	176.4	25.1	5.3	7.6	5.7	46.2	3	2	0.8	4.3

数据来源：《中国旅游年鉴2010》

运用地理集中指数的概念测算西北三省区海外客源市场的地理集中度，甘肃最大，为78.68；新疆居中，为62.00；宁夏最低，为42.39。集中度越大，表明客源越集中，反之则越分散。但若过大，说明客源市场过于集中，经营稳定性差；而过小，则表明客源市场过于分散，不利于确定目标市场。对于旅游地来说，数值居中为妥。这样，三省区的海外客源市场状况就一目了然。

甘肃旅游主要对美国、日本和韩国市场依赖性太强，受客源地经济、社会等各方面影响较大，三个主要客源国的游客占甘肃省海外游客总数的43.85%。随之而来的是旅游外汇收入增长幅度波动较大。新疆旅游主要依赖独联体国家市场，2009年其游客占到了新疆国际游客的38.52%；宁夏海外客源市场比较分散，加之本身规模偏小，造成客源市场目标定位的困难，海外市场拓展不易，导致国际旅游业发展缓慢。

7.2.2 旅游资源精粹

7.2.2.1 以大漠绿洲为主基调的自然风光

本区自然景观种类多样，富于变化，尤其是景观层次分明，粗犷而神秘。既有令人赏心悦目的自然美景，如天山天池、肃南观山海子等高山平湖，山丹马场、赛里木湖畔草原等辽阔牧场，阿勒泰、白龙江等原始林区，博格达峰、穆士塔格峰、公格尔山、祁连山等巍巍雪山，天山一号冰川和七一冰川等皑皑冰川，黄河刘家峡、洮河九甸峡等雄伟峡谷；也有一些独特的自然奇观，如雅丹地貌、火洲、火焰山等。此外，本区还有许多充满神秘色彩的国家级自然保护区，如新疆塔里木河沿岸胡杨林自然保护区、巴音布鲁克天鹅自然保护区和甘肃祁连山自然保护区、宁夏青铜峡鸟岛自然保护区，以及中国面积最大的卡麦里山自然保护区等。

雄浑悲壮的大漠和生机勃勃的绿洲是本区自然风光的主基调。区内以大漠景观为基础所形成的著名景区不在少数，如中国四大鸣沙山本区有其三：敦煌鸣沙山（包括月牙泉）、中卫沙坡头和巴里坤鸣沙山（在这些地方，沙漠不仅是一种视觉所能看到的地物，一些高大的沙丘往往还会在人们用手拨动沙子往下滑沙时发出轰隆的响声，"鸣沙山"就由此而得名），以及沙漠与碧湖、芦丛、飞鸟共处的银川沙湖等，由此所开发的滑沙、沙疗、沙地摩托、滑翔、骑骆驼等运动型、参与型旅游产品越来越受到旅游者的青睐。有的沙漠地带还形成了风蚀蘑菇、风蚀柱、风蚀城堡等风蚀地貌，它们相互组合，造就了诸如敦煌雅丹地貌景区和新疆乌尔禾风蚀"魔鬼城"等沙漠奇观。总之，茫茫大漠中还有许多人们未知的领域等待勇敢的旅游者去探索。

西北区内陆盆地周围的山地海拔普遍较高，因而往往终年积雪，有的还形成冰川，气势磅礴，蔚为壮观，引得不少探险旅游者年复一年地去攀登以挑战极限。而雪线以下的山区腹地又多分布着郁郁葱葱的原始森林、连绵起伏的天然草场，并常有一汪湖水映衬或碧绿的麦田、金黄色的油菜花相伴，蓝天白云之下牛羊成群，帐房点点，俨然一幅美不胜收的田园牧歌图。

本区的大漠、草原是诸多著名影视剧的拍摄基地，不少景区就这样占据了游客的心灵。例如，作家张贤亮创办的银川镇北堡华夏西部影视城，曾先后成功拍摄了《红高粱》、《黄河绝恋》、《大话西游》等一系列脍炙人口的影视剧，自身也以"出卖荒凉"而闻名于世；敦煌的雅丹地貌景区随着电影《英雄》的上映而一举名扬海内外；汉代以来亚洲最大的皇家马场——山丹军马场是当年《牧马人》的拍摄基地，现在的中老年一代人当时大多是从这部电影才知道了中国西北还有着山丹这样一个遥远而又美丽的地方。

西北的雪山和冰川本身又都是天然固体水库，气温升高时融化流入荒漠，而荒漠中水分相对充足、土壤肥沃的地方经过劳动人民世代辛勤的耕作，遂形成了与周围荒漠景观有着鲜明对照、可视性很强、令人赏心悦目的一片片绿洲。甘肃河西走廊的武威、张掖、酒泉、敦煌，天山南北的喀什、和田、阿克苏、伊宁、石河子、玛纳斯、吐鲁番等都是西北著名的绿洲。宁夏的银川平原则是靠黄河"客水"哺育的另一类型的绿洲。绿洲中又逐渐形成了繁荣的城镇。这些富庶的绿洲串联起了古代丝绸之路,为中西经济、文化交流做出过重要贡献,也留下了无数文物古迹,是今天西北旅游业发展的基础。与此同时,这里随着改革开放之风而涌现的许多现代化绿洲农业科技示范园区(如张掖石岗墩和西部草业等),不仅是生产和加工优质农产品的基地,也为了解绿洲农业、开发观光农业提供了一种特色旅游资源。

7.2.2.2 丝路古迹

早在殷商时代,中国就已出现了蚕桑和丝织品,自秦开始丝织品远销域外,西汉张骞出使西域后,大宗的丝织物传到了西亚、欧洲,正式开辟了中国与西方各国的陆路交通,这便是著名的"丝绸之路"。受自然条件制约和政治、军事形势的影响,丝绸之路的具体线路在不同时期不尽相同,但基本走向是一致的,即:长安(西安)—渭河流域—河西走廊—塔里木盆地—葱岭(帕米尔高原)—中亚—伊朗—叙利亚—地中海沿岸,全长 7 000 多千米。在中国境内,除陕西外,丝绸之路均集中于本区,且基本沿绿洲地带穿行。

丝绸之路是一条经历了几千年沧桑而博大深邃的路,沿线文物古迹种类齐全,且精品极多,给旅游爱好者提供了畅游和欣赏的广阔空间。

古建筑——如天水伏羲庙、夏河拉卜楞寺、永登鲁土司衙门、同心清真大寺、中卫高庙、青铜峡 108 塔、武威文庙及其西夏碑(同为全国重点文物保护单位)、张掖大佛寺、吐鲁番苏公塔、喀什艾提尕尔清真寺和明长城及其西端终点嘉峪关城楼等。

石窟寺及石刻——如敦煌莫高窟、安西榆林窟(莫高窟的姊妹窟,因曾珍藏过稀世珍宝象牙佛而闻名于世,该佛据说为当年和尚从印度取经时历经千辛万苦才带回中国,世界上现仅有 2 尊,一尊在印度,中国的这一尊现存国家博物馆)、天水麦积山石窟、永靖炳灵寺石窟、武山拉稍寺石窟、甘谷大象山石窟、肃南马蹄寺、拜城克孜尔千佛洞等(其中不乏以敦煌飞天壁画、金塔寺高肉飞天为代表的宗教艺术绝品),以及在饮誉海内外的汉代三大摩崖碑颂(石门颂、郙阁颂、西狭颂)中历史最早且唯一在原址保存最好的陇南成县《西狭颂》摩崖石刻,古老原始的阿尔泰山和贺兰山少数民族岩画等。

古遗址——如甘肃秦安大地湾新石器时代、敦煌汉代"两关"(阳关和玉门关)、安西锁阳城、高台骆驼城遗址,新疆高昌、交河、楼兰古城和伊犁将军府——惠远城遗址等。

古墓葬——遍布全区各地，如号称"东方金字塔"的宁夏西夏王陵、嘉峪关魏晋砖壁画墓、哈密古墓群、吐鲁番阿斯塔那古墓群和喀什香妃墓等，且每年都有大量珍贵文物出土，尤其是1969年发现于武威雷台汉墓的"马踏飞燕"铜铸模型，以其极富寓意的造型和十分精致的工艺，一举成为中国旅游的标志。

近现代重要史迹及代表性建筑——如甘肃迭部腊子口战役遗址、会宁红军长征会师楼、高台西路军烈士陵园等。

7.2.2.3 民族风情

本区是中国仅次于西南的第二大少数民族聚居区。所不同的是，西北少数民族多居住于草原上、荒漠中，且藏、蒙古、哈萨克、裕固等民族还沿袭着半游牧的生产生活方式，因而本区少数民族普遍具有粗犷、热情、豪放的性格特征，从而明显有别于南方少数民族细腻的性格特征。例如，手抓羊肉、大盘鸡、青稞酒等民族食品，体现的是少数民族"大碗喝酒，大块吃肉"的豪爽；维吾尔族的歌舞和回族的"花儿会"，体现的是其达观向上的生活态度；裕固族、蒙古族等"歌声不断酒不完"的敬酒习俗，则是其热情好客的具体表现。

欢快的民族歌舞、独特的清真食品是本区民族风情的两大特色。前者在新疆表现得最为典型。人们之所以常说新疆是个好地方，不仅仅是因为绿洲农业孕育了新疆富饶的物产，而且还因为新疆的少数民族人人能歌善舞，就连七八十岁的老人也不例外。无论是在草场上、庭院里，还是在葡萄架下，只要铺上地毯，摆上葡萄和西瓜，弹起冬不拉，新疆人张口就能唱，抬腿就能跳；哪里有新疆的少数民族，哪里就是一片欢乐的海洋。所以，身临其境地看一场新疆少数民族的歌舞表演，特别是跟着翩翩起舞一曲，成了人们去新疆一趟值得夸耀的主要旅游体验之一。当然，藏族、哈萨克族、蒙古族和裕固族的歌舞也都令人如醉如痴。

清真食品即穆斯林制作和喜食的不含猪肉、猪油的食品，它与伊斯兰教有直接的联系。据说《古兰经》中训示穆斯林"准许你们吃一切佳美食物。……真主只禁止你们吃自死动物、血液和猪肉"。穆斯林们根据教义开发出不少清真美食，如水晶羊肉、锅烧填鸭等系列清真菜，其中以烩为主的"十大碗"则是回民喜庆筵席的主菜。至于清真风味特色小吃，就更是名目繁多。兰州牛肉拉面和陕西羊肉泡馍早已名扬全国，油香、馓子、羊杂碎等，也都随处可见。而"三炮台"等清真饮品，既可供游客在当地悠闲地品尝，也是馈赠亲友的上品。

其他如绚丽多彩的民族服饰、各不相同的传统民居等，也是西北民族风情的重要组成部分。

7.2.2.4 旅游特产

西北区旅游特产丰饶，购物旅游开发前景良好。由于光照强、温差大、沙质土壤分布广泛，本区瓜果均以甘甜爽口而闻名中外，兰州的白兰瓜、黄河蜜和百合，临泽的小枣，敦煌的李广桃和李广杏，吐鲁番的葡萄和鄯善的哈密瓜，库尔勒的香梨，伊宁的苹果，叶城的大籽石榴，阿克苏的薄皮核桃，阿图什的无花果等都是其中的精品。它们不仅能使游客在旅途中一饱口福，而且所加工出的精美果脯，如兰州甘草杏、敦煌李广杏脯、新疆葡萄干等，可以很方便地带回去与亲朋好友一道分享。宁夏的枸杞、甘草、贺兰石、滩羊皮和发菜"红、黄、蓝、白、黑"五宝，除国家为有效保护西北地区的生态环境目前已严禁采集发菜外，均是长盛不衰的特产名品。同样，党参、当归、锁阳、大黄、鹿茸、鹿血等中药材，也是本区的重要特产，是赠予长辈的上等补品。

西北的民族民间手工艺品也相当丰富。如甘肃的兰州刻葫芦、酒泉夜光杯、天水漆雕、卓尼洮砚和藏靴、锟锘、保安腰刀，宁夏的仿古地毯、贺兰石刻，新疆的羊毛织品、壁毯和维吾尔族纱巾等，都具有很好的观赏和收藏价值，深受国内外游客的欢迎和喜爱。

7.2.2.5 主要旅游城市巡礼

兰州 甘肃省省会，黄河唯一穿城而过的省会城市，黄河上游的中心城市。古称金城，历史悠久。夏秋凉爽宜人，盛产优质瓜果，特别适于避暑度假。五泉山、白塔山南北对峙，市内还有万里黄河第一桥——中山铁桥，其西的"黄河母亲"露天石塑是外来游客造访兰州必到的标志性景点，而近年沿河两岸辟建的百里黄河风情旅游线，以其绿树成荫、花草成带、亭台楼榭相映成趣、亲水平台错落有致、城市雕塑格调高雅、休憩设施日臻完备、河畔餐饮娱乐活动别具一格和夜景观流光溢彩等突出特色，业已成为中国距离最长和最具吸引魅力的城市滨河旅游休闲长廊，是高原古城兰州的一张亮丽名片。

银川 宁夏回族自治区首府，中国河套文化和丝路文化交汇地带最具魅力和发展潜力的旅游城市之一。地处东亚大陆和中国北部的中心，位于宁夏引黄灌区中部，东临黄河，西屏贺兰山。干旱的环境、发达的绿洲灌溉农业造就了国家王牌景区沙湖和塞上江南田园美景；悠久的历史给银川留下了丰富的名胜古迹，尤以全国重点风景名胜区西夏王陵、远古时期凿刻的贺兰山岩画为国内外学者和游人瞩目；著名作家张贤亮创办的镇北堡华夏西部影视城由于拍摄《红高粱》等影片，使中国电影从这里走向世界。塞上江南自然风光、回族穆斯林风情和西夏文化构成了银川以"西夏古都、塞上风情"为特色的新兴旅游业。

乌鲁木齐 新疆维吾尔自治区首府，位于新疆中部，地处天山北麓、准噶尔盆地南缘。乌鲁木齐乃蒙古语"优美的牧场"之意。居欧亚大陆腹地，为亚洲大陆地理中心,是世界上离海洋最远的大城市,也是第二座欧亚大陆桥中国西段的桥头堡,中国西部对外开放的重要门户。由于维、汉、回等各民族长期的协力经营,穆斯林风情与现代气息并存,边城风光令人耳目一新。主要景区有红山、人民公园、避暑胜地白杨沟和美如仙境的天山天池等。近年随着滑雪设施的日益完善,已成为全国冬季冰雪旅游的热点城市之一。二道桥民族贸易市场则是游客采购新疆各地优质瓜果、土特产和民族工艺品的好去处。

7.3 塞外草原风光民族风情旅游区

位于长城以北的中国北部边疆,空间范围与内蒙古自治区的行政区域完全重合。

7.3.1 区域概况

7.3.1.1 区域地理环境

本旅游区即为中国的内蒙古自治区,北与蒙古、俄罗斯相邻,沿边优势明显;其他三面自东而西分别与黑龙江、吉林、辽宁、河北、山西、陕西、宁夏、甘肃8省(区)相连,为地跨"三北"、边邻"两国"之地,辖区面积达118.3万平方千米。

(1) 自然地理环境

本区大部分地区属内蒙古高原,仅有东北部少数地方属大兴安岭,西部还有阴山山脉的贺兰山、乌拉尔山和大青山。高原的东部多为宽浅、坦荡、辽阔的大盆地。整个内蒙古高原又可分为呼伦贝尔高原、锡林郭勒高原、乌兰察布尔高原和鄂尔多斯高原等几部分。

本区地处温带内陆,是中国东部湿润半湿润气候向西北大陆性干旱气候区的过渡地带,属典型的中温带季风性气候。夏季温暖而短暂,很少酷热天气,且气温日差较大,降水也主要集中在夏季的7月下旬—8月上旬,降雨量由东南向西北递减,大部分地区降水量为150～450毫米,东南部可达400毫米左右;冬季受西伯利亚—蒙古冷空气南下入侵影响,寒冷而漫长,达半年以上,1月气温在−8～−20℃,极端最低温会降至−40℃以下(1922年,海拉尔,−49.3℃;1922年,免渡河,−50.1℃),有时草原上还会受暴风雪影响,酿成"白灾";春秋季短促,多风,温度升、降急剧。

在上述高原地形与中温带季风性气候的影响下,本区气温低、水分有限,不利于森林发育,因而呈现一派温带草原景观,属亚欧大陆温带草原的最东段。大部分地区以多年生、旱生、草本植物居多,生长茂盛,多为优良牧场,故本区畜牧业发达,且游牧历史悠久。而在阴山与鄂尔多斯高原之间的内蒙古河套平原,则因地势平坦,水分充沛,土壤肥沃,向为内蒙古的粮食生产基地,素有"塞外米粮川"之称。在森林、草原与荒漠之间又点缀着不少高原湖泊,呈现一派宁静而又辽远的独特景致。

(2) 人文地理环境

本区是一个历史久远的区域,新旧石器时代就有了人类活动,有河套文化、大窑文化、红山文化等遗址为证,还保存了不少元、明、清时期的文物古迹,成吉思汗、忽必烈在此谱写了雄壮的历史篇章,留有众多文物古迹。

但本区最为突出的人文地理特征在于它自古就是中国蒙古族的主要聚居地,蒙古族的生产生活方式和民族文化,对其经济地理面貌和人文传统、社会风情产生了极为深刻的影响。

蒙古族历史上是一个典型的逐水草而迁的游牧民族,传统蒙古人的一生可以说一半是在帐篷中、一半是在马背上度过的。其生活和艺术与草原紧紧相连。虽然现在相当一部分蒙古人已经过上了定居或半定居的生活,但他们的家庭成员中可能仍然有人需要根据季节的变化在不同的牧场间奔波。这种人与恶劣自然天气、野兽不断斗争的游牧生活,促使该民族形成了强壮的体魄、剽悍的性格和以牛羊肉、奶茶为主要食品的饮食方式,同时他们在放牧中也练就了一副副好歌喉。

7.3.1.2 旅游资源特色及其开发方向

本区旅游资源的突出特色在于草原风光和蒙古族风情。

内蒙古草原东西狭长,广袤无垠,夏季时节绿海千里,牛羊如云,骏马奔腾,蒙古包点点,真实地再现了古代民歌所描述的"天苍苍,野茫茫,风吹草低见牛羊"的情景,以呼伦贝尔、锡林郭勒和希拉木伦等地的草原风光最为典型。

世代居住于此的"马背上的民族"——蒙古族的风情特色十分鲜明,尤其是其热情豪放的性格和高亢欢快的歌舞使人深受感染,终生难以忘怀。每年7—8月在各大草原上举行的"那达慕大会"是蒙古族人民一年一度的盛会,其间必不可少的摔跤、射箭、赛马等蒙古族传统体育娱乐活动吸引了无数游客竞相观赏和参与。而位于鄂尔多斯市伊金霍洛旗境内、以3个穹庐式宫殿建筑为主体的成吉思汗陵(按照蒙古族风俗,贵族葬后灭迹,不留坟冢,故此陵乃成吉思汗的象征性陵寝)造型富有浓厚的蒙古民族艺术特色,是蒙古人祭祀一代天骄的圣地,每年祭陵时是蒙古族人民的盛大节日。

此外，区内还有昔日的狩猎民族——鄂伦春和鄂温克的民族风情，以及大兴安岭原始森林、阿尔山温泉、呼伦池、响沙湾等自然美景和包头五当召、呼和浩特昭君墓等人文胜迹。

本区今后旅游资源开发的方向，应以草原生态、民族文化、北国边陲观光旅游和森林、疗养等专项旅游为主。

7.3.1.3 旅游业发展现状

由于本区偏处中国北部边陲，大多无顺路过境交通之便，同时旅游季节性较强，适游期过短，旅游业一度发展缓慢，20世纪90年代中期后才开始逐渐升温。2012年，全区旅游创汇5.78亿美元，比2002年的14 935万美元增长了289.69%，年均增长速度近30%，变化可谓翻天覆地。旅游服务设施也有较大发展，2011年拥有星级宾馆800多家，旅行社790多家。

但是，本区目前仍为中国旅游的温冷地区，不利的区位和欠发达的交通依旧是制约其旅游业发展的重要因素。而且客观地讲，仅靠内蒙古自身的旅游资源，吸引力还是比较薄弱的，需要与邻近的东北、陕西、甘肃、宁夏等地联合开发，共同促销，借助这些地区的交通和资源优势广泛吸引客源，才能有效克服本区的劣势。

7.3.2 主要旅游城市与旅游资源精粹

本区旅游以呼和浩特和包头两城市为中心向周边辐射。

7.3.2.1 呼和浩特市

为内蒙古自治区首府，在蒙语中"呼和浩特"意为"青色城市"，源于16世纪达延汗在此建宫殿，以青砖筑城，远望一片青色。今日城市周围大造防护林带，从而更加名副其实。

呼和浩特市内有大召、小召、五塔寺、席勒图召等11座喇嘛庙，是明清时代的旧址，当时这里已是远近闻名的"召城"（蒙语即寺庙）。城南9千米处有昭君墓，因墓地青葱而称"青冢"，墓前有历代碑铭多方，是内蒙古最有名的景点之一。

7.3.2.2 包头市

位于内蒙古中部，黄河北岸。包头在蒙语中为"包克图"，即"有鹿的地方"，这里曾经水草丰美，有鹿群出没，故又名"鹿城"。现为中国重要的钢铁工业和稀土工业基地，也是内蒙古主要的交通枢纽。包头历史上就是中国西北地区的物资集散中心，在旧城区（东河区）至今仍能感受到昔日客商云集的兴盛景象。而旧城以东的新区（青山区和昆都仑区）则以宽敞的大街、整齐的楼房、高耸的烟囱展现出草原钢城的新风采。每到夜晚，钢炉的火焰映红天空，景色十分壮丽，是草原钢城的一大特色景观。

号称"塞外第一街"的钢铁大街，云集了商店300多家，乃包头最繁华的去处。市区东北70千米处敖包山南麓的五当召，是内蒙古最大的寺庙和级别最高的藏传佛教学府，与西藏布达拉宫和青海塔尔寺齐名，为中国藏传佛教三大名寺之一。城南40千米库布其沙漠中部的响沙湾因奇特的"响沙"现象而闻名中外。包头市南150千米外的鄂尔多斯高原上有建筑金碧辉煌、分外瑰丽的成吉思汗陵园，每年四次的祭奠场面极为隆重。包头一带还是重要的古战场，今古城湾和麻池仍可见汉代古城遗址。

此外，位于包头以东、呼和浩特以南和林格尔以北的土默川，即古"敕勒川"，是领略内蒙古草原风光的好地方；辽阔坦荡的呼伦贝尔草原，有湖泊、森林、山峦交相辉映，又以呼伦池和白音呼硕两处湖泊景色最为秀丽：湖面天鹅、海鸥、鹤、鹭等多种水鸟聚集觅食，湖畔水草丰美，牛羊成群，渔民荡舟碧波湖上，好一派"塞外江南"风光。

7.4 青藏雪山高原宗教文化旅游区

位于中国西南部，包括青海省和西藏自治区。是世界上不多的几块迄今未受大的环境污染的"净土"之一和独一无二具有神秘色彩、极富魅力的旅游区。但由于受自然、历史、经济和交通等因素的制约，有待进一步开发。

7.4.1 区域概况

遥远的空间距离和浓郁的宗教氛围，使得本区对全世界任何地方来说，都是一个神秘而又充满魅力的角落，人们称之为"圣地"、"人类心灵的归宿"。尤其是去西藏，几乎是所有人的梦想，但却分不清楚到底是为了旅游、挑战自我，还是出于对神灵的膜拜。旅游在这里已经超出了经济学的意义——这里是人类共同的家园。

7.4.1.1 自然地理环境特征

（1）海拔高，多高山、高原，气候恶劣

本区位于喜马拉雅山以北，昆仑山、阿尔金山和祁连山以南，横断山脉以西，处在中国地形的第一级阶梯上，四周高山环绕，中间是青藏高原，地势高峻而辽阔，平均海拔4 000米以上，是名副其实的"世界屋脊"。这里聚集了中国绝大多数的高山和特高山，如海拔8 844.43米的世界第一高峰珠穆朗玛峰和海拔8 611米的世界第二高峰乔戈里峰，仅喜马拉雅山脉就有8 000米以上的高峰11座，超过7 000米的达40多座；喀喇昆仑山脉有4座8 000米以上的高峰。此外，帕米尔高原、阿尔金山、冈底斯山、念青唐古拉山脉等都是高山的汇集之地。这些大山多为大河流、大水系的分水岭，如巴颜喀拉山就是长江与黄河两大河流上游的分水岭。山与山之间往往形成草肥水美的优质牧场。

由于地势高峻，这里形成了独特的高原气候。高原腹地气温低，年均气温大都在6℃以下，藏北高原和高山地区则全年都在0℃以下，为世界中纬度的寒冷中心，且年温差不明显，而日温差较大。同时，由于海拔高，空气稀薄洁净，大气透明度好，故太阳辐射量大，日照时间长。"日光城"拉萨年日照时数就达3 005小时。受地形影响，区内降水量差异也很大，且干湿季明显，雨季集中于4—9月。同时，高原上风力大而持续时间长。但在喜马拉雅山东段南坡、雅鲁藏布江大拐弯附近河谷地带和喜马拉雅山南麓，由于北面高大山体的阻挡，西南季风带来的雨水在这些海拔和纬度较低的地方聚集，形成了热带雨林气候和相应的热带雨林景观，与中部及高山地区的高原气候相映成趣，体现了青藏旅游区生境的多样性，因而也成为地学、生物学研究的天然实验室。目前这里已经建立了多处自然保护区，如墨脱、下察隅、波密等，对藏羚羊、白唇鹿、长毛叶猴、小熊猫等珍稀动物和长叶松、喜马拉雅红豆杉、高原巨柏、延龄草等稀有植物进行重点保护。

人们通常所说的"高原反应症"，就是由于海拔高、空气稀薄、含氧量低所造成的呼吸困难，严重的会造成生命危险。这也正是青藏高原神秘之处的一种体现，导致很多人不敢贸然前往。因而可以说，青藏高原是勇敢者、探险者的天堂。

（2）雪山、冰川发育好，大河、湖泊众多，水资源十分丰富

由于海拔高、气温低，青藏高原上的许多山峰都位于雪线以上，终年积雪，冰川面积超过34 000平方千米，占中国冰川总面积的80%以上，冻土更是广泛发育。这些冰川、雪峰是本区圣洁的象征和"雪域高原"名称的来由，也吸引了无数世界各地的登山爱好者、探险者纷至沓来，挑战自我、挑战极限。同时，冰川作为巨大的固体水库，遇暖融化，发育了众多大川、湖泊。

本区为亚洲和中国若干大江大河的策源地或流经地，如长江的上游金沙江、黄河、澜沧江、怒江、雅鲁藏布江和印度河的上游森格藏布河等。河水主要来源

于高山融化的冰雪。雅鲁藏布江是西藏的主要河流，在其境内长约2 057千米，流经地区均在海拔3 000米以上，支流众多，水质纯净，沿江自然条件较好，是人口聚集区，也是西藏的政治、经济、文化中心地带。

本区湖泊面积约有30 000平方千米，占全国湖泊总面积的1/3，仅西藏就有大小湖泊1 500多个，是中国湖泊最多的省区之一。青海湖位于青海省东北部，面积4 635平方千米，最深处32.8米，盐分含量高达20%，是中国最大的咸水湖；海拔达4 718米的纳木错是中国第二大咸水湖，也是世界上湖面海拔最高的大湖；高原上的湖泊多是雪山映衬、水草丰美的富饶之地，也是飞禽走兽栖息的上好场所，且多鸟岛，其中最著名的当属青海湖鸟岛，藏族人心目中的"圣湖"羊卓雍湖和中国与印控克什米尔界湖——班公湖的鸟岛也相当出名。黑颈鹤是众多鸟类中最为珍贵的一种，且仅存于本区。青海孟达天池中间湖水碧绿，周边翠峰环抱，风景煞是迷人。柴达木盆地是中国盐湖分布最集中的地区，察尔汗盐湖、茶卡盐池不仅盐矿资源丰富，而且晶莹璀璨，为青藏高原添色增辉。

7.4.1.2 人文地理特征

藏族聚居和浓郁的藏传佛教氛围构成了本区人文地理环境的典型特征。

本区居民以藏族为主体，还有汉、回、土家、蒙古、撒拉等其他民族，但以前者对区域人文地理景观的影响最为深刻。因为，虽然周边的甘肃、四川和云南都有藏族的分布，但生活于青藏高原上的藏族及其藏文化可以说是最为原生和纯正的。

本区藏族长期以放牧为重要生产生活方式，名字均取自佛经，有名无姓是藏族人名的特点；在服饰上，女子穿裙，男女都将藏袍裹于身外，往往袒露右肩，既是为了便于活动，也是为适应高原的多变气候。女子首饰以银器和珊瑚珠饰品为主，有些珍贵的珊瑚珠甚至价值连城，因而有人戏称藏族同胞的身上揣着差不多整个家当，可谓民族服饰奇观。藏族牧民多住在用牦牛毛织成的黑色帐篷里，冬暖夏凉，且迁移方便。酥油糌粑、奶茶和青稞酒是藏族人喜爱的食品。天葬仪式是藏族流行的一种丧葬形式，也是藏区最令人瞠目结舌的景观，另有塔葬、火葬、水葬和土葬等，但以天葬最能体现藏族葬俗的神秘性。藏族节庆佳日较多，藏历元旦是一年中最重要的节日，届时人们穿着盛装互相拜年，并到寺院祈祷祝福；正月十五"酥油灯节"也是一项重要的佛事活动，不仅各大寺院举行法会，且入夜千家万户点燃酥油灯，宛如群星闪烁，以拉萨八角街灯会最为热闹，也是人们去西藏旅游最能体验民族氛围的时候。此外，雪顿节、望果节、燃灯节、萨噶达瓦节、一年一度的赛马会、物资交易会等都是藏族异常热闹的节日盛会；藏民人人能歌善舞，更使节日气氛异常热闹。

7.4.1.3 旅游资源特色及其开发利用方向

独特的自然和人文地理环境特征，决定了雪山高原的自然景观和浓郁的宗教文化为本区旅游资源的突出特色。

本区不是一个大众化的旅游地，很难界定什么才是真正的旅游资源、旅游景点。由雪山、蓝天、草原、湖泊和分布高度集中的森林所构成的最纯洁而又原始的自然生态，浓郁的宗教文化氛围，人们朴实的生活及其与自然的和谐相处，往往是青藏高原对旅游者最大的吸引力所在。对任何一个游客来说，青藏高原、特别是西藏，都是一个令人向往的旅游胜地。在这里，只要是人能够到达的地方，便在各种旅游期刊和新闻媒体上不断地被报道为新发现的旅游地，但事实上，尚未揭开神秘面纱的地方，在这里还有很多、很多。因此，我们很难对本区的旅游资源一一罗列。这是一个要靠勇敢者去发现、挑战的特种旅游目的地，这也正是"青藏之旅"的真正意义所在。

需要特别指出的是，在本区，民族与宗教息息相关，宗教文化在藏区的影响非常广泛和根深蒂固，因而无可非议地是其人文景观旅游资源的最大特色。

藏族全民信奉藏传佛教，蒙古族、土族、撒拉族等也多信奉此教。藏传佛教又称喇嘛教，它是公元7世纪佛教传入本区后与藏族原有的原始宗教——苯教碰撞、融合的产物。喇嘛教又分黄教（格鲁派）、红教（宁玛派）、花教（萨迦派）和白教（噶举派）四大派别，以黄教在藏族中的影响最大，自15世纪以来一直占统治地位。

由于宗教盛行，本区寺院众多，新中国成立前曾达到2 000多座。在藏区社会享有极大威信的格鲁派六大寺院中，除拉卜楞寺在甘肃夏河外，其余5寺均在本区：青海的塔尔寺是黄教创始人宗喀巴大师的诞生地，其大型古建筑群呈藏汉结合风格，并以"酥油花、壁画和堆绣"艺术三绝而闻名；拉萨的甘丹寺、色拉寺、哲蚌寺三大寺和日喀则的扎什伦布寺终日香火不断。而建于1073年的西藏萨迦寺不仅以其元代特点的宏伟大殿、更以其保存的珍贵壁画闻名于世，享有中国"第二敦煌"的美誉。

高原宗教文化氛围的浓郁，不仅体现在佛教建筑多、信仰范围广上，还表现在佛事活动的隆重和盛大上。为各大寺院遴选活佛转世灵童的佛事活动尤其盛况空前，令世人瞩目。与此同时，长期以来不断有印度、尼泊尔等信奉佛教国家的建筑师、艺术家和工匠来到本区，对这里的宗教建筑及其雕塑、绘画艺术产生了深刻的影响。

民族与宗教的紧密结合,给本区留下了灿烂的藏文化及其丰富的藏族文学艺术作品,最为著名的当属世界最长史诗《格萨尔王传》,其情节曲折,语言优美,说唱兼有,广为传咏。

本区今后旅游资源开发的方向,应以雪山高原、宗教文化、藏族风情观光旅游和登山探险、狩猎、科考及汽车越野拉力赛等专项旅游为主。

7.4.1.4 旅游业发展现状

本区目前自然、交通等方面的制约因素较多,除拉萨、日喀则和西宁、格尔木等少数中心城市外,大部分地区的旅游基础设施和服务设施简陋,旅游业还不甚发达,大众旅游开展难度较大,自助旅游遂成为主要形式。但本区旅游资源得天独厚,旅游魅力经久不衰,随着当代社会更便捷的信息渠道和多样化旅游形式的出现,特别是 2007 年进藏铁路的开通运营,青藏高原,尤其是西藏将迎来旅游发展的高潮。

7.4.2 主要旅游城市与旅游资源精粹

7.4.2.1 拉萨市

为西藏自治区首府,海拔 3 700 米,是全世界海拔最高的城市之一。"拉萨"在藏语中意为"神仙居住的地方",又因光照充足而得名"日光城"。虽然进入藏区的道路有多条,但人们仍以"到达拉萨"作为衡量进入西藏的标准,毕竟,这里是西藏政治、经济和文化的中心,也是藏传佛教文化氛围最为浓郁的地方。

拉萨城南流淌着美丽的拉萨河,城北则是巍峨的高山。全市大致可分为东部的老城区和西部的新城区两部分,著名的大昭寺、八角街位于老城区,而拉萨乃至整个西藏的象征——布达拉宫则高高耸立于新城区的玛布日山上。

布达拉宫 为一组石木结构、气势雄伟的宫堡式建筑,占地 41 公顷,主楼垒高 13 层,通高 178 米,东西长 420 米,南北宽 300 米,有殿堂房舍近万间,建筑面积 13 万平方米。在西方人眼里被视为"垂直的凡尔赛宫"。"布达拉"藏语意为"佛教圣地",历史上曾是西藏"政教合一"的统治中心,历世达赖喇嘛冬季都居住在这里。整个宫殿按颜色分为白宫和红宫两大部分,白宫最高处为达赖喇嘛的寝宫,红宫内有 8 座达赖的灵塔和经堂,最为富丽堂皇。布达拉宫建筑群布局自然匀称,主题突出,显示了藏族建筑师的杰出才华。其内壁画、珍宝无数,是藏族文化艺术的巨大宝库。布达拉宫脚下有碧波荡漾的龙王潭和耗资亿元、全部以花岗岩石板铺就的宽广的布达拉宫广场。

大昭寺 位于老城中心,周围是客商云集、游人如织的八角街。该寺始建于

7世纪中叶,距今1 300多年,建筑面积2.5万平方米。以建筑精美、壁画生动而闻名,传说是吐蕃松赞干布为纪念文成公主入藏和在西藏宣传佛教而建立的第一座庙宇,具有唐代建筑风格,并吸收了印度和尼泊尔等国的建筑艺术特色。寺内多处景观与文成公主相关,如大殿中有文成公主带来的释迦12岁时的等身镀金佛像,两侧为松赞干布和文成公主、尺尊公主的塑像,寺前的唐柳据说为文成公主亲手所植。从寺中楼顶还能眺望布达拉宫雄姿,门前为拉萨市民休闲广场。

哲蚌寺 位于西郊山坡,面积25万平方米,是全藏规模最大的寺庙,被历代达赖奉为母寺。寺院楼宇相连,上下重叠,宛如一小型山城,其大殿经堂可同时容纳9 000喇嘛诵经,气势非常宏大。哲蚌寺展佛是西藏重大的宗教活动,场面极为壮观。

罗布林卡 "林卡"即为藏语中的"园林"。罗布林卡园林曾是历世达赖的夏宫,西藏最有名的园林之一,如今也是拉萨市民节日游园的中心场所。规模巨大,占地约36万平方米,几乎相当于天安门广场的大小。园内的格桑颇章宫建筑精美。每年8月上旬的雪顿节,这里都要演出藏戏。与罗布林卡相望,市南的拉萨河边还有一座建在河中沙洲上的加玛林卡。

八角街 环绕大昭寺的特色商业街道,宽约10米,长约1 000米,两侧全为各种藏式风格的店铺和摊点。此处出售的民族工艺品和民族生活用品种类繁多,令人目不暇接,已成为国内外游客了解西藏民风民俗的一扇窗口。在此还能遇见不少因为爱上西藏而留下来的异乡人,以艺术家居多,与他们在附近酒吧交流旅游心得,也是西藏之旅的美好回忆。

7.4.2.2 羊八井和纳木错

羊八井位于拉萨市北约90千米的青藏公路边。这里地质活动活跃,地热资源丰富,蒸腾的热气升腾在宁静的山岭与河谷之间,景观十分独特。当地已建成地热电站,成为特色旅游景点。电站外的地热温泉泳池对游人开放,附近河滩景色秀丽。

纳木错位于拉萨以北约250千米的当雄县内,"纳木错"藏语意为"天湖"。是世界海拔最高的大湖,湖面海拔4 718米,面积1 961平方千米。湖边雪峰连绵,其中海拔7 111米的念青唐古拉峰更为挺拔秀丽,是1990年北京亚运会圣火的点燃地。湖区以南的当雄草原每年夏天都要举行盛大赛马会。

7.4.2.3 日喀则市

为西藏第二大城市,位于拉萨市西250千米外的年楚河汇入雅鲁藏布江处,是一座有着500多年历史的古城,民主改革前后是西藏地区的政治、宗教中心,现为西藏西南部农牧产品集散地和交通中心。市区景点不多,但街头藏式民居地方特色颇为鲜明。城北有残存的古代城堡,在夕阳映衬下格外苍凉。当然,人们游日喀则的主要目的还是游览过去历世班禅的驻锡地——扎什伦布寺。

扎什伦布寺 位于日喀则城西尼色日山下,由达赖一世公元1447年主持修建。藏语"扎什伦布"意为"吉祥须弥山"。寺庙规模宏大,方圆约2千米,建筑面积30万平方米,巍峨庄严,金碧辉煌,豪华程度可与拉萨布达拉宫相媲美。寺内文物以历世班禅灵塔、第10世班禅大师真身佛像和大强巴佛最为珍贵。

游人在日喀则办妥边境手续,还可到中尼边境的樟木口岸观光,也可乘车前往珠穆朗玛峰自然保护区游览,但需遵守生态旅游的规则,尤其要处理好垃圾回收问题,以确保珠峰保护区生态环境不受任何污染。

7.4.2.4 阿里和山南

西藏旅游资源丰富,分布广泛,但由于交通不便,一般游客很难前往。除拉萨和日喀则两大城市外,旅游景点集中的还有阿里和山南地区。

阿里位于西藏西部,平均海拔5 000米以上,自然条件极为艰苦,当年孔繁森同志就曾在这里工作和生活过,但壮丽的山冈、荒凉原始的大地和高高耸立的古格王朝遗址却又令人向往。阿里被称为"西藏的西藏",只有勇士才能亲自到那里去领略大自然的极致之美。

山南的雅砻河谷地则与荒凉的阿里完全不同:雪白的冰峰、浓密的森林、蜿蜒的河流、丰饶的牧场和碧绿旖旎的田园风光,与桑耶寺、昌珠寺、藏王墓等人文胜迹和传统藏式民居交相辉映,组成了一幅美丽动人的图画。

7.4.2.5 西宁市

为青海省省会,是一座海拔2 275米的高原城市。冬寒夏凉,无气候学意义上的夏季,是著名的避暑胜地,每年5—9月为最佳旅游季节。西宁历史上是内地与西藏交通的必经之地,古称"西海锁钥"。市周青山起伏,城内湟水流动,城市宁静而优美。东关清真大寺是西北地区四大清真寺之一。附近主要景点有塔尔寺、青海湖、日月山、瞿坛寺、孟达天池和龙羊峡水电站等。

塔尔寺 坐落于西宁市区西南24千米处的湟中县境内幽深的莲花山坳里。湟中是藏传佛教格鲁派创始人宗喀巴的诞生地,塔尔寺也因此作为格鲁派六大寺院之一在藏族同胞中享有崇高威望。整个寺院占地40万平方米,房屋多达9 000余间。是一座形式独特、布局严谨、融有汉藏两族艺术风格特点的宏伟建筑群。雄踞中心、金碧辉煌的大金瓦殿为其主体建筑。寺内珍藏着极为丰富的文物,酥油花、堆秀和壁画被称为"塔尔寺三绝"。尤以酥油掺和颜料制成的酥油花最为著名,有人物、动物、花草、建筑等各种造型。寺内辟有专门的酥油花陈列馆。农历正月十五、四月十五、六月初七、九月二十二,寺中都要举行盛大的法会,人称"四大观经",届时人潮涌动,十分壮观。

7.4.2.6 青海湖和日月山

青海湖 中国最大的咸水湖,面积 4 635 平方千米,湖面海拔 3 196 米,平均水深 20 米,透明度达 8.9 米,湖水清澈湛蓝,称"青色的海",故得名。在蒙语中此湖又被称为"库库诺尔",藏语称"温布错",意思亦为青色之湖。

青海湖湖面辽阔,近看水质清纯,远望水天相接,景色十分壮美。湖中盛产肉嫩味鲜的裸鲤(无鳞湟鱼),其面积仅 0.11 平方千米的鸟岛是中国有名的候鸟栖息地,最多时竟聚集了 10 万只以上的候鸟,乃蔚为壮观的一大高原盛景,现已被辟为国家级自然保护区,游人可在指定地点观赏。湖畔有广袤草场,牛羊成群,帐房点点,风景如画。21 世纪初开始的环青海湖自行车拉力赛,将这个美丽的地方介绍给了全世界。

日月山 横列于青海湖东侧,绵延数十千米,为唐代文成公主入藏时途径的地方,山口分别建有纪念文成公主的日亭和月亭,山麓有自东向西流的"倒淌河"。日月山是一条重要的农业地理界线:其东是肥沃的湟水谷地农耕区,其西是青海湖周放牧区。此山还是古丝路和唐蕃古道的咽喉之地,至今留有许多文化胜迹。

在西宁通往拉萨的国道 109 线——青藏公路沿途,经常可以遇见手持念珠,背着简单行囊,用身体丈量着脚下的路,一路磕着"长头"赶往拉萨朝拜的虔诚信徒。这就是藏传佛教对藏区群众深刻影响的具体体现,也是外人不可思议却又无法不为之感动的一道风景。

7.4.2.7 格尔木市

位于柴达木盆地南部昆仑山前戈壁滩上,"格尔木"为蒙古语,意为"河流密集之地"。这里过去曾是一片牧场,新中国成立后因修建青藏公路和铁路而兴起成为青海第二大城市。地理位置相当重要,青藏铁路一期工程至此终结,二期工程由此连入拉萨,青藏、青新、敦格等公路干线亦交汇于此,是祖国内地陆路进出西藏的主要通道,并有民航机场,有航班通往西宁、兰州、拉萨等地,为发展过境中转旅游提供了条件。主要旅游景点有察尔汗盐湖及其"万丈盐桥"、昆仑山口等。

7.5 港澳台中西文化海岛风光旅游区

位于我国南部沿海，包括香港特别行政区、澳门特别行政区和台湾省。

7.5.1 区域概况

本区域位于我国南部热带、亚热带地区，自然地理上与华南热带海滨现代风貌旅游区联系密切，但由于行政管理体制的特殊性而单独列为一个旅游区。

香港地处珠江口东侧，与深圳相连，由九龙半岛、香港岛和附近大屿山等260多个离岛组成，面积约1 100平方千米。自古为中国领土，1840年后由英国政府管治，1997年7月1日回归祖国，成立香港特别行政区，实行"一国两制"。

澳门地处珠江口西侧，与珠海接壤，与香港隔海相望，包括澳门半岛、氹仔岛和路环岛三部分，面积原为16平方千米，近些年由于大规模填海造陆，面积已扩展至27.3平方千米。自古为中国领土，1553年后由葡萄牙政府管治，1999年12月20日回归祖国，成立澳门特别行政区，与香港一样，实行"一国两制"。

台湾省位于中国东南海上，西隔台湾海峡与福建省相望，由台湾岛、澎湖列岛和钓鱼岛等岛屿组成，总面积3.6万平方千米，其中台湾岛为中国第一大岛。1895年后曾被日本割占，1945年回归祖国。

7.5.1.1 地理环境特征

（1）自然地理环境

本区的台湾、香港和澳门三地互不相接，但在自然地理上却具有相对一致性，即均处于东亚、东南亚和中国大陆之间，濒临海洋，位置优越。

台湾四面环海，中部有北回归线穿过，属亚热带—热带海洋性季风气候，冬夏季风交替，大部分海岸受暖流影响，平原地区长夏无冬，山区具有完整的垂直地带性，从山麓的热带依次过渡为山顶的寒带气候。降水量丰富，年均2 000毫米以上，农作物可以一年三熟，动植物种类丰富，因而台湾有"宝岛"之称。

香港和澳门地区属亚热带海洋性季风气候，夏季炎热潮湿，冬季微冷干燥，春秋两季不明显。全年平均气温22℃，7月均温28℃，降水量也很充沛，接近2 000毫米。

本区5—11月台风活动频繁。此外，台湾还位于亚欧板块和太平洋板块接触带，属环太平洋火山地震带的一部分，近代火山地貌景观典型，地热资源丰富，多温泉,有100余处,但也常受地震灾害威胁。

(2) 人文地理环境

本区在政治体制上具有不同于大陆省份的特殊性,已回归祖国的香港和澳门地区实行"一个国家,两种制度",即它们都是中华人民共和国的地方行政区域,但为保持当地社会稳定、促进经济发展,仍旧保留其原有资本主义制度和生活方式。

本区对外交通便利,可进入性良好,是远东的交通枢纽。除澳门无深水港外,香港和台湾都拥有天然良港,且三者都拥有国际空港,香港、澳门的陆地交通还与中国内地连为一体,是进入中国内地的主要门户。

本区地域狭小,但外向型经济发达。香港、台湾与200多个国家和地区有贸易往来。香港是中国面向世界、沟通海外的重要窗口,全球金融中心、贸易中心,更是著名的自由港,除烟草、酒类等少数商品征税外,一般生活消费品均可免税进口,因此市场上各国商品云集,价格偏低,被誉为"世界商品橱窗"和"购物天堂",尤以服装、皮革制品、化妆品、珠宝首饰、电子产品、钟表和洋酒等最为热销。澳门也是自由贸易港,但高档商品不如香港丰富。

7.5.1.2 旅游资源特色

由于历史的原因,本区三地曾长期与祖国大陆分隔而治,却与西方文化融合甚多,形成了既有古色古香的中国庙宇和传统民居,又有庄严肃穆的天主圣堂和异彩纷呈的西洋建筑,中西文化珠联璧合的人文景观,以港、澳两地较为典型。又因地处南亚热带和热带海岛、海滨,其南国风光浓郁,不乏阿里山、日月潭、太鲁阁、太平山这样的山水美景与清水断崖(台湾)、浅水湾和长沙湾(香港)、黑沙湾(澳门)这样的优美海滨胜景。

本区经济发达,商贸繁荣,一般商品普遍免税,现代都市氛围浓郁,加之高度开放,人气旺盛,澳门又允许博彩业合法化,这就为开展会展商务、美食购物和博彩旅游提供了得天独厚的资源条件。

随着港、澳回归祖国和台湾与祖国大陆逐步实现"三通",本区必将成为中国一个独具特色的旅游区。

7.5.1.3 旅游业发展现状

由于众多国际航空和航海线路在此交会,环球旅行的游客在前往东亚、东南亚时均可很方便地在本区逗留观光,同时香港通常又是美国、欧洲和澳大利亚游客进入中国大陆的第一站,更重要的是,港澳背靠中国大陆的特殊区位便于吸引数量庞大的内地客源,因而本区旅游业发展的市场相当广阔,增长速度可观。

香港旅游业崛起于20世纪60年代，90年代后发展尤为迅速，成为四大支柱产业之一。其最显著的特点是基础设施和人工游乐设施完备，各项旅游服务周到，并经常开展大型旅游节庆活动，是国际知名的旅游城市。尤其是高档酒店居多，半岛、文华东方、君悦等是其最具历史传奇、享有世界盛誉的顶级酒店；购物旅游发达，其消费占香港旅游收入的50%以上。香港是一个以第三产业为主的地区，因而大多数服务行业的工作都与旅游有着直接或间接的联系。美国著名的《时代》和《财富》杂志曾对全球旅游点做过专门调查，结论是：香港乃亚洲最佳旅游点；而以游客人次计算，香港更被世界旅游组织誉为最受欢迎的15个旅游点之一，且为其中唯一榜上有名的城市，即香港是名副其实的全球"最受游客欢迎的城市"。

澳门旅游业与博彩业是一对孪生兄弟，相伴而生，共同消长。20世纪90年代初期，旅游业成为澳门的支柱产业，旅游总收入占其生产总值的1/4，旅游从业人数占总从业人数的1/6。博彩业带旺了澳门的酒店、餐饮、零售、地产行业和其他相关消费领域，对拉动澳门旅游业的发展贡献不菲，其收入占旅游总收入的70%～80%，是澳门闻名世界的主要原因。

台湾地方当局一直比较重视旅游业的发展，其入境旅游在20世纪80年代中后期就已经迅猛增长，但90年代后开始趋缓。在1987年以前，台湾尚不允许居民回大陆探亲，因而岛内旅游发展很快，每年人均出游一次。但1987年后，出境旅游增长迅速，而岛内旅游处于停滞状态。新旧世纪交替前后，台湾全省旅行社数量已经达到450多家，且1/3以上经营国际旅游，旅游直接从业人数有90 000多。

近年来内地居民赴港澳旅游如火如荼，并持续升温，对本区旅游业发展贡献极大。例如，澳门旅游部门的统计数据表明：2013年第1季度外来游客在澳门人均消费为2 046澳门元，其中内地游客人均消费最高，达2 640澳门元，而香港游客人均消费仅为866澳门元。

7.5.2　香港旅游资源精粹

香港地方虽小，却与众不同，独一无二。中国的传统，西方的文化，加上150多年的殖民历史，香港恍若一个多元文化的万花筒，中西合璧，千姿百态。它不仅以购物天堂、美食之都和娱乐天地而闻名遐迩，更是动感和魅力十足的国际大都市。

太平山　位于香港岛西部，最高处海拔552米，山上建有凌霄阁和山顶广场，登临后北可俯视维多利亚港和九龙半岛，南可远眺辽阔的南中国海，是鸟瞰香港景致最佳的地方，被称为游览港九的"第一景点"。每到夜晚，维港两岸灯火辉煌，流光溢彩，而这美不胜收的香港夜景唯有到太平山顶才可一览无余，此已成为外来游客香港之行的必备节目。登山有缆车、敞篷观光巴士、半山人行自动扶梯和步行等多种方式。

中环 南倚太平山，北对碧波荡漾的维多利亚港。这里用钢铁与玻璃搭建起来的摩天高楼群与不多的几座西洋近代建筑和谐并存，为全港权力和财富集中之地——既是香港立法会和行政机关的所在地，又是大银行、跨国公司、豪华酒店和外国领事馆的汇聚之地，其中建筑高度分居全港第一、第二的国际金融中心大厦和中银大厦更为香港国际化大都市的标志性建筑。

香港会议展览中心 位于湾仔码头附近海滨，始建于1988年，耗资6.2亿美元由填海扩建的新翼，是1997年7月1日香港主权移交盛典的举行地，故一度成为世界关注的焦点，是一个值得纪念和每个中国人都感到骄傲与自豪的地方，已成为香港的新标志和最著名景点之一。整座建筑占地25万平方米，由铝合金与玻璃结合而成，外部造型远远望去如同一只向天空展翅飞翔的海鸟。拥有全球最大的流线型屋顶和最高的玻璃幕墙（30多米）。内设5个大型展览厅和多间会议厅，展览面积达4.66万平方米，是亚洲第二大会展中心，现每年在此举办的各种展览和交易会超过60场次。会展中心前辟有金紫荆广场，其上竖立着香港回归纪念柱和中央人民政府赠送给香港特别行政区政府的金紫荆花雕塑，并定时进行国旗和区旗的升旗仪式，成为每个内地旅游团必游的项目。

海洋公园 东南亚规模最大的水族馆及现代化娱乐中心之一。公园由南朗山顶和山下花园两部分组成。内设海洋天地、急流天地、儿童王国、水上乐园、雀鸟天堂等场馆。海洋天地又由海洋剧场、珊瑚礁水族馆、海涛馆等构成，海洋剧场内的海豚和海狮表演已经成为香港旅游的代表性景观。游人在珊瑚礁水族馆内可看到海洋生物的水下生活场景。中央人民政府赠予香港的一对大熊猫"安安"和"佳佳"也在园内的现代化馆舍中展出。

回归纪念博物馆 位于中环亚厘毕道，是一座典型的欧式建筑，原为香港总督府，1855年建成后，从1891年至1997年间，共有25位香港总督住在这里。1997年6月30日，最后一任港督彭定康就是在这里降下了曾悬挂了106年的英国国旗，象征着香港殖民统治的结束。如今这座建筑已经成为香港百年沧桑历史的见证，现已辟为回归纪念博物馆。马路对面山上有香港动植物园，免费向游人开放，从公园高处可俯瞰港督府全貌。

香港著名的博物馆还有香港历史博物馆、赛马博物馆、海防博物馆、铁路博物馆、茶具博物馆和上窑民俗博物馆等多处。

浅水湾 港岛南部,浪平沙细,滩床宽阔,坡度平缓,海水温暖,是香港最具代表性的美丽海湾。其东端的林荫下设有许多烧烤炉,搏浪戏水后的游客可在充满野趣的氛围中尽情品尝烧烤的美味;烧烤区旁边是富有佛教色彩的镇海楼公园,门前面海矗立着两尊巨大塑像"天后圣母"和"观音菩萨";海边远处建有七色慈航灯塔,气势雄伟,吸引着众多游客在此摄影留念。浅水湾的秀丽景色,使其成为港岛著名的高级住宅区之一,区内遍布别墅式和高层豪华住宅,其中包括香港巨商李嘉诚、包玉刚的私宅。这些依山傍海的建筑,构成了浅水湾的独特景致,令人眼界大开。

宋城 位于九龙荔枝角,是一处以宋代名画《清明上河图》为蓝本建造的仿古街区。城内建筑古色古香,在现代气氛浓郁的香港尤其显得别致。

迪士尼乐园 位于大屿山竹篙湾临海地段,原本是一片海洋。处在香港国际机场交通必经之路,游客可选用铁路、高速公路或渡轮抵达。占地126公顷(310英亩),是世界第五个、亚洲继日本之后的第二个和中国的第一个迪士尼乐园。2003年1月开工,2005年9月12日建成开业。香港迪士尼乐园的市场定位主要在华南和东南,其中香港本地、中国内地及外国访客各占1/3。园内主要景点有美国小镇大街、反斗奇兵大本营、幻想世界、探险世界和明日世界、灰熊山谷、迷离庄园(在建)几大板块。

香港街景 街景是香港给人印象最深的特色旅游资源。漫步香港街头,随处可见造型别致和装饰豪华的现代化高楼、商品琳琅满目的店铺、由各种高级轿车组成的滚滚车流、皮肤五颜六色和穿着多姿多彩的人群,真是令人目不暇接。购物已列入绝大多数访港游客的旅行计划中,可在逛街中顺便进行。单从浏览香港街景来说,最好的方式是乘缆车直上太平山顶,或乘游轮穿行于迷人的维多利亚港,或乘老式双层电车、敞篷巴士漫游中环至北角、尖沙咀、弥敦道等繁华市区,或随意步行穿梭于大街小巷,尽情感受香港的独特气氛。

美食购物 香港是"美食之都"。中环的兰桂坊和SOHO为时尚中西美食地带,许多新派的西餐厅、部分露天酒吧和食肆,把室内和户外的风景连成一体,极具休闲、浪漫的异国情调。而位于香港仔海湾中间的珍宝海鲜舫可容纳2 000宾客的船舫如同宫殿一般华丽,游人在品尝美味海鲜的同时还可欣赏湾内停泊的各种私家游艇,不禁眼界大开。鲤鱼门、铜锣湾、九龙城、赤柱、西贡等地也是美食天堂。

作为"购物天堂",香港购物场所众多,商品种类齐全,且一向紧贴世界潮流,全球各国新颖产品往往抢先运到,加上一般商品不征关税,购物环境和服务也堪称世界一流,在此购物,本身就是一种休闲和享受。

香港主要购物场所沿地铁线分布，大致可分为港岛和九龙两个地区。港岛以中环、金钟、铜锣湾、湾仔等地为主，九龙以尖沙咀、旺角、油麻地为主。一般来说，中环一带的商场大多比较高级，商品档次较高，价格自然也不低；而铜锣湾、尖沙咀一带是普通市民购物的好去处；至于旺角、油麻地一带，商品档次不高，价格也相对低廉。

位于中环的置地广场聚集名牌焦点，多年来拥有一级商场地位，广场内云集全球精品名牌，包括享誉国际的设计大师专门店、走在潮流尖端的男女便服店、高级首饰珠宝店等，是名媛贵胄最爱流连的购物热点；位于金钟的太古广场，格调高尚优雅，内设数家大型百货公司如西武、马莎百货和不少国际著名品牌店；位于铜锣湾的时代广场，集休闲、购物、美食于一身，商店超过 300 家，是包罗万象的超级市场及家居广场；位于尖沙咀的海港城，商店超过 700 间，号称全港最大，由多个购物中心组成，在这里可买到环球名牌时装、珠宝首饰、钟表、皮革、趣味精品、艺术摆设、精美陶瓷及玩具等；位于九龙塘地铁站上盖的又一城，汇集世界名牌男女时装、化妆品专门店；新界新城市广场连接沙田火车站，商场内吃喝玩乐、衣食住行应有尽有；名牌仓则集中了国际众多名牌断码和过季服饰。

此外，太空馆、香港公园、跑马地和沙田赛马场、长洲岛、南丫岛、大屿山宝莲寺和天坛大佛、青马大桥等，也是深受游客喜爱的观光旅游好去处。

7.5.3 澳门旅游资源精粹

澳门三面环海，属海洋性气候，景色旖旎，四季温暖宜人。城市虽然街道不宽，但十分整洁，建筑风格中西合璧，多彩多姿，且街道多以中文和葡萄牙文同时标明，异国风情十分浓郁，外来文化积淀深厚。澳门虽为弹丸之地，却被公认有三多：宾馆酒店多，达 110 多家；庙宇多，共有 60 余处，普济禅院、莲峰庙、妈阁庙为最大最古的 3 处；博物馆多，不少博物馆面积虽然不大，但展品却极具特色，被称为袖珍知识殿堂。

大三巴牌坊　澳门的标志性建筑。原本是圣保罗教堂（中国古称三巴寺）的前壁。教堂 1602 年筹建，1637 年竣工，形制独特，体现了欧洲文艺复兴时期的建筑风格与东方建筑特色的结合，是当时远东最大最古老的天主教堂。可惜于 1835 年不幸被一场大火焚毁，仅保留了石阶和前壁。因耸立的前壁形如中国式牌坊，故名。

大三巴牌坊为优质花岗岩建筑，由 30 多根古希腊式圆形石柱组成，壁上雕塑多姿多彩，十分精美，极具西方艺术韵味，被称为"立体的圣经"。夕阳西下时，阳光将浮雕细部清晰地勾勒出来，是观赏大三巴牌坊的最佳时刻。

议事亭前地　位于澳门最热闹的新马路中间，议事亭即现澳门民政署驻所，一座保持着16世纪葡式宫廷风格的二层楼房。最初称议事亭，后改为市政厅，但其前面的广场一直被称为议事亭前地并延续至今，地面以碎石铺成波浪形状，黑白相间，充满葡国小镇风情。广场中央有精美的地球仪喷泉，四周全是葡萄牙风格的古建筑。这里车辆禁行，人流涌动，为澳门人气最旺的商业步行街。

澳门旅游塔　位于南湾湖畔，为澳门最高建筑。塔高338米，游人可乘3部玻璃升降机登上58层的观光主层和61层的室外观光廊。其中观光主层距地223米，可放眼饱览55千米以内的澳门全景、珠海景色和南海风光。塔内设有可360°旋转的餐厅和180°旋转的空中酒吧，游人在游览的同时还可悠闲地享用美食和饮料。塔下为大型会展娱乐中心。

澳门博物馆　澳门的博物馆数量众多，比较著名的有澳门博物馆、海事博物馆、葡萄酒博物馆、赛车博物馆、林则徐纪念馆、土地及自然博物馆、"龙环葡韵"住宅博物馆等。

澳门博物馆原为建于1617年的大炮台，曾先后做过总督官邸、兵营，1998年始辟为博物馆。主要展示许多年前当地居民的生活场景、街头景色、中西民居旧貌，收集文物和展品3 000多件，是了解旧澳门民风民俗的窗口。

澳氹大桥　连接澳门半岛与氹仔岛，全长2 569.8米，宽9.2米，造型修长、洁白而优雅，是世界知名的跨海大桥之一，也是澳门的一个标志性建筑，又名"友谊大桥"。

妈祖阁　位于澳门东南部，是澳门三大禅院中最古老的一座。400多年前，葡人登陆澳门时，看到神庙，询问居民当地名称及历史，居民误以为是指庙宇，故答称"妈阁"，葡人音译为"MACAO"，遂成为澳门葡文名称的由来。又称天后庙，曾是澳门渔民祈求神灵保佑的圣地，这里依山面海，古树参天，风景优美。与澳门多数庙宇佛道不分、和谐共处的情况一样，妈祖阁里也是既供妈祖，又供观音，还有孔明。游客到此可以从香烟缭绕中了解特殊的澳门民俗。每逢农历三月二十三日妈祖生日这天，此地就更加热闹。该日也是全澳门一大节日。

主教座堂　又称大堂或大庙，历史悠久。始建于1567年，本为一幢小型建筑，1849年由天主教集资捐款，重新改建成今日的外形规模。1937年再次被改建为三合土建筑，形成现在壮丽辉煌的外观。座堂的最大特色是里面装嵌着富有艺术性的彩色玻璃，以及正面拥有的左、右双塔式建筑物。凡是澳门教会的大庆典，必在此举行。建筑富有西班牙宗教色彩，外形庄严纯洁，内部精美别致，曾保存有不少天主教遗物古迹。

博彩之都 澳门为世界三大赌城之一，博彩业是澳门经济的重要支柱，因之而起的"博彩观光"旅游模式独树一帜，相当兴盛，最大赌场葡京娱乐城就是澳门的标志性建筑和最吸引游客的地方。澳门博彩业可分为幸运博彩，赛狗赛猫和彩票三种类型。其中幸运博彩已有150多年历史；赛狗始于20世纪30年代，后曾中止，60年代又重新举办；彩票收入次于前两类。博彩业吸引了世界各地的游客，澳门因此被称为"东方的蒙特卡罗"，与蒙特卡罗和拉斯维加斯齐名。此外，澳门有价值的景点还有澳门赛马场、东望洋山、西望洋山和路环岛的黑沙湾、竹湾海滨等。澳门旅游与香港联系甚密，在澳门可以直接使用港币，游客自香港到澳门不用再兑换澳门币，这就极大地方便了游客，也加强了区域间的旅游合作。

7.5.4 台湾旅游资源精粹

台湾素有"宝岛"之称。由于地质运动强烈，地貌类型多样，形成许多优美壮观、富有观赏价值的天然景色，如阿里山、玉山、大屯火山群等山地景观，玉女头、仙女鞋、梅花石等造型优美的海岸地形和海滨浴场，以及形状独特的珊瑚石灰岩地形等。在复杂地形和充沛雨量的作用下，发育了数量众多的瀑布、湖泊，如乌来瀑布、木瓜瀑布、蛟龙瀑布、日月潭等，配以丰富的植被、花卉，蝴蝶点缀其间，景色十分美丽。

台湾古迹丰富，尤以"妈祖庙"数量最多，达400多座。高山族民族风情也是台湾的一大特色。

台北、基隆和台中为岛内主要旅游中心城市。

台湾八景 台湾旅游资源的精华，分别为："大屯（火山群）春色"，"双潭（日月潭）秋月"，"阿里云海"，"玉山（位于北回归线上，海拔3 952米）积雪"，"澎湖（列岛）渔火"，以及莲花县的"鲁阁幽峡"、莲花北部的"清水断崖"和台南市的安平堡古镇。

故宫博物院 地处台北市郊，收藏了1949年从北京故宫、沈阳故宫和承德避暑山庄运至台湾的数十万件中国历代文物瑰宝，加上后来在世界范围内广泛征集的文物，总数达65万件。每年展出2万件，除极少数罕见珍品外，绝大多数展品每3个月更换一次，十年才能将全部文物展览一遍，是世界屈指可数的东方艺术宝库，也是中外游客台湾之行的必到之处。为纪念孙中山先生百年诞辰，台湾故宫博物院又名"中山博物院"。

北投 地处台北盆地东北角，距市区12千米，是台湾省的主要名胜区之一。区内有北投温泉，温泉涌出之地名叫地狱谷，虽然热气腾腾，貌似地狱，但温泉浴室处处可见，游客浴毕，人人心满意足，是真正的旅游天堂。

台湾美食购物 台湾美食主要有山河肉、贡丸、爱玉冰、柴鱼、珍珠奶茶等。台北夜市是特色旅游去处，台湾的珊瑚工艺品、蝴蝶标本等也是著名旅游纪念品。

[案例]

梭嘎长角苗族生态博物馆

1971年第9次国际博协会议提出生态博物馆的概念之后，诞生了以法国"克勒索蒙特索矿区生态博物馆"为代表的第一批生态博物馆。到20世纪末，生态博物馆已成为流行的一种保护和保存文化遗产的特殊形式。目前全球共有300多座生态博物馆。1997年，中国第一座生态博物馆——梭嘎生态博物馆在贵州建立，保护对象为一支仅有4 000多人的苗族——长角苗，标志着中国博物馆开始接受生态博物馆这样一种新模式。

界定传统博物馆的标准相当清晰：拥有一定的藏品和特定的博物馆建筑。生态博物馆则突破了藏品和建筑的概念，将保护对象扩大为文化遗产，将保护范围扩大到文化遗产留存的区域，并引入社区居民参与管理的方式，同时寻求文化遗产在未来的延续和发展。这种方法成为保存和理解某一特定群体整体文化内涵（既包括物质的，也包括非物质的）的长效工作方式。

文化保护新方式 梭嘎生态博物馆主要分两个部分：资料信息中心和12个长角苗村寨文化区。其中资料信息中心传承了传统博物馆的功能，目前拥有展览厅、接待厅、招待所及科学研究中心，配备现代化科研条件，采用以计算机手段为主的文化保护和发展研究方式，提供对长角苗遗产保护的巨大保障，将在开发旅游过程中可能产生的民族文化的同化、退化、商品化和庸俗化减小到最低限度，特别是收藏保管这种将物质文化分离出来的方式，使物质文化实体处于完全保护之中，有利于文化的保护和发展。

12个长角苗村寨文化区则是生态博物馆新型保护方式——文化遗产原地原状保护的体现。文化遗产包括自然景观、建筑、可移动实物、传统风俗、民俗风情等具有特定价值和意义的文化因素，不仅是物质形态的文化，更多的是非物质形态的文化，如何整体地进行保护显得非常重要，生态博物馆原地原状的保护方式因此应运而生。

梭嘎生态博物馆的保护范围在空间上是12个长角苗村寨的社区环境，在时间上是现状地保护4 000多长角苗民的长期历史，并寻求未来的发展。它主要从建筑物及其他相对固定物入手，原状地保护整个社区内物质形态的文化，作好科学的记录、标识，并以此为基础，通过与社区居民合作对文化进行保护。这种方式使文化遗产不脱离原先的文化生态，文化遗产与遗产载体得以时空整合，更为有效地发挥文化原生性、真实性和稀缺性所具有的价值，旅游吸引力更强。因此可以说，对生态博物馆保护形式的借鉴是传统旅游保护方法的突破。

开发新方式 从梭嘎生态博物馆来看，其资料信息中心建筑是仿造长角苗建筑而成，本身就具有很强的观赏价值，旅游开发潜力巨大，加上目前收藏的文物古迹和现代化的设施及手段，以及12个长角苗社区原生的文化资源，早已使这个地图上找不到的地方闻名世界，游客络绎不绝。可见，依托生态博物馆开发遗产旅游，发展地区经济，是长角苗文化未来延续和发展的保障。同时有博物馆专家和工作人员的引导，社区居民的积极参与，文化遗产旅游作为新兴的旅游方式势必前景光明。

管理新方式 进行生态博物馆管理的主体有两个：即公共机构和当地居民。公共机构的参与是通过有关专家、设施及设施机构所提供的资源来实现的，当地居民的参与靠的则是他们的志向、知识和个人的途径。这种社区居民参与管理的形式是传统博物馆管理形式的重大突破，有利于将物质文化实体和非物质文化实体的保护开发结合起来，从而实现遗产旅游的可持续发展。

（资料来源：http：//www.geographysky.com/renwen/shengtaibowu.htm）

本章小结

西南旅游区的空间范围包括四川、云南、贵州和广西3省1区，突出特色在于奇山异水和民族风情，主要旅游中心有成都、昆明、贵阳、桂林、南宁等。

西北旅游区的空间范围包括甘肃、宁夏和新疆2区1省，突出特色在于丝路古迹和大漠绿洲，主要旅游中心有兰州、乌鲁木齐和银川等。

塞外旅游区的空间范围与内蒙古自治区重合，突出特色在于草原风光和民族风情，主要旅游中心有呼和浩特和包头。

青藏旅游区的空间范围包括青海省和西藏自治区，突出特色在于雪山高原和宗教文化，主要旅游中心有拉萨、日喀则、西宁和格尔木。

港澳台旅游区的空间范围即香港特别行政区、澳门特别行政区和台湾省，突出特色在于中西文化和海岛风光，主要旅游中心有香港、澳门和台北、基隆、台中等。

▰ 课堂讨论题

1. 谈谈西北各省区开展旅游合作的必要性与主要途径。
2. 谈谈香港美食购物和澳门博彩业与其旅游业发展的内在联系。

复习思考题

1. 简述西南区旅游资源的突出特色与基本开发格局。
2. 简述西北、西南两区自然景观旅游资源的主要差异及其成因。
3. 简述港澳台中西文化交融特点在其旅游资源特色和开发利用方向上的具体体现。
4. 简述宗教文化对青藏区旅游资源形成的深刻影响。
5. 简述内蒙古旅游开发的主要制约因素及其克服对策。

8 外国旅游地理分区（上）

学习要点

- 了解东亚、东南亚、南亚、西亚与中亚、欧洲及北亚5大旅游区的旅游资源特征
- 熟悉日本、韩国、新加坡、泰国、印度、土耳其、埃及、英国、法国、西班牙、意大利、德国、俄罗斯等国的自然环境和人文状况，掌握其旅游业发展现状、旅游资源特色和主要旅游胜地

按照前述旅游地理区划原则和方法，本书将全球分为东亚、东南亚、南亚、西亚与中亚、欧洲及北亚、北美洲、拉丁美洲、北非、南部非洲、大洋洲和南极洲11大旅游区，见图8-1、图8-2、图8-3。

8.1 东亚旅游区

东亚旅游区位于亚洲东部、太平洋西岸。包括中国（另述）、日本、韩国、朝鲜、蒙古等国，是亚洲面积最大、旅游资源最丰富的地区。壮美的山水风光与悠久的历史文化相映生辉，构成了本区最主要的特色旅游资源。

8.1.1 旅游资源特征

8.1.1.1 地理环境复杂多样，自然景观丰富多彩

本区地理环境复杂多样，北有千里冰封的林海雪原，南有亚热

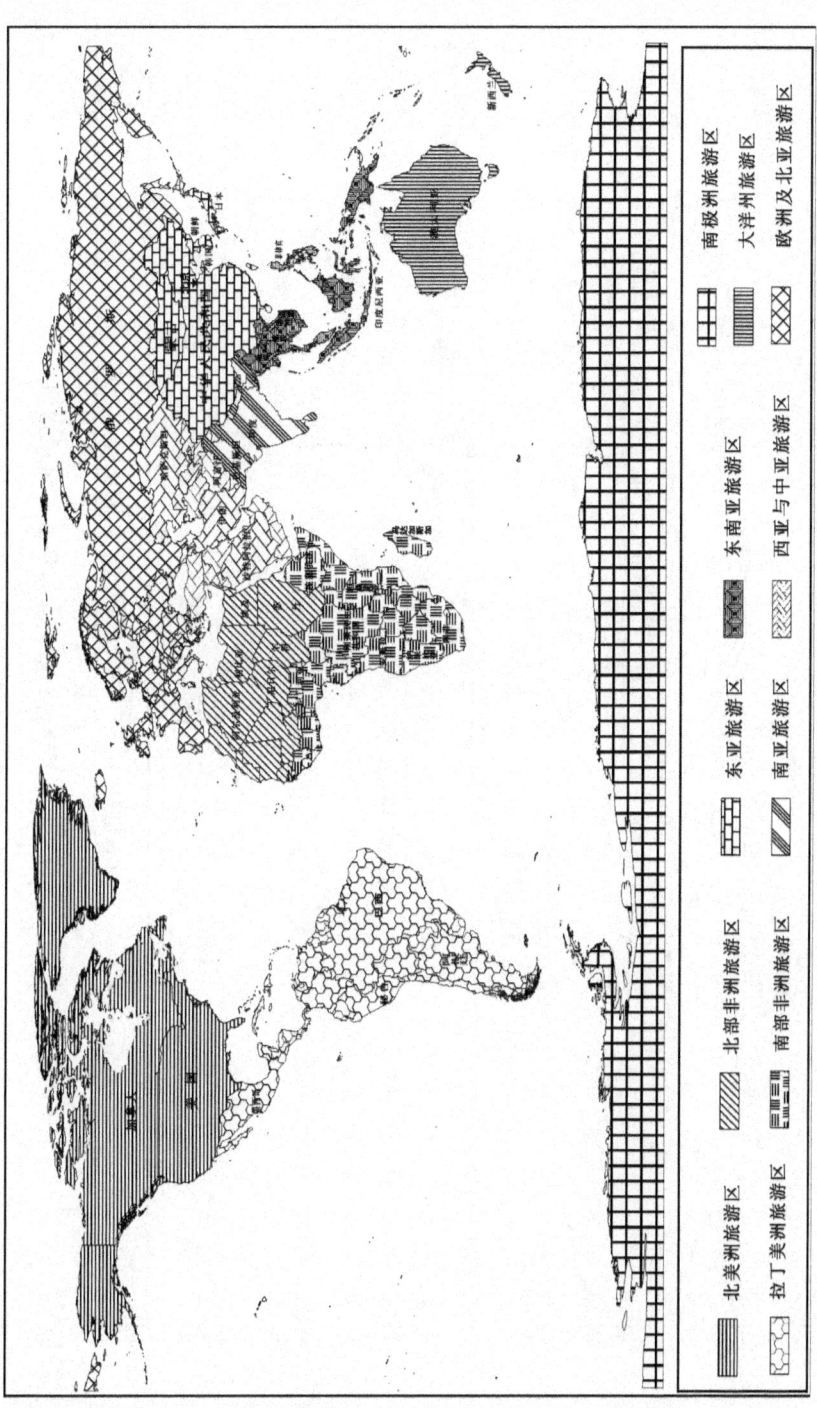

图8-1 世界旅游地理分区示意图

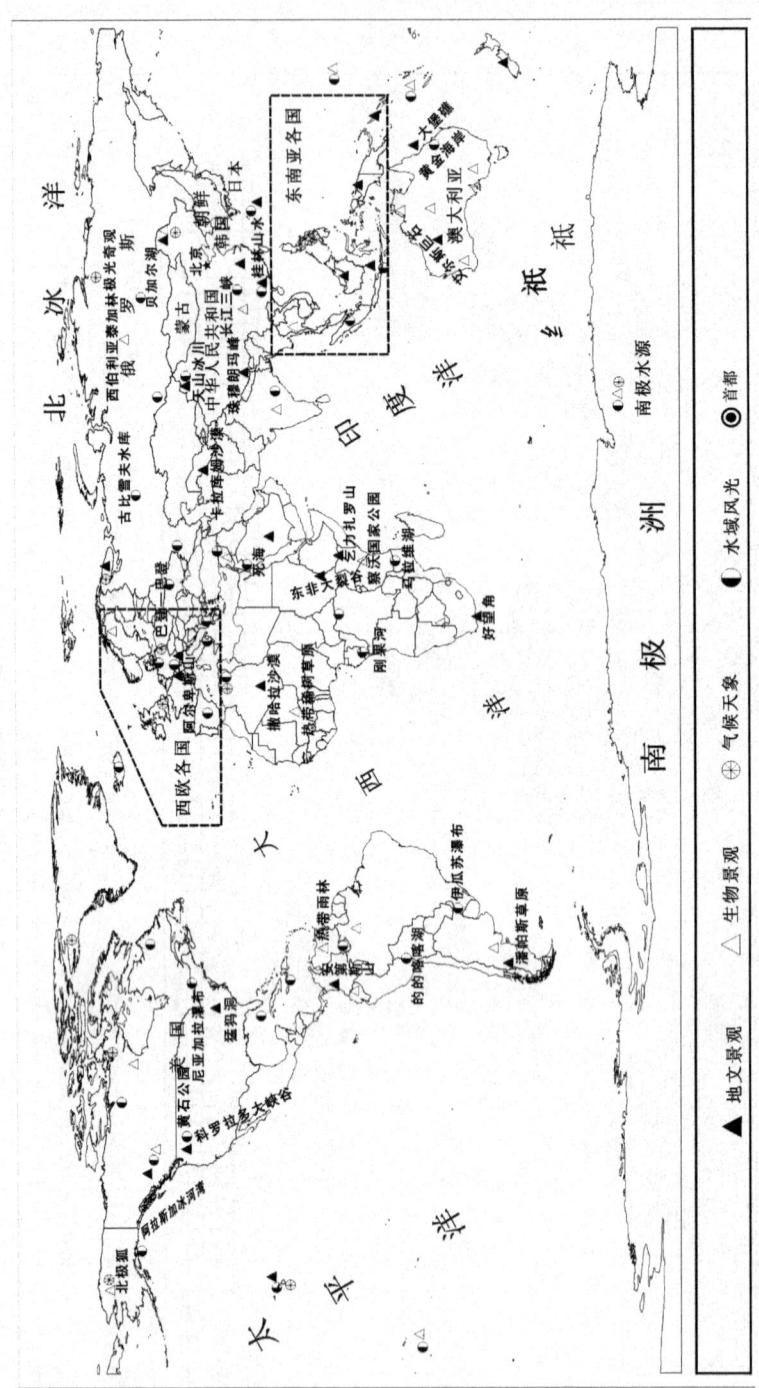

图8-2 世界主要自然景观旅游资源分布示意图

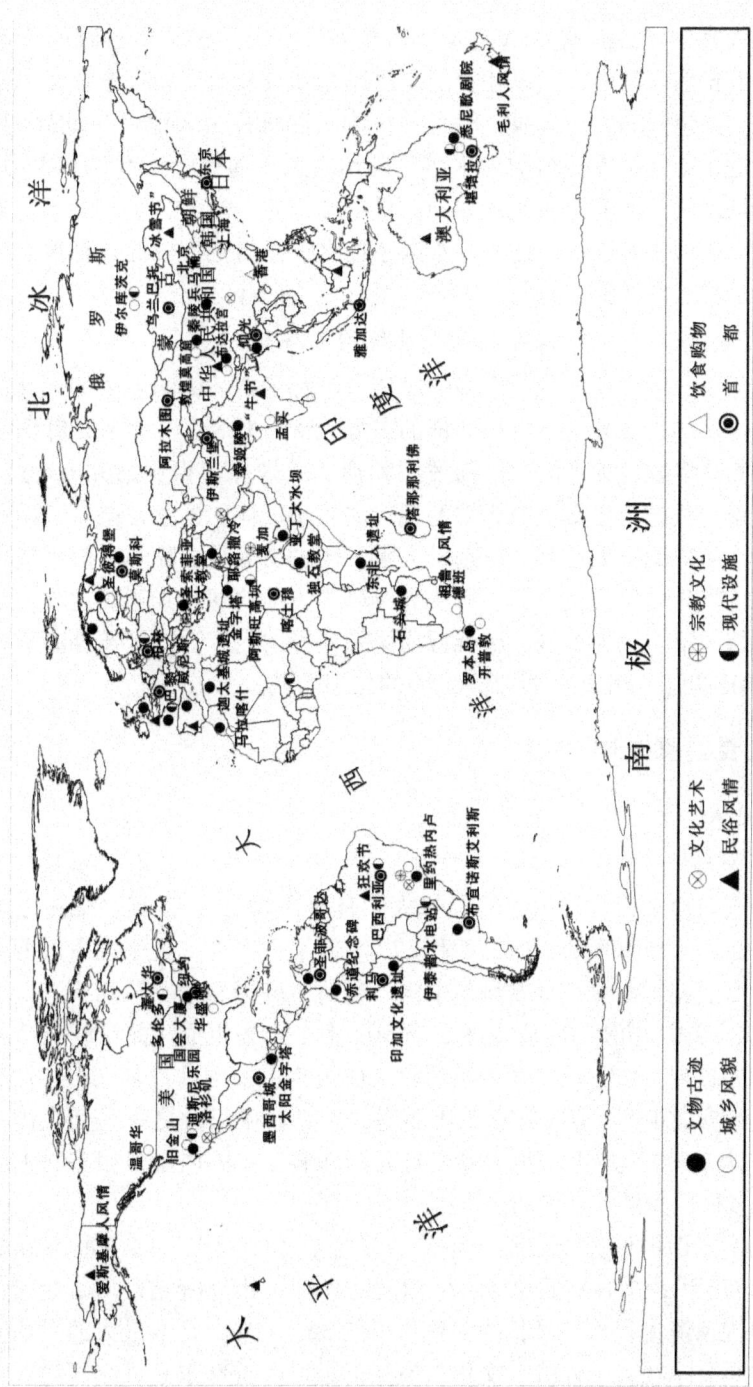

图8-3 世界主要人文景观旅游资源分布示意图

带海岛的宜人气候，沿海有景色迷人的阳光海滩，内陆有空旷辽阔的草原大漠……在众多的自然风景中，尤以壮美的山岳风光和众多的河湖泉瀑独领风骚。日本的富士山、琵琶湖和大量温泉，朝鲜的金刚山和长白山天池（中朝界湖），韩国的雪岳山等，都是世界著名的山水游览胜地。东亚岛弧上还有许多火山奇观。本区境内海域辽阔，海滨海岛风景如画。日本的松岛，韩国的济州岛等，均是享誉世界的滨海度假旅游胜地。此外，本区还拥有丰富的生物资源，且多古老孑遗物种，如大熊猫、金丝猴、野马、银杏、水杉、珙桐等。

8.1.1.2 历史悠久，文化灿烂，人文景观绚丽多姿

悠久的历史、灿烂的文化、众多的民族，孕育了本区绚丽多姿的人文旅游资源。其丰富多彩的人文胜迹，古朴浓郁的东方风情，尤令世人瞩目。韩国的历史文化遗迹达680多处，其中的古代新罗王朝遗迹，号称"世界第九大奇迹"；日本则是一个融悠久的历史文化与辉煌的现代文明于一体的国家，奈良、京都、镰仓是探寻日本历史的三大古都，东京、大阪、名古屋等是国际知名的现代化大都市，东京迪士尼乐园等是集展览、科普和游乐于一体的现代景观。此外，东亚多姿多彩的民族风情，也为本区旅游资源增添了精彩的内容。本区还拥有东京、京都、首尔（汉城）、釜山等一批享誉世界的旅游名城。

8.1.2 主要国家概述

8.1.2.1 日本

（1）自然环境

日本的国名含义为"日出之国"、"太阳升起的地方"，又有"樱花之国"的称号。日本是一个呈弧形的岛国，面积37.78万平方千米，位于太平洋西侧，西隔东海、黄海、朝鲜海峡、日本海与中国、朝鲜、韩国和俄罗斯相望。国土由北海道、本州、四国、九州4个大岛和约3 900多个小岛组成。海岸线长3万多千米，多海湾和良港。由于地处太平洋西岸火山地震带中，日本多火山、地震，被称为"火山地震之邦"。境内约有270多座火山，其中三分之一是活火山。每年有感地震多达1 500次以上，为世界上有名的地震区。国内温泉很多，大小温泉约有1 200多处，为世界著名的温泉国。

日本是个多山的国家，山地丘陵约占国土面积的3/4，国内最高峰是富士山，海拔3 776米，是日本的象征。境内地势多变，山地崎岖，河谷交错，多急流瀑布。境内河流流程短，最长的信浓川长约367千米。日本最大的平原是关东平原，这里是日本社会、经济、文化最发达的地区，首都东京、全国第二大城市

横滨和川崎等大城市都位于这个平原。最大的湖泊是琵琶湖，面积672.8平方千米。由于地处海洋的包围之中，属温带海洋性季风气候，夏秋两季多台风，6月份多梅雨。山中碧绿的湖泊、怪石嶙峋的峡谷、湍急的河流、峻峭的山峰、雄壮的瀑布等，常年吸引大量国内外游客，令人流连忘返。

（2）人文状况

日本人口约1.27亿（2012年），城市人口约占80%以上。民族构成比较单纯，大和族占总人口的99%以上，仅在北海道地区有少数的阿伊努族人。日本居民中还有一部分外侨，截至2011年，在日中国人约67.49万，在日的韩国、朝鲜人约54.54万，大多聚居在横滨、神户两市。通用的语言是日语。日本的文字与汉语有着悠久的历史渊源。日本是个多宗教国家，主要有神道教、佛教、基督教等，其中"神道"是日本第一大教，有1090万成年人信奉；佛教是6世纪经朝鲜传入日本的大乘佛教，有963万成年人信奉。

（3）旅游资源精粹与旅游业发展现状

日本是一个呈弧形的岛国，境内火山、温泉广布，高山峡谷、流泉飞瀑、古代亭台、千年古刹数不胜数。闻名遐迩的富士山、烟雾缭绕的阿苏火山、风光旖旎的沙滩浴场等自然风光绚丽多姿。人文景观旅游资源则以现代化的城市建筑以及颇具民族特色的歌舞、绘画、茶道、相扑等传统文化为主。松岛、宫岛、天桥立号称日本的三大绝景。著名的国立、国定公园有日光国立公园、上信越高原国立公园、富士箱根伊豆国立公园、秋吉台国定公园、冲绳海岸国定公园。主要名山有：富士山，高3776米，为日本最高峰，世界著名火山，被誉为"圣岳"；大雪山，高2290米，为北海道最高山；阿苏山，高1592米，为九州中部的活火山。

2011年日本入境游客为621.9万人次，旅游外汇收入110亿美元；出境游客为1699.4万人次。

（4）主要旅游胜地

有东京、大阪、横滨、名古屋、京都、神户、广岛、仙台、奈良、长崎等。

东京（Tokyo） 日本首都，位于本州中部，面积2162平方千米，人口约1301万（2010年），被称为世界第一大城市。前身是江户，1453年建城，1868年改名为东京，成为日本的政治、经济、文化和交通中心。东京也是一个工商业和旅游业发达的地区，银座是东京市最著名的商业区，区内摩天高楼林立，百货公司集中，霓虹灯耀眼，又有许多的娱乐场所，每到假日，车辆禁止进入，成为"行人天堂"。著名旅游景点有国会议事堂、皇宫、东京铁塔、迪士尼乐园、上野公园、银座等。

东京铁塔——日本最高的独立铁塔，1958年仿巴黎埃菲尔铁塔建造，高约333米，为东京的最高点，是东京的标志之一。

上野公园——东京最大的公园，面积52.5万平方米，有"史迹和文化财物的宝库"之称。这里原来是德川幕府的家庙和一些诸侯的私邸，1873年改为公园。主要古迹有宽永寺、德川家灵庙、东照宫、清水堂、西乡隆盛铜像等，这些江户和明治时代的建筑散落在苍松翠柏之中，与湖光山色十分相宜。园内还有东京国立博物馆、国立科学博物馆、国立西洋美术馆等。园西北有上野动物园，饲养着九百多种珍禽异兽，在园内的不忍池内，终年栖息着大量野生的黑天鹅、大雁、鸳鸯、鸬鹚和野鸭。池畔还有一个水族馆，里面有五百多种水生动物。动物园边上建有牡丹园，种植了70多个品种3 000多株牡丹。上野公园最著名的还在于每年春天盛开的樱花，去上野赏樱花是东京人的传统。

东京迪士尼乐园——距离东京市区约10千米，总面积82.6万平方米，1983年仿美国迪士尼乐园建造，为日本最大、最现代化的游乐场，也是亚洲第一个迪士尼风格的游乐场。其宗旨是集历史知识、童话故事、自然风光和现代科学之大成，寓知识于娱乐，力求各个年龄层次的人都能在此找到乐趣。园区主要分西部世界、冒险世界、奇异世界、世界市场、明日世界五个部分。

富士山——是日本的象征，位于东京近郊，海拔3 776米，是日本的最高山峰，也是世界最美丽的高峰之一，日本人奉它为"圣岳"、"不二山"。富士山下有五个湖，还有原始森林、瀑布和山地植物，湖光山色，景色十分美丽。一年四季不但自然景色妩媚之至，而且还有各种休闲活动的场所。夏季适于露营、游泳、钓鱼等，冬季则是滑雪滑冰的好场所。在富士山周围100多千米以内，人们远远就可以看到山顶终年白雪皑皑的美丽圆锥形轮廓，昂然耸立于天地之间，是那样的神圣、庄严、令人神往。在日本，人们认为"登上富士山顶是英雄"，这和中国的"不到长城非好汉"遥相呼应。

京都 位于本州中西部，东距琵琶湖不到5千米，北临日本海。公元794—1869年为日本首都，仿中国唐代长安和洛阳模式建城，有"千年古都"之称，是著名的国际文化游览城市。有清水寺、三十三间堂、京都御所、金阁寺、银阁寺、平安神宫、桂离宫等众多寺院及历史古迹。西北岚山，风光秀丽，因樱花和红叶而著名，龟山公园内建有周恩来诗碑。此外，还有京都大学、京都博物馆等。

大阪 古称浪速，又叫难波，19世纪起始称大阪。日本第二大城市，位于本州西南部，市内多河流，水域面积占大阪总面积的10%以上，故有"水都"之称，全市有1 400座桥。这里自古以来就是古都奈良和京都的门户，几代天皇均在此建都。大阪的名胜古迹主要有通天阁、大阪古城、天王寺、天满宫、万国博览会纪念公园、梅田繁华街、"虹街"地下城和新世界大街等。

8.1.2.2 韩国

（1）自然环境

韩国位于亚洲东北隅、朝鲜半岛南部，隔"三八线"与朝鲜相邻，面积9.94万平方千米，南北长约500千米，东西宽约250千米，东濒日本海，西临黄海，东南与日本隔海相望。国土的70%是山地和丘陵。东部海岸平直而水深，西部海岸较曲折而水浅，南部海岸是曲折多湾的沉降式海岸，散布着3 400个大小岛屿。河川宽广，流速缓慢，呈现大陆性特征，有汉江、锦江、洛东江等，最长的河流是洛东江，全长525千米。

韩国地处北温带，属温带季风气候，四季分明，南部表现为温和的海洋性气候特征。冬季寒冷干燥，最冷月（1月）平均气温-2～-24℃，最低达-43℃多；夏季高温多雨，最热月（8月）平均气温24～27℃，最高可达39℃。年平均降水量在1 100毫米以上。

（2）人文状况

韩国人口约5 000万人（2012年估计），城市人口约占60%，其中百万以上人口的四大城市首尔（汉城）（1 058万人）、釜山（400万人）、大邱和仁川约占总人口的2/5。韩国为单一民族朝鲜族，通用语言为韩国语。韩国人普遍信教，流行的主要宗教有：佛教、基督教、儒教等，信奉基督教和佛教的人最多，其次为儒教、道教及其他宗教等，其中佛教信徒约有1 300万人。

（3）旅游资源精粹与旅游业发展现状

韩国旅游资源丰富，主要的自然风景区都由山峰、溪谷、瀑布、温泉、湖泊以及海岛组成。著名的人文风景区有首尔景福宫、德寿宫、昌庆宫、南山塔、板门店、济州岛、海印寺、佛国寺、国立中央博物馆等。此外，打高尔夫球是韩国人喜爱的运动，冬季则盛行滑雪，吸引着很多国外游客。

政府重点开发的旅游胜地是首尔（即汉城，文化古都）、釜山（海滨旅游胜地）、济州岛（大型海岛，世界著名蜜月胜地）等，同时在国内建立了许多游乐场和购物中心。

2011年，韩国入境游客为979.5万人次，旅游外汇收入123.04亿美元；出境游客为1 269.4万人次。

（4）主要旅游胜地

有首尔、釜山、庆州、济州岛和雪岳山等。

首尔 原名汉城，2005年1月改现名。韩国首都，全国最大城市，现有人口约1 058万人，占全国总人口的1/5以上，是韩国政治、经济和文化中心。因历代王朝曾在此修建了景福宫、德寿宫、昌庆宫、昌德宫等众多宫殿，故而有"皇宫之城"的美誉。它既是一座现代化的大都市，又是一座历史悠久的文化古城。在市区及周边地区，有着许多历史遗迹、人文景点、现代化的建筑、主题公园以及其他观光胜地。著名的旅游景点有青瓦台总统府、韩国故宫景福宫、大韩生命63大厦、世界最大的室内游乐场乐天世界、韩国的"迪士尼"龙仁爱宝乐园、民俗博物馆等。

景福宫——朝鲜王朝的第一正宫，建于公元1394年。拥有200幢以上的阁殿，其建筑酷似中国北京故宫，有着庄严华丽的大门、雕梁画栋的内宫、琳琅满目的陈设等，是首尔规模最大、最古老的宫殿。宫殿呈正方形，南面是正门光化门，东面是建春门，西面是迎秋门，北面是神武门。主要有勤政殿、思政殿、乾清殿、庆会楼等殿阁。勤政殿为正殿，是李朝各代国王处理国事的场所。宫内现设有国家博物馆和民俗博物馆，内有朝鲜各个历史朝代的珍贵文物约8万件。

大韩生命63大厦——韩国第一高楼，地上60层、地下3层、海拔264米，是首尔（汉城）的象征。整幢大厦全部使用双重反射的玻璃，在阳光下璀璨绚丽有如黄金宝塔。内部设有水族馆、屋顶花园、电影院，附近有公寓、购物中心、超级市场、店铺。游客乘高速电梯上下，可远眺第24届奥运会场馆及金浦机场；地下一楼设有可观赏400种2万余尾鱼的"63海底世界"水族馆，以及比一般电影院屏幕大10倍、放映介绍韩国文化艺术电影的"IMAX"剧院。

乐天世界——世界最大的室内娱乐中心，除"乐天世界探险"和"魔术岛"外，还有民俗馆、室内游泳池、室内溜冰场、保龄球场、购物中心、电影院等各种娱乐设施，可进行游戏比赛，举行文艺表演等。民俗馆是韩国历史文化和民俗的模型馆，有助于游人了解韩民族的渊源。

汉城塔——位于海拔265米高的南山公园山顶，高236米。夜间登塔俯瞰首尔夜景，万家灯火有如花团锦簇，是首尔市民喜爱的休息场所。旋转眺望台每40分钟旋绕一周，天气晴朗时，可以眺望到仁川海。可乘车上山，也可搭乘方便的空中缆车。

釜山 位于韩国东南角，是韩国第一大港和第二大城市，人口约400万。釜山及其周边地区的主要旅游景点有梵鱼寺、闲丽海上国立公园等。

梵鱼寺——建于公元678年，为禅宗总枢，1717年重建，其大雄殿精致而华丽，堪称朝鲜时代建筑的精品。其他遗存的建筑有7座殿阁、2座阁楼、3扇巨门、11座净修庵和3层石塔等。

龙头山公园——登上龙头山,可俯视釜山繁华区的街道与临近的海滨,天晴时,可遥望远方的对马岛。公园内设有壬辰倭乱时的救国英雄——李舜臣将军的铜像,而高达120米的釜山塔则是整个市区的"准星"。

闲丽海上国家公园——位于韩国南海岸的庆尚南道闲山岛水道至全罗南道丽水湾之间,这一带是属于锯齿形的海岸,秀丽景观令人目不暇接。平静如镜、一望无垠的大海上,散布着无数小岛与悬崖峭壁,形成天然屏障。公园包括巨济岛海金刚地区、闲山岛地区、三千浦地区、露梁、锦山和梧桐地区等,面积达507平方千米,沿岸有许多良港和400多个形状各异的大小岛屿。这里还是朝鲜时代李舜臣将军抗击倭寇的古战场,名胜古迹保留甚多。风景秀丽、气候宜人,使得这里成为进行水上运动和避暑的理想胜地。

庆州 新罗王朝的首都,也是韩国古代文明的摇篮,现有人口28万人,是一座恬静的城市。主要景点有庆州民俗工艺村、佛国寺、国立庆州博物馆、石窟庵。其中作为世界文化遗产的佛国寺,建于公元535年,是韩国最大的寺院,被誉为韩国最精美的佛寺。石窟庵坐落在吐含山东侧半山腰上,公元751年与佛国寺同时兴建。因其是在一个天然巨石凿成的石窟之内建造的佛寺而得名石窟庵。石窟庵的人工石窟是将白色花岗岩凿成石龛,庵内供奉着韩国最精美的石雕艺术精品——释迦牟尼像。石窟庵雕琢手法奇特,被誉为新罗王朝在宗教、理论、科学及造型艺术全盛时期的空前绝后之作。它的营造计划将建筑、水利、几何学、物理学、宗教和艺术融入统一的整体,它的规模、雕刻的精巧以及空间布局堪称世界杰作。石窟庵的释迦牟尼像不仅在东南亚,即使在世界上也是极其罕见的。1995年12月与佛国寺作为一个遗址被列入联合国世界遗产名录。

济州岛 以"幻想之岛"闻名的济州岛,是韩国最大岛屿,面积1 825平方千米,距朝鲜半岛南端约100千米,岛中部有韩国最高峰汉拿山,海拔1 950米,是一座云雾缭绕的火山锥。因受流经近海的暖流影响,济州岛气候温暖,具有亚热带气候的特征,这里天空湛蓝、海水碧绿、沙滩柔软、珊瑚美丽,成为韩国重要的观光度假胜地,有"韩国的夏威夷"之称。济州岛古代时建有名为"耽罗国"的独立国家,因此岛上有着其独特的风俗习惯、方言和文化特征,也有着与韩国其他地方不同的景观。由于没有小偷和乞丐,岛上的民宅看不到一扇大门,人们过着恬静安逸的生活。济州岛主要旅游点有龙头岩、万丈窟、正房瀑布、城山日出峰、汉拿山国家公园、太平洋海上公园、观光渔村等。

雪岳山 位于韩国最北端,是朝鲜半岛太白山脉的最高峰,又称雪峰山,被公认为是韩国最著名的自然景观。主峰大青峰海拔1 708米,为金刚山余脉,有南金刚之称。雪岳山一年中有五六个月积雪,是森林和高山植物的集中地,以主峰为中心，东部的山脉为外雪岳，西部的山脉为内雪岳。雪岳山之所以出名，是因为它拥有众多山峰、瀑布、石岩、寺庙、佛像。在外雪岳，凭高眺望，东海岸景色可一览无余；在内雪岳看雪景、游山峰、浸温泉会令人乐不思蜀。这里一年四季都风景优美，春天时，高耸入云的山峰，漫山绿透；秋季时"枫景"最佳，层层如火如荼；冬季到来之际，白雪皑皑的山脊，是韩国人滑雪度假的胜地。主要景点有蔚仙岩、卧仙台、飞仙台、千佛洞、鬼面岩、五连瀑布、阳瀑、阴瀑、天堂瀑布等。雪岳山现已开发为国家公园，游客全年络绎不绝。

8.2 东南亚旅游区

东南亚旅游区地处亚洲东南部，位于太平洋和印度洋、亚洲和大洋洲之间的"十字路口"，是联系亚洲、欧洲、非洲和大洋洲之间海上航线的必经之地，著名的马六甲海峡是两大洋之间的主要海上通道。主要由中南半岛和马来群岛组成，包括越南、老挝、柬埔寨、缅甸、泰国、马来西亚、新加坡、印度尼西亚、菲律宾、文莱和东帝汶等国家，面积约449万平方千米。本区有着浓郁的宗教文化与绚丽多姿的热带海滨滩岛胜景，长期以来是亚洲旅游业发展最快的地区之一，现已成为世界度假、避寒、访古、朝佛的旅游胜地。

8.2.1 旅游资源特征

8.2.1.1 热带海滨海岛风光旖旎，生物资源丰富多样

本区地跨赤道，除内陆山国老挝外，各国均有海岸线，岛屿棋布，灿若群星。泰国的帕塔亚、普吉岛；马来西亚的槟榔屿；印尼的巴厘岛以及菲律宾的宿务岛，被誉为东南亚的"五大海滨度假地"。新加坡是享誉世界的"花园之国"、菲律宾号称"东海明珠"、印尼更有"赤道上的翡翠链"之美誉。本区物产丰饶，盛产各种热带水果。菲律宾一向有"太平洋果盘"之称；泰国也有"水果王国"之誉，每年都举办品尝新鲜水果的"果园旅游"活动。此外，马来群岛还有独具魅力的火山奇观。

8.2.1.2 宗教文化浓郁，民族风情绚丽

东南亚是佛教、伊斯兰教、基督教三大宗教的交汇地，人文景观无不打上宗教的烙印。宏伟壮丽的宗教建筑尤其构成了本区一道亮丽的风景线。泰国向称"黄袍佛国"，境内寺庙林立；缅甸素称"塔之国"，有著名的仰光大金字塔；柬埔寨的吴哥窟、印尼的波罗浮屠佛塔等都是著名的宗教建筑。

东南亚各国都是多民族的国家。全区有 90 多个民族，民族文化绚丽多姿，其中，华人文化独树一帜，构成了本区独特的人文景观。东南亚地区是世界上华侨、华人最多的地区，全区约有华侨、华人 2 000 多万，另有 200 多万印度人，100 多万其他国家的外来移民。

此外，"花园之国"新加坡可谓一枝独秀，它成功地创立了"利用城市发展旅游业"的独特模式，现已成为亚洲旅游王国、旅游购物天堂、国际会议和展览中心。

8.2.2　主要国家概述

8.2.2.1　新加坡

（1）自然环境

位于马来半岛最南端，地处太平洋和印度洋、亚洲与大洋洲之间的海上运输要冲，马六甲海峡出口，地理位置非常重要。新加坡距赤道很近，四面环海，属热带海洋性气候，常年高温多雨，是一个热带城市岛国，年平均气温 24～27℃。在这样的气候条件下，植物生长繁茂，终年翠绿，热带海岛风光秀丽。新加坡领土由新加坡岛及其附近的 60 多个岛屿组成，总面积为 647.5 平方千米，首都新加坡市。新加坡岛面积占全国面积的 92%，平面形状呈菱形，地势较低，海拔高度平均仅 17 米，沿海为冲积平原。

（2）人文状况

截至 2012 年，新加坡人口约 531 万（包括新加坡公民、永久居民和流动人口），每平方千米达 7 257 人，是世界上人口密度最大的国家之一。其中华人占 74.1%，马来人占 13.4%，印度人占 9.2%，其他种族占 3.3%。马来语、英语、华语和泰米尔语为官方语言，国语为马来语，英语为行政用语，无国教。华人和斯里兰卡人多信佛教，马来人和巴基斯坦人信奉伊斯兰教，印度人信奉印度教，此外还有人信奉基督教。

（3）主要旅游胜地

新加坡环境优美，市容整洁，空气清新，政府和居民都十分注重清洁卫生，是著名的"花园城市"，也是亚太地区一颗璀璨的旅游明珠。主要旅游胜地有新加坡市、龟屿、圣淘沙岛、裕廊鸟类公园、海洋公园、伊丽莎白公园等。

新加坡市　位于新加坡岛南部，面积约 98 平方千米，人口 200 多万。是世界著名天然良港，也是仅次于荷兰鹿特丹的世界第二大港和世界第四国际金融中心。"新加坡"是马来语，意思是"狮城"。该城是现代化的城市，高楼林立，并有整齐宽阔的林荫大道,花坛草坪众多,环境十分卫生,因而有"美丽的花园城"和"卫生模范城"的美誉。市内有天福宫、星和园、裕华园、牛车水、苏丹伊斯兰教堂、龙山寺、国家剧院、鱼尾狮公园、范克利夫水族馆等旅游点。

牛车水——华人聚居地,也就是"唐人街",位于新加坡河南岸的桥南路和新桥路之间,因当年华人用牛车拉水而得名。

国家剧院——位于皇家山公园内,1963年建成,号称东南亚最大的无柱剧场。

鱼尾狮公园——位于红灯码头的北面,是一个小公园,园中矗立着新加坡的标志——白色的鱼尾狮身像。

新加坡动物园——一个全开放式的动物园,占地90公顷,世界十大动物园之一。动物园的特点是动物可以在较大空间里自由活动,园内有狮、虎、黑豹、大象、长颈鹿等130多种动物。世界首创的开放式夜间动物园,让人们有机会在此观赏凶猛野兽夜间出没的情景。

新加坡植物园——建于20世纪50年代,历史悠久,园内有热带植物2～3万种,包括新加坡的国花卓锦·万代兰以及其他许多品种的兰花。园内藏有植物标本约50万种,拥有植物种数仅次于印度尼西亚的茂物植物园。

龟屿——位于新加坡市西南7千米处,由于从侧面看像是一只大海龟,因而得名。在"巨龟"的头部,有一座大伯公庙。庙附近还有一座马来达图公庙,据传是死于一个多世纪前的赛义德·阿卜杜拉赫曼的坟墓,他被马来人崇敬为神明。

圣淘沙岛 新加坡南部的一个岛屿,现已成为新加坡主要的观光游览区和度假胜地,有跨海大桥与新加坡本岛相连。岛上有美丽的海滩、高大的棕榈,还有各种展览馆,如有展出90多位新加坡先驱的蜡像馆,有亚洲最大的昆虫馆,展出4 000多种蝴蝶、甲虫、蛾类、蟑螂等的活虫与标本。海边珊瑚馆,有种类繁多的珊瑚、海星、海绵等海生动物。建于1880年的西洛索堡保存有公元5世纪的古炮。圣淘沙艺术中心藏有中国画、西洋画及书法、雕塑等艺术品。岛上还有人工湖、旱冰场、网球场、高尔夫球场等,供游人开展各种运动和活动。到圣淘沙造访亚洲最大的海底世界,可以体会"身在水中不浸湿,面临大鲨不受惊"的奇特感觉。火山乐园则是圣淘沙岛上最令人耳目一新、多层感官刺激的主题观光名胜。游客可深入火山内部探险,如身临其境,惊险无比。而聚集了亚洲各地民俗风情的亚洲文化村和音乐喷泉,以及变幻莫测的水舞风姿,则令游人对圣淘沙之旅更加难忘。

裕廊鸟类公园 世界最大的鸟类公园之一,位于裕廊山麓。该园始建于1971

年，园内有350种鸟类，共7 000余只。既有色彩绚丽的热带鸟，也有原产极地地区的企鹅。"鸟明星表演"、"猛兽表演"等著名节目，深受游客喜爱。

新加坡还是著名的国际货物集散中心，是旅游者的购物天堂，各种商品应有尽有，著名的乌节路上，几乎世界上所有的知名品牌都能找到。

8.2.2.2 泰国

(1) 自然环境

泰国位于中南半岛中南部和马来半岛北部，东北与老挝相邻，东南邻柬埔寨，西和西北与缅甸接壤，南与马来西亚毗连。东濒泰国湾，西南临安达曼海，海岸线长2 600千米，面积约51.4万平方千米。

全国地势北高南低，地形以平原和低地为主（占50%以上）。湄南河是泰国最主要的河流，纵贯泰国南北，全长1 200多千米。茵他侬山海拔2 565米，是全国的最高点。泰国地处热带，属热带季风气候，炎热潮湿，全年分为热、雨、凉三季。热季为每年的3—5月，雨季为6—9月，凉季从10月到翌年2月，凉季和热季很少下雨，也叫旱季。年平均气温为24～30℃，全年平均降水量为1 600毫米。

泰国沃野千里，物产丰富，是世界主要大米生产国和出口国，素有"亚洲粮仓"之称。泰国也是仅次于日本、中国的亚洲第三大海产国，世界第一产虾大国。泰国天然橡胶产量居世界首位。

(2) 人文状况

泰国人口约6 672.02万（2011年7月），是一个由30多个民族组成的多民族国家，其中泰族占人口总数的40%、老挝族占35%，马来族占3.5%，高棉族占2%等。此外还有苗、瑶、桂、汶等山地民族。泰语为国语，佛教是泰国的国教，90%以上的居民信仰佛教，马来族信奉伊斯兰教，还有少数居民信奉基督教新教、天主教、印度教和锡克教。几百年来，泰国的风俗习惯、文学、艺术和建筑等几乎都和佛教有着密切关系。到泰国旅游，处处可见身披黄色袈裟的僧侣，以及富丽堂皇的寺院。因此，泰国又有"黄袍佛国"的美名。

(3) 旅游资源精粹与旅游业发展现状

泰国是一个历史悠久的国家，拥有迷人的热带风情以及独具特色的佛教文化，有"白象王国"的美称，是世界著名的旅游目的地。美丽的自然风光伴以温和友善的人民，被誉为充满微笑的国家。历史文化旅游资源以佛教的庙宇、尖塔和与佛教有关的石雕、佛像和绘画为主要特征，但充满当地风土人情的各种节日庆典和舞蹈也对游客有相当大的吸引力。另外，泰国的自然风光和一些有特色的公园和动物园也令人流连忘返。

2011年，泰国入境游客为1 923万人次，旅游外汇收入271.86亿美元；出境游客为539.7万人次。

(4) 主要旅游胜地

有曼谷、清迈、普吉岛和帕塔亚等。

曼谷 泰国首都，全国政治、经济、文化和交通中心，东南亚第二大城市。该市主体部分在湄南河以东，这里有高大的楼群和宽阔的大道，有王宫、国家机关、商业区、金融机构和娱乐设施、旅游饭店，而河西部分仍然保持传统的色彩。市内河道纵横，水上集市贸易十分繁忙，有"东方威尼斯"之称。该市名胜古迹众多，但以佛寺最突出。全市有佛寺400多座，故又有"寺庙之城"之称。主要寺庙有玉佛寺、卧佛寺、金佛寺，它们是"泰国三大国宝"，还有金山寺、亚仑寺、大理寺、云石寺，以及纪念中国航海家郑和的大宝公庙等著名寺庙。曼谷还是联合国亚洲及太平洋经济社会委员会总部所在地，廊曼国际机场是东南亚最大的机场之一。

大王宫——曼谷最著名的古迹，是泰国曼谷王朝一世王至八世王的王宫，以金碧辉煌的建筑物著称于世。由节基殿、律实宫、阿玛林宫和玉佛寺组成。玉佛寺是泰国最著名的佛寺，建于1784年，因寺内供奉着玉佛而得名，是泰国王族供奉玉佛像和举行宗教仪式的场所。寺内有许多大殿及钟楼、金塔和壁画。玉佛寺的主体建筑是玉佛殿，大殿正中的神龛里供奉着被泰国视为国宝的玉佛像。玉佛高66厘米，宽48厘米，由一整块碧玉雕刻而成。每当换季时节，泰国国王都亲自为玉佛更衣，以保国泰民安。每当泰国内阁更迭之际，新政府的全体阁员都要在玉佛寺向国王宣誓就职。

鳄鱼动物园——位于曼谷以南25千米处，建于1950年，园内除了一般动物外，主要饲养着4万多条鳄鱼，是世界上鳄鱼数量最多的动物园。

清迈 泰国第二大城市，泰国北部地区的政治、经济和文化中心，与曼谷相距750千米，坐落在湄南河支流滨河河畔。该市是历史古都，早在1296年就成为都城。它也是佛教圣地，全城有寺庙约100座，其中著名的有建于1411年、拥有巨大四方形佛塔的斋里銮寺、曾举行佛教史上第八次大会的斋里则育寺、建有5层方形佛塔的斋里廉寺、供奉着有1 000多年历史的水晶佛的昌挽寺等。该市还有泰国国王的避暑行宫——普平王宫和陈列山地民族手工艺品的泰北文化公园。市郊西北16千米处有索贴山风景区，距市区40千米处有泰国最美丽的嫩江瀑布。该市的玫瑰花、民间传统舞蹈和一年一度的泼水节也颇有名声。

普吉岛 位于马来半岛附近的安达曼海岸边，是泰国最大的岛屿，总面积约

543平方千米，周围有大小岛屿39个，因迷人的风光和丰富的旅游资源被称为"安达曼海上的一颗明珠"，堪称东南亚最具代表性的海岛旅游度假胜地。这里既有许多沙白水清的海滩，也有怪石林立的悬崖峭壁，还有浓密的热带雨林和整齐的橡胶种植园。除市区外，岛上到处都是绿树成荫的小山岗，椰林、橡胶树林点缀其间，风景名胜比比皆是。普吉地处热带，长夏无冬，全年适宜旅游度假，主要娱乐项目有打高尔夫球、骑象、水上活动、潜水等，著名景点有中葡合璧古建筑、巴东海滩、卡伦海滩、卡塔海滩、蓬贴海角等。另外，普吉岛周边主要景观还有PP岛、攀牙湾、西美兰群岛、素林群岛等。其中攀牙湾位于普吉岛东北75千米处，被誉为泰国的"小桂林"。这里遍布着诸多大小岛屿，怪石嶙峋，景色变幻万千，堪称"世界奇观"。

帕塔亚 位于曼谷东南150千米的曼谷湾畔。这里原是一个小渔村，经20多年的开发，现已具有每年接待300万游客的能力。该城气候宜人，鲜花遍布，路旁绿树成荫，有"花城"之称。除鲜花外，海滩和海水浴场也十分有名，这里沙白细绵，水清见底，海底还有许多珊瑚和热带鱼类。附近旅馆、酒吧、小吃店等服务设施完善，还有网球场、高尔夫球场等，可开展多种运动，同时还可在海滩进行滑水、打水球等水上运动，搭乘玻璃观光船，还可尽览海底的各种色彩斑斓的珊瑚和鱼类。

苏梅岛 位于泰国南部的海湾内。岛上景色秀丽，盛产椰子，椰子树多达200万株，向以"椰林海岛"闻名遐迩。居民通常用驯养的猴子采摘椰子，令游客大开眼界。由于该岛植被状况极好，一片葱绿，故称为"绿岛"。岛上瀑布众多，主要有南汶瀑布、杏乐瀑布等。该岛还有许多著名海滩，沙细水洁，风景优美，是泰国南部著名的度假旅游胜地。

古城博物馆 位于泰国北榄府境内，是世界最大的露天博物馆。这是一座人造古城，荟萃了泰国各地历史上有代表性的建筑物，经过仿制或原物搬迁而成，被游客誉为"泰国迪士尼"。古城始建于1956年，修建工程异常浩繁，历时20年，占地面积约81公顷（200英亩）。古城的四周由砖墙围起，模仿泰国版图的轮廓，呈斧头型，故又有"小泰国"之称。城内有泰国各地最著名的75处寺庙、佛塔、纪念碑等建筑的仿制品，也有一座座建立在湖面上，由高脚木屋组成的小市场。古城内还有十几组根据佛教和泰国民间传统而制造的大型雕塑群。在城的东北角还有饲养着许多热带野生动物的野生动物园。游客在这里可以大体了解泰国自1238年建立素可泰王朝以来的历史和艺术概貌。

8.2.2.3 马来西亚

（1）自然环境

马来西亚位于马来半岛南部,南中国海沿岸,面积约 32.97 万平方千米。全境被南中国海分成东马来西亚和西马来西亚两部分。西马来西亚为马来亚地区,位于马来半岛南部,北与泰国接壤,西濒马六甲海峡,东临南中国海;东马来西亚为沙捞越地区和沙巴地区的合称,位于加里曼丹岛北部。西马地势北高南低,全境大部分是山地,八条大体平行的山岭纵贯南北,最高峰大汉山海拔 2 190 米,平原面积小,仅分布于沿海地带。沙捞越地区,内地为山地,有森林广泛分布,北部沿海为平原。沙巴地区,内地为山地,平原分布于西部。海拔 4 101 米的基纳巴卢山为全国最高峰。

马来西亚位于赤道地带,全年无明显季节变化,属热带雨林气候。内地山区年均气温 22 ~ 28℃,沿海平原为 25 ~ 30℃,西马年平均降雨量为 2 000 ~ 3 000 毫米,东马则在 3 000 毫米以上。"四季皆夏,一雨成秋"是马来西亚气候的真实写照。橡胶、棕油、胡椒产量均位居世界第一位,锡产量长期位于世界首位,因此,马来西亚有"锡和橡胶王国"之誉。

(2) 人文状况

马来西亚人口总数约 2 949.51 万人(2012 年 10 月 9 日),其中马来人及其他土著占 67.4%,华人占 24.6%,印度人占 7.3%。国语为马来语,通用英语和华语。伊斯兰教为国教,其他宗教有佛教、印度教和基督教等。

(3) 旅游资源精粹

马来西亚的旅游资源十分丰富,热带风光和历史文化景观都有很大的吸引力。这里阳光充足,气候宜人,拥有很多美丽的海滩、奇特的海岛、原始热带丛林、珍贵的动植物、千姿百态的洞穴、古老的民俗民风、悠久的历史文化遗迹以及现代化的都市,其中兰花、蝴蝶、巨猿,被誉为马来西亚三宝。

(4) 主要旅游胜地

有吉隆坡、马六甲、云顶、槟城、浮罗交怡岛、刁曼岛、热浪岛、邦咯岛等。

吉隆坡 马来西亚首都,全国经济、文化和交通中心,位于马来半岛西部海岸中段。面积(包括郊区)为 244 平方千米,人口约 190 万(2007 年)。"吉隆坡"为马来语,意思是"泥泞的河口"。该城市规划布局合理,巴生河东岸为商业区,西岸有大学和政府机构,近郊是新建的住宅区,而郊区是工业区。著名的旅游点有黑风洞、云顶高原、热水洞、吉冷结瀑布、湖滨公园、国家博物馆、国家清真寺、默迪卡体育馆、精武体育馆等。黑风洞位于该市北郊,是一群石灰岩溶洞,其中最有名的为黑洞和光洞,洞内有形状怪异的钟乳石,并有无数蝙蝠和蛇类生存。在光洞附近的一个溶洞里,有建于 1891 年的古印度教庙宇,内有许多彩绘神像,是马来西亚印度教的圣地。云顶高原,位于吉隆坡东北部,有湖光山色之美,既可在湖中泛舟垂钓,还可在史前动物园和儿童乐园游览。默迪卡体育馆,位于市中心,其形状像是一椭圆形巨盆,颇为别致。湖滨公园是该市的主要公园,园内有美丽的湖泊和茂盛的花草树木。国家清真寺是该市众多的清真寺之一,规模宏大,是东南亚最大的清真寺。此外,这里还有马来西亚的标志性建筑,高达452米的世界第二高楼双子星大厦。

马六甲 马来西亚著名文化古城,位于马六甲海峡北岸。由于几百年来有华人、印度人、阿拉伯人和西方人不同民族在此居住,因而该城在文化上具有混合性和独特性。既有中国古典式的厅堂、庭院和园林,也有荷兰和葡萄牙风格的建筑。著名的古迹主要有与中国明朝航海家郑和有关的三保庙、三保山和三保井,葡萄牙人修建的圣地亚哥城门和圣保罗教堂,建于17世纪的荷兰红屋、建于18世纪的马六甲博物院和马六甲河畔的教堂钟楼等荷兰古建筑。此外,还有城北10千米处的海滨度假胜地、城东南的圣约翰古堡、城郊马来西亚最早的橡胶种植园等。马六甲海峡在国际航运中占有非常重要的地位,它是太平洋进入印度洋的海上交通要道,起着沟通亚、非、欧三大洲的枢纽作用。同时,它还是世界环球航线中重要的一段,波斯湾石油运往世界各国的3条主要通道之一,因此被称为"海上生命线"。此外,在马六甲乡村还有著名的"马六甲牛车",车篷两头如弯月般翘起,非常独特。

波德申 位于森美兰州西部,是马六甲海峡北岸的重要港口和旅游胜地。以城西长16千米风景优美的优质沙滩和海滨浴场闻名遐迩。在建于16世纪的拉查杜岬灯塔上,可用望远镜眺望马六甲海峡和对岸苏门答腊的鲁帕岛的美丽景色。

大汉山国家公园 全国最大的自然保护区,面积4 343平方千米。园内有多种野生动物和植物,包括800余种热带兰和500多种鸟类、300多种淡水鱼类,还有犀牛、岩羊等珍稀动物。

邦咯岛 位于马六甲海峡东部,是该国重要的旅游胜地,面积36平方千米。该岛由花岗岩构成,有风景秀丽的沙滩,如西北岸长近1 000米的金沙滩、西岸的白沙武沙滩,都是良好的海水浴场。还有18世纪古炮台遗迹和苏丹别墅遗址。但是最令人流连忘返的是渔村的浮楼人家,夜晚时,渔火点点,似梦幻之境。

槟榔屿 马来西亚北部岛屿,著名的旅游胜地,以盛产槟榔而得名,面积285平方千米。该岛有四多:一是花园和公园多;二是山地、溪流和瀑布多;三是海岸线长,海滨胜地多;四是教堂和寺庙多,素有"东方之珠"或"小亚洲"的盛名。在岛东北部的槟城,有佛寺、极乐寺、泰禅寺、蛇庙、圣乔治教堂、甲必丹吉村清真寺等。长8 000余米、连接海峡两岸的大桥的建成,促进了该岛旅游业的进一步发展。

珍拉丁海湾度假村 位于马来半岛东海岸珍拉丁海湾，该度假村无高楼大厦，所有建筑都是木结构小屋，但设备先进，交通、通讯发达，西方游客称之为"东方皇后"。游客在此可参加冲浪、滑板、溜冰、驾船、打球等活动，还可学习烹调、舞蹈、射箭。村内有酒吧、餐馆、游泳池、图书馆、医疗中心等。该度假村是"地中海俱乐部"成员。

8.2.2.4　印度尼西亚

（1）自然环境

印度尼西亚位于中南半岛与澳大利亚大陆之间，是东南亚最大的国家，也是世界上最大的群岛国家，由大小17 508个岛屿组成，总面积190多万平方千米，有"千岛之国"之称。群岛可分为4组，即大巽他群岛、努沙登加拉（小巽他群岛）、马鲁古群岛和伊里安查亚（伊里安岛的西部）。主要的大岛有加里曼丹岛（南部）、苏门答腊岛、苏拉威西岛、爪哇岛和伊里安岛（西部）。海岸线曲折，总长35 000千米以上。

该国地形多山地和丘陵，其间为高原、盆地和平原。西伊里安岛的查亚峰海拔5 029米，为全国最高峰。这座山距赤道不远，终年白雪皑皑，因而成为自然界一大奇观。除加里曼丹岛外，其他各岛都有频繁的火山、地震活动，是世界上地震和火山活动最激烈的地区之一。全国有火山400座左右，其中有100多座为活火山。火山和地震活动最频繁的是爪哇岛，而该岛是全国的政治、经济和文化中心。由于地处赤道两侧，大部分地区属热带雨林气候，全年高温、降雨充沛。年平均温度为25～27℃，年降水量一般在2 000毫米以上。爪哇岛也是世界雷雨最多的地区，平均每年雷雨日约有220个，而茂物平均每年有332个雷雨日，故有世界"雷都"之称。橡胶和椰子产量居世界第二位，森林面积为1.45亿公顷，占国土面积的76%。

（2）人文状况

印度尼西亚人口约2.37亿（2011年），是世界第四人口大国。居民由100多个民族组成，其中爪哇族45%，巽他族14%，马都拉族7%，华人5%。民族语言200多种，通用印尼语。约87%的人口信奉伊斯兰教，是世界上穆斯林人口最多的国家。还有少数人口信奉基督教新教、天主教及印度教、佛教、原始拜物教等。

（3）旅游业发展现状与主要旅游胜地

印度尼西亚在东南亚地区是一个比较重要的旅游国家。2011年，入境游客为765万人次，旅游外汇收入79.53亿美元；出境游客为675万人次。其主要旅游地有雅加达、万隆、茂物、巴厘岛、婆罗浮屠佛塔、"美丽的印度尼西亚"缩影公园、日惹皇宫、多巴湖、覆舟火山、茂物植物园等。

雅加达 印尼首都，全国政治、经济和文化中心，位于爪哇岛西部的北岸，是东南亚最大的城市。该城全年炎热多雨，具有美丽的热带风光。尤其是街道两旁的凤凰树，年初开花时树冠红如云霞，煞是好看。该市多博物馆，如东南亚最大的中央博物馆、历史博物馆、皮影博物馆、海员博物馆、石碑博物馆、造型艺术博物馆、文学资料博物馆等。中央博物馆也叫大象博物馆，建于1868年，收藏品极为丰富，包括爪哇猿人头盖骨和中国的青铜器。历史博物馆历史悠久，建于1626年，馆内藏有许多历史文物。独立广场上的民族纪念碑位于市中心，高137米，顶端有一个用35千克纯黄金打造的火炬雕塑，象征着印尼的独立精神，每到夜晚，在灯光的辉映下，全市居民都能清晰地看见它。此外，独立广场附近的总统府和国家清真寺、城北海滩的大型游乐场（寻梦园）、东南郊反映该国各岛和各地名胜古迹的印尼缩微公园、南郊的动物园、郊区的植物园和水族馆，也都是著名旅游点。雅加达是印尼各民族文化融合的缩影，是外国游客必游之地。

万隆 位于雅加达东南180千米处，是著名旅游胜地，有"印尼小巴黎"之称。周围被火山群峰环抱，地势较高，气候凉爽，空气清新，年平均气温23℃。这里植物茂密，四季如春，主要景点有风景清幽的小西湖、覆舟火山、万隆温泉、火山博物馆、动物园以及亚非会议旧址等，是著名避暑胜地。

巴厘岛 爪哇以东的一个岛屿，人口约315万，面积5 620平方千米，是世界著名旅游胜地。该岛主要特点，一是火山众多，如时而喷发的巴都尔火山；二是风景优美，万木峥嵘，如诗如画，故称为"诗岛"；三是居民信奉印度教，庙宇成千上万，因此又被称为"千庙岛"；神庙中最著名的是百沙基陵庙，其石雕建筑与柬埔寨的吴哥窟类似；四是岛上不仅有传统的舞蹈，而且还有各种雕塑和手工艺品，故人称"艺术岛"；五是节日多，居民每年举行的宗教节日多达200余个，所以又可称为"节日岛"，每当节日都要跳舞唱歌。巴厘岛的舞蹈风格奇特，多与神话和宗教有关。

巴厘岛还有"天堂岛"的美称，这里自然风光引人入胜，是天然的度假胜地。

婆罗浮屠 位于印尼爪哇岛中部，日惹城西北约40千米处，是世界最大的佛教遗址，素有"印尼的金字塔"之称。它建于公元8—9世纪，塔分10层，塔高42米。第一层至第六层，都呈四方形，各层共建有石壁佛龛432个，每个佛龛内置一佛像，每层平台皆有围廊，廊壁共有1 460块叙事浮雕，刻着释迦牟尼生平事迹及佛教传说；七至九层呈圆形，是塔顶的脚座，共建有72个钟形小塔，塔内亦各置一尊佛像；最顶层是一座钟形佛塔，佛塔雄伟壮观，可谓一件精美绝伦的艺术品。婆罗浮屠同中国长城、埃及金字塔、柬埔寨吴哥窟等齐名，名列世界七大奇迹之一。1991年被列入世界遗产名录。

8.2.2.5 菲律宾

（1）自然环境

菲律宾位于亚洲东南部，东临太平洋，北隔巴士海峡与中国台湾相望，南和西南隔苏拉威西海、巴拉巴克海峡与印度尼西亚、马来西亚相望，西濒南中国海，国土由7 107个岛屿组成，面积29.97万平方千米。其中吕宋岛、棉兰老岛、萨马岛等11个主要岛屿约占全国总面积的96%。各岛地势起伏较大，山地、丘陵和高原占有优势，平原面积狭小。由于地处太平洋火山地震带，地震频繁，火山众多，如棉兰老岛的阿波火山，海拔2 954米，为全国最高峰。吕宋岛上的马荣火山为最大的活火山，山体呈圆锥形，有"世界最完美的火山锥"之称。全国绝大部分地区属于热带海洋性气候，高温多雨，湿度大，年均气温27℃，年降水量2 000～3 000毫米，夏秋多台风。

（2）人文状况

菲律宾人口约有9 580万（2011年），是世界上第12大人口大国。马来族占全国人口的85%以上；少数民族和外国后裔有华人、印尼人、阿拉伯人、印度人、西班牙人和美国人，还有为数不多的土著民族。菲律宾有70多种语言，国语是以他加禄语为基础的菲律宾语，英语为官方语言。国民约84%信奉天主教，4.9%信奉伊斯兰教，少数人信奉独立教和基督教新教，土著民族多信奉原始宗教，华人多信奉佛教。

（3）主要旅游胜地

菲律宾具有美丽的热带风光，奇异的风土人情，特别是东西文化的结合、现代文化与古老民俗的融合给旅游者留下了极其深刻的印象。主要旅游胜地有马尼拉、碧瑶、巴纳韦水稻梯田、马荣火山等。

马尼拉　菲律宾首都，也是全国最大的港口，位于吕宋岛西岸，马尼拉湾畔。面积627平方千米，人口800余万。具有十分美丽的热带风光，是一座花园城市，名胜古迹众多。最著名的是位于市中心、面对马尼拉湾的黎刹公园和长10千米的罗哈斯滨海大道。在马尼拉港以南还有国际会议中心、文化中心、民间艺术剧院、国际贸易展览中心和用椰子树建造的椰子宫等现代建筑。它们和建于1571年的圣奥古斯丁天主教堂、建于同年的马尼拉教堂和圣地亚哥古堡等历史悠久的古建筑形成鲜明的对照。市郊还有百胜滩急流瀑布和达尔湖等游览胜地。在百胜滩，游客可泛舟河上观赏两岸景色。达尔湖为火山湖，湖中小岛不断喷出轻烟，景色奇特。

巴纳韦水稻梯田 菲律宾古代雄伟的农田水土保持工程，位于吕宋岛北部的伊富高省。梯田面积 400 多平方千米，大小不一，外缘有高约 2 米的石坎。石坎总长度达 2 万多千米，所用石料超过埃及金字塔。故菲律宾人称其为"世界第八奇迹"。

碧瑶 菲律宾的"夏都"，避暑胜地，位于吕宋岛西部。群山环抱，花木繁盛，气候凉爽，多公园和名胜，如总统的夏宫麦逊宫、贝尔大教堂、碧瑶大教堂、伯罕公园、黎刹尔公园、莱德公园、矿山公园及海滨浴场等。每年夏季，游客纷至，有"旅游者的麦加"之称。

百胜滩 又称北染瀑布，以急流和瀑布著称，位于马尼拉南部的内湖省。从河滩下游的渡口逆流而上，水中礁石嶙峋，愈往上水流愈急。两岸绝壁耸立，椰林蔽空，河源头为一深数十尺的湖，别有一番景色。

马荣火山 菲律宾最大的活火山，海拔 2 416 米。位于吕宋岛东南端，呈圆锥形，顶端为灰白色熔岩覆盖。整个火山几乎不与他山相连，仿佛一巨大三角形蜡烛座耸立在布满椰林和稻田的绿色平原中，显得突兀雄伟、壮观奇丽，被人们誉为"世界最完美的火山锥"。人们在天气晴朗时，可从山腰处眺望太平洋风光。

塔尔湖 菲律宾著名的避暑和游览胜地，位于吕宋岛西南部。湖由一巨大火山口形成，长 24 千米，宽 14 千米，水深 170 米。湖中有一小岛，岛上的塔尔火山为世界最小的火山。山间又有一个小湖，形成湖中有山、山中有湖的天然奇景。

8.3 南亚旅游区

南亚，指亚洲南部从喜马拉雅山脉南侧到印度洋之间的广大地区。是一个相对独立、特征明显的旅游区，又称南亚次大陆。北以喜马拉雅山与亚洲大陆阻隔，东、西、南三面分别为孟加拉湾、阿拉伯海和印度洋环绕，包括印度、巴基斯坦、孟加拉国、尼泊尔、不丹、斯里兰卡、马尔代夫及克什米尔地区等。

8.3.1 旅游资源特征

8.3.1.1 自然景观山雄水秀，热带海岛风光迷人

本区山雄水秀，风景迷人。北部背靠举世闻名的喜马拉雅山，有世界第一高峰珠穆朗玛峰，是登山、探险、滑雪、避暑的胜地；中部印度河、恒河流域是孕育南亚古代文明的摇篮，沿岸不仅风光旖旎，而且多名胜古迹；南部印度洋上有美丽的岛国斯里兰卡和马尔代夫。其中斯里兰卡风景秀丽，被誉为"印度洋上的珍珠"、"宝石之国"和"狮子国"。马尔代夫是世界上最大的珊瑚岛国，被称为漂浮在"印度洋上的花环"和"印度洋上人间最后的乐园"，每年来此领略热带风光、海滨度假、水上垂钓和海底观光的游人络绎不绝。此外，本区大部分地区属热带季风气候，生物资源众多，有冷杉、杜松、银桦、麝鹿、雪豹等珍奇的野生植物和动物，印度素有"动物的天国"之美誉。

8.3.1.2 历史文化积淀深厚，宗教色彩浓重

南亚是人类古代文明的发祥地之一，又是佛教和印度教的发源地，还有伊斯兰教、基督教和锡克教等。悠久的历史、浓烈的宗教色彩、多姿的民族风情，为旅游观光提供了丰富的物质基础。印度的泰姬陵、红堡、阿旃陀古代石窟、佛教圣地鹿野苑、印度教圣地及历史名城瓦拉纳西，尼泊尔南部佛教创始人释迦牟尼诞生地兰毗尼，斯里兰卡的佛教圣地、古城康提，孟加拉国的拉尔巴格古城堡，巴基斯坦的摩亨佐达罗古城遗址等，都是闻名遐迩的名胜古迹。本区的宗教朝觐旅游也十分兴旺，每年到宗教圣地朝拜者络绎不绝。另外，本区人种复杂，民族众多，各民族的文化传统、风土民情绚丽多姿，对广大游客极具吸引力，其中印度素有"世界人类学博物馆"之称。

8.3.2 主要国家概述

8.3.2.1 印度

（1）自然环境

印度主要位于印度半岛，北面、东北面和西北面与中国、孟加拉国、尼泊尔、不丹、缅甸、巴基斯坦等国相邻。东南濒孟加拉湾，西南临阿拉伯海，南接印度洋，扼亚、欧、非、大洋洲的海上交通要冲，海岸线长6 083千米，面积约298万平方千米，是南亚最大的国家。

就整体而言，印度可分为三大区域：西北部喜马拉雅山脉区、南部德干高原区以及印度河、恒河平原区。沙漠沿着西海岸分隔；东岸沿线则是极肥沃的三角

洲平原。主要河流有恒河、布拉马普特拉河、亚穆纳河等。其中恒河全长2 700千米，是印度最长的河流。耕地占土地面积的57%，比例之高世界罕见。气候具有多样性，但以热带季风气候为主，一年分热季（4—6月）、雨季（7—9月）和凉季（10—次年3月）。降水较多，年降水量超过750毫米的地区占全国2/3以上，其中，乞拉朋齐达11 430毫米，是世界年均降水量最多的地区之一。

去印度旅行，最好安排在凉季，即10月至翌年2—3月间，此季节凉爽，宜人。7—8月是雨季，交通不便，应避免旅行。

（2）人文状况

印度是人口大国，人口达12.1亿（2011年3月31日公布的人口普查初步结果），人口数量居世界第二位。平均369.9人/平方千米，是世界人口高密度区。有10个大民族和许多小民族，印度斯坦族占46.3%，泰卢固族占8.6%，孟加拉族占7.7%，马拉地族占7.6%，泰米尔族占7.4%。印度是世界上使用语言最多的国家之一，英语和印地语同为官方语言。印度是印度教、佛教、耆那教和锡克教的发源地，约有83%的居民信奉印度教，其次为伊斯兰教（12%）、基督教、锡克教、佛教和耆那教、喇嘛教等。

（3）旅游资源精粹与旅游业发展现状

印度的自然景观旅游资源比较丰富，历史、文化旅游资源更加突出，并具有独特性。印度旅游资源的精华大致可分三类：一是古堡陵园，著名的有红堡、胡马雍陵、泰姬陵，代表了印度建筑艺术的最高水准，而甘地陵是印度国父"圣雄"甘地的陵墓；二是古老的佛教圣地圣迹，印度是佛教的发源地，鹿野苑是释迦牟尼初传法轮之地，还有王舍城、那兰陀寺等；三是石窟神庙，那里有许多色彩斑斓、多姿多彩的佛教塑像、雕刻和绘画，是研究印度古代文化艺术的绝佳之地。

2011年，印度入境游客为630.9万人次，旅游外汇收入175.18亿美元；出境游客为1 399.4万人次。

（4）主要旅游胜地

新德里 印度首都，位于恒河支流亚穆纳河畔，建成于1929年，是一座现代化的花园城市，植被茂盛，草坪花坛遍布，尤以不同风格的建筑著名。大圆盘式的国会大厦是典型的中亚式建筑物，白色圆柱、柱头和屋檐又具有印度艺术风格。总统府是英国建筑风格和印度传统风格相结合的建筑物。建于1710年的古天文台，由分别用以测量日月星辰的4种奇特建筑构成。位于亚穆纳河畔的印度国父甘地的陵墓庄严肃穆，质朴无华，反映了这位伟人的伟大而朴素的一生。尼赫鲁纪念博物馆，展出尼赫鲁的许多著作和照片。市内还有多座寺庙、博物馆和若干科研教育机构。

德里旧城 位于北部,与新德里仅隔一座德里门。这里有驰名世界的红堡、阿育王柱、贾玛清真寺等名胜古迹。

红堡——位于德里旧城,建于1638—1648年。是莫卧儿王朝沙贾汉大帝仿照亚格拉堡兴建的皇宫;用红色砂岩砌成,外形像城堡,故称红堡。该建筑物呈八角形,内有宫殿、花园、军营等建筑。宫殿系用大理石和其他珍贵石料建成,著名的有觐见宫、枢密宫等。前者为一平顶宫殿,由60根红色砂岩石柱支撑;后者是国王和大臣议事的地方,全部用白色大理石砌成,是皇宫中最豪华的宫殿。

海德拉巴 位于德干高原上,为安得拉邦首府。最著名的建筑物有1592年建造的普拉纳普尔23孔桥、建于1591年高50多米的四尖塔,以及阿斯胡尔·克哈纳典礼厅、大清真寺、法拉克努马宫等古建筑。印度唯一用乌尔都文授课的奥斯马尼亚大学即在此城。

孟买 位于印度半岛西岸,濒临阿拉伯海,印度最大的海港和第二大城市,是独具风情的热带海滨城市,有"印度的西大门"之称。孟买是印度各种文化、语言、民族和风俗的缩影,素有"小印度"之称。由于印度的大多数电影制片厂都设在这里,孟买还被称为"印度的好莱坞"。对旅游者有吸引力的地方,除繁华地区外,还有建于1861年的维多利亚花园、伊斯兰教和印度教建筑风格融合为一体的"印度门"(其顶部的4座塔楼,为孟买市的象征)、建于公元7世纪供奉湿婆神的石窟庙宇及许多清真寺、基督教教堂和天主教教堂。该市是印度各民族艺术与宗教的荟萃之地,居住着国内各族人民和数十个国家的侨民。

阿姆利则 地处印度西北边境,是旁遮普邦的最大城市,著名的锡克教圣地。建于1577年,因城内有阿姆利则·萨拉斯圣湖而得名。湖泊中心的小岛上有规模巨大的金庙。市内还有为纪念被殖民主义者杀害的爱国者而建的民族纪念碑,以及吉兰特·辛格夏宫和杜尔贾纳印度教庙宇等名胜。

泰姬陵 位于印度亚穆纳河岸边的古城阿拉格,是莫卧儿第五代皇帝沙贾汗为其宠妻蒙泰姬·玛哈儿皇后所建造的陵墓。整个陵园呈长方形,总面积为17万平方米,四周被一道红砂石墙围绕。进口大门也用红岩砌建,大门一直通往沙贾汗王和王妃的下葬室,室的中央则摆放了他们的石棺,庄严肃穆。泰姬陵最引人瞩目的是用纯白大理石砌建而成的主体建筑,宏伟壮观,精美绝伦。皇陵上下左右工整对称,中央圆顶高62米,四周有四座高约41米的尖塔。泰姬陵的前面是一条清澄水道,水道两旁种植有果树和柏树,分别象征着生命和死亡。泰姬陵在1632年破土动工,每天有两万名工匠修建,用了22年时间才建成,共耗费

4 000万卢比巨资，是世界七大奇迹之一，成为各国游客心神向往的旅游点。由于泰姬陵通体用雪白的大理石砌成，因此早、中、晚不同时间去看泰姬陵，会呈现出不同的颜色。正因为早、中、晚景色的差别，泰姬陵恐怕也是世界上唯一一个早中晚游览票价不一样的景点。泰姬陵坐落在一座有三四层楼高的大理石基座上，游客穿过甬道、水池，从大门一直走到陵墓后，要想拾阶而上，必须先脱鞋，以示尊敬，即使外国政要也不例外。若换在冬日暖阳季节，光脚踏在洁白的大理石上，正如印度人所形容的，顿有云中漫步的感觉。而夏天，平台成了一个冒着热气的大蒸板，脚下烫得厉害，游人不得不在平台上蹦蹦跳跳地快速前行，从远处看，就像是在跳舞。

阿旃陀石窟　位于马哈拉施特拉邦的文达雅山悬崖上，是世界闻名的石窟。认为开凿于公元前2世纪前后。中国唐代玄奘曾来到此地，并有过记述。后石窟湮没，无人知晓。欧洲人据玄奘的记载于1817年重新发现。在山腰部位共有29座石窟，内有壁画和石雕，艺术价值极高。壁画色彩鲜艳，内容多与释迦牟尼的生平和当时社会和宫廷生活有关。石雕和廊柱皆用整块岩石雕成，人物形象生动，栩栩如生。

瓦拉纳西　位于新德里东南780千米处的恒河北岸，被认为是印度最古老和最神圣的城市，附近的鹿野苑是佛祖释迦牟尼成道后初转法轮之处，佛教史上最著名的圣地。瓦拉纳西有2 000多座寺庙，具有新城和旧城两个部分，虽然历经沧桑，但至今仍保持着其浓厚传统。在圣城瓦拉纳西，一定不可错过去看恒河，恒河岸边有一座座沿河而建的高大"码头"，虽然也停靠船只，但却不是真正的船坞，而是历朝历代的王侯巨贾们所修建的城堡般的宫殿，以及与之相应的数十级的高大而宽敞的台阶，以此作为他们来朝圣居住的"行宫"及朝圣者下河沐浴祈祷的专用通道。每天早晨，来自印度各个角落的数不尽的朝圣者挤满了码头，朝着初升的太阳，在河水中进行他们的晨祷。

8.3.2.2　巴基斯坦

（1）自然环境

巴基斯坦位于南亚次大陆的西北部，东、北、西三面与印度、中国、阿富汗和伊朗相邻，南面濒临阿拉伯海。海岸线长980千米，面积79.6万平方千米。

巴基斯坦地势西北高东南低，全境3/5为山地和丘陵，喜马拉雅山、喀喇昆仑山和兴都库什山这三条世界上有名的大山脉在巴基斯坦西北部汇聚，形成了奇特的景观，东部是印度河中下游平原。印度河长约2 300千米，穿越巴全境。大部分地区属亚热带半干旱和干旱气候，年平均气温27℃，年平均降雨量不足250

毫米。除北部山地降水较多外，绝大部分地区降水都较少，炎热干燥是该国气候的突出特点，最好的旅游季节是春季（3—4月）和秋季（9—10月）。

(2) 人文状况

巴基斯坦人口1.8亿（2012年估计），是一个多民族国家，其中旁遮普族占63%，信德族占18%，帕坦族占11%，俾路支族占4%。乌尔都语为国语，英语为官方语言，主要民族语言有旁遮普语、信德语、普什图语和俾路支语等。95%以上的居民信奉伊斯兰教（国教），少数信奉基督教和印度教、锡克教等。

(3) 旅游资源精粹

包括都市风光、印度河流域的历史文化遗址和独特的风土人情、歌舞艺术，以及北部地区壮丽的高山自然景观。外国旅游者可以在城市参观和购物，也可乘船在印度河观光游览，还可以去北部兴都库什山和喀喇昆仑山开展登山和探险活动，到沙漠地区穿越"死亡之海"或者参加狩猎活动。

(4) 主要旅游胜地

有卡拉奇、拉合尔、白沙瓦、拉瓦尔品第、伊斯兰堡、奎塔、费萨拉巴德等。

卡拉奇 该国第一大城市和最大港口，位于印度河三角洲西北部，面临阿拉伯海，1947—1959年期间曾经是该国首都。该市市中心的绿树丛中有巴基斯坦国父真纳的陵墓。著名的卡拉奇国家博物馆珍藏着从古代到现代的珍贵文物和艺术品。哈比卜银行大厦是该国最高的建筑物。该市有多所高等院校、原子能研究中心，还有根希安艺术中心、甘地花园、克利夫顿海滩等旅游点或旅游度假胜地。

拉合尔 位于旁遮普平原的拉维河畔，是全国第二大城市，也是著名的历史古城，曾是古代王朝的都城。有许多古代建筑，如建于1634年的瓦泽·汗清真寺、拉合尔古堡、莫卧儿王朝的贾汗吉尔王陵。巴德夏希清真寺是世界最大的清真寺之一。巴独立后建成的巴基斯坦独立纪念塔和伊斯兰国家首脑会议纪念碑是具有纪念意义的著名建筑。拉合尔还是全国的文化中心，有全国最大的拉合尔博物馆，还有许多高等院校和研究所。中国唐代高僧玄奘曾在其著作中提到这座城市。

伊斯兰堡 巴基斯坦首都，位于旁遮普省北部的波特瓦尔高原，是一座新兴城市。市内布局合理，街道笔直宽阔，建筑新颖，主要有政府大厦、总统府、总理府、议会大厦、最高法院、会议中心、真纳大学、费萨尔大清真寺、体育综合设施以及高级旅馆等。住宅区多为别墅式庭院，使馆区设在市区东部。市内无工矿企业，没有污染，空气清新，花草繁茂，绿树成荫，气候宜人。市内主要景点有费萨尔清真寺、小山公园等。外国国家元首、政府首脑访巴时一般都被安排在小山公园山上栽种"友谊树"。1964 年 2 月，周恩来总理访巴时栽种了象征中巴友谊的乌柏树。此后，刘少奇、李先念、杨尚昆、江泽民、李鹏、万里、朱镕基等中国国家领导人也到此种过"友谊树"。

哈拉帕 巴基斯坦的古文化遗址，位于拉合尔以南 204 千米处。该城建于公元前2500年，当时属于青铜时代。从遗迹可以看出，该城堡有一道城墙，城堡以北有一谷仓，还有几排房屋，附近有一墓地。已出土各种陶器、铜器、石器等文物。

白沙瓦 西北边境省首府，西距阿富汗仅 76 千米。该市花草树木特别多，尤以玫瑰最为出名。自古以来，这里就是商旅的中心和交通要道，因而受到印度文化、希腊文化、波斯文化等的多种影响。该市郊区有莫卧儿王朝时代建造的希萨城堡、16 世纪的大清真寺、具地方色彩的白沙瓦清真寺等古迹和古建筑。中国晋代高僧法显和唐代高僧玄奘曾到过这里。

拉瓦尔品第 位于该国东北部，是商业中心、交通枢纽，也是军事重镇。曾经是该国的临时首都，距首都伊斯兰堡仅 14 千米。市内环境优美，有美丽的拉瓦尔湖和阿尤布公园；既有现代化建筑，也有许多古堡。西郊的塔克西拉是古代佛教圣地。

8.3.2.3 斯里兰卡

斯里兰卡是南亚次大陆南端印度洋上的一个热带岛国，西北与印度半岛隔保克海峡相望，面积约 6.56 万平方千米。这里有美丽的热带风光、独特的民俗风情和许多历史、文化古迹，被誉为"印度洋上的珍珠"、"宝石之国"和"狮子国"。

首都科伦坡，位于斯里兰卡岛西海岸，濒临印度洋。该市树木繁茂，风景幽雅，气温虽高，但无酷暑。

马哈努沃勒，全国第二大城市，也是一座古城，它既是大米、茶叶和可可的集散地，也是著名的手工艺品产地。培拉德尼亚热带公园是亚洲最大的植物园之一。

贾夫纳，是位于斯里兰卡岛北端的海滨游览胜地。沿海有许多优良海滩，最著名的是质地细密、色泽洁白的卡苏亚里纳海滩。城内有著名的那露尔甘多萨米印度教神庙，还有建于 17 世纪的基督教堂。东南部有以鸟类众多闻名的冲迪库拉姆动物保护区。

密兴多列圣山，是该国佛教圣地，斯里兰卡的"佛教摇篮"，从山麓至山顶有石阶 1 840 级。拾级而上，可观赏不同的寺塔、遗址和艺术水平极高的浮雕。站立山顶，可饱览附近美丽的山丘风光。

拉特纳普拉，是该国的宝石工业中心，位于西南部地区，在科伦坡东南方 64 千米处，有许多开采宝石的矿井和珠宝商店。所产宝石种类很多，有红宝石、绿宝石、蓝宝石等。

8.3.2.4 尼泊尔

尼泊尔位于喜马拉雅山南坡，北面与中国相邻，东、南、西三面与印度接壤，是一个内陆国。面积约 14.7 万平方千米。该国地形以山地为主，世界第一高峰珠穆朗玛峰位于中尼边界上。

尼泊尔旅游资源丰富，除美丽的喜马拉雅山山地风光外，还有集中分布于加德满都河谷的众多历史、文化遗产和古迹，特别是包括佛祖释迦牟尼诞生地在内的宗教朝圣地，以及分布于原始森林中的多种野生动物。

首都加德满都位于喜马拉雅山脉以南的加德满都谷地，海拔 1 370 米，面积 7 平方千米，气候宜人，四季如春，故称"春城"。城内寺庙特多，所以又被称为"寺庙城"。市区不大的范围内就有庙宇、佛堂 250 多座。著名的建筑有哈努曼多卡宫（故宫）、纳拉扬希蒂宫（新宫）、中央政府大厦（狮宫）等。最著名的寺庙是市中心的加斯达满达尔寺。每年有大量登山和旅游者由该市进出，1980 年被联合国教科文组织列为亚洲重点保护的古城。

勒利德布尔，全国第二大城市，也是著名古城，位于首都以南 5 千米处。18 世纪时是帕坦王国的都城，同时也是古代大乘金刚佛教中心。城内故宫广场附近有许多庙宇、殿堂、佛塔、神像。著名的有克利希纳庙、黛姑塔莱珠庙、孔贝斯瓦尔寺、红观音庙等。1980 年也被联合国教科文组织列为亚洲重点保护的古城之一。

兰毗尼，佛教创始人释迦牟尼的诞生地，位于该国南部兰毗尼专区的鲁潘德希县，是世界著名的佛教圣地。相传公元前 623 年迦毗罗王国净饭王之妻摩耶夫人在兰毗尼花园中生下悉达多（释迦牟尼），在其诞生处今建有摩诃摩耶夫人庙。庙南有新建佛寺，内有释迦牟尼塑像。中国高僧晋代法显和唐代玄奘都曾到此地瞻仰。

8.3.2.5 马尔代夫

马尔代夫是印度洋上的群岛国家，由大大小小近两千个珊瑚岛组成，陆地面积 298 平方千米，是世界最大的珊瑚岛国。各岛地势低平，平均海拔仅 1.2 米。马尔代夫海水清澄，沙滩洁白，椰树婆娑，风光美丽，被称为印度洋上人间最后的乐园。马尔代夫还是全球三大潜水胜地之一，梦幻般的海底世界令游客如醉如痴。

首都马累，是世界最小的首都，面积只有 1.5 平方千米，人口只有约 10.4 万（2006 年），是一个美丽的花园城市。市区街道建于珊瑚礁上，没有刻意铺整的柏油路，路面铺有一层洁净的细沙。街道两旁绿树成荫，到处都有花园。市中心有规模不大但造型精美的总统官邸，其附近有一座游人常参观的博物馆。市内清真寺众多，共 35 座，高耸的尖塔给城市平添了几分特色。

8.4 西亚与中亚旅游区

8.4.1 旅游资源特征

8.4.1.1 西亚

西亚位于亚洲西部，指东起阿富汗，西到土耳其，南面包括阿拉伯半岛在内的广大地区。悠久的历史和独特的宗教文化是本区旅游资源最主要的特色。

西亚是人类古代文明的发祥地之一。几千年的文明史留下了丰富的历史文化遗迹。被公认的世界七大奇迹本区就独占两个：伊拉克的"巴比伦空中花园"、土耳其的"阿尔忒弥斯神殿"遗迹。此外，著名的古迹还有伊朗的波斯利斯宫殿及古翁塔希城遗址；伊拉克的哈德尔古城、乌尔城遗址；巴林的巴尔巴尔庙；也门的石头宫；约旦的佩特拉"国王古道"上的庞大陵墓雕刻以及 12 世纪"十字军"东征时基督教徒构筑的要塞城堡等。本区是伊斯兰教、基督教和犹太教的发源地，拥有麦加、麦地那、耶路撒冷等世界性宗教圣地，每年从国外前往朝觐的教徒数以百万计，是世界宗教旅游最密集地区。本区居民大多信仰伊斯兰教，宗教的影响已渗透到了社会政治经济、文化、艺术、人民生活的各个方面。

本区自然景色十分壮丽，地中海沿岸是自然风景富集的地区，拥有较多的海滨胜地。美丽的塞浦路斯岛是地中海东部的一颗璀璨的明珠；本区西部内陆有举世闻名的死海，因其湖水含盐度极高，人可浮在水面上任意漂流不会下沉而成为举世奇观，湖区空气清新，据说湖水对慢性病和皮肤病有特殊疗效，现已辟为疗养旅游胜地；南部的阿拉伯半岛沙漠广布，独特的自然景色和民族风情是猎奇者的乐园。

8.4.1.2 中亚

中亚位于亚欧大陆中部，包括哈萨克斯坦、乌兹别克斯坦、土库曼斯坦、吉尔吉斯斯坦和塔吉克斯坦5国。这一地区面积广大，深居内陆，主要属温带大陆性气候，降水稀少，气温变化剧烈，境内多沙漠。河流和湖泊稀少，多属内流河湖。

本区民族众多，居民大多信仰伊斯兰教，浓郁的伊斯兰文化是本区主要的人文特色。目前境内清真寺达5 000多座，乌兹别克斯坦的撒马尔罕、布哈拉、希瓦等城市早在1 000多年前就已成为伊斯兰文化圣地和宗教中心，其中，撒马尔罕在伊斯兰教徒心目中具有重要的地位，据说朝拜两次该城即等于朝拜一次麦加。宗教几乎是中亚人民生活的全部内容，从政治经济、文化艺术到民族风情等无不带有强烈的伊斯兰文化色彩。此外，本区历史悠久，历史上曾是古丝绸之路的通道，境内至今仍保留有较多的名胜古迹。

本区地处欧亚大陆内陆腹地，自然风光以独特的大漠草原风情为主，中亚各国根据自身的国情开辟了一些旅游景点。

8.4.2 主要国家概述

8.4.2.1 土耳其

（1）自然环境

土耳其北临黑海，西面和西南面濒地中海，地处欧洲和亚洲陆上"桥梁"的重要位置，海岸线长3 518千米。其绝大部分领土（97%）在亚洲，小部分（3%）在欧洲，面积约78.06万平方千米。地势东高西低，大部分是山地和高原，只有沿海有狭窄的平原。位于东部的大阿勒山海拔5 165米，是全国最高峰。沿海地区属亚热带地中海式气候，夏季炎热干燥，冬季温和多雨，年均气温为14～20℃，年降水量为600～800毫米。内陆为大陆型气候，年平均气温为4～18℃。

（2）人文状况

土耳其人口7 472万（2011年），土耳其人占80%以上，库尔德人约占15%，其余为阿拉伯人、亚美尼亚人、希腊人。城市人口为4 970万，占总人口的70.5%。土耳其语为国语。99%的居民信奉伊斯兰教，其中85%属逊尼派。

（3）旅游资源精粹与旅游业发展现状

土耳其旅游资源十分丰富，拥有世界七大奇迹中的两个：阿尔忒弥斯神殿和摩索拉斯陵墓。此外，东罗马帝国和奥斯曼帝国时代留下的建筑遗迹是世界建筑艺术的珍品，亚洛瓦温泉和库什湖是世界著名的旅游胜地。

2011年，土耳其入境游客为3 403.8万人次，旅游外汇收入230.2亿美元；

出境游客为 628.2 万人次。

（4）主要旅游胜地

安卡拉　土耳其首都，全国第二大城市，重要的工业、交通和文化中心。位于安纳托利亚高原的中部，历史十分悠久，1923 年成为首都。市区可分为新城和旧城两部分，旧城房屋矮小，街道狭窄，仍保持着奥斯曼帝国时代的风貌。新城有许多现代化建筑，为议会和总统府所在地。在各主要广场上，都有共和国第一任总统凯末尔的塑像。市内有不同时代的古迹，包括罗马时期的朱里安柱和奥古斯都庙、拜占庭时期的城堡、塞尔柱时期的阿拉丁清真寺，以及奥斯曼时期的穆罕默德巴夏商场等。还有著名的安卡拉大学、中东技术大学等高等院校。

伊斯坦布尔　全国最大城市，著名古城。位于博斯普鲁斯海峡南口的西岸，地跨亚洲和欧洲，是古代著名丝绸之路的终点。公元 330 年，罗马帝国迁都于该城，将其改名为君士坦丁堡。由于该城历史悠久，作为都城有长达 1 000 年的历史，遗留下来的古迹十分众多。有古代城墙，如旧城区的城墙、海边的城墙等。建于 1478 年的土耳其苏丹的宫殿，现为托普卡珀博物馆，藏有许多珍贵文物。19 世纪苏丹的王宫——玛巴赫切宫，以建筑精美豪华著称于世。建于 1616 年的艾哈迈德清真寺举世闻名。旧城区的 7 座小山上还有 40 处名胜古迹，也相当有名。市中心黄金角南岸最初建于 1461 年的室内市场，规模浩大，是世界上罕见的大型室内市场。1973 年，这里还建成了将欧洲和亚洲连接起来的博斯普鲁斯海峡大桥。该市附近亚洛瓦城以南 10 千米的乌兹村，环境秀美，是著名的温泉和疗养胜地。

伊兹密尔　全国第三大城市，伊兹密尔省首府，也是一个天然良港。位于爱琴海伊兹密尔湾旁。市容清洁美丽，海滨有许多优质海滩和海滨浴场。由于是古代爱琴海文明发源地的一部分，故留下很多古迹，如公元 2 世纪古罗马市场遗迹、15 世纪的希萨尔清真寺、16 世纪的萨德尔凡清真寺、罗马大道、克泽勒朱卢克拱形水渠桥、阿塔图尔克博物馆、考古博物馆等。该城西南的一座古城以弗所，有世界古代七大奇迹之一的阿尔忒弥斯神殿及建于公元前 652 年的希腊神话狩猎女神庙。

特洛伊　位于小亚细亚西北部、达达尼尔海峡西口南岸，是举世闻名的古城。该城山清水秀，具有典型的爱琴海地区乡村风光。古城是公元前 16 世纪前后由希腊人所建，从目前发掘出来的废墟可以见到公元 400 年罗马帝国时期的雅典娜神庙和市场、剧场废墟，特别是公元前荷马时期的特洛伊城遗址。遗址内有许多彩陶和其他生活用品。公元前 9 世纪荷马史诗《伊利亚特》中叙述的特洛伊木马计，就发生于这座古城。每年 6 月在此举办特洛伊艺术节。

布尔萨 布尔萨省首府，一座古城，在马尔马拉海以南不远处。相传建于公元前3世纪，当时称为布鲁萨，后来曾是奥斯曼帝国的都城。古迹很多，如建于1421年的绿色清真寺、附近的苏丹穆罕默德一世墓、城东规模巨大的大清真寺、城西建于15世纪的穆拉迪耶清真寺、市郊的奥斯曼帝国创立者奥斯曼及其儿子的陵墓，还有布尔萨城堡、切基尔盖温泉和考古博物馆。该城东部的乌卢山有滑雪场。布尔萨东面不远的库拉贾村是古代丝绸之路上重要的一站。由于传入中国的桑蚕技术而盛产丝绸，故该城有"丝绸城"之称。

8.4.2.2 沙特阿拉伯

（1）自然环境

位于阿拉伯半岛，东濒波斯湾，西临红海，同约旦、伊拉克、科威特、卡塔尔、阿联酋、阿曼、也门等国接壤，面积225万平方千米。地势西高东低，西部为西贾兹-阿西尔高原区，中部为纳吉德多岩高原区，北、东、南属沙漠地区，东部及西部有狭长的沿海平原，沙漠面积近100万平方千米，境内无常年河流。西部高原属地中海式气候，其他地区属亚热带沙漠气候。夏季沿海地区气温38～39℃，内地有时高达54℃；冬季气候温和。年平均降雨不超过200毫米。

（2）人文状况

截止到2011年，沙特阿拉伯人口大约2 840万，其中外籍人口约占30%，绝大部分为阿拉伯人。官方语言为阿拉伯语，通用英语。伊斯兰教为国教，逊尼派穆斯林约占85%，什叶派穆斯林约占15%。

（3）主要旅游胜地

利雅得 沙特首都、王宫所在地，全国第一大城市。位于阿拉伯半岛中部，附近是一片绿洲，有广阔的椰枣林和清泉，是阿拉伯世界最著名的花园城市之一。市区内建筑各具特色，其中著名的沙特王国中心大厦，由沙特王子出资建造，被美国著名旅游杂志《旅游者》列为最新现代化建筑的新"世界七大奇观"之一。其他著名的建筑还有沙特王室宫殿、费萨尔大厦、形似飞碟的内政部大楼、巨大的街心古兰经等。

吉达 沙特第二大城市，位于沙特西部海岸，是坐落于红海沿岸的重要港口，著名的金融、贸易中心。沙特国王及其他主要领导人每年有半年以上的时间在此办公或休假。政府各大部在此均设有分部，一些重要的国际会议也经常在这里举行，有"外交首都"之称。目前在吉达共设有55个外国总领馆、21个名誉总领馆及一些国际组织的常驻机构。吉达不仅是红海和阿拉伯半岛的传统贸易中心，还是全世界穆斯林进入麦加或麦地那进行朝觐的陆、海、空交通要道和主要门户。

麦加 沙特第三大城市，人口约 179 万（2008 年）。伊斯兰教创始人穆罕默德的诞生地，世界伊斯兰教第一圣城。城内建有大清真寺，称作"禁寺"，寺中央的"克尔白"（阿语意为立方体建筑）称为"天房"，是全世界 10 多亿穆斯林每天五次朝拜的方向。扩建后的"禁寺"分为三层，建筑面积 35 万平方米，经过两次扩建，可同时容纳 77 万人做祈祷。沙特政府规定，非穆斯林人不得进入该城。

麦地那 伊斯兰教第二圣城，人口约 50 万，为穆罕默德陵墓所在地。历史上曾为穆斯林首都，1962 年在该城建立了伊斯兰大学。城内有古老的清真寺——圣寺，面积约为 16.5 万平方米，扩建后可同时容纳 40 万人做祈祷，非穆斯林人不得进入该城。

塔伊夫 素有沙特"夏都"之称。位于西部塞拉特山地的中段，人口约 39 万，面积 175 平方千米，海拔 2 000 米，气候凉爽宜人，是沙特的避暑胜地。

8.4.2.3 伊朗

（1）自然环境

伊朗位于亚洲西南部，北邻亚美尼亚、阿塞拜疆、土库曼斯坦，西与土耳其和伊拉克接壤，东面与巴基斯坦和阿富汗相连，南濒波斯湾和阿曼湾，面积 164.5 万平方千米，素有"欧亚陆桥"和"东西方空中走廊"之称。大部分国土位于伊朗高原，北部为厄尔布尔士山脉，主峰达马万德峰海拔 5 671 米，是全国第一高峰。西部和西南部有扎格罗斯山脉，东部为盆地和沙漠。北部里海和南部波斯湾、阿曼湾沿岸一带为冲积平原。里海是世界上最大的咸水湖，南岸属伊朗。伊朗以亚热带干旱与半干旱气候占优势，夏季炎热，冬季寒冷，大部分地区干燥少雨，大陆性气候显著。

（2）人文状况

伊朗有人口 7 515 万（2012 年），是一个多民族的伊斯兰国家，其中波斯人占 66%，阿塞拜疆人占 25%，库尔德人占 5%，其余为阿拉伯人、土库曼人等少数民族。官方语言为波斯语，伊斯兰教为国教，98.8% 的居民信奉伊斯兰教，其中 91% 为什叶派，7.8% 为逊尼派。

（3）主要旅游胜地

德黑兰 伊朗首都，不仅是伊朗最大的城市，也是西亚最大的城市，人口达 1 100 万。德黑兰市拥有许多博物馆，如考古博物馆、国家艺术博物馆、地毯博物馆、人类学博物馆、当代艺术博物馆等。著名的古堡式地毯博物馆藏有从伊朗各地收集的16世纪到20世纪的珍贵地毯5 000余件。在德黑兰还有文化遗产博物馆、拉列公园以及首都最大的"巴扎"（市场），它们都反映了数千年灿烂的波斯文化。新建的霍梅尼陵墓更是金碧辉煌，气势磅礴。自由纪念塔气势雄伟、风格新颖，是德黑兰的门户。作为一个伊斯兰国家的首都，德黑兰还拥有一千多座清真寺，每到祷告时间，各清真寺的宣礼之声彼此应和，庄严肃穆。

伊斯法罕　伊朗中部伊斯法罕省的省会，公元11、12世纪塞尔柱王朝时曾为首都，是伊朗最古老的城市之一，古代"丝绸之路"的南路要站。该市气候温和宜人。主要古迹有：伊玛姆广场、伊玛姆清真寺、鲁特法拉赫清真寺、阿里加普宫及传统市场、手工业店铺；另外还有四十柱宫、万克教堂、哈柱桥、三十三孔桥和摇晃塔等。

设拉子　伊朗中部法尔斯省会，是伊朗最古老的城市之一，素以玫瑰和夜莺之城及诗人的故乡闻名于世。公元10世纪时为波斯首都，18世纪时曾为赞德王朝首都。

马什哈德　是伊朗最大省份呼罗珊省的省会，伊斯兰什叶派圣地。主要名胜古迹有什叶派第八伊玛姆陵墓、古哈尔沙德大清真寺、纳第尔王墓、纳第尔博物馆、诗人菲尔多西墓。该市还是伊朗及世界什叶派穆斯林朝觐的圣地，每年从外地来此的朝觐者多达400多万，接待朝觐及旅游者已成为该市财政收入的重要来源之一。

8.4.2.4　伊拉克

（1）自然环境

伊拉克位于阿拉伯半岛东北部，与伊朗、土耳其、叙利亚、约旦、沙特阿拉伯和科威特相邻，东南濒临波斯湾，面积约44.1839万平方千米。

该国地形以平原为主，即美索不达米亚平原，由底格里斯河与幼发拉底河共同冲积而成。西南部是阿拉伯高原的一部分，东北部为库尔德山地。除了北部地区以外，该国广大地区的气候属于以炎热和干燥为特征的亚热带荒漠类型。夏季炎热，南部绝对最高气温可达50℃以上；冬季较温暖。大部分地区年降水量不到300毫米，有的地区不到100毫米。北部山地气候有地中海气候的色彩，冬季降水较多。

（2）人文状况

伊拉克人口约3 432万（2011年），其中阿拉伯人约占78%（什叶派约占60%；逊尼派约占18%），库尔德人约占18%，余为土库曼人、亚美尼亚人、亚述人、犹太人、波斯人及巴勒斯坦难民等。官方语言为阿拉伯语和库尔德语，通用英语。居民中 95% 以上信奉伊斯兰教，少数人信奉基督教或犹太教。在信奉伊斯兰教的居民中，什叶派约占 60%，逊尼派约占 40%。伊拉克有悠久的历史，公元前 4700 年就出现了城邦国家。公元前 2000 年建立了巴比伦王国，被誉为世界"四大文明古国"之一。

(3) 主要旅游胜地

伊拉克旅游资源丰富，特别是历史文化旅游资源突出。

巴格达 伊拉克首都，是伊拉克也是整个阿拉伯世界最古老的城市之一，位于中部底格里斯河两岸。始建于公元 762 年，1921 年独立时成为首都。作为宗教名城，近 300 座风格各异的清真寺散布于城区各处，其中最著名的是卡齐迈因大清真寺。城东南有举世闻名的巴比伦古城遗址，著名的"空中花园"是古城内最让人赞叹的神奇建筑，被誉为世界古代七大奇迹之一。博物馆众多是巴格达的一个特点，主要有伊拉克博物馆、巴格达博物馆、军事博物馆、阿拉伯复兴社会党博物馆、自然博物馆和兵器博物馆等。坐落在巴格达国际火车站附近的伊拉克博物馆，以收藏丰富的古代文物著称，是世界上最大、最著名的博物馆之一。馆内收藏着远古时期曾在两河流域生息过的各民族的文物。馆中还珍藏有从尼姆鲁德发现的亚述时代的精美绝伦的妇女雕像，素有"尼姆鲁德的蒙娜丽莎"之称。位于巴格达市内祖拉公园内的无名战士纪念碑，构思奇特、造型别致，远远望去，纪念碑犹如一个向日葵的花盘擎在飞轮状的花托之上。巴格达最具有特色的是与著名阿拉伯古典文学名著《天方夜谭》中故事有关的一些雕塑，因而有"《一千零一夜》的故乡"之称。

由于受伊拉克战争的影响，前述博物馆藏品均遭到很大损失。目前伊拉克旅游业仍基本处于瘫痪状态，远未恢复到战前水平。

8.4.2.5 哈萨克斯坦

(1) 自然环境

哈萨克斯坦位于亚洲中部。北邻俄罗斯，南与乌兹别克斯坦、土库曼斯坦、吉尔吉斯斯坦接壤，西南濒临里海，东接中国。面积 272.49 万平方千米，在亚洲居第三位（仅次于中国和印度），也是世界面积最大的内陆国。领土的绝大部分在亚洲，最西部有一角伸至乌拉尔河以西，属欧洲。

哈萨克斯坦境内平原和低地面积广大，中部丘陵和低山的面积也不小，东部有高山绵亘，南部还有浩瀚沙漠。基本属温带大陆性气候，干燥少雨，气温变化剧烈。1 月平均气温为 $-19 \sim 4℃$，7 月平均气温为 $19 \sim 26℃$。河网稀疏，除东北部属北冰洋水系外，其余全为内流水系。除西临里海、南濒咸海外，境内还有巴尔喀什湖。

（2）人文状况

哈萨克斯坦人口约1 702万（2013年），民族有125个，主要包括哈萨克族（65%）、俄罗斯族（22%）、乌克兰族、乌孜别克族、日耳曼族和鞑靼族等。哈萨克语为国语，俄语在国家机关和地方自治机关与哈语同为正式使用的语言。多数居民信奉伊斯兰教，此外还有东正教、基督教、佛教等。

（3）主要旅游胜地

阿斯塔纳 哈萨克斯坦首都，人口约100万（2011年），1997年12月成为哈首都。

阿拉木图 哈萨克斯坦原首都，一座风光独特的旅游城市。位于哈东南部、天山北麓外阿赖山（中国称外伊犁山）脚下的丘陵地带，三面环山，面积190平方千米，海拔700~900米。城市南郊漫山遍野都是果园，其中苹果园最多，因此，阿拉木图有"苹果之城"的美誉。城郊是一派宁静的北国风光，这里的群山峰峦起伏，气势磅礴的天山白雪皑皑，山峰上的白雪终年不化，最高的共青团峰在蓝天白云的衬托下，银光灿灿，蔚为壮观。城市附近有山地滑雪场地和登山运动人员的宿营地，以及一些疗养院、旅馆等，是夏季避暑和疗养、度假胜地。市内有建于1907年的东正教大教堂，其历史虽不甚久远，但以全木结构和高度出众。

巴尔喀什湖 位于国家东南部平原上，面积1.83万平方千米，长605千米，东部宽10~20千米，西部最宽处74千米，平均水深6米，最深处26米。萨雷耶西克半岛从湖的南岸北伸，把湖分为两部分。西部有伊犁河注入，湖水盐度低，东部盐度较高。湖中盛产伊犁弓鱼、巴尔喀什弓鱼等。湖边大片苇丛中，有成群的鸥、野鸭、鸬鹚、天鹅等。周围陆上有野猪、狼、狐狸等。湖上有航船，湖岸还有城市，并有铁路通过，是可开发的旅游地。

咸海 哈萨克斯坦与乌兹别克斯坦之间的界湖，世界第六大湖，面积4万余平方千米。湖内有300多个岛屿，阿姆河、锡尔河是其主要水源。湖水盐度较高（8%~15%）。近半个世纪以来，由于水源大河的水沿途被截用，湖面急剧下降，蓄水量大大减少。

8.5 欧洲及北亚旅游区

本区包括欧洲全部及亚洲北部的俄罗斯部分。其中欧洲全称欧罗巴洲，东接亚洲，北、西、南分别濒临北冰洋、大西洋、地中海和黑海，面积仅大于大洋洲。旅游资源十分丰富，其开发利用深度和广度都居世界前列，是世界旅游业最发达的地区。北亚包括俄罗斯的西伯利亚和远东两大部分，东西长约 7 000 多千米，南北宽约 4 000 千米，面积约 1 300 万平方千米，是亚洲最大的自然地理大区。北亚地形多为高原台地和山地，主要包括中西伯利亚高原、南西伯利亚山地和远东山地。高纬的地理位置使北亚气候具有极端寒冷的大陆性气候特征。

8.5.1 旅游资源特征

8.5.1.1 自然景观独具特色，相对集中

本区自然条件多种多样。林海雪原、湖光山色、滨海滩岛等相映生辉，构成了一幅巨大的、浓淡相宜的壮丽画卷，自然景色十分迷人。就自然条件的地区差异和人类对自然开发程度的差异而言，本区的自然景观旅游资源相对集中于斯堪的纳维亚半岛、阿尔卑斯山系、地中海和黑海沿岸以及著名的大河两岸等地区。

斯堪的纳维亚半岛风光旖旎，是欧洲自然风景最富集的地区之一。境内广袤的林海雪原，棋布的湖泊、岛屿，众多的峡湾及高纬度地区特有的极昼、极夜、极光奇观等相映成趣，构成了一幅幅美妙动人的风景画卷。阿尔卑斯是欧洲最高大雄伟的庞大山系，遍布中南欧各地，欧洲著名的风景名山几乎全部云集于此，其中以阿尔卑斯山脉最负盛名。整个山系层峦叠嶂，垂直景观发育，峰奇水美，峡谷幽深，岩溶广布，植被茂密，飞鸟羽禽众多。高山之巅终年积雪，并有现代冰川存在，亚平宁山脉还多火山奇观。地中海和黑海沿岸，以其明媚的阳光、洁白的沙滩、湛蓝的海水，吸引着众多游人，成为世界著名的"三S"旅游度假胜地，现已建成许多世界规模的海滨游乐、康复休养基地和冬季避寒旅游活动中心。此外，著名的伏尔加河、莱茵河、多瑙河等，沿岸风光旖旎，城市林立，名胜古迹众多，构成了欧洲大陆三道流动的风景线。

8.5.1.2 人文景观丰富多样，分布广泛

本区是一个人文色彩很强的大陆，人文景观旅游资源数量之多、类型之丰、分布之广举世罕见。欧洲是人类文明发展较早的地区之一，古希腊、古罗马是西方古代文明的代表，意大利是文艺复兴的发源地。欧洲还是世界资本主义的发源地、产业革命的故乡，无产阶级革命的摇篮，两次世界大战的发起地与主战场，当今世界经济最发达的地区之一。这一切形成了本区多姿多彩的人文景观。在本区的人文景观旅游资源中，古建筑与文学艺术珍品是最主要的特色。

遍布全欧洲各个时期、风格各异的古建筑物，记载着欧洲历史发展的进程，是欧洲人文景观中一朵绚丽的奇葩。其中，城堡、宫殿、教堂堪称欧洲"三

绝",享誉世界。欧洲的文学、绘画、雕塑、音乐、戏剧、舞蹈艺术源远流长,意大利、希腊、法国、德国、英国、俄罗斯、西班牙、奥地利、丹麦等国的文学艺术在世界上享有崇高的地位。欧洲的博物馆事业也相当发达,仅伦敦就有100家。欧洲的物质文明高度发达,许多著名的历史文化名城同时又是高度现代化的国际性大都市,如伦敦是世界的金融中心之一;巴黎是举世闻名的旅游购物天堂;德国是世界著名博览会与展览会的举办国。本区的民俗文化也十分诱人:西班牙的斗牛表演,俄罗斯的水上芭蕾,法国的葡萄节,意大利的维亚雷焦狂欢节,德国慕尼黑的啤酒节,芬兰的仲夏节等都充满了浓郁的地方特色,令世界各地游客如醉如痴,流连忘返。

8.5.2 主要国家概述

8.5.2.1 法国

（1）自然环境

法国位于欧洲西部,与比利时、卢森堡、德国、瑞士、意大利、西班牙、安道尔、摩纳哥接壤,西北隔拉芒什海峡与英国相望。濒临北海、英吉利海峡、大西洋和地中海,海岸线总长度为 2 700 千米,面积约 55.16 万平方千米。地势东南高西北低,平原占总面积的 2/3。东部接意大利边境的阿尔卑斯山脉,西南部接西班牙边境的比利牛斯山脉;北部是巴黎盆地,中南部是中央高原,西北部是北法平原;最大的科西嘉岛位于地中海。法国河流较多,主要有塞纳河、卢瓦尔河、罗纳河和加隆河等。西部属海洋性温带阔叶林气候,南部属亚热带地中海式气候,中部和东部属大陆性气候。1 月平均气温北部 1～7℃,南部 6～8℃;7 月北部 16～18℃,南部 20～23℃。全国年平均降雨量为 600～1 000 毫米。

（2）人文状况

法国人口约 6 580 万（2013 年 1 月）,居欧洲第五位,包括 400 万外国侨民,其中 150 万来自欧盟各国。法国民族以法兰西人最多,约占总人口的 90%,其他少数民族有布列塔尼人、巴斯克人、科西嘉人、日耳曼人、斯拉夫人、北非人和印度支那人等。官方语言为法语,居民中 90% 的人信奉天主教,另有约 400 万穆斯林及少数新教、犹太教、佛教、东正教徒。

（3）旅游业发展现状

得天独厚的自然资源和历史文化条件,为法国旅游业的发展创造了良好的基础。法国是全球头号旅游大国,2011 年,入境游客为 8 141.1 万人次,旅游外汇收入 548.79 亿美元;出境游客为 2 615.5 万人次。2012 年,旅游业总收入约为

770亿欧元，旅游产业提供200万个就业岗位，旅游产业对法国国内生产总值的贡献率超过7%，是法国的支柱产业之一。

（4）旅游资源精粹

法国有丰富的历史文化遗存、迷人的蓝色海岸和森林茂密的山地等。首都巴黎、地中海沿岸海滨、阿尔卑斯山区滑雪场及科西嘉岛均是著名旅游胜地。罗浮宫、凡尔赛宫等知名博物馆收藏着世界文化的宝贵遗产。法国还有众多历史名城和古堡。据统计，全国约有1.4万座建筑和遗址被列为历史古迹，列入候补名单的还有2.6万座。法国博物馆多达4 000个，其中国家管理的近1 000个。法国菜系是世界三大菜系之一，其烹调技术在西餐中首屈一指，蜗牛与肥鹅肝是最有特色的法式菜，法国的葡萄酒、香槟和白兰地（又称干邑）享誉全球。法国人最爱吃的菜是蜗牛和青蛙腿。

（5）主要旅游胜地

巴黎　法国有句家喻户晓的谚语：“巴黎不是一天建成的”。作为法国的首都，巴黎市共有20个大区，塞纳河将整个市区一分为二。河的南面被称为左岸，河的北面为右岸。这里不仅自然景色优美宜人，而且到处都散发着艺术气息。塞纳河右岸有巴黎最为诱人的风景线——香榭丽舍田园大街，沿大街向西直通庄严的凯旋门，周围是著名的夏尔·戴高乐广场（又名"星辰广场"），12条大街由此呈辐射状向四周伸展，形成了一个名副其实的"中心"。左面有巴黎的象征——埃菲尔铁塔、法国军事学院和拿破仑墓地——荣军院等。各国使领馆、诸多博物院和展览馆，以及豪华的大商店、总公司等均设在市区西部。市区东部和北部主要是普通居住区。巴黎人民两次革命的象征——巴士底广场和巴黎公社社员墙都在这一地区。这里的小型工业、手工业和商业等比较发达。巴黎市中心是全城最古老、最活跃、最热闹的地区。中心的"中心"，是被塞纳河环饶的"西岱"（cite）岛上的巴黎圣母院。协和广场、马德兰大教堂、巴黎歌剧院、杜伊勒里公园和罗浮宫等都集中在这里。

埃菲尔铁塔——巴黎的象征，矗立于市中心塞纳河右岸的战神广场上，是为迎接在巴黎召开的世界博览会而于1889年建成的。以其设计者、杰出的建筑工程师居斯塔夫·艾菲尔的名字命名。铁塔高320.7米，从地面到塔顶装有电梯和1 710级阶梯。塔身为钢架镂空结构，重达9 000吨，共用了1.8万余个金属部件，以100余万个铆钉铆成一体，全靠四条粗大的用水泥浇灌的塔墩支撑。全塔分为三层，第一层高57米，第二层高115米，第三层高276米。每一层都设有酒吧和餐馆，可供游客小憩。另外每层还设有带高栏的平台，游人在此可眺望整个巴黎市区美景。

凯旋门——坐落在著名的巴黎星辰广场中央，高50米，宽45米。门上有许多精美的雕刻，右侧石柱上刻有著名的大型浮雕《马赛曲》；门的正面下方有1920年建造的无名战士墓，墓前点着常年不灭的火炬，还有天天供奉不断的鲜花。凯旋门内装有电梯。

罗浮宫——位于巴黎市中心塞纳河畔，原是法国王宫，现为世界三大艺术博物馆之一。拥有的艺术收藏品多达40万件，包括6个部分：希腊罗马艺术馆、埃及艺术馆、东方艺术馆、绘画馆、雕塑馆、装饰艺术馆，爱神维纳斯、胜利女神尼卡和蒙娜丽莎是著名的宫中三宝。华人建筑师贝聿铭设计的中央广场上的透明金字塔建筑别具一格。

凡尔赛宫——17、18世纪时法国的王宫和行政中心，曾是世界上最豪华的宫殿，现已辟为博物馆。位于巴黎西南郊约20千米处的凡尔赛镇，包括100万平方米的园林、700多个厅室、一所可容纳1 200名观众的剧院。

巴黎圣母院——不仅因雨果的同名小说而出名，更因为它是巴黎最古老、最宏伟的天主教堂。坐落于巴黎市中心塞纳河中的西岱岛上，为哥特式的巨石建筑物，历经两百年，建成于1345年。教堂形体方正，仪态庄严，正面朝西分三层，高69米，底层并排三座桃形大门洞，左为圣母门，右为圣安娜门，中为最后的审判。门上布满了雕饰，描述圣经的故事。门券上是长条壁龛，一字排着28座雕像。

协和广场——位于巴黎市中心、塞纳河北岸。法国最著名的广场之一。始建于1757年，因广场中心曾塑有路易十五骑像，1763年曾命名为"路易十五广场"，大革命时期被改名为"革命广场"，1795年又将其改称为"协和广场"。广场呈八角形，中央矗立着一尊23米高、有3 400多年历史的埃及方尖碑。广场四周放置了8座雕像，分别象征着8座在法国历史上起过重要作用的城市：里昂、马赛、波尔多、南特、鲁昂、布勒斯特、里尔和斯特拉斯堡。协和广场是巴黎人民英勇斗争的历史见证，1793年大革命时期，巴黎人民奋起捣毁了路易十五的铜像，并将路易十六送上了断头台。而今，协和广场是巴黎市民休息、游览的地方。

香榭丽舍大街——是横贯市区的巴黎最具特色的大街和世界上最美丽的大街之一，也是法国繁荣富裕的象征。法国每年的一些重大节日——7月14日国庆阅兵式、新年联欢都在这条著名的街道上举行。法文"香榭丽舍"是"田园乐土"的意思。大街东起协和广场，西至星形广场，全长1 800米，最宽处约120米，中间车行道可并行10辆汽车。西端的星形广场中央有巍峨雄伟、遐迩闻名的凯旋门。大街附近有波旁宫、玛德琳娜大教堂，还有图勒里公园、罗浮宫、市府大厦和法国总统府爱丽舍宫等名胜古迹。整个大街以南北走向的隆布万街为界，划分为风格迥然不同的东西两段：东段长 700 米，体现了幽静的田园风光；西段长 1 000 多米，为闹市区。世界上的著名品牌都在这条大街上设有分店。

特瓦里天然动物园——位于巴黎西南方 40 余千米处，建于 1967 年，园内有 5 000 多种世界各地的飞禽走兽，是欧洲首屈一指的天然动物园。

马赛 法国最大港口和第二大城市，位于地中海北岸，景色秀丽，气候宜人。商业机会颇多。在马赛老港口的伊夫岛上，有法国名作家大仲马在他的小说《基度山伯爵》里曾着力描写的伊夫古堡。

里昂 法国继巴黎、马赛之后人口最多的城市，位于法国东南部，是一座历史悠久的古老城市，特别是 1998 年被联合国教科文组织列为世界文化遗产城市之后，其地位就更加显著。里昂旧城的中心布满了中世纪的建筑和教堂，使它获得了"拥有一颗粉红的心脏"之城的美称。里昂是法国仅次于巴黎的第二大博览会中心，每年一度的里昂国际博览会吸引 30 万～40 万人参观。在东南郊夏西厄的欧洲博览公园里，可以看到展览面积达 7 万平方米的十几个主题展馆。法国本土和海外省及海外领地的参展单位数以千计。在博览会上，人们可以看到从微波炉到水力按摩浴缸等各种新式的产品，还可以品尝到不同的特色佳肴。

戛纳 位于地中海海岸，气候宜人，只有 7 万居民，但却因每年 5 月份举行的国际电影节而蜚声世界。每年一度的影坛盛事，使世界各国的电影工作者、影商和影迷，还有记者如潮水般涌到小城戛纳聚会。其间影星荟萃，影片如潮，介绍新片的招贴画和五光十色的广告贴满大街小巷，使这里成为全球瞩目的国际影城。

8.5.2.2 英国

(1) 自然环境

英国是位于欧洲西部的岛国，由大不列颠岛（包括英格兰、苏格兰、威尔士）、爱尔兰岛东北部和一些小岛组成，全称"大不列颠及北爱尔兰联合王国"。面积 24.41 万平方千米（包括内陆水域），其中英格兰 13.04 万平方千米，苏格兰 7.88 万平方千米，威尔士 2.08 万平方千米，北爱尔兰 1.41 万平方千米。英国隔北海、多佛尔海峡、英吉利海峡与欧洲大陆相望，海岸线总长 11 450 千米。全境地形分为四部分：英格兰东南部平原、中西部山区、苏格兰山区、北爱尔兰高原和山区。主要河流有塞文河（354 千米）和泰晤士河（346 千米）。属海洋性温带阔叶林气候，通常最高气温不超过 32℃，最低气温不低于 -10℃。北部和西部的年降水量超过 1 100 毫米，其中山区超过 2 000 毫米，中部低地为

700～850毫米，东部、东南部只有550毫米。每年2—3月最为干燥，10月至来年1月最为湿润。

（2）人文状况

英国现有人口约6 226万（2010年）。英国人口分为4个民族，即英格兰人、苏格兰人、威尔士人和爱尔兰人。官方和通用语均为英语，威尔士北部还使用威尔士语，苏格兰西北高地及北爱尔兰部分地区仍使用盖尔语。居民多信奉基督教新教，主要分英格兰教会和苏格兰教会。另有天主教会及佛教、印度教、犹太教和伊斯兰教等较大的宗教社团。

（3）旅游业发展现状

旅游业是英国最重要的经济部门之一。2011年，英国入境游客为2 930.6万人次，旅游外汇收入351.05亿美元；出境游客为5 683.6万人次。2012年，到英国各地旅游的国际游客人数达3 100多万人次，入境旅游业消费额达190亿英镑。

（4）旅游资源精粹

英国旅游资源丰富，文物古迹比比皆是，自然风景秀丽可餐。许多城市，如"万城之花"伦敦，"北方雅典"爱丁堡，大学城牛津、剑桥，古色古香的约克城，莎翁故乡斯特拉特福都是享誉世界的旅游名城。英国还辟有几十座国家公园和风景保护区。被联合国列入世界文化和自然遗产名录的名胜古迹和天然景观就有14处，诸如伦敦塔、威斯敏斯特宫（国会大）、布伦海姆宫（牛津附近）、坎特伯雷主教堂、巴斯城、索尔兹伯里郊区的巨石阵等遗迹，都是极受游客青睐的观光热点。

（5）主要旅游胜地

伦敦 英国首都，位于英格兰的泰晤士河下游，城市跨越泰晤士河两岸。是英国历史和现代精华的所在地，世界十大都市之一。

白金汉宫——英国王宫，英国女王伊丽莎白二世居住的地方。原是英国大贵族白金汉公爵1703年建造的官邸。1761年，当时的英王乔治三世看上这块地方，便把它买了下来，并花几十万英镑把它改造成王宫，所以叫白金汉宫。自1837年维多利亚女王加冕后迁入，这里一直是英王住的地方。白金汉宫共有600间房子。英王在这里生活、娱乐、办公，还设有金库、展室、教堂以及育婴室等各种设施，而且是最高档次的。但是白金汉宫不像美国的白宫，它是不让人参观的，这里由王室的苏格兰卫队把守。白金汉宫前的广场上有精美的维多利亚女王纪念碑，白金汉宫广场还是伦敦观光客最为集中的地方，每天中午11:15至12:10有卫士换岗仪式。

大笨钟——伦敦市的标志及英国的象征。巨大而华丽,重 13.5 吨,四个钟面的面积有 2 平方米左右。大笨钟从 1859 年就为伦敦城报时,至今已有一个半世纪,尽管这期间大本钟曾两度裂开,但其钟声仍然清晰、动听。

大英博物馆——一座伟大的建筑,目前世界最大的博物馆之一,与纽约的大都会博物馆和巴黎的罗浮宫并列为世界三大博物馆。在这里,从大英帝国的宪章原稿到世界各国的民俗风情资料,应有尽有,仅图书就有 1 000 多万册。马克思写《资本论》时,就是在此查阅了许多资料。

圣保罗大教堂——伦敦最大的教堂,屹立在伦敦弗利特街东口处,为世界第三高教堂。由两座长 150.5 米、宽 37.5 米的两层十字架形大楼构成,中间拱托起一座高达 111.4 米的圆屋顶,上有一个镀金的十字架。圣保罗大教堂的地下室号称欧洲最大的地下室,有一些王公达官的坟墓和纪念碑。游人站在教堂石阶上,伦敦市景可尽收眼底。

格林尼治天文台——位于伦敦东南方向,是世界闻名的地方,建于 1675 年。由于当年英国航海业发达,又是世界上经济实力最强的国家,所以从 1884 年起,格林尼治天文台的时间,被公认为世界标准时间。以后科技发展,制成了原子钟,格林尼治时间的权威性才慢慢被原子钟所取代。地球经度的划分,也以格林尼治天文台为起点,向东分成 180°,向西分成 180°。现在天文台已迁走,这里改为航海博物馆。

伦敦塔——坐落在泰晤士河畔,是带有尖顶的几幢宏伟建筑物,内分白堡、血堡、绿堡。白堡建造最早,于 1077 年建成。这里曾成为关押失宠的王亲贵族的地方,以后又变成为监狱,最多时据说关押上千犯人。现在里面藏着王家珍宝,包括世界上最大的钻石,过去英王的王冠等。

西敏寺——英国皇家教院,欧洲最美丽的教堂之一,正面看起来非常壮观。历代国王的加冕仪式、婚丧喜宴及国家大典等活动都是在这里举行,甚至连王室的坟墓也几乎都设在这里。此外,许多历史上著名人物的墓碑或纪念碑也设在教堂内。

伯明翰 仅次于伦敦的英国第二大城市,17 世纪后逐渐发展起来的一个工业城市,并享有"世界车间"之美称。分为新城和老城,新城的火车站附近是英国工业展览会的所在地,老城车站是伯明翰市的中心。这里商店集中,道路狭窄,人流不息,因而禁止车辆通行。伯明翰市区只有少数的高楼大厦,大部分建筑都是二层楼房,显得古朴无华。伯明翰的四周,有无数大工厂,其工业产值占全国工业产值的 1/5。

曼彻斯特 位于英格兰西北部兰开夏郡内,是英国中部地区工商业、金融和文化中心，也是英国工业革命的故乡。市中心的商业区相当繁华，阿登商业中心是最大商店。从曼彻斯特商业中心往西南步行30多分钟就到了曼彻斯特的贫民区，这里是欧洲最大的贫民窟。曼彻斯特也是一座文化城市，是英国新闻业的第二中心，英国北部地区的广播和电视总部都设在这里。曼彻斯特是英国工人运动的中心之一。恩格斯曾在此居住多年。

利物浦　在英格兰西海岸默西河口，英国的大工业中心和第二大商港。港口海堤全长11千米，年货物吞吐量达3 000万吨。是个历史悠久的古城，有许多有名的观光胜地。利物浦北部爱尔兰海岸上有几个风景优美的海滨休养地，其中最大的是布莱克普尔。布莱克普尔的灯景是利物浦的一大景观。

8.5.2.3　西班牙

（1）自然环境

西班牙位于欧洲西南部伊比利亚半岛。西邻葡萄牙，东北与法国、安道尔接壤，北濒比斯开湾，南隔直布罗陀海峡与非洲的摩洛哥相望，东和东南临地中海。领土面积为50.592 5万平方千米，海岸线长约7 800千米。境内多山，是欧洲高山国家之一。全国35%的地区海拔1 000米以上，平原仅占11%。主要山脉有坎塔布连、比利牛斯等。南部的木拉散峰海拔3 478米，为全国最高峰。中部高原属大陆性气候，北部和西北部沿海属海洋性温带气候，南部和东南部属地中海型亚热带气候。首都平均气温1月4.9℃，8月22.5℃。

（2）人文状况

西班牙人口约4 719.05万（2011年），数量仅次于俄罗斯、德国、意大利、英国、法国和乌克兰，居欧洲第七位。居民主要是卡斯蒂利亚人（即西班牙人），少数民族有加泰罗尼亚人（609万）、加里西亚人（272万）和巴斯克人（207万）。卡斯蒂利亚语（即西班牙语）是官方语言和全国通用语言，也是联合国通用语言之一。96%的居民信奉天主教。

（3）旅游业发展现状

旅游业是西班牙经济的重要支柱和外汇的主要来源之一。西班牙和法国、美国并称世界三大旅游王国。2011年，西班牙入境游客为5 669.4万人次，旅游外汇收入为601.08亿美元；出境游客为1 334.7人次。

（4）旅游资源精粹

西班牙是欧洲最具旅游吸引力的国家之一，它有着美丽迷人的自然景观、精美别致的城市建筑和丰富灿烂的历史文化。西班牙是热情开朗的民族，西班牙斗牛和弗拉明戈舞在世界上最为人熟知。西班牙是号称出口"阳光和海滩"的国度,是世界旅游王国。

(5) 主要旅游胜地

有马德里、巴塞罗那、塞维利亚、太阳海岸、美丽海岸等。

马德里 西班牙首都,位于伊比利亚半岛中央,人口约 627.1 万(2010年),为西班牙第一大城市。是一座中世纪的古城,却又是西班牙的时尚之城。有人说马德里是"越夜越美丽",这是因为白天的马德里街头拥挤着观光客和当地人,而夜晚的马德里却充满激情与活力,充满西班牙式的浪漫与狂野。马德里是个相当适合步行漫游的城市,从太阳门往西比列斯广场,或从大广场往王宫方向,沿途尽是艺术、文化及建筑宝藏。马德里还是世界旅游组织驻地。

马幼大广场——西班牙所独有的典型广场,古时政府的公共活动、斗牛及一般民众的市集均普遍利用此种广场,现已成为家族、朋友及情人们乐于前往的地方。马德里的马幼大广场创建于 17 世纪,中央有创建者菲利普三世的骑马铜像,每星期天上午有邮票、旧币市场出现于此。

太阳门广场——通往西班牙各地道路起点的路标就是在此,古代建有的城门现在已被拆移。广场一直受到市民的喜爱,尤其是傍晚时显得特别热闹。新年期间,马德里的民众在此聚集狂欢也是一件盛事。

马德里皇宫——仅次于凡尔赛宫和维也纳皇宫的欧洲第三大皇宫,是波尔梦王朝代表性的文化遗迹,其豪华壮丽程度,在欧洲各国皇宫中堪称数一数二。它建于 1738 年,历时 26 年才完工。皇宫外观呈正方形结构,类似法国的罗浮宫,内部装潢则是意大利风格,富丽堂皇。宫内藏有无数的金银器皿和绘画、瓷器、壁毯及其他皇室用品。现在,该皇宫已被辟为博物院,供游人参观。皇宫的对面是西班牙广场,中央矗立着《堂吉诃德》的作者塞万提斯的纪念碑,纪念碑旁还有堂吉诃德骑着马和仆人桑丘的塑像。

瑞内索菲亚美术馆——收藏品主要是现代艺术品,基本上涵盖了 19 世纪末到 20 世纪的西班牙现代艺术品,包括超现实、抽象主义及"二战"后的前卫派作品等。参观这家美术馆,可以对西班牙艺术风格在欧洲的艺术风潮影响下的脉络和发展有个基本的认识。尤其是几位世界知名现代艺术家如毕加索、米罗、达利等人的作品,均在本美术馆占有重要的分量,为最不可错过的作品。

布拉多美术馆——西班牙值得引以为自豪的美术馆,馆内所藏均为有名的杰作,被誉为世界少数著名美术馆之一。目前已拥有 3 000 件以上珍贵作品,其中以西班牙派作品为数最多。

巴塞罗那 西班牙第二大城市,享誉世界的地中海风光旅游地和世界著名历史文化名城,也是世界著名的港口城市。西班牙现代艺术巨匠如毕加索、米罗、达利等人都诞生于此，是伊比利亚半岛最富欧洲气质的大都会，又被称为"伊比利亚半岛的明珠"。1833年以前是加泰罗尼亚地区的首府，市区内哥特式、文艺复兴式、巴洛克式建筑和现代化楼群相互辉映，是国际建筑界公认的将古代文明和现代文明结合最完美的城市，市内随处可见世界著名的艺术大师毕加索、高迪、米罗等人的遗作。巴塞罗那四季分明，气候湿润，全年阳光明媚，鲜花盛开。宜人的气候、著名的金色海岸和充满浪漫色彩的人文环境，每年吸引数千万国外游客到此旅游休假。巴塞罗那曾经承办过1888年和1929年两届世博会，为城市的腾飞奠定了基础。1992年，巴塞罗那市又成功主办了第25届奥运会，使其更加名扬四海。

毕加索博物馆——世界上有两座毕加索博物馆，一座在巴黎，另一座就在巴塞罗那旧市区蒙卡答路15号。巴塞罗那毕加索博物馆是一间建于15世纪的优美宅邸，有着幽静的庭院、华丽的墙壁和窗棂。馆中藏有毕加索及其他一些画家的作品，收藏非常丰富。

太阳海岸 西班牙旅游胜地，位于南部安达卢西亚地区的大西洋之滨和地中海沿岸。全长250多千米，沿岸连接着99个中小城镇。这里气候温和，阳光充足，全年日照300多天，故有太阳海岸之称。夏天最高温度32～35℃，冬季最低温度14～16℃，因此夏可避暑，冬可避寒，是西班牙接待游客最多的4个旅游区之一。为适应旅游业的需要，沿岸修建了众多富有特色的旅游村镇、别墅、旅馆和商店。

8.5.2.4 意大利

（1）自然环境

意大利共和国位于欧洲南部，包括亚平宁半岛及西西里、撒丁等岛屿，国土面积30.1318万平方千米。北以阿尔卑斯山为屏障与法国、瑞士、奥地利、斯洛文尼亚接壤，东、南、西三面分别临地中海的属海亚得里亚海、伊奥尼亚海和第勒尼安海，海岸线长约7200多千米。境内还有两个袖珍主权国——圣马利诺共和国和梵蒂冈教皇国。

由于意大利处在欧亚大陆、非洲大陆板块挤压带上，所以多山地、丘陵和活火山。全境4/5为山丘地带，有阿尔卑斯山脉和亚平宁山脉。意、法边境的勃朗峰海拔4810米；著名的火山有维苏威火山和欧洲最大的活火山——埃特纳火山。由于地形狭窄，宛如一只长靴子插入地中海，故又被称为"靴国"。大部分地区属亚热带地中海式气候，平均气温1月2～10℃，7月23～26℃，年平均降水量500～1000毫米。

(2) 人文状况

意大利人口约 6 081.33 万（2011 年），94% 的居民为意大利人，其余为撒丁人、弗留里人、法兰西人和罗曼人等。官方语言为意大利语，个别边境地区讲法语和德语。大部分居民信奉天主教。

(3) 旅游业发展现状

意大利旅游业发达，是世界第四大旅游目的地国家。2011 年，意大利入境游客为 4611.9 万人次，旅游外汇收入 432.43 亿美元；出境游客为 2 929.5 万人次。

(4) 旅游资源精粹

意大利气候湿润，海滨和山区自然风光秀丽，尤其是历史悠久，文化灿烂，文物古迹众多，旅游资源极为丰富。这里有历史上显赫一时的古罗马帝国、1900 年前毁于一旦的庞贝古城、闻名于世的比萨斜塔、文艺复兴的发祥地佛罗伦萨、风光旖旎的水城威尼斯、被誉为世界八大奇迹之一的古罗马竞技场，等等。公元 14—15 世纪，意大利文艺空前繁荣，成为欧洲"文艺复兴"运动的发源地，但丁、达·芬奇、米开朗琪罗、拉斐尔、伽利略等文化与科学巨匠对人类文化的进步做出了无可比拟的巨大贡献。如今，在意大利各地都可见到精心保存下来的古罗马时代的宏伟建筑和文艺复兴时代的绘画、雕刻、古迹和文物。意大利丰厚的文化艺术遗产是国家的瑰宝，也是发展旅游业取之不尽、用之不竭的源泉，旅游业因此成为意大利国民经济的支柱产业。

(5) 主要旅游胜地

罗马 意大利首都和最大城市，位于亚平宁半岛的中南部西侧，特韦雷河（台伯河）下游的丘陵平原上。曾是"世界帝国首都"，为一座创造过辉煌文明的古城，还是一座艺术宝库、文化名城。在罗马古都遗址上，矗立着帝国元老院、凯旋门、纪功柱、万神殿和大竞技场等世界闻名的古迹。这里还有文艺复兴时期的许多精美建筑和艺术精品。

古罗马竞技场——世界八大奇迹之一，位于罗马市中心的威尼斯广场南面，于公元 72 年至公元 80 年由蒂托皇帝建成。呈椭圆形，围墙高 57 米，上下共分 4 层，周长 527 米，占地约 2 万平方米，可容纳 8 万名观众，是现存最大的罗马帝国时期的竞技场，已有近 2 000 年的历史。这里是斗兽、竞技、赛马、歌舞、阅兵和进行模拟战争的场所，古罗马时期这里曾上演着惊心动魄的奴隶和奴隶、奴隶和野兽间的生死搏斗，供皇帝和贵族们寻欢作乐。

万神殿——唯一保存完整的罗马帝国时期的建筑物，是供奉宇宙主要神祇的神殿。殿堂内部比例协调，十分恰当：直径与高度相等，约 43 米。大圆顶的基座从总高度的一半的地方开始建起。殿顶圆形曲线继续向下延伸，形成一个完整的球体与地相接。这是建筑史上的奇迹，表现出古罗马的建筑师们高深的建筑知识和深奥的计算方法。殿里埋葬着一些伟大的意大利艺术家，其中最重要的人物是拉斐尔。在意大利统一后，万神殿成为国王的陵墓。

西班牙广场——从 17 到 18 世纪一直是罗马文化和旅游的中心地带。李斯特、拜伦、歌德、安杰里科、考夫曼、巴尔扎克、司汤达、安德逊和另外一些名人曾在广场附近的街坊居住过。西班牙广场也是罗马最繁荣的商业中心，广场台阶前的破船喷泉是彼得罗·贝尔尼尼在 16 世纪末创作的。大台阶对面是以高级商店林立、繁华闻名的水道大街。18 世纪以来，这里是意大利和外国知识界艺术界人士会聚的地方。

梵蒂冈与圣彼得大教堂 梵蒂冈位于意大利首都罗马市区西北角的梵蒂冈高地上，面积 0.44 平方千米，人口约 1 000 多人，其中常住人口仅 572 人，是当今世界最小的国家。同时它也是世界天主教的中心，世界基督教的圣地之一，拥有世界最著名的天主教堂——圣彼得大教堂和圣彼得广场，还有驰名世界、收藏丰富的梵蒂冈博物馆，以及教皇官邸拉特兰宫等。

圣彼得大教堂——梵蒂冈最著名的一座教堂，同时也是艺术价值最高的大教堂。现在的这座教堂建于文艺复兴时期，是在 4 世纪建的旧教堂原址上建造的。始建于 1506 年，建成于 1626 年，前后花了 120 年时间。教堂的堂基呈拉丁式十字架形，长 212 米，宽 137 米，中殿高 46 米，圆顶直径达 46 米。屋顶有一座高耸的十字架，十字架的顶尖离地有 137 米，教堂可以容纳 25 000 名教徒。教堂的建筑风格具有明显的文艺复兴时期提倡的古典主义形式，主要特征是罗马式的圆顶穹窿和希腊式的石柱式相结合。几乎所有 16 世纪意大利有名望的建筑大师和艺术大师都参与过它的设计和建设，如勃拉芒特、拉斐尔、米开朗琪罗、贝尔尼尼等。教堂最引人注意的雕刻艺术杰作主要有三件：一是米开朗琪罗 24 岁时的雕塑作品；二是贝尔尼尼雕制的青铜华盖；三是圣彼得宝座，也是贝尔尼尼设计的一件镀金的青铜宝座。教堂前面的圣彼得露天广场是世界最大的广场之一，呈椭圆形，两侧有半圆形大理石柱廊环抱，也是贝尔尼尼的杰作。

威尼斯 既是意大利的重要港口，素有"亚得里亚海明珠"之称，更是世界唯一的水上城市和著名旅游胜地。全城由 118 个小岛组成，城内一条 4 千米长、30～60 米宽的大运河与纵横交错的 177 条支流、2 300 多条水巷相通，400 多座桥梁架设其上。开门见水，出门乘舟，以河为街，以船代步构成了世界上独一无二的威尼斯水城风光，令人如醉如痴。乘坐"水上巴士"畅游水城或划着"贡多拉"小船穿行于狭窄曲折的水巷，乃人生一大享受。水城也是一座文化艺术名城，是文艺复兴时期继佛罗伦萨和罗马之后的第三个中心，全城有教堂、钟楼、修道院、宫殿、博物馆等艺术及历史名胜450多处。四面由华丽的宫殿和教堂建筑所包围、东南一面临海，上午涨潮时完全被海水淹没（游人只能自临时搭建的水上栈道穿行或纷纷穿着长筒雨靴在广场上游览，且一个个乐不可支）、下午退潮时又露出石板地面的圣马可广场，以及广场东面融东西方建筑艺术为一体的圣马可教堂和与之紧紧相连的公爵宫、叹息桥是威尼斯最迷人的地方。1932年创办的世界上第一个电影节——威尼斯国际电影节，更增添了水城的持久魅力。

米兰　意大利第二大城市，伦巴第大区首府，米兰省省会，全国最重要的经济中心，有"经济首都"之称。也是艺术的摇篮和许多天才人物的故乡，更是一种意大利特有的工作方式和生活方式的故乡，因此被认为是意大利最重要的城市。

米兰主教教堂——位于米兰市中心的一座哥特式大教堂，是世界最华丽的教堂之一，规模仅次于梵蒂冈的圣彼得大教堂，是米兰的象征，被马克·吐温称赞为"大理石的诗"。1386年开始兴建，1500年完工。教堂大门内的日晷是1786年建造的，教堂内外墙等处均点缀着圣人、圣女雕像，仅教堂外就有3 500尊之多。教堂顶有135个尖塔，每一塔顶立一塑像，另有150个水道，410个大理石支架，上面均装饰有浮雕。登上堂顶可鸟瞰全市风光。

圣玛丽亚感恩教堂——米兰古迹之一，达·芬奇创作的巨画《最后的晚餐》就画在这座教堂旁的修道院餐厅墙壁上。1568年画面已开始出现霉斑，几百年来进行了多次修复。最后一次修复工作是1982年开始的，用最现代化的技术分析，将后人修复的东西去掉，露出了原作。修复工作一直持续到1996年才最后完工。

佛罗伦萨　托斯卡纳大区首府，坐落在亚平宁山中部、阿尔诺河河谷，四周环抱着丘陵。是一个颇具绅士格调的城市，充满和谐与优美、庄严与秩序。城市仅有44.4万人口（2010年），规模不大，布局紧凑，主要景点均可步行到达。但这里却是意大利文艺复兴运动的发祥地和世界上文艺复兴时期艺术品最丰富的保留地之一，有40多座博物馆、美术馆和60多座宫殿以及许多大小教堂、广场，收藏了大量的优秀艺术精品和精美文物。

佛罗伦萨大教堂——为意大利著名教堂，是意大利文艺复兴时期建筑的瑰宝。佛罗伦萨大教堂是13世纪末行会从贵族手中夺取了政权后，作为共和政体的纪念碑而建造的。15世纪初，布鲁内列斯基着手设计穹顶。教堂的八角形穹顶是世界上最大的穹顶之一，内径43米，高30多米，在其正中央有希腊式圆柱的尖顶塔亭，连亭总计高达 107 米。佛罗伦萨大教堂不仅以其建筑闻名，而且也是一座藏有许多文艺复兴时期艺术珍品的博物馆。收藏的珍品中有意大利雕刻家道纳太罗的作品《先知者》雕像，有意大利雕刻家戴拉·罗比亚的作品大理石浮雕《唱歌的天使》，还有意大利雕刻家狄·盘县 1420 年在大教堂侧门上雕刻的《圣母升天图》。大教堂旁还有一座巍峨的大钟楼，由各色大理石砌成，颇为壮观。登上钟楼，可饱览佛罗伦萨市区风光。

比萨斜塔 位于意大利中部比萨古城内的教堂广场上，是一组古罗马建筑群中的钟楼。该塔于 1174 年动工兴建，1350 年完工，塔高 54.5 米，为 8 层圆柱形建筑，全部用白色大理石砌成。整个建筑，造型古朴而灵巧，为罗马式建筑艺术之典范。钟置于斜塔顶层，塔内有螺旋式阶梯 294 级，游人由此登上塔顶或各层环廊，可尽览比萨城区风光。根据科学家的勘察，斜塔的倾斜是由于当地地层是由淤泥冲积而成，土质松软，所以造成地基塌陷。斜塔建成之时，塔顶中心点即偏离垂直中心线 2.1 米。60 多年来，塔身始终缓慢地向外倾斜，每年平均向南倾斜 1 毫米。现在斜塔顶部中心点偏离垂直中心线达 4.4 米，从外表看，塔的倾斜非常明显，真有一种摇摇欲坠、岌岌可危的感觉！但正是这种"斜而不倾"的奇特现象，使比萨斜塔闻名遐迩，成为著名的游览胜地。1590 年意大利伟大的科学家伽利略，曾在斜塔上做过著名的自由落体运动实验。

8.5.2.5 德国

（1）自然环境

德意志联邦共和国位于欧洲中部，面积约 35.702 万平方千米。东邻波兰、捷克，南毗奥地利、瑞士，西界荷兰、比利时、卢森堡、法国，北接丹麦，濒临北海和波罗的海，海岸线长 1 333 千米。西北部海洋性气候较明显，往东、南部逐渐向大陆性气候过渡。平均气温 7 月 14～19℃，1 月 -5～1℃。

德国地形复杂多样，有连绵起伏的山峦、高原台地、丘陵、山地、湖泊乃至辽阔宽广的平原。地形区从北到南划为：北德低地、中等山脉隆起地带、西南部中等山脉梯形地带、南德阿尔卑斯山前沿地带以及南部的阿尔卑斯山区，整个地势南高北低。

（2）人文状况

德国人口总数 8 180 万（2010 年），在欧洲仅次于俄罗斯。居民主要是德意志人，此外还有少数丹麦人、索布族人和外籍人。德语是德国的通用语言。33.7% 的人信奉基督教，33.2% 的人信奉罗马天主教。

（3）旅游业发展现状

德国旅游业十分发达，每年都有大量国内外游客在德国旅游。旅游业为德国重要的经济部门。2011 年，德入境游客为 2 837.4 万人次，旅游外汇收入为 388.65 亿美元；出境游客为 7 230 万人次。

(4) 旅游资源精粹

德国是一个富有魅力的旅游之国，它为旅游者提供了丰富多彩的城市与自然风光，来这里旅游的客人常会被其美丽的自然风景和诸多的人文名胜所倾倒。这是一个充满浪漫和梦幻的国度，无论是现代时尚的繁华大都市还是风景如画的乡村小镇，都给旅游者带来无比的欢喜。浩瀚的文化和艺术宝藏使游客似在艺术林海中荡漾，一座座美丽的古堡、醇香四溢的葡萄酒和啤酒带您进入一个梦幻的世界。在德国南方，冬季时节白雪皑皑的阿尔卑斯山是滑雪爱好者的天堂，而到了夏季，则是徒步旅行爱好者最热衷的地方。水上运动是除滑雪和登山之外另一个在德国开展得最普遍的运动形式，无论是在海滩还是江河湖畔都可找到各种与水上运动和探险有关的器材和设施。

(5) 主要旅游胜地

柏林　德国的首都和文化中心，也是世界著名的大都市之一。位于德国东部，面积约 883 平方千米，人口 340 万（2007 年 11 月）。现有 3 座歌剧院、数个大型管弦乐团（包括柏林爱乐交响乐团）和众多世界级博物馆。柏林街道宽阔，高楼林立，绿化程度很高。从东边著名的菩提树大街东段，经过勃兰登堡门，到西边著名的 6 月 17 日大街西端，形成一条笔直的大道，畅通无阻。柏林还有庞大的奥林匹克运动场和共和国宫。逛柏林的酒吧是一种独特的享受，德国各个酒吧风格迥异，各具鲜明特色。

勃兰登堡门——位于柏林市中心菩提树大街和 6 月 17 日大街的交会处，是柏林市区著名的游览胜地和德国统一的象征。公元 1753 年，普鲁士国王弗里德利希·威廉一世定都柏林，下令修筑共有 14 座城门的柏林城，因此门坐西朝东，弗里德利希·威廉一世便以国王家族的发祥地勃兰登命名。

亚历山大广场——最早是羊毛和牲口的交易市场。1805 年，适逢俄国沙皇亚历山大一世来访并会见弗里德利希·威廉三世，亚历山大一世曾在这里检阅部队，因此就有了现在的名字。广场上最主要的建筑是广场酒店，在它第 37 层的餐厅里，客人可以俯瞰城市全景。广场上最引人注目的是柏林电视塔，高 365 米，为全市最高建筑。

柏林墙——正式名称叫"反法西斯防卫墙"，是第二次世界大战和东西方冷战关系的产物。1964 年建成，全长 169.5 千米，墙高约 3.6 米。沿墙修建了 253 个瞭望塔、136 个碉堡、270 个警犬桩、108 千米长的防汽车和坦克的壕沟。此外，还有一接触便会发出信号的铁栅栏 119.5 千米。1990 年 6 月 13 日，民德政府开始拆除全部柏林墙。1990 年 10 月 3 日两德实现统一，标志着第二次世界大战后，欧洲以德国分裂为基础、苏美分治为特征的"雅尔塔格局"彻底完结。

法兰克福　位于德国黑森州境内，坐落在莱茵河畔，是德国的金融中心、博览会城市和通向世界的空中门户及交通枢纽。作为世界金融中心之一，法兰克福被称为"莱茵河畔的曼哈顿"。法兰克福是著名的博览会城市，每年要举办约 15 次大型国际博览会。法兰克福展览中心由十个大厅组成，总面积 40 万平方米，是德国第三大展览馆。法兰克福还是一座文化名城，这里是世界文豪歌德的故乡，歌德故居就位于市中心。主要景点有：歌德旧居与歌德博物馆、旧市政厅雷玛、大教堂、国家美术馆、罗马广场、法兰克福动物园、证券交易所等。

罗马广场——法兰克福唯一仍保留中古街道面貌的广场。广场旁边的建筑物有旧市政厅，其阶梯状的人字形屋顶，别具特色。另有帝国大教堂、罗马厅，还有圣尼古拉旧教堂等。帝国大教堂建于 1239 年，有着哥特式的华美外表。它不仅是法兰克福的精神中心，还曾是德国国王的加冕之地。在 1562—1797 年间，共有 10 位皇帝在此举行了加冕典礼。罗马广场西侧的三个山形墙的建筑物，可以说是法兰克福的象征。虽然遭遇数百年战火的摧残，但整修后仍保存完好。

法兰克福动物园——欧洲最有吸引力和最受欢迎的动物园，总共占地 10 公顷。最值得一看的是 Grzi Mek Haus，在人工营造的黑暗氛围中观察动物的活动。

慕尼黑　德国南部巴伐利亚州的文化中心兼首府，人口 125 万，是德国的第 3 大城市。这里人文荟萃，在保守的德国南部，算是自由主义气氛比较浓厚的都市。慕尼黑城有为数可观、各式各样的博物馆，以及各种音乐、戏剧盛会，使得其成为国际驰名的大都会。它独特的文化氛围与巴黎和罗马看齐，同被视为文化艺术之都。城市附近盛产酿制啤酒的植物原料，并有酿酒厂 64 家，所产啤酒闻名世界，素有啤酒城之称。每年 9 月底至 10 月初都要在特雷西亚草坪广场举办盛大的啤酒节，时间长达两星期，吸引了大量国内外游客。建于 1867—1909 年的新哥特式的新市政厅大楼，因装有德国最大的报时钟而闻名。附近巴伐利亚州国王的宫殿——天鹅堡为德国最具魅力和风景最美的古堡之一。

科隆　位于德国人口最多的北莱茵-威斯特法伦州（北威州），以科隆大教堂闻名于世，是德国继柏林、汉堡与慕尼黑之后的第四大城市，人口 100 万。科隆位于莱茵河畔，早在罗马时代就已经成为重要的贸易集散地。其悠久贸易传统的标志是如今的科隆博览会，每年在此举办的各类博览会与展览会达 40 多个。科隆经济区是欧洲心脏地带闻名遐迩的生产基地，著名的跨国集团如拜耳、欧倍德、丰田、索尼以及雪铁龙的德国或欧洲总部均设在这里。

科隆大教堂——世界最完美的哥特式教堂，位于科隆市中心的莱茵河畔。东西长144.55米，南北宽86.25米，厅高43.35米，顶柱高109米，中央是两座与门墙连砌在一起的双尖塔，这两座157.38米的尖塔像两把锋利的宝剑，直插苍穹，成为科隆市最著名的标志。整座建筑物全部由磨光石块砌成，在大教堂的四周林立着无数座小尖塔，整个大教堂呈黑色，在全市所有的建筑中格外引人注目，科隆大教堂的整个建筑时间跨越了近5个世纪。

8.5.2.6 瑞士

(1) 自然环境

瑞士是位于欧洲中部的内陆国家，面积41 284平方千米。东邻奥地利和列支敦士登，南面与意大利为邻，西面与法国接壤，北部与德国交界。全国地势高峻，分为西北部的汝拉山、南部的阿尔卑斯山和中部瑞士高原三个自然地形区，平均海拔约1 350米。主要河流有莱茵河、罗讷河。湖泊众多，有1 484个，最大的日内瓦湖（莱芒湖）面积约581平方千米。地属北温带，受海洋性气候和大陆性气候交替影响，气候变化较大，年平均气温9℃。

(2) 人文状况

瑞士人口795.5万（瑞士联邦统计局数据），其中外籍人超过22.3%。德、法、意及拉丁罗曼语为官方语言，居民中讲德语的占65.6%，法语22.8%，意大利语8.4%，拉丁罗曼语0.6%，其他语言18.7%。信奉天主教的居民占38.6%，基督教28.0%，其他宗教11.3%，不信教的占20.1%。

(3) 旅游业发展现状

瑞士旅游业十分发达，由于其湖光山色，美景天成，加之有效的市场促销措施和高质量的旅游服务，近几年来瑞士的旅游总收入每年都超过了钟表业和银行业。2011年，瑞士入境游客为853.4万人次，旅游外汇收入为176.5亿美元；出境游客为1 001.1万人次。

(4) 旅游资源精粹

相信到过瑞士的人都无法忘记它钟灵毓秀的自然景致。欧洲"山""湖"之美的精华仿佛都沉淀于此。温和的气候、明丽的山水、纯净的空气，以及处于欧洲心脏的地理位置，使瑞士成为世界旅游的热点，向来被称为"欧洲的花园"。境内白雪皑皑的阿尔卑斯山脉，雪峰连绵，不仅造就了如画的风景，而且也是滑雪和登山、度假旅游的理想胜地。美丽的草原、雄伟的雪山、澄澈的湖泊及富有特色的节目活动，都令游人流连忘返。琳琅满目的特色旅游商品，如钟表、军刀、刺绣等，都让游客爱不释手。由于钟表业历史悠久，技术领先，瑞士被称为

"钟表王国",首都伯尔尼有"表都"之美誉;位于阿尔卑斯山北部的苏黎世,被称为瑞士的经济之都,同时又是西方最大的黄金交易市场之一;位于日内瓦湖南端的日内瓦,风光秀丽,不仅是瑞士的旅游中心,也是世界旅游胜地。

(5) 主要旅游胜地

有日内瓦、苏黎世、伯尔尼、洛桑等。

日内瓦　是世界知名度最高的城市之一。它面临碧波荡漾的日内瓦湖,四周群山环抱,空气清新,天气晴朗,是著名的国际会议中心。由于"二战"时曾在这里签订"日内瓦和约",因此日内瓦又被称为"和平之城"。不少世界组织在这里设立总部、举行会议,使这里成了名副其实的国际城市。

日内瓦湖——位于瑞士西南部和法国东南部之间,是阿尔卑斯山区最大的湖泊,法语称莱芒湖,属冰碛湖,有罗讷河注入。湖域呈新月形,长72千米,平均宽8千米、深80米。湖分两部分:东为格朗湖,西为珀蒂湖。湖水清澈碧蓝,湖中建有人工喷泉,水柱高达130米,在阳光照耀下,呈现出一条若隐若现的彩虹,与高耸的勃朗峰雪山交相辉映,蔚为壮观。日内瓦湖区以优美的自然景色、宜人的气候、迷人的生活情调闻名于世,日内瓦与洛桑是最大的湖滨城市。

万国宫——坐落在阿丽亚娜公园内,阿丽亚娜公园地处日内瓦湖右岸的丘陵地带上,占地面积25公顷。站在园内高处可以俯瞰日内瓦湖,遥望阿尔卑斯最高峰勃朗峰。万国宫过去是国际联盟所在地,而今是联合国驻日内瓦办事处的总部,在此常驻的国际组织和各种代表机构有200多个。它是日内瓦作为一个国际城市的象征,也是世界近代史的一个缩影。

西庸古堡——西庸古堡是瑞士最负盛名的古迹之一,位于日内瓦湖东端,突出于日内瓦湖上的由巨石组成的小半岛上。在青铜器时代就有人居住,后来罗马人在此安营扎寨,修筑防御工事。西庸半岛在几易主人之后,于11世纪至13世纪之间,在萨伏依(SAVOYEN)家族手里经过大规模扩建,基本形成现在人们看到的集军事防御、仓储、牢狱、教堂和贵族宫廷等功能于一体的封闭式的封建古堡。

苏黎世　坐落在风光秀丽的苏黎世湖北岸,与阿尔卑斯山毗邻。苏黎世是瑞士第一大城市和经济中心,集中了120家银行,也是全欧洲最富裕的城市。班霍夫大道是全国最大的购物街,始建于公元前15年罗马统治时期。苏黎世被誉为湖上的花园城,市内满是精心修整的花园,漫步城中,整齐、洁净,随处是鲜花绿草与别致的建筑物。利马特河穿城而过,注入苏黎世湖,沿河畔筑有中世纪式的卵石小径可供游人漫步。乘坐观光小船游览苏黎世,一路上山势峻峭,森林葱翠,远处点缀的是富庶的葡萄园和浪漫的古堡。入夜,传统的歌舞与当地的特色美食令人流连忘返，世界的名厨尽集于此，因此苏黎世又被称为"美食之城"。

伯尔尼 瑞士首都，市区人口 15 万（2009 年 1 月）。坐落于瑞士中部，是欧洲最壮丽的中世纪古建筑城市，是少数保留完整的中世纪古城之一，被联合国列为世界级文化保护遗产。市内有 1 000 多家钟表店，整个城市就像一个巨大的钟表展览馆，因此有"表都"之美誉。

洛桑 国际奥委会所在地。是一个有着悠久体育健身传统的城市，每年都举行国际性的体育会议和马拉松长跑等活动。洛桑还是一个文化都市，游客可参观市内有名的 18 个美术馆或博物馆。在古老的街巷购物，也是游览洛桑极具趣味的活动，特别是在古色古香的商店内选购名牌产品，其乐无穷。

8.5.2.7 俄罗斯

（1）自然环境

俄罗斯面积 1 707.54 万平方千米，居世界第一位。位于欧洲东部和亚洲北部，其欧洲领土的大部分是东欧平原。北邻北冰洋，东濒太平洋，西接大西洋。东西最长为 9 000 千米，南北最宽为 4 000 千米。陆地邻国西北面有挪威、芬兰，西面有爱沙尼亚、拉脱维亚、立陶宛、波兰、白俄罗斯，西南面是乌克兰，南面有格鲁吉亚、阿塞拜疆、哈萨克斯坦，东南面有中国、蒙古和朝鲜。东面与日本和美国隔海相望。海岸线长 33 807 千米。大部分地区处于北温带，气候复杂多样，基本上以大陆性气候为主。温差普遍较大，1 月平均温度为 -1 ~ -37℃，7 月平均温度为 11 ~ 27℃。年降水量平均为 150 ~ 1 000 毫米。俄罗斯河流、湖泊众多，境内的湖泊有 20 多万个，其中贝加尔湖是俄罗斯最大的湖泊，也是世界上最深的淡水湖。

（2）人文状况

俄罗斯人口约 1.431 亿（2012 年 4 月 1 日），居世界第 7 位。民族 193 个，其中俄罗斯人占 77%。主要少数民族有鞑靼、乌克兰、楚瓦什、巴什基尔、白俄罗斯、摩尔多瓦、日耳曼、亚美尼亚、哈萨克、奥塞梯、布里亚特、犹太、图瓦等。俄语是俄罗斯联邦全境内的官方语言，各共和国有权规定自己的国语，并在该共和国境内与俄语一起使用。主要宗教为东正教，其次为伊斯兰教。俄居民 55% 信奉宗教，其中 91% 信奉东正教，5% 信奉伊斯兰教，还有少数信奉天主教、犹太教和佛教。

（3）旅游业发展现状

俄罗斯旅游业为新兴经济部门，近年来发展较快。2011 年，俄罗斯入境游客为 2 493.2 万亿人次，旅游外汇收入 113.98 亿美元；出境游客为 3 932.3 万人次。

（4）旅游资源精粹

俄罗斯有着广袤的国土和大片的森林，旅游资源丰富。黑海度假区气候温暖、景色宜人，还有诱人的温泉；靠近蒙古边境的贝加尔湖是世界上最深、最清澈的湖泊，适合垂钓和野营；远东地区的堪察加半岛温泉资源丰富。俄罗斯还是普希金、托尔斯泰、契诃夫和柴可夫斯基等世界名人的故乡。

（5）主要旅游胜地

有莫斯科、圣彼得堡、黑海疗养地、伏尔加河沿岸城市、下诺夫哥罗德和滨海边疆区等。

莫斯科 俄罗斯首都和最大城市，世界最大城市之一，有"白石城"、"花布城市"之称。是一座历史名城，以布局严整的克里姆林宫和红场为中心，向四周辐射伸展。

克里姆林宫——位于莫斯科市中心和莫斯科河畔，曾为莫斯科公国和18世纪以前俄国历代沙皇的皇宫。"十月革命"胜利后，成为苏联党政领导机关所在地，苏联最高苏维埃代表大会和苏联共产党代表大会都在克里姆林宫举行。始建于1156年，初为木墙，后屡经扩建，至19世纪40年代建造大克里姆林宫，为一古老建筑群。气势雄伟，举世闻名。馆内保存了俄罗斯最优秀的古典建筑和文化遗产，分别是：钟王、炮王、圣母安息大教堂、伊凡大帝钟楼、大克里姆林宫、兵器馆等。

红场——知名度可与天安门广场媲美，可却没有想象中那么大，面积9.1万平方米，只有天安门广场的1/5。地面很独特，全部由条石铺成，显得古老而神圣。原名"托尔格"，意为"集市"。1662年改为"红场"，古语为"美丽的广场"。周围有不少著名建筑物，南面是瓦西里大教堂，又名波克罗夫大教堂，西面是克里姆林宫红墙及三座高塔，北面是一座红砖银顶的历史博物馆。

列宁墓——庄严肃穆的红色花岗岩建筑，位于红场西侧中央，1924年列宁逝世后长眠于此。列宁遗体安葬在水晶棺内，定期对外开放。墓后的红墙下葬有斯大林等苏联著名领导人的遗体和骨灰。

凯旋门——与法国巴黎的凯旋门不相上下。为纪念俄军打败拿破仑而建。门高28米，门顶是一尊手执月桂花环、背生双翅驱驾六套马车的胜利女神像。其下武士，手执利剑或月桂花环和橄榄枝，象征胜利和平。门柱之间，四尊俄军士兵像，身披盔甲，手执盾枪，手指上刻着"驱逐法兰西，解放莫斯科"，整个造型气势宏伟，是拍照留影的好地方。

莫斯科电视塔——建于1967年，高573.5米，是欧洲最高和世界第二高建筑物，有"七重天"旋转餐厅，并销售世界各地商品。

圣彼得堡 俄罗斯第二大城市，列宁格勒州的行政中心。坐落在波罗的海芬兰湾东岸、涅瓦河口，由涅瓦河三角洲上的近百个岛屿及河漫滩组成。包括卫星城和郊区共占地1 350平方千米，有人口460万（2002年10月）。

冬宫——坐落在圣彼得堡宫殿广场上，原为俄国沙皇的皇宫，"十月革命"后辟为圣彼得堡国立艾尔米塔奇博物馆的一部分。是18世纪中叶俄国巴洛克式建筑的杰出典范。初建于1754年，1762年完工，1837年一场大火将其焚毁，1838—1839年重建。冬宫是一座蔚蓝色与白色相间的建筑，高三层，长约230米，宽140米，高22米，呈封闭式长方形。冬宫内珍玩收藏极其丰富且价值连城。18世纪俄国女皇叶卡捷琳娜二世在位时，创建了"奇珍楼"，并专门从德国购进225幅名画，藏于楼内，并将奇珍楼称之为"艾尔米塔奇"。如今，在冬宫宽敞明亮的展厅里，共有各类文物270万件，其中绘画约1.5万幅，雕塑约1.2万件，版画和素描约62万幅，出土文物约60万件，实用艺术品26万件，钱币和纪念章约100万枚。曾有人统计，游人如果对冬宫里的每件藏品都看上一分钟，则需要8年的时间才能欣赏完整个冬宫。

彼得大帝夏宫——位于芬兰湾南岸，距圣彼得堡市区29千米，占地面积1 000公顷，是历代俄国沙皇的郊外离宫，有"俄罗斯的凡尔赛"之称。始建于1704年，1714年修建了大宫殿，成为彼得大帝的行宫。其外貌简朴庄重，内部装饰华贵。当时的许多大型舞会、宫廷庆典等活动都在这里举行，彼得大帝生前每年必来此度夏。1934年以后，夏宫被辟为民俗史博物馆。18世纪中叶，为纪念俄国在北方战争中的胜利，在"夏园"宫殿的前面建造了一个由64个喷泉和250多尊金铜像组成的梯级大瀑布。

斯莫尔尼宫——一座外观典雅的三层建筑，建于1806—1808年，原为贵族女子学院。正面长220米，主体建筑的两翼伸出，每翼各长40米，组成宫中的主要庭院。20世纪60年代又在正门增建8根壮丽的圆柱和7个拱形门廊，和其右侧巴洛克式建筑风格的斯莫尔尼修道院浑为一体，合称斯莫尔尼建筑群。1917年"十月革命"期间，布尔什维克党军事革命委员会设在斯莫尔尼宫，为"十月革命"司令部。1917年11月中旬至1918年3月列宁曾在这里办公和居住过。

本章小结

东亚自然景观丰富多彩，人文景观绚丽多姿。这里有诸多世界著名的山水风光游览胜地和滨海旅游胜地。韩国的古代新罗王朝遗迹，号称"世界第九大奇迹"；日本则是一个融悠久历史文化与辉煌现代文明于一体的国家。

东南亚地跨赤道，岛屿棋布。泰国的帕塔亚、普吉岛，马来西亚的槟榔屿，印尼的巴厘岛及菲律宾的宿务岛，被誉为东南亚的"五大海滨度假地"。新加坡是享誉世界的"花园之国"，菲律宾号称"东海明珠"，印尼更有"赤道上的翡翠链"之美誉。东南亚宗教文化浓郁多彩，民族风情绚丽多姿，是佛教、伊斯兰教、基督教三大宗教的交会地，人文景观无不打上宗教的烙印。泰国向称"黄袍佛国"，柬埔寨的吴哥窟、印尼的波罗浮屠佛塔等都是著名宗教建筑。

南亚自然景观山雄水秀，热带海岛风光迷人。北部喜马拉雅山是登山、探险、滑雪、避暑的胜地；中部印度河、恒河流域是孕育南亚古代文明的摇篮；南部印度洋上有美丽的岛国斯里兰卡和马尔代夫。南亚还是人类古代文明的发祥地之一，又是佛教和印度教的发源地。悠久的历史、浓烈的宗教色彩、绚丽的民族风情，为旅游观光提供了丰富的物质基础。印度的泰姬陵、尼泊尔的兰毗尼等都是闻名遐迩的名胜古迹。

西亚是人类古代文明的发祥地之一，是伊斯兰教、基督教和犹太教的发源地，拥有麦加、麦地那、耶路撒冷等世界性宗教圣地，是世界宗教文化旅游资源最密集的地区。中亚自然风光以独特的大漠草原风情为主。政治经济、文化艺术和民族风情等无不带有强烈的伊斯兰文化色彩。本区历史悠久，曾是古丝绸之路的通道，境内至今仍保留有较多的名胜古迹。

欧洲及北亚旅游区包括欧洲全部及俄罗斯的亚洲部分。其中欧洲旅游资源丰富，是世界旅游业最发达的地区。北亚包括俄罗斯的西伯利亚和远东两大部分，是亚洲最大的自然环境大区。本区自然景观独具特色、相对集中。阿尔卑斯是欧洲最高大雄伟的庞大山系；地中海和黑海沿岸以其明媚的阳光、洁白的沙滩、湛蓝的海水，成为世界著名的"三S"旅游度假胜地；伏尔加河、莱茵河、多瑙河沿岸风光旖旎，名胜古迹众多，构成了欧洲大陆三道流动的风景线。本区人文景观丰富多样，分布广泛。古希腊、古罗马是西方古代文明的代表，意大利是文艺复兴的发源地，大量的古建筑与文学艺术珍品是主要的风景线。欧洲还是世界资本主义的发源地，当今世界经济最发达的地区之一。伦敦是世界的金融中心之一；巴黎是举世闻名的旅游购物天堂；西班牙的斗牛表演，法国的葡萄节，德国慕尼黑的啤酒节，也都充满了浓郁的地方特色。

▰▰ 课堂讨论题

1. 结合东南亚 2004 年底的海啸和地震，阐述旅游业发展应如何应对各种自然灾害。
2. 根据伊拉克目前局势，提出重振其旅游业的对策和措施。

复习思考题
1. 简述东亚旅游资源的突出特色与主要旅游胜地的分布。
2. 简述东南亚五大海滨度假地的主要自然和人文成因。
3. 简述欧洲城市旅游的资源基础和发展特征。
4. 简述西班牙、法国旅游业发达的主要原因和对中国的启示。

9 外国旅游地理分区（下）

学习要点

- 了解北美洲、拉丁美洲、北非、南部非洲、大洋洲和南极洲6大旅游区的基本概况
- 熟悉各国的旅游环境和主要旅游资源
- 掌握美国、墨西哥、埃及、肯尼亚、澳大利亚等国家的旅游环境特征、旅游业发展现状、旅游开发经验和主要旅游胜地

9.1 北美洲旅游区

北美洲地势西高东低，地形特点是西部为高大雄伟的科迪勒拉山系，中部为平原，东部为阿巴拉契亚山脉。温带大陆气候占优势，冬季寒冷，夏季暖热，年温差较大，以夏雨为主。气候类型复杂多样，达13种之多。

北美洲原住民是印第安人，从1492年哥伦布发现"新大陆"后，欧洲殖民主义者纷纷向北美移民，早期以英国移民为主，故北美洲又称为盎格鲁·撒克逊美洲。美国和加拿大占据了北美洲的大部分版图，这两个国家受英国影响极大，同主要受西葡文化影响的拉丁美洲有显著区别。

9.1.1 世界头号旅游强国——美国

9.1.1.1 旅游环境

美利坚合众国包括北美大陆南部本土和西北端的阿拉斯加,以及太平洋中部的夏威夷群岛,共50个州,面积937.2615万平方千米,人口3.0721亿(2012年)。

美国地形分为3个纵列带:西部是山地高原,中部为平原,东部则是阿巴拉契亚山。西部的山地高原约占本土面积的1/3,是科迪勒拉山系的组成部分,地势高峻,山脉大致呈南北走向,自西向东平行分布着海岸山脉、喀斯喀特—内华达山脉和落基山脉,山脉之间夹着哥伦比亚高原、大盆地和科罗拉多高原。山地中以落基山脉为最高大,海拔多在3 000米以上。东部的阿巴拉契亚山势不高,平均海拔1 000米左右,南北延伸达2 300千米。山脉以东是狭长的大西洋沿岸平原,北窄南宽,一直延伸到佛罗里达半岛。这里河流短小,在山麓与平原交界处形成众多急流、瀑布,水力资源丰富。中部平原,从五大湖向南一直伸展到墨西哥湾,约占美国本土面积的1/2。其中,平原西部地势较高,称为大草原;平原东部地势较低,称为中央低地,是美国主要耕作区。密西西比河及其支流纵贯中部平原,又有运河与五大湖相通,构成巨大的内河航运系统,交通便利。

美国大部分地区位处温带和亚热带,气候类型多样。落基山脉以西,太平洋沿岸的北段,地处盛行西风带,属温带海洋性气候,迎风坡降水较多,山区林木茂密,是美国的林业基地之一;南段属冬雨夏干的地中海式气候,为美国重要的水果和蔬菜产区;山间高原和盆地受高山阻隔,西风气流不易进入,降水稀少,气候干旱,多荒漠和半荒漠。落基山以东的大部分地区属温带大陆性气候,冬冷夏热,降水量由东向西逐渐减少,这里是美国重要的农牧区;东南部地区为亚热带湿润气候,气温较高,降水丰沛,有利于亚热带农作物的生长。

美国交通运输发达、先进,设备完善,拥有一个现代化的运输体系。特别是航空运输和公路运输极为发达,在客运中占有极为重要的地位,也是游客最主要的交通工具。铁路运输以货运为主。

早在"二战"之前,美国就已形成了四通八达的全国铁路网,最高峰时铁路运营里程达42万千米,而目前降至23万千米左右,仍居世界第一,但以货运为主,铁路客运量在整个客运中仅占1%。美国公路网稠密,公路总长达650多万千米,高速公路有7万多千米,70%的公路网集中在北部。公路在客运中居绝对优势(占84%),汽车保有量达1.7亿辆,其中80%以上是小汽车。航空运输是美国战后发展最快的运输部门，客货运输量都占世界的一半左右。目前美国国内航空线全长 70 余万千米，国际航线 30 多万千米。美国内陆水运航道约 5 万千米，其中五大湖和密西西比河水系共占全国内陆水运周转量的 80%。美国的海洋运输也极为发达，以沿海运输为主。纽约是全国最大的海港，其次是新奥尔良、费城、巴尔的摩、波士顿、休斯敦、洛杉矶、圣弗兰西斯科和西雅图。

1492 年哥伦布到达美洲后，欧洲殖民主义国家开始不断向北美移民。原先大陆上生活着的印第安人，逐渐被欧洲殖民者残杀，驱逐或同化。到 1733 年，英国在北美东部相继建立起了 13 个殖民地。1775 年这些殖民地的人民发动了反对英国殖民统治的独立战争，1776 年 7 月 4 日发表《独立宣言》，建立美利坚合众国。此后，随着美国经济的强盛，不断侵略扩张，目前美国的领土面积是独立时的 10 倍。

美国人口仅次于中国和印度，居世界第三位。美国是一个移民国家，接纳了大量来自世界各地的不同种族和民族的移民，种族和民族构成复杂，素有"民族熔炉"之美称。不同民族、不同信仰的居民各自保留着自己的传统，致使美国的文化景观呈现出丰富多彩的特征。同时这些不同的民族经过长期的共同生活，相互影响，形成了美利坚民族。宗教繁多，主要有基督教、天主教和犹太教等。目前，白人约 2 亿，占总人口的 78%，大多数是欧洲移民的后裔；黑人约 3 079 万，占总人口的 12.4%；原居民印第安人约 130 多万；华人近 200 万。美国是高度城市化的国家，城市人口占人口总数的 80%，在全国形成了几个巨大的城市带，其中以大西洋沿岸的波士华城市带（波士顿—纽约—费城—华盛顿）为最大，其次是五大湖南岸城市带（芝加哥—底特律—克利夫兰—匹兹堡）和太平洋沿岸城市带（圣弗朗西斯科—洛杉矶—圣迭戈），以上三个城市带集中了约美国人口的 1/2。

9.1.1.2 旅游业发展现状

美国的现代旅游业发展较早，目前已成为世界旅游业最发达的国家之一，旅游收入居世界各国首位。2011 年，美国入境游客为 6 271.1 万人次，旅游外汇收入 1 492.56 亿美元；出境游客为 5 849.7 万人次。美国接待外国旅游者数量虽然比法国少，但国际旅游收入却比它高得多。美国的主要客源国是加拿大、墨西哥、日本和欧洲各国。

美国之所以能成为世界上旅游业最发达的国家，主要原因有以下几点：

（1）旅游资源丰富多样，旅游设施先进完善。美国幅员辽阔，自然景观千姿百态，既有高大雄伟的山地和多样的气候，又有景色迷人的河流、湖泊、瀑布和广阔无垠的森林、草原，可为旅游者提供观光、登山、露营、滑雪、游泳、划船、度假和疗养等各种游憩活动，满足人们不同的旅游需求。美国虽然建国仅200多年，但人文景观旅游资源相当丰富。

（2）雄厚的经济实力，强劲的增长势头。美国是世界上经济实力最雄厚的发达资本主义国家，消费能力强，为美国旅游业的发展提供了坚实的基础。

（3）客源市场有保障。美国虽远离欧洲市场，但与加拿大和墨西哥毗邻，更重要的是拥有庞大国内市场。国内旅游乃是美国旅游业的主要收入来源。

（4）经营管理有方。美国旅游界人士认为，旅游业成功的关键就在于重视消费者，在这方面，洛杉矶的迪士尼乐园颇有独到之处。它千方百计满足游客心理需求，精心规划布局，每年都吸引了大量来自世界各地的游客，成为目前世界上最为成功的主题公园。

（5）先进科学技术的广泛应用。自1983年以来，几乎所有美国的旅行社都已进入计算机预订系统（CRS）。

美国的旅游景点开发可分为三种类型：一是国家公园，主要是利用自然风景，为旅游者提供观光、露营、爬山、滑雪、骑马、骑驴、划船等多种多样的活动，以提高游客的兴趣，延长停留时间，增加收入；二是建立大型人工游乐场，如迪士尼乐园，利用地形和电气化、自动化装置，在空间、地上、地下和水中，设计了50多个游艺场所，其中有"史前世界"、"未来世界"、"神话世界"、"冒险世界"，等等；三是利用文化、科研单位与古今名胜，吸引游客，如好莱坞电影制片中心、宇航局训练设施、太空博物馆，以及总统府白宫、国会大厦、参众两院、五角大楼、已故总统故居和纪念堂等，都向旅游者开放。

美国是世界上最大的客源国之一。美国人出国旅游主要是去加拿大和墨西哥，以及欧洲和亚洲各国。美国也是中国的重要客源国，目前仅次于日本、韩国、俄罗斯，居第四位。

9.1.1.3 主要旅游城市与人文景观旅游资源

美国是世界上经济实力最雄厚、科学技术最发达的国家，拥有大量具有浓厚现代气息、繁荣发达的城市和城市群，此为美国吸引国际游客的重要旅游资源。主要旅游城市有华盛顿、纽约、洛杉矶、旧金山等。

华盛顿　美国首都，为纪念开国元勋乔治·华盛顿而得名。全市面积约174平方千米，人口66万。这里没有工厂企业，居民2/3是公务员和文化、商业、娱乐及旅游业从业人员，绿树成荫，环境幽静。

1789年联邦政府成立时首都在费城，首任总统华盛顿命令在此建新都，

1792年动工，1800年第二任总统约翰·亚当斯从费城迁都到华盛顿。全市布局匀称，空间疏朗，公园、绿地、铜像、雕塑林立，波托马克河像一条蓝色缎带，飘逸而过。这里没有摩天大楼，美国政府规定，新建筑物不得超过国会大厦的高度，所以一般建筑物均不超过八层。国会大厦前面有华盛顿纪念碑、林肯纪念堂和杰克逊纪念堂，附近有美国总统府白宫、国防部五角大楼等。华盛顿有11所高等院校、200多座图书馆和数十座纪念馆、博物馆和美术馆等，是全国的政治、科学、文化中心，庄严、美丽、幽静、文雅是其最大特色。

纽约 美国第一大城市和全国金融中心，最大海港，联合国总部所在地，位于哈得孙河口和曼哈顿岛南部，濒临大西洋，人口817万（2010年），面积828.3平方千米。在它周围20~30千米范围内，共有卫星城60多座，组成大纽约，人口达1 988多万，工业总产值占全国1/10。市中心在曼哈顿岛上，这里是全市的精华所在，洛克菲勒、摩根、杜邦、梅隆等著名的垄断集团开设的大银行、大保险公司、大工业公司、大运输公司以及证券交易所等都集中于此。摩天大楼犬牙交错，直插云霄，故有"站着的城市"之称。百老汇大街是娱乐场所，集中设有许多剧场、戏院、舞厅、夜总会。纽约时报广场和第42街是有名的黄色中心，有"花都"之称。纽约著名的高层建筑很多，如自由女神像、帝国大厦、联合国总部等。纽约是美国少数民族最多的地区，黑人在100万以上，从各地来的华人达15万，人们从白到黑，各种肤色都有，故有"世界民族博览馆"之称。

华尔街——原是一道墙，后来英国人建成11米宽、500米长的弯曲狭窄短街。两旁耸立着几十层高的摩天大楼，使街道显得更加狭窄、幽暗，形成一道人工狭谷，抬头只能望见一线蓝天。美国10家最大的银行，就有6家总部在此，这里有世界最大的股票证券交易市场，成为美国金融帝国的象征。

唐人街——在曼哈顿区南端，是纽约华人的最大聚居区，现总人数已达7万多。孔子广场屹立着一座6米高的孔子青铜塑像，这是崇扬中华民族文化的象征。华人们虽身居异国他乡，但始终不忘中华民族的优良传统，仍然保持着中国生活习惯，在家里均讲汉语。

洛杉矶 美国西部太平洋沿岸的大城市，西班牙语洛杉矶意为"天使之城"，这里四季风光明媚，气候宜人，具有地中海式气候特色。19世纪中期的"淘金热"引来大批移民，20世纪初铁路通车、石油的发现、好莱坞电影城和迪士尼乐园的兴起，促使城市迅速发展。市区由若干中等城镇组合而成，布局分散，彼此间有高速公路相连。

迪士尼乐园——位于阿纳海姆街区，建于1955年，占地30公顷，由美国著名的动画片制作家、米老鼠形象的作者沃尔特·迪士尼创建。它以丰富的想象力设计出来的人间幻境，招徕游客。游乐园内有中小型的中古时代城市，有西部开垦时期的市镇，有原始的木筏和18世纪流行的画舫，有芦苇夹岸的河汊和藤萝交织的热带原始丛林，有吊车、马车、火车、双层公共汽车、飞机、火箭等游乐交通工具，有亭、台、楼、阁、古堡、溪流、雪山、瀑布等园林山水，还有仿照北京天坛兴建的中国馆。目前全园内共有57个游乐点，被誉为"现代游乐场的奇迹"、"儿童心目中的天堂"。建成后的第一年即接待游客380万人次，1980年达1 150万人次。已成为现代主题公园成功开发的楷模。不少世界要人和知名人士都曾光临游览。

好莱坞——美国影城，西方的电影中心，有"世界影都"之称。位于市中心西北角。好莱坞为"长春树林"之意。1911年尼斯脱公司在此建立第一家电影制片厂，现已有8家著名影片公司，每年制作数百部影片。影片公司的布景现场和电影明星蜡像馆等，均对外开放以供游览。现已成为旅游者向往之地。

旧金山　又叫圣弗朗西斯科，华侨称为三藩市，是美国西海岸濒临太平洋的重要海港，金融、贸易和文化、旅游名城。1848年在此发现金矿，随着淘金热，移民蜂拥而至。目前有华人7万多，占全市人口1/10，其唐人街是美国城市中最大的。这里有著名的金门大桥和长达13千米的奥克兰海湾大桥，长约9千米的北海湾海滩等旅游景点，引人入胜。

旧金山位于太平洋与旧金山海湾之间的半岛上，海湾入口处称金门。金门大桥就架设在海峡两岸的桥墩上，跨度达1 280米，是世界上桥墩跨度最大的桥梁，两岸的桥塔高出水面227米，亦是世界最高的桥塔。此桥被认为是旧金山的象征。

拉什莫尔峰石雕艺术宝库　位于南达科他州西南部皮拉德城附近的拉什莫尔峰，1927年到1941年由美国著名的画家和雕刻家格桑·博格伦父子在高达1 828米的花岗岩上设计和雕刻了4位曾对美国独立和发展做出卓越贡献的总统华盛顿、杰斐逊、西奥多·罗斯福和林肯的头像。这些石雕头像高达18米，庄严威仪，气势磅礴，按头像的比例全身的高度要达217米，是世界最大的人头石雕像。雕像背倚蓝天，目光凝视前方，再现了4位总统生前的形象和风采，被认为是形神兼备的杰作。拉什莫尔峰所在地，现已辟为国家公园，为旅游者所向往。

此外，美国还有避暑胜地迈阿密和避寒胜地奥兰多等著名旅游城市。

9.1.1.4　主要自然景观旅游资源

美国国土辽阔，自然资源极为丰富，在对这些资源进行开发利用时对自然资源的保护也极为重视，是最早建立自然保护区的国家之一。许多自然保护区都成为美国重要的旅游胜地，如黄石公园、大峡谷公园和夏威夷群岛，等等。

黄石国家公园 位于怀俄明州西北落基山脉北段，由许多块状山组成，海拔2 000～3 000米。冰川地貌发达，山间多深谷，有的峡谷深达2 500～3 000米，1872年辟为国家公园，占地面积达8 956平方千米。是美国设立最早、规模最大的国家公园，因此地为黄石河上游而得名。这个国家公园集湖光山色、悬崖峡谷、喷泉瀑布等景观于一体，其中以间歇泉最具特色，全园有间歇泉300多处。

"诚实"喷泉最为有名，平均每隔65分钟喷发一次，每次持续4～5分钟，把5.5万升的滚烫热泉水喷向高空，水柱高达40米。80多年来一直如此，因其准时喷发无误，被人们称为"诚实喷泉"。

黄石峡谷，因黄石河流经于此而得名。谷长24千米，深400米，宽约500米，两侧岩层从橙黄色到橘红色，色彩缤纷，形成两条曲折的彩带，在阳光照射下，光彩夺目，极为壮观。

黄石湖，周长约180千米，是美国最大的高山湖泊，独木舟游弋其间，别有风味。这里瀑布很多，有高塔瀑布、火洞瀑布、彩虹瀑布和托尔瀑布等。公园之内，群峰竞秀，河湖交错，森林茂密，泉瀑轰鸣，绿草如茵，百花争艳，野生动物众多，如野牛、羚羊、麋、鹿等出没其间，䴔鹭、天鹅、沙丘鹤等翱翔其上。由于这里风景奇特、妙趣横生，一直是游人向往的旅游胜地。

大峡谷国家公园 大峡谷位于亚利桑那州西北部的科罗拉多高原，高原海拔2 000～3 000米，岩层平展，垂直节理和断层发育，形成大峡谷。科罗拉多河流过谷底，河谷两侧尽是悬崖峭壁，峡谷长达400千米，深达1 830米，宽6到29千米，这就是驰名世界的科罗拉多大峡谷。这些悬崖、峭壁又由各种不同颜色、代表不同地质年代的岩层叠成，据地质学家考证，这里从石炭纪开始，一直到白垩纪为止，即从3亿年到1亿年的漫长地质时期内的地层，均有分布。这些岩层像亿万卷图书，层层叠叠，在阳光照射下，岩层的颜色变化无穷，有时呈淡紫色，有时呈深蓝色，有时呈乳白色，有时呈棕黄色，有时则呈红棕色，真是五彩缤纷，万紫千红，美不胜收；若在高空眺望，就像一条五颜六色的彩带，在大地上飘舞，十分壮观。在科罗拉多河上游支流桥溪峡谷上，有一座由橙红色砂岩构成的天然石桥，在阳光照射下产生不同的颜色，故称"彩虹桥"，桥面离地94米，跨距85米，桥梁顶部厚13米，宽达10米。气势磅礴，雄伟奇绝，有"世界最大奇观"之称。自1910年起，被列为国家名胜加以保护。其他较小的天生桥还有很多。科罗拉多河大峡谷地区，在1919年建立国家公园。公园里有直升机，供旅游者从高空欣赏大峡谷的壮丽景象，还有游览车，旅游者乘车可达山顶的观景台，台上设有旋转望远镜，游人可一览峡谷风光。这里又是一座天然地质博物馆，可供科学工作者考察旅游。

猛犸洞国家公园 坐落在肯塔基州中部，路易斯维尔市南160千米处，阿巴拉契亚山脉西南侧高原上，森林茂密，蜿蜒的格林河和诺林河贯穿其间，风景十分优美，是世界上范围最大的山洞群。这里的猛犸洞分布在5个不同高度的地层内，最下一层低于地面109.7米，该洞总长达241.5千米。洞中石笋林立，钟乳多姿，有的像花朵，有的像果实，有的如参天树林。流泉飞瀑，造型神奇，不可名状。洞内还有2个湖、3条河、8个瀑布，最大的回音河宽6～8米，深1.5～6米，游客可乘平底船在地下河中游览。此洞被称为世界最大的石灰岩溶洞。

夏威夷群岛及火山国家公园 夏威夷群岛位于太平洋的中心地区，由夏威夷岛、毛伊岛、莫洛凯岛、瓦胡岛、考爱岛和中途岛等大小20个火山岛和珊瑚岛组成。西北—东南延伸达3 600千米，面积16 635平方千米，仅10个大岛有居民，人口约100万，其中波利尼西亚人占15%，日本人占30%，其余为美国人、美籍华人、华侨、菲律宾人等。这里在19世纪以前是一个独立的王国，1893年成立共和国，1898年被美国吞并，1959年改为美国第50个州。是美国在太平洋的重要军事基地，战略地位十分重要。瓦胡岛是夏威夷州人口最多的一个岛，故夏威夷州的首府建在此岛上的火奴鲁鲁（檀香山）。夏威夷群岛的主要大岛都在北回归线以南，属热带海洋性气候，阳光充足，气候温和，四季如春，旅游业发达，是世界著名的避暑、避寒旅游疗养胜地，每年接待游客500多万人次。1988年接待外国游客614.3万人次，旅游收入达83万亿美元。瓦胡岛有环岛沙滩，是世界驰名的游泳、冲浪胜地。

夏威夷群岛所有的岛屿都是熔岩从海底堆起来的，每个岛屿实际上就是一座火山，其中的夏威夷岛是群岛中最大的一个岛，1916年在该岛上建立了火山国家公园。岛上最高大的冒纳罗亚火山海拔4 170米，如果算上海面以下部分，则高达9 000多米。这里的火山多数是宁静地喷发，既不爆炸，也没有灰沙，1 000多摄氏度的熔岩像泉水一样涌出、流动，流得最快的每小时可达20～30千米。基拉韦厄火山顶上，其火山口直径达5千米，深100多米，在火山口底下能见到一个有600多米长的椭圆形熔岩湖，叫赫尔莫莫（永恒火宫之意），湖中的熔岩时而四起，时而下降。当火山强烈活动，熔岩就从火山口向外涌出，四处横流。

9.1.2 "枫叶之国"——加拿大

9.1.2.1 旅游环境

加拿大位于北美大陆的北部，北临北冰洋，东濒大西洋，西临太平洋，南部与美国为邻，西北与美国的阿拉斯加接壤。面积998.467万平方千米，人口3 489.8万（2012年估计）。其中英裔居民占42%，法裔占26.7%，其他欧裔占13%，土著居民（印第安人、米提人和因纽特人）约占3%，其余为亚洲、拉美、非洲裔等。现有华人约109万人。英语和法语同为官方语言。居民中信奉天主教的占47.3%，信奉基督教新教的占41.2%。

西部为落基山脉，有许多海拔4 000米以上的山峰，最高的洛根峰，海拔5 959米；中部为大平原，有温尼伯湖等许多湖泊，牧草丰美；东部拉布拉多半岛为高原，被圣劳伦斯河和哈得孙湾环抱。北部北极圈内外为寒带和苔原气候，约占全国总面积的1/3，南部为温带大陆性气候，西部沿岸有小部分温带海洋性气候。

加拿大地域辽阔，森林、水能等自然资源十分丰富，是世界资源大国之一。加拿大森林覆盖率达44%，主要树种有云杉、冷杉、美洲落叶松等。在太平洋沿岸山地和五大湖区等分布着阔叶林，主要树种有糖槭、山毛榉、枫树等，其中枫树最为广泛。加拿大河、湖众多，尽管降水较少，但气候寒冷，蒸发微弱，故河流水量大而稳定，蕴藏着巨大的水力资源，发电量的70%以上是水电。加拿大东西两岸海域辽阔，鱼类众多，尤其是东部的纽芬兰岛附近，大陆架宽广，又是拉布拉多寒流与墨西哥湾暖流交汇处，为世界著名渔场之一，盛产鳕鱼、比目鱼、大鳌虾等。

加拿大原为印第安人和因纽特人的居住地。16世纪后，法、英殖民主义者先后侵入。1756年至1763年爆发英法战争，法国战败，加拿大成为英国的殖民地。1926年加拿大获得外交上的独立，现仍为"英联邦"成员国。加拿大盛产枫叶，素有"枫叶之国"的美称。1921年加拿大定枫叶为国徽，1965年采用以枫叶为图案的新国旗。居民对枫叶有特殊的感情，视之为国宝。人们的日常生活也离不开枫叶这个主题，枫叶图案随处可见。

9.1.2.2 旅游业发展现状

加拿大旅游业十分发达。根据加拿大旅游委员会发布的年度报告，2010年共接待入境过夜游客1 586.4万人次，其中美国游客1 174.9万人次；出境过夜游客2 868万人次，其中赴美旅游游客占七成；国际旅游收入162亿元。当年旅游业国内生产总值297亿元，占GDP总量的2.0%。旅游业创造就业岗位61.7万个。

2011年，加拿大入境游客为1 601.4万人次，旅游外汇收入为167.16亿美元；出境游客为3 015万人次。

9.1.2.3 主要旅游城市与人文景观旅游资源

渥太华 加拿大首都，人口 123 万（2011 年），位于渥太华河南岸。市区有许多小山丘和河谷盆地，渥太华河从市区流过，水流湍急，河中多岩岛、瀑布、急流，风景优美。国会大厦位于国会山麓，为联邦议院和政府所在地，始建于 1860 年，是一组哥特式的建筑群。每年 6 月到 9 月为加拿大劳动节，每天上午 10 时，在国会大厦前面的草坪上，125 名身穿猩红色制服，头戴熊皮高顶军帽的士兵，在这里举行传统的卫兵换岗仪式。

蒙特利尔 加拿大第二大城市，人口 162.07 万（2006 年），位于魁北克省南部，居民中 60% 以上是法国移民的后裔，是世界讲法语的第二大城市，有"小巴黎"之称。白求恩医生曾在这里行医 8 年之久。1977 年蒙特利尔将一座街心公园改名为白求恩广场。圣劳伦斯大街纵贯全市，将全市分为两部分。东部为旧市区，保留着堡垒古城的遗风，有建于 1842 年、高达 83 米的哥特式建筑——圣母院等。

多伦多 加拿大第一大城市，有人口 250.33 万（2006 年），占全国总人口 1/10，位于安大略湖西北岸的湖滨平原之上。市中心高耸着伊顿百货商店的巨大晶体建筑和 50 层楼的商会大厦。加拿大国家电视塔高达 553 米，是世界最高的建筑物，塔分为四部分。一为地面层；二为高空楼阁；三为太空甲板；四为天线塔。被称为世界一流的建筑杰作。

9.1.2.4 主要自然景观旅游资源

尼亚加拉大瀑布 位于加拿大和美国交界的尼亚加拉河上，瀑布总宽达 1 240 米，中间被一宽 350 米的山羊岛分隔为二，在加拿大一边的称为马蹄瀑布，呈半岛环状，宽约 800 米，落差 48 米；在美国一边的称亚美利加瀑布，宽约 300 米，落差 51 米。瀑布似银河倒泻，呈万马奔腾之势，直冲河谷，声闻数里，水花飞舞，形似白纱薄雾，有时出现彩虹横空，景色十分壮丽。冬季，附近草木和岩石，因水珠溅及，凝成冰雪，一片银装素裹。入夜，探照灯从四面八方照射，色彩斑斓，极为壮观，成为两国著名的风景旅游区。在美国一边建有尼亚加拉公园，在加拿大一边建有维多利亚女王公园。在瀑布的四角建有四个高塔，游人可乘电梯登塔，瞭望瀑布全景；也可乘电梯深入地下隧道，钻入大瀑布底下洞穴，倾听和观看水帘音容。

9.2 拉丁美洲旅游区

拉丁美洲习惯上又分为中美洲和南美洲。

中美洲包括中美地峡的墨西哥、危地马拉、萨尔瓦多、洪都拉斯、伯利兹、尼加拉瓜、哥斯达黎加、巴拿马和西印度群岛中的巴哈马、古巴、海地等24个国家和地区。位于北纬7°～32.5°之间的热带雨林和热带草原地区，西临太平洋，东居大西洋和加勒比海、墨西哥湾之间。热带资源丰富，盛产甘蔗、香蕉、咖啡、可可、剑麻、烟草等。风光秀丽，景色迷人，是重要的旅游之地。

南美洲东临大西洋，西濒太平洋，海岸比较平直，缺少大半岛和大海湾，岛屿也不多。面积1 779万平方千米，约占世界陆地总面积的12%。南美洲地势西高东低，海拔3 000米以上的高原山地仅占8%。地形可分为三个南北纵列带。东部有圭亚那、巴西、巴塔哥尼亚3个高原；中部有奥里诺科、亚马孙、拉普拉塔三大平原；西部有安第斯山脉，南北长达9 000千米，大部分海拔在3 000米以上。南美洲大部分地区在北纬10°至南回归线之间，地处热带，小部分为亚热带。这里有世界上最大的平原亚马孙平原；有世界上最大的高原巴西高原；有世界上最长、水量最大、流域面积最广的亚马孙河，全长6 480千米；有世界上最宽的瀑布伊瓜苏瀑布，宽约5千米；有世界上落差最大的瀑布安赫尔瀑布，高差为979米。南美洲的主要国家有哥伦比亚、委内瑞拉、巴西、厄瓜多尔、秘鲁、玻利维亚、智利、阿根廷、巴拉圭和乌拉圭等。

9.2.1 创造了玛雅文化和印加文化的文明古国——墨西哥

9.2.1.1 旅游环境

墨西哥合众国位于中美地峡北部，北邻美国，南接危地马拉、伯利兹，西濒太平洋，东临墨西哥湾和加勒比海。面积196.437 5万平方千米，人口约1.14亿（2011年），印欧混血种人和印第安人分别占总人口的60%和30%。官方语言为西班牙语。居民中89%信奉天主教，6%信奉基督教新教。墨西哥是一个以高原和山地为主的国家，高原和山地占全国面积的5/6，海拔多在2 000～3 000米，海岸线长11 122千米，北回归线穿过墨西哥高原中部。因此，南部气候属热带气候，北部属亚热带地中海式气候和大陆性气候，有小片沙漠盛产仙人掌，其仙人掌如树，最高可达20米。沿海地区，阳光充足，气候宜人，海水冬暖夏凉，清澈碧绿，是著名的旅游地区。

墨西哥是一个具有悠久历史的文明古国。据墨西哥"人类学博物馆"资料显示，最初的印第安人是25 000年前由白令海峡跋涉东来的亚洲移民。他们在不同的社会经济和文化发展阶段上，创造了丰富的玛雅文化和印加文化，创造了太阳历和古代美洲唯一的图像文字，建筑了太阳金字塔和月亮金字塔等。特别是建筑和雕刻艺术以及农业生产技术，达到了相当高的水平。12—16世纪，印第安人阿兹特克族文化已有较大的发展。

1521年墨西哥沦为西班牙殖民地，1810年9月16日掀起反抗西班牙的殖民统治、争取民族独立的斗争，1821年取得独立，1910年爆发资产阶级民主革命，以后又实施土地改革，发展民族经济。

墨西哥是拉丁美洲经济发展水平较高，增长速度较快的国家。2012年人均国民生产总值10 265美元。工业以采矿业著称，白银产量居世界首位，是世界石油生产大国；冶金、化工、纺织亦是其主要工业部门。农业生产部门齐全，产品种类繁多，是玉米、番茄、甘薯、烟草四大农作物的原产地。玉米最著名，人们把古玛雅文化称为"玉米文化"，欧洲人称玉米为"印第安人谷物"。

9.2.1.2 旅游业发展现状

墨西哥是一个古老而美丽的国家，以得天独厚的自然风光、闻名世界的古代文化遗址和现代的旅游服务设施，跨进了国际旅游业发达国家的行列。2011年，墨西哥入境游客为2 340.3万人次，旅游外汇收入118.69亿美元，成为拉丁美洲第一大旅游国，并跻身世界八大旅游国之一。当年出境游客为1 479.9万人次。

9.2.1.3 主要旅游城市与丰富的人文景观旅游资源

墨西哥城 位于墨西哥高原南部的盆地上，北纬19.5°附近，海拔2 240米，因地势较高，虽然地处热带，但是气候凉爽宜人，和中国的昆明一样，享有"四季如春"的"春城"美称。墨西哥城是墨西哥合众国的首都，面积1 525平方千米，人口1 980万（2008年，含卫星城），是目前世界上人口最多的城市。

该城始建于1325年，阿兹特克人从北向南游牧，来到南部高原盆地，在水草丰美的特斯科科湖定居，并在湖中心小岛上建筑城堡，取名特诺奇蒂特兰城，意为"仙人掌的石头"，曾为阿兹台克帝国的首都，规模很大。1521年西班牙人入侵时，城市被严重破坏。后来西班牙人按欧洲风格重建。目前欧洲式宫殿、教堂和修道院很多，近代建筑物高楼林立。墨西哥城的壁画世界闻名，大街两旁的建筑物上，有许多色彩鲜艳的巨幅壁画，因此有"壁画之都"的誉称。

特奥蒂瓦坎古城的太阳金字塔 包括太阳金字塔和月亮金字塔，两者都是公元1年至150年前后举行宗教仪式的祭坛。太阳金字塔坐东朝西，正面有数百级台阶直上顶部，塔的基址长225米、宽222米，塔高66米，共5层，体积达100万立方米，塔顶上有一座太阳神庙。月亮金字塔坐北朝南，基址长150米、宽120米。两座金字塔均用泥土和沙石建造，外面全部砌以石块，并画有许多鲜艳夺目的壁画。

图拉 位于墨西哥城以北83千米的群山环抱之中。早在公元856年，托尔特克人就在此建城。这里的主要古建筑物有金星神庙、太阳神庙、宫殿、祭坛等。

尤卡坦半岛 是古玛雅文化发源地之一，地势南高北低，平均海拔不足200米，为热带草原和热带森林气候。公元初，玛雅人在此开始建立城市，即现在的梅里达市附近。玛雅人城市遗址，有雕刻精美、造型生动的神像，有用蜂蜜、蛋清和石灰调浆粉刷的纪念碑，有镌刻古老象形文字的石头，有巧夺天工的金字塔。金字塔是玛雅人用来观察天体变化的高台，玛雅人天文知识很广博，他们把一年分为18个月，每月20天，另有5天禁忌日，其和正好是地球绕太阳一周的时间。此金字塔建于公元10世纪左右，高30米，底座呈四方形，共有9层，向上逐层缩小呈梯形，上有高6米的正方形坛庙，庙里放有一红色美洲豹雕刻石座。塔四面有台阶通上塔顶，每面台阶各为91级，加起来为364级，约等于一年的天数。根据玛雅历法，每年春分和秋分两日的下午，边墙受阳光斜射，光照部分从上至下，逐渐由笔直变成波浪形。弯弯曲曲形成七段等腰三角形的蛇身，与蛇头相连，宛若巨蟒从塔顶向大地游动，古玛雅人认为这是带羽毛的蛇神自天而降。随着日落光线辐射角度的变化，蛇形从头到尾的影子开始消失。古玛雅人在春分"飞蛇下凡"，雨季到来就着手耕种；秋分"飞蛇上天"，就意味着旱季到来。古玛雅人把精确的天文计算和精湛的建筑艺术结合起来的奇迹，反映了他们在数学上很深的造诣和文化上的灿烂成就。每年的春分和秋分，都有大批的国内外旅游者聚集在塔前观看"光影蛇形"这一奇景。

9.2.2 散落在加勒比海上的明珠——西印度群岛

9.2.2.1 旅游环境

西印度群岛位于南、北美洲和大西洋与加勒比海之间，处于北纬10°～26°之间的热带地区。主要包括大安的列斯群岛、小安的列斯群岛以及偏北的巴哈马群岛等。共有1 200多个大小岛屿，总面积23.5万平方千米。均为热带海洋性气候，风光旖旎。

1492年西班牙航海家哥伦布为了从海上寻找一条通往东方富饶的印度和中国的海上航线，于1492年10月12日首先登上巴哈马群岛中的华特林岛（圣萨尔瓦多岛），然后又到达古巴和海地岛等，自认为到了印度，后人就把这群岛屿称为西印度群岛。

西印度群岛各国的经济大都以农业为主，经营方式多为大种植园。古巴、多米尼加、巴巴多斯等国出口贸易以蔗糖居首位，海地生产的优质咖啡在出口中居第一位；格林纳达出口可可为最；牙买加则以其丰富的铝土矿闻名。

9.2.2.2 旅游业发展现状

拥有得天独厚的热带海岛及其海洋性气候资源是西印度群岛旅游业发展的最大优势。这里有湛蓝的海洋，灿烂的阳光，细软的沙滩。夏无酷暑，冬无严寒，蕉风椰雨，空气清新。美丽的海岛风光，深深吸引着世界各国的游人。积极发展休闲度假旅游是西印度群岛各国的共同特征，其旅游业都很发达。

9.2.2.3 主要旅游资源

巴哈马联邦 位于西印度群岛最北部，由700个小岛和2 000多个礁石组成。其中只有30个岛住有居民，人口约34万（2012年）。岛上地势平坦，风景优美，为旅游胜地。2002年人均国民生产总值15 600美元。主要旅游景区有：

位于北回归线附近的圣萨尔瓦多岛——1492年，哥伦布首次靠近该岛，于10月12日第一次登上陆地，全体船员跪倒在地高呼"圣萨尔瓦多"（救世主之意），从此该岛被称为圣萨尔瓦多岛。岛上现有哥伦布纪念碑，每年接待大量游客，岛上的居民60%以上从事旅游业。

拿骚——巴哈马联邦的首都和港口城市，人口约10万。风景秀丽，海滩优美，是闻名遐迩的旅游胜地。夏洛特要塞是巴哈马最大的古城堡，始建于1787年，要塞上有42门大炮，在炮台上远眺，港湾景色如画。在港的东端辟有"海上公园"，游人们乘上特制的玻璃平底游艇，可以观赏海中美丽多姿的珊瑚礁。与拿骚城一桥相连的帕拉戴斯岛，有粉红色的细沙海滩和豪华的旅馆，是旅游者驻足之地。由于拿骚城具有得天独厚的自然风光和历史遗迹，所以从20世纪50年代起就成为世界著名的旅游胜地，全市70%以上就业人员从事旅游业。

多米尼加共和国 位于大安的列斯群岛中的第二大岛的东半部，面积4.84万平方千米，人口1 009万（2009年估计）。1492年沦为西班牙的殖民地，1844年独立。首都圣多明各是一座具有近500年历史的海滨城市，这是欧洲人在拉丁美洲修建的第一座城镇，也是西半球最古老的欧洲式城市，是当时西班牙管辖所有"新大陆"殖民地的总督辖区所在地，"西班牙印度"的行政首府。1510年建造的哥朗王宫是哥伦布的儿子、"新大陆"第一任总督迭戈的总督府。有1523年始建的第一座欧洲式的大教堂——圣玛丽亚·拉梅诺尔大教堂。还有历届总督向西班牙国王宣誓效忠的"精忠报王塔"等。圣多明各的自然风光优美，有著名的"三眼潭"旅游胜地，这是由地下火山岩洞穴构成的三个小潭，潭水晶莹，清澈见底。卡博·奇卡海滩浴场，洁白的沙滩和葱郁的棕榈树构成热带海滨的美丽景色，每年吸引着大批的旅游者。

牙买加　位于加勒比海北部，面积约 1.1 万平方千米，人口 289 万（2012年），黑人和黑白混血种人占 90% 以上，居民多信奉基督教。1509 年沦为西班牙的殖民地，1655 年被英国占领，现为英联邦的自治领土，国家元首为英国女王。牙买加是加勒比海的第三大岛，地形复杂，东部蓝山主峰海拔为 2 256 米，中、西部为丘陵和石灰岩高原，沿海为平原。全岛多瀑布和温泉，有"泉水之岛"之称，为著名的旅游胜地。牙买加旅游业发达，旅游业外汇收入仅次于铝土和氧化铝工业。首都金斯敦是世界第七大天然深水良港。这里气温常年在 23～29℃之间，四季如春，空气清新，道路整洁。城市三面是苍绿的丘陵和山峰，一面是远海碧波，风景如画，是著名的旅游疗养胜地。

9.2.3 "狂欢节之乡"——巴西

9.2.3.1　旅游环境

巴西联邦共和国位于南美洲东部，濒临南大西洋。面积 854.7 万平方千米，人口 1.92 亿（2011 年），是拉美最大的国家。白种人占 47.7%，黑白混血种人占 43.1%，黑种人占 7.6%，黄种人占 0.46%，印第安人约占 0.16%。官方语言为葡萄牙语，71% 的居民信奉天主教。

巴西地形以平原和高原为主，北部有世界最大的平原亚马孙平原，世界最长的河流亚马孙河和世界最大的热带森林；南部有世界最大的高原巴西高原。赤道通过巴西的北部，气候以热带雨林和热带草原气候为主。热带森林地区，全年炎热多雨，年降水量在 2 000～3 000 毫米之间；热带草原地区，分干湿两季，降水量在 1 000 毫米以上。

巴西资源十分丰富，铁、锰、铝土、铅、水银、镍、金、铀、钛、森林等资源居世界前列，工农业均较发达，工业以采矿、钢铁、机械为主；农产品的咖啡、香蕉、甘蔗的产量居世界首位。

狂欢节并非巴西所独有，但巴西的狂欢节独具风格、丰富多彩，因而在世界上有着非凡的魅力。巴西已成为全球公认的"狂欢节之乡"。狂欢节在每年 2 月的中下旬举行，持续 3 天，正式开始时的重要活动是各市的桑巴舞学校在主要街道列队游行。巴西人认为"没有桑巴舞，就不存在狂欢节"，"桑巴舞已渗透到人们的血液中"。

9.2.3.2　旅游业发展现状

巴西是南美洲的旅游大国，接待游客人数和旅游收入均占全洲 65% 以上，而且发展速度较快。巴西土地广袤,海岸线漫长,为发展旅游业提供了得天独厚的条件。巴西旅游项目众多,如阳光海岸旅游、热带雨林生态旅游、探险旅游、运动性捕鱼旅游、会议旅游和商务旅游等。随着通货膨胀率的下降,巴西政府决定把旅游业作为国家发展经济的一项基本措施。2011年,巴西入境游客为543.3万人次,旅游外汇收入65.55亿美元;出境游客为643万人次。

9.2.3.3 主要旅游城市与人文景观旅游资源

巴西利亚 巴西首都,建于1956—1960年,仅用三年零两个月的时间,就在中部戈亚斯州海拔1 100米的一片荒凉高原上建立起一座拥有8个卫星城、面积达5 800多平方千米、人口达205万(2000年)的大城市。这在世界建筑史上是一个奇迹,充分体现了巴西人民勇于开拓和奋发进取的精神。巴西利亚不仅建筑速度快,而且市区建筑风格新颖独特,多姿多彩,融会了世界古今建筑艺术的精华,有"世界建筑博览会"的誉称。该城建筑在人工湖旁,以三权广场为核心,形如一架腾飞的喷气式飞机,象征巴西是一个高速起飞的发展中国家。国家的最高领导机构,如总统府、国会、最高法院和政府各部的大楼,都建筑在"飞机"的头部;机身是城市的交通主轴,两旁是建筑规格划一的高楼群;飞机两翼是商业区、住宅区、旅馆区;机舱后部是文化区、运动区;机尾是为首都服务的工业区、印刷出版区和电视发射中心。

里约热内卢 位于南大西洋的西岸,濒临瓜拉巴拉海湾,依山傍海,是一座海湾曲折幽美、海滩景致迷人的港口城市。"里约热内卢"在葡萄牙语中是"一月的河"。此城始建于1565年,1763年成为巴西首都,到1960年首都迁至新都巴西利亚为止,曾作为巴西首都200年之久。城市背山面海,山丘起伏,丛林繁茂。港湾腹宽口窄,群山环抱,以甜面包山和驼子峰最著名。甜面包山两峰各390米,矗立海中,周围环绕许多岩石小岛,形成天然屏障。驼子峰高710米,耶稣雕像立于峰顶,像高30米,两手臂张开达30米,成十字架形。旅游者可顺着石阶,登上山顶,全城风光尽收眼底。另外也可乘汽车或电缆车到达山顶。

9.2.3.4 主要自然景观旅游资源

伊瓜苏瀑布 位于巴西和阿根廷的交界处,伊瓜苏河注入巴拉那河附近,洪水时期宽达5千米,是世界最宽的大瀑布,枯水期则形成275股飞瀑。落差达65～85米,飞泻的流水发出轰鸣如雷的声音,在30千米以外就可感到它的震撼。在其附近的130米高空上可看到一条飞悬着的绚丽的五彩长虹,浮现在水雾之中,被誉为南美洲大自然的奇迹。大瀑布上源还有一系列瀑布,组成瀑布群,极为壮丽。巴西的伊瓜苏城每年接待数十万名旅游者。

9.2.4 玻利维亚

9.2.4.1 旅游环境

玻利维亚共和国，位于南美大陆中部，是整个美洲仅有的两个内陆国之一，面积约109.8万平方千米，人口1 090.77万（2010年），其中印第安人占54%，印欧混血种人占31%，白人占15%。官方语言为西班牙语，主要民族语言有克丘亚语和阿依马拉语，多数居民信奉天主教。玻利维亚地形多样，东部大部分为亚马孙河和拉普拉塔河冲积平原的一部分；中部谷地为东科迪勒拉山麓地带，十分富饶；西部为海拔平均约3 800米的高原地区，集中了全国人口的3/4。与秘鲁交界处有的的喀喀湖，是世界上地势最高的湖，伊利马尼山海拔6 402米，是玻利维亚最高峰之一。玻利维亚地处南回归线以北的热带地区，东部平原地区炎热潮湿，中部谷地气候温和，西部高原山地凉爽、干燥，气候宜人。

经济以矿石生产和出口为主，锡产量居世界第二位，石油自给有余，还有银、钨、锑等矿的开采。主要农产品有玉米、小麦、大麦、甘蔗等，橡胶生产仅次于巴西，居南美第二位。

9.2.4.2 旅游业

玻利维亚旅游基础设施相对落后，近年来重视发展旅游业。2011年，入境游客为80.7万人次，旅游外汇收入3.8亿美元；出境游客为70.8万人次。游客多来自秘鲁、阿根廷、美国、巴西及西欧国家。

9.2.4.3 主要旅游城市与人文景观旅游资源

拉巴斯 玻利维亚首都，位于西部高原，拉巴斯河畔，南依伊伊马尼山，西距的的喀喀湖55千米，海拔3 630米，是世界上地势最高的首都。人口88万（2001年），居民中半数以上是印第安人。这里天气晴朗，气候宜人，年平均温度在10℃左右。拉巴斯在西班牙语中即"和平"之意，始建于1548年，称为"圣母的和平城"。

蒂亚瓦纳科遗址 传为印第安人在公元800年所建，主要建筑有卡纳萨萨亚祭坛、阿卡帕纳金字塔、石棺、陵墓和太阳门，还有高大的石碑、巨型的雕像和绵延的石墙等。蒂亚瓦纳科的建筑布局严谨，石碑都是按东西南北的方位而立。这里是研究古印第安人历史的实物资源，也是国外旅游者所神往的地方。

9.2.4.4 主要自然景观旅游资源

的的喀喀湖 位于玻利维亚和秘鲁两国交界的科亚奥高原，被称为"高原的明珠",面积8 330平方千米,湖面海拔3 812米,水深平均100米,最深处256米,是世界海拔最高的淡水湖,其中3/5在玻利维亚境内。湖中有41个小岛,岛上有巨石林立的山坡,也有绿树成荫、芳草如茵的沃野,是飞鸟栖息的佳境。还有著名的太阳岛和月亮岛,岛上有公元前古印第安人的古城遗址,有精美的"金墙"、宫殿、庙宇、金字塔及其他石头建筑物。的的喀喀湖终年通航,是连接玻、秘两国的交通要道和旅游胜地。

9.3 北非旅游区

北非指撒哈拉沙漠以北地区,是世界古文明的发祥地之一,创造过许多灿烂的文化。文物古迹和古城众多是这一旅游区最大的特色。

9.3.1 金字塔古国——埃及

9.3.1.1 旅游环境

阿拉伯埃及共和国位于非洲东北部,以及亚洲西南角的西奈半岛,面积100.2万平方千米,人口约8 194万(2011年),阿拉伯人占87%,阿拉伯语为国语,伊斯兰教为国教。气候炎热干燥,全国面积的96%为沙漠,尼罗河从南到北流贯全境,河谷地带和开罗以北的尼罗河三角洲是埃及最富饶的地区。地中海和红海沿岸地区海岸线长达2 700千米,苏伊士运河把地中海和红海连接起来。埃及是欧、亚、非三洲的交通要冲,地理位置十分重要。

埃及是历史悠久的文明古国。在公元前3200年就形成了统一的奴隶制国家,公元4世纪形成封建制度。公元640年左右,阿拉伯人迁入埃及,建立阿拉伯国家,至公元9世纪中叶,埃及人阿拉伯化的过程大体完成。

埃及经济以农业为主,农民占60%以上,主要农产品有棉花、稻谷、小麦、玉米等。优质长绒棉产量居世界首位;工业以轻纺工业为主,石油、钢铁、电力、化肥工业有较大的发展。2002年人均国民生产总值920美元。

9.3.1.2 旅游业发展现状

埃及尼罗河两岸的各个城镇,几乎到处都有文化古迹,是一个别具风格的"历史博物馆"。尼罗河三角洲是埃及最大的旅游区,包括开罗金字塔、尼罗河游览、苏伊士运河风貌和亚历山大海滨浴场等。埃及旅游业始于20世纪50年代,70年代以后得到长足发展。2011年,埃及入境游客为949.7万人次,旅游外汇收入87.07亿美元;出境游客为486.3万人次。目前,埃及旅游业收入已同石油出口、苏伊士运河收入一道并列为全国三大外汇收入来源。

9.3.1.3 主要旅游城市与丰富的人文景观旅游资源

开罗 埃及首都,政治、经济、文化、交通和旅游中心。有人口789.9万人(2006年1月),是非洲第一大城市,也是重要的国际海陆空交通枢纽。位于尼罗河三角洲顶点以南14千米的尼罗河两岸。公元642年时是尼罗河东岸的一个小村镇,969年阿拉伯帝国法蒂玛王朝征服了埃及,在小镇北面建城定都,命名开罗(阿拉伯语为胜利之意)。市区包括尼罗河两岸和河中岛屿,有多座桥梁相通,城中现代文明和古老传统并存。西部以现代化建筑为主,具有当代欧美建筑风格;东部则以古老的阿拉伯建筑为主,有250多座清真寺,其高耸的尖塔,随处可见。开罗还有古埃及博物馆和苏丹·哈桑清真寺等景点。

开罗塔——坐落在尼罗河中心的岛上,高约187米,是开罗的标志性建筑。塔的下层入口台阶和塔基,都是用阿斯旺的花岗岩镶嵌的,塔的上部像一朵开放的莲花,再上面是一根尖柱,伸向天空。

吉萨 位于开罗西南约10千米处,因城西拥有居世界古代七大奇迹之首的金字塔和狮身人面像而闻名于世。金字塔是古埃及法老(国王)的陵墓,形似汉字"金"字,故译作"金字塔"。

胡夫金字塔——古埃及第四王朝法老胡夫的陵墓,埃及最高、最大的一座金字塔,约建于公元前27世纪,塔高146.59米,四周底边长230米,塔底占地5.29万平方米,斜面正对着东南西北四方,倾角为51°52′。这座大金字塔大约用230万块巨石砌成,每块平均重达2.5吨,最大的石料重达16吨,石块之间缝合严密,不用任何粘合物。当时征用10万劳力,历时30年才建成。塔的入口在北坡离地面18米高处,经入口的一段甬道下行,通往深邃的地下室,再上行抵达国王的墓室。墓室长10.43米,宽5.21米,塔高5.82米,与地面垂直距离为42.28米,室内有一红色花岗岩石棺。

哈夫拉金字塔——建在一块较高的台地上,塔高143.5米,基底长215.25米,比胡夫塔略小。但在塔旁匍匐着一座狮身人面石雕像,这是在一块露出地面的巨大岩石上就地雕琢而成的,据说是哈夫拉的模拟像,像高21.3米,长57米,耳朵长2米,它的建造显示着古代帝王的威严。

吉萨的第三座大金字塔是孟考拉金字塔。全埃及尚存大小金字塔70余座。

目前,埃及旅游部门在上述古迹游览区增设了"声与光"表演节目。白天,成群结队的旅游者骑着骆驼或乘着古代马车参观游览;晚上,用不断变幻的五彩灯光照射古迹的各个部分,并用模仿古人讲话的立体声讲述古人生活的情景。通过绚丽多彩的灯光和音响效果,使古代埃及人的生活场景又重现在游人面前。

亚历山大城　埃及最大港口和地中海沿岸的旅游避暑胜地,一座文物古迹极为丰富的古城。位于尼罗河河口以西的海滨,城市东西长达 30 多千米,南北最窄处不足 2 千米,面对浩瀚的地中海,背倚波光潋滟的迈尔尤特湖,风光旖旎,气候宜人。

公元前 332 年,希腊马其顿国王亚历山大一世建立此城,故名,并定为首都。公元前 305—前 30 年成为托勒密王朝首都,这里有被称为古代世界七大奇迹之一的亚历山大灯塔遗址及著名的蒙塔扎宫和蒂恩角宫,城南有庞贝柱和帝王陵墓等古迹。海边松软的沙滩绵延达 30 多千米,大部分海滨浴场都集中在这里。

亚历山大灯塔遗址——位于城边的法罗斯岛上,为公元前 278 年托勒密二世所建,灯塔为 4 层,底层为正方形,高 60 米,有 300 个房间和洞孔,供工作人员住宿和存物;第二层为八面体,高 30 米,第三层为圆形,由 8 根圆柱撑着一个圆顶,高 38 米,圆顶球为磨光金属镜,白天反射日光,夜晚反射月光,并置有巨大的长明火盆,为海船导航。可惜在 1326 年毁于地震,仅留遗址,后又在遗址上建有航海博物馆。

蒙塔扎宫——埃及末代国王法鲁克的行宫,又名夏宫,位于亚历山大港的东端,一面是海水碧波和伸向海岛的长堤高桥;另一面是松林、柑橘园和花木丛生的草坪。

蒂恩角宫——法鲁克的冬宫,位于亚历山大港西端,建于 1836 年穆罕默德·阿里王朝,其建筑和内部装饰比蒙塔扎宫更为豪华。宫内铺有铁轨,联通宫外的主要铁路干线,滨海的花园里设有码头,以便法鲁克直接从宫内乘包车和游艇外出游览。

阿布辛伯神庙　位于埃及最南端与苏丹交界处的尼罗河畔,建于 3 000 多年前。雕有古埃及十九王朝著名法老的巨像。寺庙全部在尼罗河西岸的悬崖峭壁上凿出,高 33 米,宽 37 米,纵深 61 米;正面雕有四尊高达 20 米的拉美西斯二世坐像,头宽 3.9 米,嘴宽 0.97 米。在大庙北,还有一座小庙,也是在悬崖上雕琢成的。20 世纪 60 年代初修建阿斯旺水库时,为抢救文化遗产,采用了瑞典技术,将此庙移至更高的地方。

卡纳克神庙　古埃及大神庙,位于埃及中部尼罗河东岸,古埃及首都底比斯古城遗址上的卡纳克村。神庙始建于公元前 1870 年,其后十多个王朝加以扩建,是埃及古代法老献给太阳神、自然神和月亮神的庙宇。神庙巍峨凝重,为综合性的巨大建筑群,占地 24.3 公顷,全部用巨石建成,由 17 个部分组成,是当前世界上仅存的规模最大的庙宇。面向尼罗河的巍峨庙门高达 38 米,称为塔门,大门和神殿之间的大院两侧排列着40个巨大的狮身羊面和狮身牛面石像，形象质朴、气势雄伟。神庙大院占地近8 000平方米，主殿面积约5 000平方米，由16行共134根粗大圆柱组成，每根柱上都刻有象形文字，最高的12根莲花柱造型优美，每根高20米以上，柱基周粗达8米，全是整石雕成，柱顶圆盘可站立百人。这些石柱比大金字塔用的石料大得多，重得多，不知当时是怎样搬运的？庙里尖顶石碑如林，巨大的法老雕刻随处可见，埃及历史上著名的法老拉美西斯二世神庙位于建筑群右侧。这些都是世界建筑史上的奇迹。

9.3.2 "地中海的门户"——摩洛哥

9.3.2.1 旅游环境

摩洛哥王国面积45.87万平方千米，人口3 264.44万（2011年估计），阿拉伯人约占80%，柏柏尔人约占20%。阿拉伯语为国语，通用法语。居民多信奉伊斯兰教。摩洛哥位于非洲西北部，西临大西洋，北濒地中海，据地中海的进出口直布罗陀海峡之南，故被称为"地中海的门户"。南部为高原和撒哈拉沙漠。阿特拉斯山脉从东北到西南横亘国境中部，主峰图卜哈勒山海拔4 165米，山顶终年积雪，水资源丰富，有天然水塔之称。北部属地中海气候，西部沿海地区四季如春，东南部属热带沙漠气候。年平均降水量由西北部的800毫米递减到东南部的100毫米。

摩洛哥最早的居民是柏柏尔人，公元7世纪阿拉伯人迁入，8世纪中叶建立起第一个阿拉伯人的帝国。经济以农牧业为主，农业人口占61%，主要农作物有小麦、大麦、玉米、柑橘、橄榄、甘蔗等。主要牲畜以绵羊和牛为多，渔业以出口沙丁鱼为最多，磷酸盐矿丰富。1996年人均国民生产总值为1 140美元。

9.3.2.2 旅游业发展现状

摩洛哥的旅游业始于20世纪60年代初期，1960年接待外国旅游者20万人次，1970年达85.3万人次，2000年达206万人次。2011年，入境游客934.2万人次，旅游外汇收入73.21亿美元；出境游客219.2万人次。全国可分为3大旅游区，即以首都拉巴特为中心的中部旅游区，以丹吉尔、非斯为中心的北部旅游区，以马拉喀什、阿加迪尔为中心的南部旅游区。

9.3.2.3 主要旅游城市与人文景观旅游资源

拉巴特 摩洛哥首都，人口212万。12世纪穆瓦希德王朝在此建立军事要塞，1956年独立后定为首都。这里有新城和旧城之分，新城西式楼房和阿拉伯民族风格的精巧住宅，掩映在花树丛中，街道两旁绿树成荫，街心花园比比皆是。旧城围以红色城墙，城内多古老的阿拉伯建筑清真寺。

拉巴特王宫——建于 1785 年，占地 2 平方千米，是典型的阿拉伯式宫殿建筑，大门用黄铜雕成图案，绿玻璃瓦屋顶，装饰豪华，富丽堂皇。

达尔贝达 摩洛哥的最大城市和海港，有人口 180 多万。城市濒临大西洋，树木常青，气候宜人，有绵延数十千米的细沙、海滩，是天然的游泳场地。沿岸的旅馆、饭店和各种娱乐设施，掩映在一排排整齐而高大的棕榈和橘子树下，绮丽多姿，为西欧旅游者的避寒胜地。

丹吉尔 摩洛哥北部的古城和海港，建于公元前 2 世纪，扼直布罗陀海峡入口处，隔 11 千米的海峡与西班牙相望，为地中海出入的门户，战略地位相当重要，是世界交通的十字路口。从马拉巴塔角向南，琥珀色的大西洋海滩，绵延 10 多千米，是冬季避寒胜地。著名的古迹有西迪·布阿比德清真寺，塔顶用彩陶砌盖，端庄朴素。

阿加迪尔 摩洛哥南部海滨城市，有近千年历史，是一座具有民族风格又吸取各国建筑艺术风格的城市。白色建筑物掩映在绿树丛中，林荫大道，贯通南北，街心花坛，花开四季，整座城市就像一座大花园。

非斯 摩洛哥著名古都，位于中阿特拉斯山北麓。由公元 9 世纪初第一个王朝伊德里斯王朝的第二代国王兴建，历史悠久。现在分老城和新城两部分，老城古色古香，坐落在一条狭长山谷中，其建筑形式与居民的生活习惯、生产方式仍保持着中世纪的风貌。街道狭窄，不通机动车辆，只能步行，主要运输工具是马、小驴和平板车等。非斯是伊斯兰教圣城之一，以精湛的伊斯兰建筑艺术著称于世。12 世纪全盛时期有清真寺 785 座，现剩 360 座，其他反映伊斯兰建筑艺术特色的古城堡、宫殿、博物馆等比比皆是。

9.3.3 非洲旅游大国——突尼斯

9.3.3.1 旅游环境

突尼斯位于北非中部、地中海南岸中部地区，隔突尼斯海峡与意大利西西里岛和撒丁岛相望，战略位置重要。面积约 16.215 5 万平方千米，海岸线长 1 300 千米，人口 1 073.29 万（2012 年估计），90% 以上为阿拉伯人，其余为柏柏尔人。阿拉伯语为国语，通用法语。伊斯兰教为国教，主要是逊尼派；少数人信奉天主教、犹太教。北部属亚热带地中海式气候，中部为热带草原，南部为热带沙漠气候。

古代突尼斯境内的柏柏尔人建立了早期文化，公元前 9 世纪腓尼基人在北部海边建立迦太基城，后来发展成强盛的迦太基奴隶制帝国。公元前146年为罗马帝国阿非利加省，公元5、6世纪为汪达尔人和拜占庭人统治，公元703年阿拉伯穆斯林人进入突尼斯，传播阿拉伯文化和伊斯兰教，突尼斯逐步成为阿拉伯国家，1574年沦为土耳其奥斯曼帝国的一个省，1837年沦为法国的殖民地，1956年独立，1957年建立突尼斯共和国。

经济以农牧业为主，农牧业人口约占60%，主要农产品为小麦、大麦、橄榄、椰枣、柑橘、葡萄等。牲畜以牛、羊、骆驼最多，矿产有丰富的磷酸盐和铁矿等。1996年人均国民生产总值为1 790美元。

9.3.3.2 旅游业发展现状

突尼斯旅游业发展迅速，现已成为非洲第一旅游大国。1977年接待外国游客仅100万人次，旅游创汇3.3亿美元；1995年接待外国游客412万人次，创汇14.3亿美元；2002年接待外国游客达512万人次，居非洲第一位。因受动乱影响，2011年入境游客478.5万人次，旅游外汇收入19.14亿美元；出境游客230.3万人次。

9.3.3.3 主要旅游城市与人文景观旅游资源

突尼斯城 突尼斯共和国的首都，位于地中海南岸突尼斯湾。约公元前1000年前，腓尼基人在此建立迦太基城，后被罗马人焚毁，公元698年建麦地纳城，1230年哈夫斯王朝定都于此，并改称突尼斯城。至今已有3 000多年的历史。城内古迹众多，有迦太基城遗址，有麦地纳城10座雄伟的城门，有古罗马帝国时期用石头建造的上百里长的渡槽，被称为"天河"，有圆形阶梯式万人露天剧场和2000年前的公共浴室等。突尼斯旧城古色古香，呈浓厚的阿拉伯风土气息；新城街道宽阔，高楼林立，一派现代化城市风光。

苏塞 位于地中海哈马马特湾南岸，是北非著名古城、港口，突尼斯的旅游中心。为公元前9世纪腓尼基人所建。老城在南区，有地下陵墓、中世纪城垣和典型阿拉伯风格的街道、店铺。新城在北区，沿着海滩椰枣林丛中兴建有一座座旅馆，式样新颖，风格各异，有苏塞"海上之家"之称，又有"地中海的花园港"之誉。

9.3.3.4 主要自然景观旅游资源

杰尔巴岛 位于地中海加贝斯湾东南部，是突尼斯最大的岛屿，旅游胜地。岛上遍植橄榄树、棕榈树，被称为花园岛、绿洲岛，环境十分幽静。沿岸有16世纪建的坚固城堡，清真寺随处可见。海滩沙细松软，海水清净温暖，年平均水温19℃，年日照344天，是理想的海滨浴场。

南部沙漠旅游区 突尼斯南部是世界最大沙漠撒哈拉沙漠的一部分,该国利用这一沙漠资源优势,发展沙漠特色旅游,很有成效。这里有奇特的椰枣林和椰枣沟,有一望无际的盐湖风光,有柏柏尔人的古老村庄,著名的国际沙漠联欢节也在这里举行。旅游者可乘"沙漠之舟"骆驼在沙漠中悠悠地逛游,也可骑骏马或乘越野汽车在沙漠中奔驰,游人还能品尝当地居民的风味野餐。每到沙漠联欢节,牧民们都组织盛大的仪仗队,威武的骏马队、骆驼队和身穿传统服装的鼓乐队等缓缓行进,身穿各色鲜艳服装的妇女和儿童表演着民间歌舞,然后表演斗骆驼、赛马、狗追兔子等节目,令旅游者赏心悦目。

9.4 南部非洲旅游区

南部非洲指撒哈拉沙漠以南区域。其最大特点是生物资源极为丰富,特别是动物资源,许多国家都利用这一资源优势来发展旅游业,并取得了很大成效,比较突出的有肯尼亚和坦桑尼亚等国。

9.4.1 "野生动物王国"——肯尼亚

9.4.1.1 旅游环境

肯尼亚共和国面积约 58.26 万平方千米,人口 4 100 万(2012 年估计),分属 42 个部族,全国人口的 38% 信奉基督教新教,28% 信奉天主教,6% 信奉伊斯兰教,其余信奉原始宗教和印度教。

肯尼亚位于非洲东部,版图略呈等边五角形,东南濒临印度洋,东与索马里为邻,北与埃塞俄比亚、苏丹接壤,西连乌干达,西南与坦桑尼亚相连。赤道横贯中部,大致将国土平分为南北两部分。地势西高东低,东南部沿海为平原,其余多是海拔 1 000 ~ 1 200 米的熔岩高原,东北部是沙漠和半沙漠。西部为纵贯南北的东非大裂谷的东支,谷底为盆地和湖泊,主要有图尔卡纳湖、巴林戈湖和奈瓦沙湖、马加迪湖等。图尔卡纳湖地区海拔降为 200 ~ 500 米,谷地两侧为熔岩台地和火山锥,东侧赤道边上的肯尼亚山海拔达 5 199 米,是非洲第二高峰,峰顶终年积雪。

全境位于东非热带季风区,由于地形等因素的影响,西南部高原区除大裂谷底部气候干热外,多属亚热带森林气候,年平均降水量 750 ~ 1 500 毫米,多雷阵雨;东部沿海属热带草原气候,年平均降水量 500 ~ 1 200 毫米;东北部为半沙漠区,年均降水量仅 200 ~ 500 毫米,为主要游牧区。全国在一年中有两次雨季。

大约在 2 000 年前，班图语系的人就进入肯尼亚定居，7 世纪，阿拉伯人也来到这里定居。15—19 世纪，葡萄牙和英国相继侵入，1920 年成为英国的殖民地，1963 年独立。

肯尼亚是一个农牧业国家，农业人口占 90% 以上。主要粮食作物有小麦、玉米、水稻；经济作物有咖啡、茶叶、剑麻、除虫菊等；工业主要有食品加工、水泥、电力等。1996 年人均国民生产总值 250 美元。

9.4.1.2 旅游业发展现状

肯尼亚有"野生动物王国"之称，凭借其得天独厚的野生动物资源，发展旅游事业，吸引了众多的外国旅游者，使旅游业得到了蓬勃发展。1963 年接待外国游客 6 100 人次，到 1972 年增长到 42 万人次，10 年增长了 70 倍。2011 年，肯尼亚入境游客 147 万人次，旅游外汇收入 9.26 收入 926 亿美元。肯尼亚的野生动物保护区旅游、海滩旅游和国际会议旅游发达。

利用野生动物进行旅游开发，是肯尼亚旅游业的一个突出特点，全国有 36 个野生动物保护区、自然保护区和国家公园，那些地方栖息着各种珍禽异兽：狮子、大象、豹子、野牛、羚羊、长颈鹿、狒狒、河马、犀牛、鳄鱼、火烈鸟、白鹭、红鹤等。旅游者到这些地方参观游览，通常分成 4 人一组，由当地人陪同，乘坐特制的坚固旅游车，通过大型动物园或保护区时，不准随便打开车窗或下车，以免受到凶猛野生动物的袭击。当游客碰上一个好的摄影机会时，如一只豹子正在追逐羚羊、一只狮子脚踏着刚追获的猎物、长颈鹿嚼着树上的叶子等，可以随时停车拍摄。这种参观游乐项目颇受旅游者欢迎。肯尼亚在 1963 年成立了气球旅游公司，游客乘上有人驾驶的气球，在吊篮里凭空俯瞰，既可看到翱翔高空的雄鹰、奔跑的斑马、漫步的大象、戏水的河马、捕食的狮子等等，也可一览野生动物园的全貌，以饱眼福，妙趣横生。

9.4.1.3 主要旅游城市

内罗毕　肯尼亚首都和最大城市，位于中南部肯尼亚高原的中心，海拔 1 676 米，北距赤道仅 145 千米。城市建在东非大裂谷的东坡上，气候宜人，风光绮丽，环境清静。联合国环境规划署的总部和联合国人类居住中心总部等机构均设在此城。市内的高层建筑有议会大厦、法院、市议会、总统官邸、罗马天主教堂、肯雅塔国际会议中心和政府办公大楼等。

9.4.1.4 主要自然景观旅游资源

内罗毕国家公园　位于市南 8 千米处。公园大门向北，对着市中心。三面有围墙，惟南面开放，以便野生动物从思贡自然保护区进出园内。园内有山有水，有林地和草原，无数的狒狒、鸵鸟、长颈鹿、犀牛、河马、野猪、斑马、羚羊和狮子等野生动物，散居在园中，或昂首漫步，或追逐嬉戏，或静卧歇息，千姿百态。还有各种鸟类和爬虫栖息其间。这里不仅供一般游客观赏，而且还是研究动物生活习惯和生态学的理想园地。

梅鲁国家公园 位于肯尼亚山东北 50 千米的梅鲁镇东面，面积达 820 平方千米。园中平原广袤，一望无际，野象极多，还有白犀牛、长颈鹿、斑马、直角大羚羊、索马里产的蓝颈鸵鸟等出没，特别是狮子更富魅力。澳大利亚籍女动物学家乔伊·亚当森毕生定居肯尼亚，她养的一头幼狮爱尔莎，长大送回草原后，爱尔莎有时携儿带女，回归亚当森驻地"省亲"，成为佳话。

阿伯拉德尔国家公园 位于内罗毕以北 95 千米的赤道附近，占地 720 多平方千米，园中有高山雨林，茅草丛生的荒野和茂密的竹林。山高林密，沟壑纵横，瀑布急流，交相辉映。这里是野生动物和鸟类栖息的天然乐园，园中设有闻名世界的树顶旅馆和方舟旅馆。

察沃国家公园 位于内罗毕南 160 千米处，是肯尼亚最大的野生动物园，占地 2 万多平方千米。园中地形复杂，高山、平原、热带草原和灌木林等莫不齐备。园内有数千种植物。在一望无际的荒野上，常可听到狮子的吼叫声，见到狮子、犀牛、羚羊、长颈鹿、斑马和各种禽鸟等悠闲地在林间、草地觅食，或快速地奔跑。

东非大裂谷 纵贯东部非洲的地理奇观，世界最大的断层陷落带。长达 6 400 多千米，包括一系列由块状断裂所形成的南北走向的裂谷和湖盆。裂谷分东、西两支，东支最长、最壮观，而东支又以肯尼亚境内的一段具有最显著和突出的地貌特征。这段峡谷长 800 多千米，宽 50～100 千米，深 450～1 000 米，两侧断壁悬崖，陡直如削，像筑起的两道高墙。林木葱郁、繁花似锦的奈瓦沙、基尔基乔和纳库鲁 3 座城市都在裂谷底部。首都内罗毕则在裂谷南端的东"墙上"。裂谷底部是一片坦荡的原野，有大小 20 多个狭长的湖泊，像一串晶莹的蓝宝石，散落在谷底。在这里栖息着无数的热带野生动物，分布着广阔的原始森林，使旅游者感到神秘莫测。这里还蕴藏着大批古人类、古生物化石，是地质学、考古学、人类学的科学工作者考察旅游的良好场所。

肯尼亚山 位于国境中部，赤道近旁，海拔 5 199 米，是非洲第二高峰，虽地居赤道，但山顶终年积雪，并有常年不变的冰川 12 条，延伸到海拔 4 300 米高处。肯尼亚在班图语中意为"鸵鸟"，当地人将黑色火山口和雪白冰川相间的肯尼亚山比喻为鸵鸟，故名。肯尼亚山是著名的旅游区。层峦叠翠，峡谷幽深，林木茂密,野生动物繁多,是大象、斑马、猎豹、羚羊等栖息繁殖的天然场所。现已辟为肯尼亚山国家公园,面积达 588 平方千米。肯尼亚山北麓的纳纽基附近,是赤道通过的地点,在那里竖有赤道标志,为去肯尼亚山旅游的游客必定光临之地。

9.4.2 世界天然动物园——坦桑尼亚

9.4.2.1 旅游环境

坦桑尼亚共和国是 1964 年由坦噶尼喀和桑给巴尔联合而成的国家。位于非洲东部,东临印度洋,面积约 94.508 7 万平方千米,人口约 4 318.8 万(2010 年),非洲人占 98.5% 以上,分属 126 个部族。内地和农村居民信奉拜物教,沿海多数人信奉伊斯兰教,城镇居民信奉天主教和基督教。

全境可分为沿海低地和内陆高原两大区。沿海低地大部分宽 15～60 千米,海岸多红树林,并有桑给巴尔岛和奔巴岛等 20 多处小岛。内陆高原平均海拔 1 200 米左右,有非洲最高峰乞力马扎罗山、最大的湖泊维多利亚湖、最深的湖坦噶尼喀湖和东非大裂谷。大陆为热带草原,岛屿为热带海洋性气候。

坦桑尼亚人民在古代已有相当发达的文明,1890 年坦噶尼喀沦为德国的殖民地,桑给巴尔为英国的"保护国"。第一次世界大战后,完全成为英国的殖民地。1961 年和 1963 年先后独立,1964 年成立坦桑尼亚共和国。

坦桑尼亚是联合国宣布的 25 个最穷国家之一。农村人口占 90% 以上,主要农作物有剑麻、腰果、咖啡、烟叶、丁香和玉米、木薯、稻谷、小麦等。剑麻和丁香的产量居世界第一位。1996 年人均国民生产总值 140 美元。

9.4.2.2 旅游业发展现状

坦桑尼亚旅游资源非常丰富,特别是保护野生动物的国家公园众多,旅游业的发展潜力很大。但坦桑尼亚经济落后,是世界上最贫困落后的国家之一,交通、酒店等旅游基础设施非常薄弱,对旅游业的发展有较大的制约。2011 年,入境游客 79.7 万人次,旅游外汇收入 14.57 亿美元。

9.4.2.3 主要旅游城市与人文景观旅游资源

达累斯萨拉姆 坦桑尼亚首都,著名的天然良港,濒临印度洋,1857 年桑给巴尔苏丹派人在这里兴建城镇,1961 年独立后,定为首都。整个城市清新雅致,绿树成荫,街道两旁的高楼大厦,洁白美观,高低错落有致。独立大街西端的独立广场,场面宽广,绿茵铺地,鲜花不断。广场东北隅,耸立着一座高达 20 米的自由独立纪念碑,碑顶是一支巨大的火炬模型。独立大街东端,十字路口竖立着英雄纪念碑，碑顶有持枪战士的青铜塑像。距市中心2.4千米处，有中国烈士陵墓，安葬着为援建坦赞铁路和其他项目而牺牲的中国烈士。城市东部和东北部为海滨旅游区，椰林成片，精致的花园别墅和现代化旅馆隐现在花丛林间。沿海大片海滩浴场，沙软潮平，是游泳和日光浴的良好场所。

奥杜瓦伊峡谷 东西长约48千米，深91米，峡谷壁露出的连续地层，从更新世谷底直到新生代壁缘，共有5层。在这些地层里，发现了大量的石器和动物化石，特别是1959—1964年，发现了许多种极为重要的人类化石，著名的有"东非人"头骨化石的发现，证明东非，尤其是坦桑尼亚，是人类起源地区之一，是研究地史、人类学的重要基地。

9.4.2.4 主要自然景观旅游资源

乞力马扎罗山 位于坦桑尼亚东北部，赤道和南纬3°之间，海拔5 895米，是非洲最高峰，有"非洲屋脊"之称。它在茫茫无边的大平原拔地而起，高耸入云，气势磅礴，景色瑰丽。这里"一山有四季"的特色很明显，山麓气温酷热，最高气温可达39℃，峰顶气温常在零下34℃左右，终年积雪。这个"赤道雪峰"奇观，实为罕见，它是一座孤立的、直径约80千米的死火山，其主峰叫基伏峰，为冰川所覆盖，最厚达80米，冰川在南坡一直下降到海拔4 900米的高度。因此，乞力马扎罗山具有热、温、寒三带的气候特征，故山上和山下景色迥然不同。雪冠在赤道的骄阳照耀下闪闪发光，"乞力马扎罗山"意为"光明之山"。

乞力马扎罗山这种奇特、壮丽的景象，每年吸引着数以万计的旅游者。坦桑尼亚旅游部门在山麓设立了各种旅游设施和营地，接待各国旅游者和登山爱好者。山周围的草原上，有世界著名的东非野生动物园，也是各国旅游者所向往之地。

马尼亚拉湖国家公园 位于北部东非大裂谷内，在阿鲁沙市西南117千米处，始建于1960年，海拔945米，面积320平方千米，湖泊占总面积2/3。其中马尼亚拉湖最大，方圆140千米。湖滨林木苍翠葱郁，有"飞禽乐园"之称，栖息的鸟类达350多种，著名的有火烈鸟、锤头鹳、黄嘴鹳、埃及鹅、白鹈鹕和粉背鹈鹕等。园中最美的景色是掠过湖面的火烈鸟群，每年到一定季节，成千上万只火烈鸟，云集湖区，当它们掠过湖面时，红光闪烁，胜似彩霞，异常美丽。森林内栖息着成群的大象、狒狒等。姆萨河西南是金合欢树林，林中的狮子常爬上5～6米高的金合欢树上休息。开阔的草地是"野牛之家"，有400多头野牛在其间生活。

恩戈罗火山口野生动物园　位于北部马尼亚拉湖、纳特龙湖和埃亚西湖之间，阿鲁沙市西128千米处。恩戈罗火山口最高海拔2 135米，直径约18千米，深610米，是世界第二大火山口，形状像一只大盆，有"非洲伊甸园"之称。"盆底"直径16千米，面积315平方千米，四壁陡峭。火山口内野生动物繁多，有犀牛、大象、狮子、豹子等栖息其间，总数达4万头以上。

现在以恩戈罗火山口为中心，建立了一个辽阔的自然保护区，占地8.1万平方千米。其中包括许多火山口，有已经成为深湖的恩卡艾火山口，有活火山奥尔多尼·伦盖山，有发掘出远古时代人头骨化石的奥杜瓦伊峡谷等。这里的野生动物和当地牧民的牛群共同生活，各不相扰，使旅游者感到惊奇。

塞伦格蒂国家公园　位于北部高原，西距维多利亚湖8千米，是坦桑尼亚野生动物最集中的天然动物园，占地1.48万平方千米，海拔约1 000米，属熔岩灰土质稀树热带草原。1921年开发，有野生兽类170余种，总头数达300多万头，其中东、南非特有的角马达150万头，鸟类1 500种，狮子、大象、长颈鹿、羚羊、野牛、斑马等不计其数。还有世界上最善于奔跑的猎豹，时速可达80～90千米。

园内最壮观的景象是一年一度的角马大迁徙，每年六、七月，塞伦格蒂草原进入旱季，河流干涸，牧草稀疏。生活在草原西部的角马，便开始向中部聚集，汇成绵延几十千米的"大军"，浩浩荡荡向北面的马腊平原迁移，历时一个月，行程500千米。到11月马腊平原旱季来临，它们又长途跋涉地返回原地。角马的大迁徙，吸引了世界各地大批旅游者前来观赏。

此外，坦桑尼亚还有塞卢斯野生动物保护区、米库米国家公园、贡贝国家公园等著名野生动物园。

9.4.3　"铜矿之国"——赞比亚

9.4.3.1　旅游环境

赞比亚共和国面积为75.26万平方千米，人口约1 293.5万（2009年），居民多信奉基督教、天主教和原始宗教。赞比亚是非洲中部的一个内陆国家，地形大部分是海拔1 000～1 500米的高原，东北部为东非大裂谷，中部和西南为盆地。全境属热带草原气候，11月到翌年3月为雨季，4月到10月为旱季，气候温和，全年平均气温18～24℃，年平均降水量1 100毫米。

16世纪前后，非洲黑人的一些部族开始在赞比亚定居，16世纪到19世纪，曾先后建立过隆达王国、卡洛洛王国和巴罗兹王国。18世纪末葡萄牙首先侵入，此后，英国于1889年在此建立南非公司，1924年正式成为英国的"保护地"，1964年独立。

赞比亚铜矿资源丰富，有"铜矿之国"之称，铜金属出口占全国出口总值的95%。农业人口占60%以上，主要农作物有玉米、花生、烟草和棉花等。1996年人均国民生产总值350美元。

9.4.3.2 旅游业发展现状

赞比亚旅游资源丰富，有世界著名的维多利亚瀑布和19个国家级野生动物园，还辟有32个狩猎管理区，对发展旅游业极为有利。继2001年旅游业产值大幅增长后，2002年和2003年均维持了稳定增长的势头。2005年有65万旅游者访问了赞比亚，给赞比亚带来了1.73亿美元的收益。

9.4.3.3 主要旅游城市与人文景观旅游资源

卢萨卡 赞比亚首都，全国最大的城市，有"铜都"之称，位于中南部高原，海拔1 265米。这里终年风和日暖，四季如春，多热带花卉，环境优美，素有"花园城市"之称。罗得斯公园和奥林比亚公园有著名的铜花，此花状如龙舌兰，花朵呈蓝色，枝干挺拔，适宜生长在多铜质的土壤，其生长处，地下必有铜矿，故名铜花。

赞比亚是世界著名的产铜之国，在卢萨卡处处皆有铜制艺术品。如城东的议会大厦，屋顶上覆盖着金光灿灿的铜瓦，外墙也用铜皮包成，堪称"铜墙"；矗立在独立广场中央的纪念第三次不结盟国家首脑会议在卢萨卡召开的纪念碑，是用铜铸成的，可谓"铜碑"。在国际机场候机室内，陈放着一块有6亿年历史、重达16吨的古老铜矿石，是赞比亚的标志。

9.4.3.4 主要自然景观旅游资源

维多利亚大瀑布 赞比亚班图语称"莫西瓦托恩贾瀑布"，意为"声若雷鸣的雨雾"。位于南部赞比西河中游，跨赞比亚和津巴布韦的国界。瀑布高122米，形成一幅宽达1 800米的巨大水帘，在洪水期，奔腾澎湃，声若雷鸣，水花飞溅，呈现一片白茫茫的水雾，景色十分壮观。在100多年前，一个名叫利文斯敦的英国人，来到赞比西河，看到这个瀑布，以当时英国女皇的名字命名为"维多利亚瀑布"。由于瀑布上端有利文斯敦岛等4个岩岛，因此整个瀑布又可分为5段：最西一段称"魔鬼瀑布"，以排山倒海之势，直落深谷，巨雷般的轰鸣声，震耳欲聋，使人惊心动魄；中间一段是"主瀑布"，水量最大；其东为一形似马蹄的瀑布，称"马蹄瀑布"；再向东便是"彩虹瀑布"，除可欣赏巨帘似的大瀑布外，还可看到出现在翠谷间的彩虹，七彩霓虹，灿烂夺目，挂在轻纱飘拂般的水雾烟云之上,游人至此,恍如置身于仙境;最后一段称为"东瀑布",为整个瀑布的最东段。5条瀑布在洪水时联成一体,汇成一股巨流,倾注于宽仅400米的深潭,水流直落,反冲而上的漩涡,上下翻滚,波汹浪涌,故称"沸腾锅"。在这座峡谷里,风吼雷鸣,10千米以外均可听见,确为人间奇观。

利文斯敦野生动物园　位于利文斯敦市郊6千米处,园内一部分是开阔的草地,一部分是茂密的森林,茫茫林海,草木繁盛。游览道路蜿蜒于森林、草丛之中,游客在有安全保护的汽车内,可纵览各种禽兽出没之状。猴子和羚羊常与汽车周旋,高大的鸵鸟翩翩起舞,角马和野牛成群游荡,还能看到大象、犀牛、斑马和长颈鹿等觅食于林间草地;狮子和猎豹追捕其他草食动物。旅游者在此不仅能大饱眼福,还可获得丰富的动物世界知识,看了以后,令人终生难忘。

9.5　大洋洲旅游区

大洋洲位于太平洋中南部和西南部的赤道南北的广大海域,包括澳大利亚大陆、新几内亚岛和新西兰南、北两大岛,以及太平洋上三大群岛的1万多个大小岛屿。群岛以澳大利亚为中心,从内向外分布着3个弧形群岛,即美拉尼西亚群岛(意为黑人群岛)、密克罗尼西亚群岛(意为小群岛,属珊瑚岛)、波利尼西亚群岛(意为多岛群岛,大部分属火山岛)。大洋洲陆地总面积897.1万平方千米,是地球上最小的一个洲。人口近3 000万(2001年),其中澳大利亚和新西兰主要是欧洲移民和土著人、毛利人;三大群岛上主要是棕色人种的美拉尼西亚人、密克罗尼西亚人、波利尼西亚人和巴布亚人。

16世纪起,西班牙、葡萄牙、荷兰、英国、俄国、法国、德国、美国和日本等先后入侵,大洋洲成为这些国家的殖民地。经过当地人民的长期斗争,目前大部分已独立,但仍有部分岛屿至今仍在美、英、法等国管辖之下。

大洋洲大部分位于南回归线附近,属热带海洋性气候,雨量充沛、热带森林茂密、资源丰富、风光旖旎、空气清新,为旅游者所向往的神秘旅游胜地。

9.5.1　"世界活化石博物馆"——澳大利亚

9.5.1.1　旅游环境

澳大利亚位于南半球太平洋与印度洋之间,四面环海,不与任何国家接壤。领土包括澳大利亚大陆和塔斯马尼亚岛,面积达769.2万平方千米,居世界第6位。人口2 203.95万(2009年11月1日),其中70%是英国及爱尔兰后裔;

18%为欧洲其他国家人后裔，6%为亚裔，华人、华侨约56万人（2003年10月）；土著居民约46万人。通用英语，居民中有70%信奉基督教，首都堪培拉。

澳大利亚大陆地形分为东部山地（海拔800～1 000米）、中部平原（海拔200米以下）、西部高原（海拔200～500米）三个部分，全境绝大部分地势平坦。东北部沿海有世界最大的珊瑚礁——大堡礁（南北长达2 000千米）。南回归线横贯大陆中部，大部分地区受副热带高压控制，干旱少雨，为热带沙漠和草原气候，东部和南部雨量较多，为温带季风气候和地中海式气候。季节变化与北半球相反。

17世纪以前，土著居民生活在整个澳大利亚大陆，17世纪初荷兰人最先登上澳大利亚西岸，这时有30多万土著人。1770年英国航海家詹姆斯·库克率船队驶抵澳大利亚东岸，并将此地命名为新南威尔士，宣布属英国领土。1788年1月英国航海家菲利普带领首批移民（大部分为流放犯）抵达悉尼附近定居。19世纪初，英国招募大量雇佣工人到澳大利亚发展养羊业，1851年在维多利亚地区发现金矿后，移民剧增，养羊业和淘金热扩大，促进了经济的发展。到19世纪末，英国先后在澳大利亚建立了6个殖民地，1901年英国将这6个殖民地改为州，组成澳大利亚联邦，成为英国的自治领土，联邦首都设在墨尔本。1931年获得内政、外交的独立自主权，成为英联邦内的独立国家。

澳大利亚国家元首为英国女王，总督由英国女王任命。由总督、总理和内阁部长组成的行政委员会，是联邦最高行政机构。

澳大利亚幅员辽阔，自然资源丰富，农牧业均较发达，是世界上最大的羊毛生产和出口国，也是世界上仅次于美国的小麦输出国。

9.5.1.2 旅游业发展现状

澳大利亚地大物博，珍奇动植物资源丰富，具有古老性、独特性的特点，有"世界活化石博物馆"之称，珍稀的独有动物有大袋鼠、袋熊、袋狼、鸭嘴兽、琴鸟等；植物以桉树最著名。小镇风情、古老田庄、剪羊毛及大陆内部的原始风光，都是澳大利亚具有相当吸引力的观光旅游项目。热带、亚热带气候和36 735千米的海岸线，是开展水上运动、海滨疗养和避暑、避寒的好地方。因此，澳大利亚的旅游业相当发达，目前已成为其主要财政收入来源。2011年，澳大利亚入境游客为587.5万人次，游客外汇收入314.56亿美元；出境游游客为779.5万人次。澳大利亚的传统外国游客主要来自新西兰，其次来自英国、爱尔兰、美国、日本以及中欧和亚洲各国。近年，澳大利亚的客源国别构成也发生了一定的变化，欧洲、北美和日本成为其主要客源国，东南亚游客也在增加。澳大利亚国内旅游也较发达，每年旅游人数达 4 500 万人次，国内旅游收入占整个旅游收入的 80% 以上。

9.5.1.3　主要旅游城市与人文景观旅游资源

悉尼　澳大利亚最大城市和海港，新南威尔士州首府，位于东南部海滨，人口 428.4 万（2006 年）。建于 1788 年，为英国在澳大利亚建立的最早流放囚犯之地。现为全国重要的经济、文化、金融和贸易中心，著名的羊毛出口港，有南半球"纽约"之称。这里风光旖旎，气候宜人，阳光充足，空气清新，是著名的旅游胜地。夏季海滨人行道密布彩色的遮阳篷，路旁棕榈树、芒果树、合欢树等枝叶繁茂，街心花园万紫千红，百花争艳，成群的海鸟、鸽子、鹦鹉在街道旁边、茶座附近漫步、觅食，好一幅和平、安宁的景象。悉尼港海岸线漫长，沿岸有大小 40 个海湾，是天然浴场和滑水、冲浪胜地。

悉尼塔——高 304.8 米，是南半球最高建筑，建于 1968 年，塔楼是九层圆锥形建筑，上有旋转式餐厅和瞭望层等。登塔远眺，整个悉尼一览无余。

悉尼歌剧院——坐落在贝尼朗岬角之上，三面环海，建筑造型新颖奇特，外形宛如一组扬帆出海的船队，又像一枚枚屹立在海滩上的洁白大贝壳，与周围海上景色浑然一体，富有诗意，被誉为一件杰出的艺术作品，已成为悉尼的象征。

悉尼海峡大桥——横跨杰克逊港湾，联结悉尼市南北，1932 年建成。是一座单孔双铰链钢梁拱桥，桥拱由两组弧形钢梁桁架和许多根钢铁吊索组成。

悉尼唐人街——华侨和华裔聚居和活动的中心，又叫华埠，或称德臣街。大街两侧华人开设的餐馆、商店鳞次栉比，中文招牌比比皆是，牌楼矗立，宫灯高挂。

堪培拉　澳大利亚首都，位于新南威尔士州东南部，坐落在分水岭山脉的广阔谷地上。原为荒芜之地，1823 年开始有牧羊人定居，1913 年开始兴建城市，1927 年首都由墨尔本迁此，成为全国政治和文化中心，人口仅 36.8 万（2012 年）。市区街道宽阔，布局整齐，四季树茂花繁，绿草如茵，是一座高度绿化的城市，素有"花园城市"和"大洋洲的日内瓦"之称。黑山顶的电视通信塔高 195.2 米，是堪培拉的最高建筑物。

格里芬湖——位于城市中心，周长 35 千米，沿湖风景如画，湖上有两座长桥把市区南北连成一体。湖心有人工喷泉，水柱高达 137 米，彩虹临空，引人入胜。湖中岛上建有钟楼，为英国纪念堪培拉建城 50 周年所赠，内有 53 只钟，定期演奏，钟声悦耳。

9.5.1.4　主要自然景观旅游资源

大堡礁　澳大利亚著名旅游区，位于南太平洋珊瑚海西部，沿着东北部昆士兰州的海岸，绵延 2 400 多千米，宛如一道天然海堤，是世界上最大、最长的珊瑚区，总面积 20.7 万平方千米，共有大小岛屿 600 多个。由 350 多种绚丽多彩的珊瑚组成，赤、橙、黄、绿、青、蓝、紫深浅各色俱全，造型千姿百态，有扇形、鹿角形、蘑菇形、树枝形，等等，应有尽有，使人眼花缭乱，美不胜收。堡礁大部分没入水中，低潮时略露礁顶，从上空俯瞰，礁岛宛如艳丽的花朵，在碧波万顷的大海上怒放。礁群环抱的潟湖，水深一般不到 60 米，堤外波涛汹涌，礁内湖平如镜，海水清澈，绝无污染，能见度极高。在 17 个较大的岛屿上，建有旅馆和公寓。格林岛设有精巧的水下观察室，可观赏海中珊瑚洞穴里栖息着的数百种美丽的鱼类和稀奇古怪的海洋生物，每年都有大批旅游者蜂拥而来，观赏海洋奇景。

雪山国家公园　雪山是澳大利亚最高山脉，有澳大利亚屋脊之称，主峰科西阿斯科山，海拔 2 228 米，终年积雪。1949 年被辟为国家公园，园内有 3 个冰蚀湖，秀丽多姿，冰斗和冰碛银光闪闪。恩雷德博滑雪场设施完善，一年四季都可滑雪。空中索道可送滑雪者到 600 米高的滑雪道起点。在此可饱览奇丽的山色和惊险的滑雪场面。这里有全国最高的旅游点之一佩里舍谷，旅舍星罗棋布，可供数千名游客住宿，此地还有长达 2 040 米的空中索道，可送游客到山顶游览。这个风景区位于悉尼和墨尔本两大城市之间，南北各约 300 千米，而北距首都堪培拉仅 160 多千米，交通方便，游客如云。

艾尔斯巨石　位于艾丽斯斯普林斯市，是世界上最大、最高的磐岩独石，耸立在澳大利亚的几何中心之上，四周为平原，一石凸起，大有顶天立地之感。此石没有节理和层理，也就是说没有任何裂缝，长达 3 000 米，最宽 2 500 米，高 348 米，基围 8 500 米，东面较宽而高，西面较窄而低，如巨兽卧地，雄伟壮观。外表远看圆滑光亮，寸草不生，鸟兽不栖，独有蜥蜴出没其中。此石颜色奇特，早晚随日光照射程度的差异而呈淡红色、紫红、橘红、大红、赭红等颜色，阵雨之后，又变成银灰色或黑色。雨水沿石壁流下，则银光闪耀，五光十色，光彩夺目。经亿万年雨水冲刷，巨石表面形成条条整齐的细纹，宛如海豹的柔毛。当地土著人视此石为神的象征，常来朝拜。大石基部有很多巨大洞穴，远古时代已有土著人在此栖身，他们用图画和象形文字装饰洞壁，体现了原始人类对艾尔斯巨石的崇敬之意。石上还有"回音谷"，内壁呈波浪纹，风吹进石谷，会发出奇异的呼啸回声。石壁上还有一根长 200 米的石柱，人称"袋鼠尾"，引人注目。这里已开辟为国家公园，成为澳大利亚著名旅游胜地，称为磐石旅游中心，有众多娱乐设施，以及一座拥有 250 间客房的五星级"沙漠之舟"旅馆。登上巨石顶峰，可眺望国家公园全景和辽阔草原、沙漠的壮丽景色。

9.5.2 南太平洋上的岛国——新西兰

9.5.2.1 旅游环境

新西兰位于南太平洋西部,南纬34°～48°之间,面积27.053 4万平方千米,人口439万。其中,欧洲移民后裔占80%,毛利人占10%,混血种人占7%,亚裔占3%。官方语言为英语、毛利语。70%的居民信奉基督教新教和天主教。新西兰孤悬于南太平洋之中,不与任何国家接壤,离其最近的澳大利亚也有2 000千米,因此,环境幽静,和平安宁。领土由北岛和南岛两个大岛和附近一些零星小岛组成。北岛面积11.5万平方千米,东部地势较高,多火山;西部多湖泊和海滨平原,著名的有陶波湖。鲁阿佩胡火山耸立在平原上,海拔2 796米,是北岛最高峰,附近多温泉。南岛面积为15万多平方千米,多冰川和湖泊,南阿尔卑斯山脉占南岛一半,库克山海拔3 764米,是全国最高峰。全国气候宜人,寒暑之差甚微,北岛属亚热带气候,南岛属温带海洋性气候,全年降水量均匀,适于农牧业发展。由于在南半球,一年四季与北半球相反。

毛利人在公元10世纪就到新西兰定居,1642年荷兰航海家塔斯曼曾在这里登陆,未能立足,就被毛利人赶走。1769—1777年英国航海家库克,先后5次到达新西兰,后大批移民至此,占领新西兰,1840年成为英国的殖民地,1907年独立,成为英联邦的自治领地。新西兰的国家元首为英国女王,总督同议会一样有立法权,并有召开和解散议会的权利。

新西兰经济以农牧业为主,畜牧业发达,主要牲畜为羊和牛,羊肉和奶油的出口量居世界首位,羊毛出口量居世界第三位。农业高度机械化,主要农作物为小麦、燕麦、大麦和水果。工业以农牧产品加工为主。

9.5.2.2 旅游业发展现状

新西兰和澳大利亚一样,经济发达,居民收入高,有足够的经费出国旅游,加上偏居一隅,孤悬海中,居民的出国旅游愿望更为强烈,因此它是亚太地区的主要客源国之一。2011年,新西兰入境游客为257.2万人次,旅游外汇收入54.93亿美元;出境游客为209.6万人次。旅游业收入占新西兰GDP近10%,提供了1/11的就业机会,是仅次于乳制品业的第二大出口创汇产业。新西兰气候宜人,风景优美,旅游胜地众多,每年吸引许多欧美和日本的旅游者。

9.5.2.3 主要旅游城市

惠灵顿 新西兰首都,位于北岛最南端,面向库克海峡,地处全国中心位置。整个城市依山傍海,前面环抱着一个天然良港,背靠着连绵起伏的群山,从山顶俯瞰全市,就好像一座古罗马的圆形剧场。惠灵顿是一座美丽的山城,离城不远就有险峻的山峰和幽深的峡谷。城里有许多公园、花园和娱乐场所。居民的住宅小巧玲珑,白色的建筑,赭红色的屋顶,房前屋后的小庭院,绿树成荫,百花盛开。这一幢幢花园楼房,本身就如同一朵朵美丽的小茶花,把整个山城点缀得更加清秀美丽。在惠灵顿,可乘坐电缆车到最高处眺望,整个城市和海港的美丽风光,尽收眼底。

9.5.2.4 主要自然景观旅游资源

汤加里罗国家公园 位于北岛中央的罗托鲁阿—陶波湖地热区南端,地热区长达240千米,宽约48千米,是世界上三大地热区之一。它是由火山组成的熔岩区,这里有15座近代活动过或正在活动的火山。恩奥鲁霍艾火山口海拔2 290米,烟雾腾腾,长年不息。鲁阿佩胡火山海拔2 796.4米,是北岛最高点,设有高架缆车,旅游者可乘车登上顶峰,眺望方圆百里的绚丽风光。汤加里罗火山海拔1 977米,峰顶宽广,有北口、南口、中口、西口、红口等一系列火山口。1894年新西兰政府将这3座火山连同周围地区,正式辟为国家公园。

国家公园里呈现一片火山园林风光,白雪皑皑的山峰,巍峨壮丽,苍翠的天然森林,环抱着层峦叠嶂的群山和繁花似锦的草原。冒着热气的火山口湖,碧波荡漾,湖中有岛,岛上有湖,婀娜多姿。水温高达120℃的沸泉,喷射高达457米的大间歇泉,滚腾似粥的沸泥塘等,处处可见,喷涌不息,远看时雾气弥漫,溟溟漾漾,近看时银流旋滚,嘶嘶作响,地上喷气孔密布。

公园内栖息着一种无翅无尾的几维鸟,嘴尖长、腿粗短,体重4磅左右、蛋却重达1磅,是新西兰特有的鸟,被定为"国鸟",是新西兰的象征,其国徽和硬币上均用它作标记。

陶波湖 世界最大的火山湖之一,面积达647平方千米,最深处达160米,湖内有岛,并有100多个水湾和上百个浅滩,是钓鱼、游泳和矿泉浴的旅游疗养胜地。

此外,南岛还有著名的库克山国家公园和峡湾国家公园等,都是旅游者所向往的旅游胜地。

9.5.3 散落在太平洋中的珍珠——岛国

太平洋中的三大群岛——美拉尼西亚群岛、密克罗尼西亚群岛和波利尼西亚群岛,共有大小岛屿1万多个,总面积19万平方千米,它们散落在浩瀚的太平洋中,恰似散落在巨大碧玉盘中的珍珠,闪闪发光,真有"大珠小珠落玉盘"

之美感，为世界各国旅游者所向往。

9.5.3.1 萨摩亚

位于南纬13°～15°，西经171°～173°之间，属西半球西部的国家之一，在波利尼西亚群岛西南部，由9个岛屿组成。群岛上覆盖着茂密的丛林，远远望去，如同翠绿色的缎带随波摇曳。这些岛屿均为火山岛和珊瑚岛，最高的山峰达2 000米，属热带海洋性气候。萨摩亚面积为2 934平方千米，人口约18.5万（2006年）。绝大多数为萨摩亚人，还有少数南太平洋其他岛国人、欧洲人和华裔以及混血人种。官方语言为萨摩亚语，通用英语。多数居民信奉基督教。萨摩亚人属波利尼西亚人种，皮肤为浅棕色，身材魁梧，热情好客，能歌善舞，在3 000年前就从东南亚来到这里定居。1772年荷兰人首先到达这里，1889年由英、美、德共管，1919年为新西兰所占，1962年独立。1997年7月，西萨摩亚独立国更名为萨摩亚独立国。

阿皮亚 萨摩亚首都，有人口3.6万，位于乌波卢岛北海岸，依山傍水，风光诱人，是一个富有浓郁热带风光的美丽城市。市内处处是高耸入云的椰子树、果实累累的香蕉林、火焰树、面包果树、柏鲁树等各种热带林木，绿荫遮地；漫山遍野的奇花异草，幽香沁人。阳光灿烂，空气清新，无车马的喧嚣，无烟尘的污染，如"蓬莱仙境"、"世外桃源"。

阿皮亚最热闹的地方在北部，一条海滨大道从西到东，贯穿全市，长达3千米，所有的建筑物都建在道路的南侧，坐南向北的建筑正对着浩瀚的太平洋。站在岸边远眺，大洋有时平静得像个美丽的少女，温文尔雅；有时又如奔腾的千军万马，波浪滔天，咆哮如雷。

议会大厦———座圆穹形的建筑，四周是落地的玻璃长窗，在阳光下显得格外明亮，大厦前面是广场，每到独立节纪念日，全国人民都要在这里隆重集会，载歌载舞，欢庆胜利。海滨大道和法爱阿大街交叉处，有一座战争纪念塔，塔上部四面均有时钟，故又称"钟楼"。

近年来，萨摩亚政府重视旅游业的发展，全市有数家比较高级的旅馆，其设计具有萨摩亚民族特色的圆穹形凉亭式建筑，外观独特，内部设备齐全，美观舒适。

9.5.3.2 斐济

位于西南太平洋，南纬15°～22°、东经177°至西经175°之间。由800多个大小岛屿组成。属密克罗尼西亚群岛的一部分，主要大岛有维蒂岛、瓦努瓦岛、塔弗乌尼岛和坎达武岛四岛。塔弗乌尼岛的怀耶沃位于180°经线之上，是跨东西两半球的城镇。斐济地处南太平洋的交通线上,是美国檀香山到澳新航线上的中途站。

斐济领土面积为 18 333 平方千米,人口约 84.9 万(2009 年),其中主要是斐济人,还有印度人、欧洲人和其他太平洋岛上人。官方语言为英语、斐济语和印地语,通用英语。居民信奉基督教、印度教和伊斯兰教。斐济人很早就在这里定居,1643 年荷兰航海家塔斯曼首先来到斐济,1874 年沦为英国的殖民地,1879 年第一批印度合同工来到这里定居,1970 年斐济宣告独立。1998 年 7 月 27 日实施新宪法,改国名为"斐济群岛共和国"。经济以出口蔗糖和旅游收入为主。

苏瓦 斐济首都,它不仅是斐济的政治、经济和文化中心,而且是南太平洋上最大的海港和文化中心,这里有南太平洋 12 个岛国和地区联合筹办的南太平洋大学,校长由各主办国首脑轮流担任。斐济处于赤道和南回归线之间,属热带雨林气候,苏瓦在维蒂岛南岸,濒临大海,受海洋调节,四季如春,雨量充沛,阳光充足,草木常青,鲜花争艳。每年吸引着世界各国的旅游者达 19 万多人次。斐济人非常热情好客,男女老幼都喜欢穿色彩鲜艳的衣裳。妇女们穿一种叫"苏鲁"的长花裙子,一直落到脚面。每晚在文化中心,都要举行民族形式的土风舞,游客们可看到土著艺术家的精彩歌舞表演。有时还表演一种叫"走火"的民间技艺,即在空地上挖一个大坑,里面放置干柴,上面堆着一层大卵石,干柴点燃以后,卵石被烧得滚烫,表演者赤脚在卵石上行走。

9.5.3.3 复活节岛之谜

复活节岛是南太平洋中的一个孤岛,位于西经 110°,南纬 27°附近,西距英属皮特凯恩岛的亚当斯敦 1 700 千米,东距智利西海岸 3 790 千米,1888 年正式归入智利版图。因为 1722 年荷兰探险家雅可布·洛吉文在复活节那天登上此岛,故而得名。该岛略呈三角形,最长处 24 千米,最宽处 18 千米,面积 117 平方千米,人口约 2 000 人,居民大多为波利尼西亚人。

岛上有拉诺高、蒙格特利卡和卡蒂姬 3 座火山,分据在三角形的三个角上,巍然屹立,直指蓝天,小火山锥星罗棋布,海岸陡峭,形势险要。岛上无河流湖泊与高大树木,几乎寸草不生。令人难以想象的是,在如此荒凉的孤岛上,却残存有 1 万多处居住遗迹,1 000 多尊巨大的石雕人像和 350 多处石造祭祀场。

此岛当地人称为"拉帕努力伊岛",即"石像故乡"之意。在岛的四周有 600 尊面对大海的巨大半身石像,石像是用整块火成岩雕琢而成,一般高 7～10 米,重 90 吨,大都有很长一部分埋在地下,总高达 20 米,头部高 11 米,鼻子高 4 米,有些石像整齐地排列在 4 米多高的长形石座上,每个石座一般安放 4～

6尊石像，个别多达15尊。

　　岛的东部山区还有300多尊尚未完工的巨像，最大的一尊高达22米，重400多吨，一顶帽子即重达30吨。拉诺拉拉库火山处，有40多个神秘的洞穴和许多尚未完成的雕像。岛南的奥龙戈地区有刻在石上而迄今未被人译解的象形文字，并有一尊鸟人像。据专家推测，一尊高达5米的巨石人像必须由30位雕刻家费一年时间才能完成，至于什么人雕琢这些石像？为何花费巨大的人力雕石像？石像代表什么？为何有些雕像似乎未完工即被抛弃？至今仍然是一个待解的谜。关于复活节岛巨石文化起源之谜，有南非说、东南亚说，但这些地方并未发现类似的石像，就是南美洲也未发现，因此，有人猜测是外星人干的，也有人猜测地球曾遭受过毁灭，这些石雕人像是地球人类毁灭之前的人类干的，等等。复活节岛的这些巨型石像，至今确实是人类史前文化遗迹中的一个难解的谜。这个谜对众多旅游爱好者具有强大的吸引力。现在这里已建立了国家公园，供旅游者观赏游览和科学考察。

9.6　南极洲旅游区

9.6.1　旅游环境

　　南极洲位于地球的最南端，是纬度最高的大洲，除南极半岛等极少数地区和岛屿外，都在南极圈以内。南极洲也是世界上最孤立的一个洲，它四面是浩瀚的太平洋、印度洋和大西洋，与其他各洲相距甚远，距最近的南美洲火地岛也将近1 000千米。全洲总面积约1 400万平方千米，大陆海岸线长约2.5万千米。南极洲附近有别林斯高晋海、阿蒙森海、罗斯海和威德尔海等边缘海。其中，罗斯海和威德尔海深入大陆内部，把大陆分成东南极洲和西南极洲两部分。

　　南极大陆平均海拔2 350米，是世界最高的一洲。南极洲是一片冰雪世界，被称为"冰雪南极洲"。其陆地95%的面积被冰层所覆盖，冰层平均厚度达2 000米，最厚可达4 800米。南极洲是地球上最大的冰库，冰体体积达240多万立方米，约占地球冰体总体积的90%，如果这些冰全部融化，世界洋面将升高50～70米。在南极海域常年有20多万座大小不等的冰山，给船只航行带来很大的困难，但它却是质量很好、储量很大的淡水资源。

　　南极洲年平均气温−25℃，比北极还低12℃。1976年初，挪威科学家在极点附近测到的绝对最低气温为−94.5℃，这是迄今地球上记录到的最低气温。南极洲为什么会成为地球的"寒极"？首先，南极洲地处高纬；其次，南极洲地势高；再次，南极大陆上的冰盖终年不化，巨厚冰盖是导致低温的冷源，而且冰盖强烈反射阳光，90%以上的热量都被反射掉，加剧了南极洲的寒冷程度。

南极大陆终年严寒，空气中水蒸气的含量极少，降水稀少，年平均降水量只有55毫米，极点附近仅3毫米，所以南极大陆成为地球上最干燥的地区，称为"白色荒漠"。

由于气候严寒，南极大陆形成强大的高压中心，它与周围海洋上副极地低压带之间的气压梯度很大，于是形成了由大陆高压中心吹向边缘的风暴，既频繁又强烈。一般6～8天发生一次，平均风速17～18米/秒，沿海近地面风速常达45米/秒，最高纪录为100米/秒，比12级风大得多，因此南极洲又有世界"风极"之称。

南极洲约有5%的面积岩石出露，成为无冰盖区，生长着一些苔藓、地衣、藻类等低等植物，这些无冰盖区被称为"绿洲"。南极洲陆生生物贫乏，但在大陆周围的海域，海洋生物却比较丰富，主要有鲸、海豹、企鹅、磷虾等。海水中生长着大量的浮游植物——硅藻，它们富含蛋白质和维生素，为南极磷虾等提供了丰富的饵料。南极磷虾也富含蛋白质，且繁殖力极强，总量高达数十亿吨，它们又是各种鱼类、海鸟和哺乳动物赖以生存的主要食物，于是形成了鸟、兽、鱼吃磷虾，磷虾吃硅藻的食物链。其中，磷虾占有重要的地位。因为它数量大，营养价值高，近些年来受到普遍重视，磷虾将成为人类未来重要的食品来源。

9.6.2 南极探险、考察史

在科学技术尚不发达的时期，南极洲一直没有被发现，欧美一些航海家和探险家为寻找这块未知的大陆，曾进行过不懈的努力。1738年至1739年，法国人布维抵达54°51′S，发现一个被浓雾笼罩着的冰雪陆地，即现今的布维岛。1768年至1775年，英国航海家库克3次进入南极圈，也只发现距南极很近的南设得兰群岛。1819年至1821年，俄国的别林斯高晋、美国的帕尔默和英国的布兰斯菲尔德都登上了南极大陆。此后，英国的罗斯、法国的迪尔威尔等人考察了南极大陆的一些地方和海域，他们用本国或本人的名字命名首次抵达之地，如罗斯海等。1911年，挪威人阿蒙等4人首次到达南极点，成为当时震惊世界的探险事件。1957年至1958年，美、英等12国进行了规模空前的南极考察，投入的科技人员和后勤支援人员达1.2万人。1959年12月1日，由12个国家（阿根廷、澳大利亚、比利时、智利、法国、日本、挪威、新西兰、南非、英国、美国和苏联）的政府代表在美国首都华盛顿签订了《南极条约》。该条约于1961年6月23日生效，有效期为30年。《南极条约》的主要内容是南极的利用将只限于和平目的，禁止在南极进行一切军事活动和任何核爆炸或处理放射性废物等。1991年4月，南极条约的成员国代表在西班牙首都马德里举行会议，通过了一项旨在保护环境的协议。协议规定，今后50年（1991年至2041年）内，禁止在南极大陆开采矿产资源和石油资源的活动。

迄今为止，已有30多个国家和地区在南极建立了40多个常年考察站和100多个夏季站。1983年5月9日，中国第五届全国人大常委会通过决议，决定参加南极条约。1983年6月8日中国正式加入南极条约，成为第17个正式的协商成员国。1984年11月，中国首次派出南极考察队前往南极洲和南大洋进行科学考察，考察队共计591人。1985年2月20日，中国第一个南极考察站——长城站在南极半岛附近的南设得兰群岛中最大的岛屿——乔治王岛上建立。

长城站位于乔治王岛西部的菲尔德斯半岛，菲尔德斯半岛是低矮的无冰丘陵区，是南极洲知名的"绿洲"之一。这里处于南极洲的低纬地区，具有南极洲海洋气候特点，被称为南极洲的"热带"，年平均气温为-2.6℃。暖季气温一般在0℃以上，寒季气温为-28.5℃。这样的气候条件对于建站是有利的，所以智利、阿根廷、俄罗斯、波兰、巴西、乌拉圭和中国都在此设立了科学考察站。

1988年，为进一步扩大南极科学考察的成果，中国在南极圈内的南极大陆上建立了第二座科学考察站——中国南极中山站。中山站位于南极大陆普里兹湾拉斯丘陵，海拔不超过2 000米，地理坐标为69°22′S、76°22′E。站区总面积1 654平方米，由办公室、宿舍、发电、通信、气象等建筑物组成，不但具备了夏季科学考察的条件，而且越冬考察的条件也已成熟。

9.6.3 神秘诱人的探险旅游胜地

近年来，南极洲这一世界上最冷的地方，旅游却慢慢热了起来，许多喜欢冒险的旅游者都热衷于到此一游。美洲就有定期开往南极洲的游览船。目前，每年到南极大陆的游客约有1 000多人。

9.6.3.1 宁静清洁的冰雪世界下蕴藏有丰富的资源

南极洲及其附近的一些海面和岛屿，是一块色彩丰富而宁静的地方，这里没有一般城市的喧哗和污染，游人可以尽情地观赏冰雪世界和洁净的海洋，海上巨大的冰块形成一座座漂浮的冰山，晶莹剔透，银光闪闪，使人们感到仿佛进入了有趣的神话世界。旅游者可以离开大船，登上特制的橡皮艇，穿行在冰山之间，欣赏和遨游于这些水晶玻璃世界。

据研究，南极洲是一个没有地震的地区，这里有丰富的煤、石油、铁矿和各种有色金属。在2亿8 000万年前，南极洲和非洲、亚洲的印度、南美洲、大洋洲的陆地是连接在一起的，直到5 500万年前，才与其他大陆分开；南极洲是一块古陆，在古生代并非冰天雪地，而是炎热湿润、森林茂密的世界，因而形成了丰富的煤炭资源。

9.6.3.2 全年仅有"一天一夜"的奇妙世界

半年是白天，太阳始终不落，称为"极昼"，另外半年是黑夜，太阳始终不露脸，称为"极夜"。这是因为地球自转轴同公转轨道面相交成66.5°的夹角，并在公转过程中地轴的倾斜方向不变之故。每年秋分以后，南极洲进入极昼，这时只有白天，没有黑夜，太阳24小时都在地平线上转圈，周而复始地进行着；春分以后，南极洲又进入漫长的极夜，这时只有黑夜，没有白天。这是观赏极光的好时间。由于太阳活动所产生的大量高能粒子冲入地球的磁场，使它上空的空气受到激发而产生五颜六色、变幻无穷的光辉，照亮着漫长的黑夜，有时可以持续好几天，其亮度很大，坐在冰原上可以给远方的亲人写信，描写这奇异的光辉。极光的形状多种多样，有的像一条长长的彩带；有的呈弧形，像发光的彩虹；有的像幕布，挂在观众的眼前；或者像一把打开的扇子，向四周放射。漫漫长夜中的极光，令旅游者神往。

9.6.3.3 南极冰原特有的动物世界

南极洲周围的海之中，生活着非常多的水生动物，有磷虾、南极鳕鱼、海豹、海象、海狮和各种鲸鱼。这里的磷虾每年生长2亿多吨，相当于目前世界每年捕鱼量的3倍。由于磷虾资源丰富，因此，南极海域是各种鲸鱼活动的良好场所，这里生活着蓝鲸、鲱鲸、驼背鲸、抹香鲸、逆戟鲸、小鲤鲸等十多种鲸类。其中以蓝鲸最大，体长可达33米，体重160吨，它们是世界上最大的动物。

9.7 外国旅游开发实例——夏威夷旅游业的再开发

夏威夷是世界著名的旅游胜地，世界旅游业发展的楷模，但从1990年开始走下坡路，后经精心规划开发，才再现生机。在20世纪50年代到60年代，夏威夷接待的游客量年增长率达20%；70年代到80年代年增长率降至5%左右；90年代国际游客的市场份额逐渐增加，由1984年的29.1%增长到1993年的44.6%。游客花费从1967年至1991年逐年增长，到1991年高峰时达到106亿美元，之后逐步下降到1993年的87亿美元。

9.7.1 滑坡的根源

导致夏威夷旅游业滑坡的原因主要是美国国内航空业结构大调整、游客偏好的改变、新度假区的出现。George Ikeda 教授认为导致夏威夷旅游业衰退的主要原因有：

（1）美国及日本的经济衰退。

（2）1991 年的海湾战争及当年日本官方出于安全考虑劝说国民不要到国外旅游。

（3）伊尼基飓风。导致许多游客至今仍拒绝去考瓦依岛。

（4）昂贵的形象。夏威夷追求的是高档市场而非所有游客。

（5）强大的竞争。亚太及加勒比地区新度假区的开发吸引了日本及美国大陆的游客。

9.7.2 市场分析

（1）客源地理分布：1994 年美国大陆游客占来夏威夷的游客总数的 55.8%，日本占 27.2%，加拿大占 4.8%。美国大陆的客源市场份额从 1990 年到 1994 年下降了 23.5%。2001—2004 年增长的市场是德国、韩国、中国台湾和英国。下降最快的是澳大利亚和新西兰。

（2）逗留时间：游客平均逗留时间由 1991 年的 8.4 天延长到 1993 年的 8.8 天。

（3）旅游动机：1991 年休闲旅游者占游客总数的 82.1%，这个细分市场下降最快，从 1991 年到 1993 年下降 12%。度蜜月者占 7.4%，会议、奖励旅游者占 6.4%，探亲访友者占 6.6%，其他占 3.7%。

（4）旅行方式：美国大陆游客喜欢散客自选方式，亚洲游客喜欢全包价团队方式。

（5）花费：1992 年美国游客日均花费为 117 美元，日本游客日均花费为 345 美元。

（6）光顾次数：38% 的西海岸游客为第一次光顾，62% 为回头客；东海岸游客第一次光顾的比例较高。

9.7.3 对未来影响夏威夷旅游业因素的假设

（1）世界旅游业将继续以强劲的势头增长。

（2）国内与国际经济增长速度将减缓。

（3）夏威夷的航空服务将根据市场需求与盈利能力产生波动。

（4）新饭店的建造将减少，饭店业的重点是改造更新现有住宿设施与吸引物。

（5）全球重视游客安全。

（6）休闲游客将有更强的价值意识。

（7）休闲旅游者对商务旅游者的比例将发生变化，会议中心的建立将对夏威夷旅游业的发展产生一个强大的刺激等。

9.7.4 竞争分析

夏威夷面临许多前所未有的困难：

（1）其他旅游目的地的促销费用增长迅速，而夏威夷促销费用增长有限。

（2）由于利润率太低，许多航空公司转向有利可图的航线，导致航空运力降低。

（3）许多航空公司的促销工作重点转向世界其他地区。

（4）消费者消费倾向发生变化，游船生意越来越火爆，夺走了一部分夏威夷的客源。

（5）夏威夷在媒介上曝光的程度大大降低，远不如20世纪70年代和80年代，那时大量著名的电影与电视系列剧是在夏威夷拍摄的。

（6）对夏威夷旅游业构成威胁最大的方面有：游船业，加勒比、墨西哥、内华达、澳大利亚、加利福尼亚、欧洲、哥斯达黎加和南太平洋岛屿。

9.7.5 战略对策

9.7.5.1 产品多样化

有组织的产品开发能延长顾客的滞留时间，减少季节差异，缓解对旅游资源的过度使用，为现有的旅游吸引物增加价值。开发的重点是开发新的旅游包价，依主题包装特殊兴趣旅游产品，改善旅游产品组合，提供游客旅游经历，强化服务。夏威夷旅游产品开发要注重强化无形的"Aloha 精神"，对于有形的部分则要采用多样化战略为成熟的游客提供更多的选择。

Aloha 精神 这是真正的"only in Hawaii"的东西，构成夏威夷独特形象最主要的因素和夏威夷的独特优势所在。根据 Pukiu－Elbert 辞典，Aloha 是"爱、怜悯、同情、仁慈与宽恕"。Aloha 也意味着"心意和谐"。Aloha 是夏威夷人的根与魂，它保障了夏威夷人的热情与友好。它是夏威夷人热情的洋溢，可以从女招待员笑脸及夏威夷的每一个角落看到这一点。Aloha 精神让夏威夷人成为友善的主人，公平友好地招待各方来客，夏威夷如同天堂欢宴，款待天下的亲朋好友。我们可以通过各种事件、节庆活动及教育项目来强化 Aloha 精神。

生态旅游 是一种对保护地方环境及其人民的福利负责任的旅游方式。据估计，从 1990 年到 1995 年，生态旅游者增长了 20% ～ 25%。随着人们环境保护意识的增强，生态旅游对旅游者的吸引力越来越强。在夏威夷，鲸鱼观赏、火山历险、远洋旅行及深海潜水都很有魅力。

会议中心 它不仅对会议中心所有者有利，更对地方产业有利，包括给商店、餐馆、度假区、酒吧及其他旅游设施带来客源。在建的瓦基基国际会议中心就扮演这一角色。在会议业务上，有很多竞争对手，包括美国大陆、加拿大及亚太地区的新加坡、中国香港、澳大利亚等。瓦基基国际会议中心的目标市场是中型会议、大型会议、贸易展览等，即国家级或国际级的 3 000 ～ 8 000 人的聚会，需要 6 967.5 ～ 9 290 平方米的展览大厅，另外还要有至少 18 580 平方米的展览空间。游客国际会议选择一般有 5 个参数：优质的服务；会议室；支付得起；住宿设施与展览设施的质量。

健康疗养旅游 一流自然生态环境与宜人的热带海滨气候使夏威夷成为健康旅游的最佳去处。它的目标市场是美国、加拿大及亚太地区的富人阶层。为此夏威夷要有一流的医疗保健设施、健美与康复设施。

9.7.5.2 销售渠道专业化

销售渠道包括旅游批发商、旅行社及专门渠道。专门渠道包括：协会规划者及特殊兴趣集团。一般来说，成熟的大众化产品与服务，如传统的休闲旅游线路往往采用长的销售渠道（供应商—旅游批发商—旅游代理商—旅游者）。而对于专业兴趣的旅游线路如探险、观鲸、疗养旅游、生态旅游、会议等针对比较狭窄市场的产品要通过专门化销售渠道，销售渠道较短，一般通过专门渠道，或直接对旅游者推销，对于夏威夷的旅游现状来说应越来越强调发展专门渠道。

会议规划者 绝大多数国际游客来夏威夷康复旅游都是因为听了他的私人医生的建议。这些医生绝大多数愿意推荐病人到他们接受研究生教育的机构来就诊。或他们通过会议、研讨班等方式结识的医生那里就诊。夏威夷缺乏强大的推荐系统，因为夏威夷的医学院并不出名。因此，很有必要建立强大的推荐网络来推销夏威夷与康复疗养有关的产品。

特别兴趣团体 特别兴趣旅游的利润较高。一些特别兴趣旅游活动，如火山、热带雨林、环境与文化研究等可通过特别兴趣团体来推销。

传统渠道 对于传统的成熟旅游产品,如阳光沙滩等休闲包价旅游产品可以通过旅行代理商与批发商来销售。这些产品的消费对象是大众旅游市场,对价格敏感、边际利润较低,传统销售渠道较为有效。

9.7.5.3 价格:物有所值

夏威夷旅游业的复兴是基于非价格竞争的独特的产品特征与优质的服务,但价格也扮演着重要角色。要改变夏威夷昂贵的形象,突出物有所值的印象。对于特别兴趣旅游可采用撇油定价法,谋取高额利润。实现其销售的是情趣、价值而非产品。对于传统的成熟产品则采用渗透定价、价格领头羊的定价方法争取市场份额。目前的游客很少愿意为单纯基于印象与声誉而支付高价,他们强调高价值与高价格匹配。所以物有所值是定价的最高原则。夏威夷医疗康复方面的定价明显高于东南亚国家。鼻成形术高 21.8%,髋骨再植高 81.5%,乳房移植高 85.5%,搭桥术比澳大利亚高 6 倍!要吸引医疗康复旅游者,夏威夷必须降低其医疗价格。

夏威夷的房价在上升,重要原因是通货膨胀,但不管是什么原因,都对吸引顾客不利,尽管刨除通货膨胀后夏威夷的房价实际在降低。瓦岛的房价从 1991 年到 1993 年降低了 4%,约平均 93 美元,因为那些非海滩饭店采用大打折扣的方法,使非海滩饭店客房价格降低了 10.4%。

9.7.5.4 促销:Aloha 在行动

促销活动应重点放在 Aloha 精神、文化与新产品上,负责促销的单位是夏威夷观光局,它面临四方面的挑战:①扭转滑坡趋势;②把有购买意愿的人转变成真正的游客;③为州带来收益,为投资者提供可观的投资回报;④维持地方居民的生活质量。

广告 20 世纪 70 年代夏威夷的广告促销主题是人间天堂,80 年代的主题是色情历险、环境决定主义和女权主义,90 年代强调个人的转变。20 世纪 80 年代中期之后,夏威夷的客源由中年人让给青年妇女,喜欢的重点从文化吸引物与独特的生活方式转变为自然环境、室外娱乐的激动人心。由强调社会交往转变为个人——追求自我完善。新的口号是:"在夏威夷呆上几天,你就会成为一个全新的人。"要采用多种媒介,包括杂志、电视节目、宣传手册、旅游博览会等。从 1990 年开始夏威夷采取了一系列促销活动,包括"Aloha 在旅途","聚焦夏威夷","夏威夷价值组合"等。

人员促销 特殊兴趣旅游针对的是狭窄的细分市场,人员促销非常有效。要对那些大公司与行业协会进行直接促销,对大众旅游市场可采用常客激励法来推销夏威夷传统产品。

公共关系 公共关系是有计划的持续的努力，目的是为了在夏威夷与公众之间建立相互理解与信任。夏威夷的公共关系应针对游客、旅行商与当地居民。各种公关活动包括：

（1）媒介关系：新闻发布会、专栏报道等。

（2）内部杂志与外部出版物。

（3）参观、访问、会议与招待会：与主要客源地的旅行商、媒介记者、航空公司互访、交流。

（4）研讨会与会议。

总之，夏威夷旅游业的复兴关键要靠夏威夷的根本价值：Aloha 精神与多样化。开发的重点应放在它丰富多彩的旅游产品上，把夏威夷建成拥有悠久历史、灿烂传统文化和优美自然环境，且热情友好、充满个性生活和富有激情的天堂。应始终将游客放在第一位，保持优质与价值，致力于创新。

本章小结

北美洲旅游区是世界经济和科技最发达的地区，拥有大量的现代化城市及城市群，还有著名的主题公园和人造娱乐设施，这成为北美洲吸引世界各地游客的重要的人文景观旅游资源。同时，自然景观旅游资源也极为丰富，有尼亚加拉瀑布、科罗拉多大峡谷、黄石国家公园、夏威夷火山群岛等许多世界级的旅游胜地。北美洲交通运输、酒店等旅游基础设施先进、完善，综合接待能力强，国际、国内旅游业都相当发达。

加勒比海美丽的热带海岛风光，是拉丁美洲旅游区最具吸引力的自然景观旅游资源之一；印加文化和玛雅文化具有悠久的历史，创造了太阳金字塔和月亮金字塔等许多著名的古建筑。南美大陆也有丰富的旅游资源，如伊瓜苏瀑布、印加帝国古城遗址、庄严的太阳门等。

非洲旅游区是人类古文明的发祥地之一，文化古迹众多是其最显著的特点，如埃及的金字塔、亚历山大灯塔、阿布辛伯神庙等。面积广阔的热带草原使非洲的生物资源极为丰富，特别是动物资源，被誉为"世界天然动物园"。在坦桑尼亚、肯尼亚等国都建有野生动物保护区。但目前这里经济落后，交通运输、酒店等旅游基础设施薄弱。

大洋洲的澳大利亚地大物博，珍奇动植物资源丰富，具古老性、独特性特点，有"世界活化石博物馆"之称；南太平洋上的众多海岛阳光灿烂，空气清新，无车马的喧嚣和烟尘的污染，如"蓬莱仙境"、"世外桃源"。

冰雪南极洲是一个神秘诱人的大陆，有许多独特的自然景观，吸引了越来越多的探险者和科学考察人员，但对发展大众旅游仍有很多制约因素。

不断开发新的旅游资源是旅游业发展的一个重要手段，但同样要重视老旅游区的再开发，及时注入新的内涵，保持活力，在这一方面夏威夷群岛的再开发堪称典范。

■ 课堂讨论题

1. 美国为什么能够成为国际旅游和国内旅游都非常发达的国家？
2. 比较南、北非洲的旅游资源优势、开发特点和今后旅游业发展方向的异同。

复习思考题

1. 简述美国的主要旅游城市和自然旅游胜地及其景观特征。
2. 简述中美地峡和西印度群岛的旅游资源特色与开发差异。
3. 简述埃及主要人文旅游胜地的分布与景观特征。
4. 简述澳大利亚的旅游资源优势与客源构成特点。

10 旅游与环境

学习要点

- 旅游发展与旅游目的地环境之间的关系
- 可持续旅游与环境保护的关系
- 生态旅游与环境保护的关系

10.1 旅游发展对环境的负面影响

当前,中国旅游业呈现出持续、快速发展的趋势,已成为亚洲居第一位的旅游接待大国,并对增加创汇、提高消费、繁荣市场经济、安置人员就业、扩大对外影响、了解世界等发挥了显著作用。然而,随着旅游业的发展,一些问题也接踵而至,并逐渐突出和严峻起来,其中最为重要的就是人们环保意识淡薄、自然资源的无节制开发以及旅游景区的主体自身净化能力较弱等,使中国的旅游环境呈现不容乐观的一面。

10.1.1 旅游对环境影响的主要表现

旅游对环境的影响和破坏从总体上看主要表现在四个方面:一是旅游活动对旅游目的地自然环境的不利影响;二是旅游活动对旅游目的地经济的不利影响;三是旅游活动对旅游目的地社会环境的不利影响;四是旅游活动对旅游目的地文化的不利影响。

10.1.1.1 旅游活动对旅游目的地自然环境的不利影响

（1）旅游活动对植物的不利影响

旅游活动对植物覆盖率及种群结构等均可能有不同程度的不利影响，主要表现在：

①由于旅游者进入景区后可能任意砍伐树、竹作木屋和烧柴，如管理不善可能导致森林火灾，导致植被覆盖率下降或改变树林树龄结构等；旅游者蜂拥而至，践踏草地，使一些地面裸露荒芜，土地板结，树木生长不良，使病虫害有机可乘。

②大量堆积垃圾，导致了土壤营养状态改变，还会造成空气和光线堵塞，致使自然生态系统受到破坏。

③某些旅游商品的制作和出售，诸如蝴蝶、各种花类等由于销售好，导致大量捕猎和采集，造成物种稀缺。

（2）旅游活动对动物尤其是野生动物的不利影响

①基础设施和旅游设施的建设破坏了动物的生存环境。

②某些为旅游者所喜欢食用的特殊动物，如大理洱海弓鱼、青海湖鳇鱼和若干野味等被大量捕猎，从而影响其生存。

③旅游交通工具对于野生动物的潜在威胁，每年都有大量野生动物死在旅游交通工具的车轮下；且旅游交通工具所产生的噪声、废气等破坏了野生动物的栖息地。

④一些为便于观赏动物而采取的措施，如灯光照射海龟生蛋等会影响其发育。

（3）旅游活动对水体的污染

①大量未经适当处理的生活污水直接排放进入浅海、湖泊、河流等水体，造成水体质量下降，给水体环境带来严重的污染和破坏。

②身体与水接触的水上运动及生活废水等可能将各种水媒介传播的病毒带入水中，造成疾病传播。

（4）旅游活动对地质、地貌的不利影响

①旅游交通设施的建设导致某些地貌形态改变。

②旺季旅游活动频繁，导致一些地质地貌景观环境改变，造成其质地变差，如石林的石钟乳、石芽等干裂、脱落、变黄、变黑甚至卷曲面断裂等。

③旅游者以及当地景区附近的居民的不文明行为导致地质地貌遭到破坏。

④基础设施和旅游设施建设，导致水土流失加剧；一方面旅游道路建设等会

加剧滑坡、泥石流等灾害发生；另一方面旅游开发活动（如洞穴旅馆等）导致崩塌；还有登山索道的架设，均会加速水土流失。

(5) 旅游活动对大气环境质量的不利影响

①轮船、火车，尤其是汽车等旅游交通工具排放出一氧化碳、氮氧化合物、碳氢化合物和铅化合物等。

②旅游饭店（包括旅游风景区的小吃店）对大气的污染主要是排放大量废水、废气、废渣等，这些垃圾又难以在景区内进行环保处理，往往直接排放到自然界中，污染了那里纯净的河水和清新的空气，这些废水、废气、废渣虽然排放量比工业小，但排放源分散、距离景点较近，且多无除尘设施，对景区、景点的小范围空气质量有很大影响。

③垃圾等固体废弃物有机含量高，如处理不当，会滋生细菌和病菌，特别是堆放在底层的有机物，容易滋生病原菌，并产生恶臭。

10.1.1.2 旅游活动对旅游目的地经济的不利影响

(1) 过分依赖旅游业可能导致区域经济发展的不稳定性。旅游业是具有高度敏感性和脆弱性的产业，一旦出现传染病流行、政局动荡、自然灾害以及主要客源地区或国家政策的改变等，将导致整个旅游业出现滑坡、萧条、萎缩，导致区域经济出现危机。例如，2004年印度洋的海啸就直接导致了附近东南亚各国旅游业的萧条。

(2) 旅游业发展速度过快可能导致旅游目的地产业结构的不利改变。由于旅游业收入高于其他一些行业的收入，一些人放弃原来从事的行业，如弃农从旅游，导致该区域农副产品生产能力下降，使得市场上的农副产品价格上扬，改变当地产业结构，影响区域经济发展。

(3) 旅游业的发展可能导致旅游目的地物价和地价上涨。旅游活动的大量增加，使旅游目的地对各种生活用品和食品的需求量增加，导致物价猛涨；同时，旅游经营者大量地建设宾馆、度假村等旅游基础设施以及旅游者购买房产使当地的土地价格远远高于当地居民的生活水平，从而引起当地居民的不满，甚至对旅游者和旅游开发商产生抵触情绪。

10.1.1.3 旅游活动对旅游目的地社会环境的不利影响

(1) 旅游者大量涌入可能会导致旅游目的地社会关系紧张。旅游者大量涌入会引起当地居民与旅游者的紧张关系，道克西曾提出了"伊里戴克斯模式"（见表10–1）说明了两者之间的关系。

表 10-1　伊里戴克斯模式

阶　　段	特　　征	状　　态
第一阶段	热情	访问者受到欢迎，尚未正式开发
第二阶段	冷漠	对访问者习以为常，交往趋于商业化
第三阶段	恼怒	旅游目的地居民对旅游感到忧虑，努力改善基础设施
第四阶段	敌意	旅游目的地居民公开表现出敌意，试图减少旅游所带来的危害

（2）旅游开发可能导致当地居民生活方式和价值观念的改变。有些人对自己的传统生活方式不满，开始模仿，继而刻意追求高消费，出现赌博、吸毒、卖淫、投机诈骗等丑恶现象；一些人"一切向钱看"，没有了社会道德。

（3）旅游者大量涌入可能导致人流拥挤、道路拥挤，并且可能导致疾病的流行。

（4）旅游活动可能会造成某些视觉污染。旅游活动可能造成的某些视觉污染有：一是旅游设施与当地自然环境等不协调，如其体量、颜色等与自然环境格格不入；二是建筑设计与区域自然、文化环境毫不相关；三是旅游者丢弃的废弃物，造成景区环境质量下降；四是某些素质不高的旅游者乱涂乱画，不堪入目。

10.1.1.4　旅游活动对旅游目的地文化的不利影响

（1）当地民族被同化。如少数民族不着自己的服饰，取而代之的是西装、牛仔裤等，甚至民族村寨、民族活动等均无民族特色可言。

（2）地方文化被庸俗化、商业化。例如，低格调猎奇、标新立异，如一些自然景观导游指南中的鬼神妖魔；生搬硬套，随意组合，如图腾柱等人造景观，又被称之为"伪民俗"。

因此，旅游资源的开发，只有建立在科学的规划基础之上，才能减少或避免对资源和环境的破坏。然而，人们在以往的旅游开发中，有的没有总体规划，急功近利，盲目开发，不仅造成旅游资源的浪费，而且使一些品位高雅、极具观赏价值的景观遭到破坏；一些地区的规划由投资者自己制定，他们往往从本部门或本企业的利益出发，以能够获取批准为出发点，而没有把环境效益、社会效益和经济效益结合起来通盘规划，这种开发实际上是以环境的损坏为代价的。对于自然资源而言，开发的本身就意味着有破坏，但是我们必须把开发的破坏减少到最低限度。目前中国自然景区开发建设中的一个突出问题是城市化倾向十分明显。现代社会的城市化确实给人们的文化生活带来了极大的方便。与此同时，由于整年生活在钢筋水泥建造的森林和嘈杂的噪音之中，使人们有了返璞归真的强烈欲望，他们要走到大自然中，体验与享受自然界带来的美妙的乐趣。但一些自然景区把城市中的各种现代化的设施都搬了进来，景区内的宾馆越建越多，高楼大厦越建越高，修筑宽阔的公路，安装明亮的路灯，甚至建立旅游生活集中区，购物网点林立、大量建造游乐设施等，严重破坏了景区的和谐与美观，使旅游景区一味向城市化方向发展，有的已经成为小城镇，这样的发展模式必将使中国旅游风景区的环境问题变得更为突出。

10.1.2 旅游环境问题形成的原因

10.1.2.1 经济发展水平较低

人们对环境保护的重视程度与他们所处的经济发展阶段有着一定的对应关系。与发达国家相比，中国经济发展水平明显偏低。社会的二元结构十分明显，尤其是占全国人口绝大多数的农民，大部分刚刚越过温饱线，还有一部分人口处于贫困状态，见表10-2。

表10-2　经济发展阶段与环境保护意识的对应关系

经济发展阶段	采取的环境保护行为	环保意识水平
追求温饱阶段	忽视环境保护	*
追求小康阶段	以牺牲环境为代价来发展经济	* *
追求富裕阶段	重视保护生存小环境，而忽略人类生存的大环境	* * *
进入富裕阶段	积极参与环境保护	* * * *

注：*表示意识水平，*号越多，水平越高。

10.1.2.2 居民平均受教育程度较低

有关调查表明，受教育程度的高低与关心环境保护程度成正比。较高的文化程度使人们更容易科学认识环境与经济发展的关系。中国人口的平均受教育程度比较低，这也是导致旅游环境保护意识落后的重要原因之一。

10.1.2.3 对旅游环境的认识存在偏差

相当多的人认为旅游环境仅是指旅游景点或景区周围的空间及各种自然因素的总体，而没有认识到自己的一言一行也是旅游环境的一部分，因而忽视了对社会人文旅游环境的保护和培育。

10.1.2.4 受错误旅游发展观念的影响

这类不正确的旅游发展观主要有：旅游业是"无烟"工业，不会像其他产业那样对环境造成污染；旅游业是低投入、高产出的劳动密集型产业，适宜于落后地区的经济发展，但不会破坏环境；旅游资源是非耗竭性资源，可以不断开发利用，等等。这些错误的旅游发展观对人们、特别是对一些地方领导干部的经济发展观有着广泛的影响，由此导致人们对旅游环境保护的重视程度不够。

10.2 可持续旅游发展与环境保护

10.2.1 可持续旅游发展

1990年在加拿大温哥华举行的Globe'90可持续发展大会旅游组织行动策划委员会会议上，与会人士达成共识，旅游业可持续发展有五个目标：①增进人们对旅游产生的环境效应和经济效应的理解，强化人们的生态意识；②在发展中维持公平；③提高旅游接待地区的生活质量；④为旅游者提供高质量的旅游感受；⑤保护未来旅游开发赖以存在的环境质量。

上述五个目标的核心是：我们必须遵循可持续发展的基本原则，在全世界范围内实现经济发展目标和社会发展目标相结合，强调任何国家和地区的旅游发展都要注意代际平等和代内平等。具体地说，代际平等是指在发展旅游时，既要满足当代人的需求（包括既满足旅游者又满足旅游接待地居民的需求），又要考虑后代人进行旅游开发的需求和可能性，从而让后代、几代甚至几十代人，都有可能享受文化和自然遗产；代内平等则是强调一部分人和一部分地区的旅游开发不应以损害另一部分人和别的地区的发展为代价。

所谓可持续旅游发展，就是旅游发展必须建立在生态环境的承受能力之上，符合当地经济发展状况和社会道德规范。可持续发展，是对资源进行全面管理的指导性方法，目的是使各类资源免遭破坏，使自然和文化资源得到保护。

1995年4月24日至28日，联合国教科文组织、环境规划署和世界旅游组织等在西班牙召开了"可持续旅游发展世界会议"，包括中国在内的75个国家和地区的600多位代表出席了会议，会议最后通过了《可持续旅游发展宪章》和《可持续旅游发展行动计划》。

《宪章》指出："可持续旅游发展的实质，就是要求旅游与自然、文化和人类生存环境成为一体，自然、文化和人类生存环境之间的平衡关系使许多旅游目的地各具特色,旅游发展不能破坏这种脆弱的平衡关系。旅游业的发展必须考虑生态环境的承受能力,符合当地经济发展状况和社会道德规范,使自然和文化资源得到保护。"

这里所说的自然是指自然景观,文化是指人文资源,二者统称为旅游资源。旅游资源的特色是旅游业存在和发展的根本,而旅游资源是有限的,旅游活动造成的环境损耗和地方特色逐渐消失,实质上就是对旅游资源的消耗。旅游发展必须切实保护好旅游资源,使旅游资源可持续利用水平不断提高。

环境是资源存在的条件,是旅游者进入活动的空间。它是在一定的地域内地质条件、地貌特征、气候和水文的变化、动植物景观形成的相互作用、相互依存的综合体。综合体内各部分之间形成了动态平衡。保持这种平衡,也就是保持良好的生态环境,有利于旅游业的可持续发展。反之,旅游业的发展只能是暂时的、不能持久的。

如前所述,旅游可持续发展实质上就是在旅游与自然景观、人文资源和生态环境和谐统一的条件下开展旅游活动,进行旅游开发和发展旅游业。这就要求旅游者的增长量、旅游业发展的规模以及旅游开发要与环境承载量、资源保护相协调,形成动态的良性循环。在这里,良好的环境和资源的可持续利用是旅游可持续发展的重要标志。

10.2.2 正确处理旅游可持续发展与环境保护的关系

旅游业的可持续发展和环境保护处于矛盾体之中,客观矛盾的存在需要我们正视。在环境保护和经济发展的关系中,国际上一直存在着不同的争议。一个极端是经济中心论,即在社会发展中把经济发展作为唯一的中心来考虑,把环境因素抛到一边,甚至认为环境问题的解决最终还要靠经济的发展。为此,在旅游资源的开发中,急功近利,不惜以破坏环境和资源的浪费为代价进行掠夺式的开发。另一极端是生态中心论。这种观点认为旅游可持续发展是单纯的生态可持续发展,片面强调生态系统的完整性和生物多样化,认为旅游开发只能在不影响自然资源的绝对存量的前提下才能进行,应对环境实行绝对的保护措施。一些环境保护主义者认为旅游会对自然保护区产生绝对的不良影响。因此,他们完全否定旅游行为。还有一些激进派对生态系统内的任何旅游行为都持否定态度。

以上两种极端主义的观点,在现实社会中都是不可取的。可持续发展的理论要求一方面社会要不断进步和发展,另一方面要处理好代际之间的关系。社会发展是硬道理,但是不顾环境保护的发展只能是短命的发展,而为了环境保护就不开发便没有发展,没有社会的进步。为了保证旅游的可持续发展,我们必须处理好开发和保护的关系,即在保护中开发,以保护为前提,以保护为基础,适度开发,合理开发。针对中国旅游发展中存在的环境问题,在当前主要应重点抓好如下方面的工作。

10.2.2.1 加大旅游环境保护宣传力度

这是在短时间内提高旅游环保意识的重要手段。在具体操作上,需要从以下几个方面下功夫:

(1) 宣传手段应多样化。要充分利用现代化的新闻媒介、公益广告、以环保为主题的文艺演出等多种形式,向公众传播有关人类、环境与发展方面的知识,以及环境保护方面的法律知识和科技知识等。这种宣传不是权宜之计,而是一项长期、持久的工作。

(2) 宣传必须讲究针对性。由于中国公民的总体文化水平不高,对环境问题的正确理解更需要有针对性的引导,最好把宣传与广大公民的切身利益紧密相连,这样才易于让他们接受和理解。

(3) 宣传必须突出重点,即要把城镇人口作为主要的宣传对象。由于城镇人口对旅游环境造成的破坏最严重,影响也最大,通过"改造"城镇居民的环保意识,可以有效地促进中国旅游环境保护意识的提高。

10.2.2.2 广泛、深入地开展环境教育

环境教育旨在借助教育手段使人们认识环境、了解环境,获得治理环境污染和防止新的环境问题产生的知识和技能,并在人与环境关系问题上树立正确的态度,以便通过社会成员的共同努力保护人类环境。通过教育,才能使人们从根本上改变原有的环境观念。环境教育首先要从学校教育抓起。据笔者观察,发现许多学生(包括少数大学在校生)也存在乱扔杂物的现象,这表明学校的环境教育明显滞后。学生是一个社会关联效应巨大的群体,如果他们的旅游环境保护意识增强,那么,便可以影响周围许多人,从而提高全体公民的环保意识。其中对学龄前儿童和中小学生的环境教育尤为重要,因为,他们的思想观念尚未成熟,需要家庭、学校和社会通过共同教育去培养良好的环境道德观。在这个过程中,家长和老师自身也可以进一步提高保护旅游环境的意识。此外,对官员和旅游从业人员的环境教育也特别重要,前者的环境保护意识对政府的决策能产生重要影响,后者则是旅游环境保护的"第一当事人"。

10.2.2.3 通过政府行为来提高旅游环境保护意识

在经济发展水平较低的情况下,依靠人们自觉的行为来达到保护旅游环境的目的是困难的。为此,政府必须通过法律和行政手段,强制性地引导人们保护环

境。例如，重庆市政府关闭主城区四大污染源，既是对污染的直接治理，又是一种直接的环境意识培育。又如，要提高农民的环境保护意识，对那些尚未脱离贫困的人来说，首先要通过政府行为来让他们摆脱贫困，在此过程中结合运用其他政策手段来逐步提高他们的环境道德水平。此外，应该对居民破坏旅游环境（包括自然生态旅游环境和人文社会旅游环境）的行为随时给予处罚。国内外的许多城市都通过采取这种方式以增强居民的环保意识，有力地改善了旅游环境。政府还可以通过发行环保彩票来提高居民的环保意识。

10.2.2.4 成立民间环境保护团体

成立于1994年3月的中国第一个民间环保团体——"中华文化书院绿色文化分院"（即"自然之友"），从身边一点一滴做起，大力倡导环保教育，对提高公众尤其是青少年的环境保护意识，发挥了重要作用。中国各省、市和自治区甚至各国家级风景区不妨也成立一个以"旅游环境保护"为宗旨的民间环保团体，把有强烈环境保护意识的人组织起来，通过他们的行为让更多的公民了解环境问题的严重性和保护旅游环境的重要性，从而提高公民的旅游环保意识。

10.2.2.5 认真进行环境影响评价

环境影响评价又称为环境效应评价，是进行环境预防管理的有效方法。它的作用是减少投资损失，降低项目运营成本，避免对环境造成无法预见的重大损害。对旅游活动的开展而言，评估的内容主要是：旅游环境承载力，旅游规模、开发活动对环境的影响，以及旅游活动过程对环境的影响等。

然而，在旅游项目开发过程中，环境影响评价的实施并不容易达到预期效果，这主要是因为：

（1）旅游开发决策机构对旅游开发的环境影响的评估认识不足。

（2）遇到不少技术性问题，如全国尚未确定统一的旅游业分类统计口径和建立起一套环境影响的科学评价指标体系。

（3）实施环境影响评价是一项系统工程，由于国家与地区的不同和旅游开发项目的差异性，在进行实际评估时，要因地制宜地制定评估指标体系与程序。

10.2.2.6 进一步严格旅游开发的审批制度

任何旅游项目在开发之前，都必须有计划和规划。要尽可能杜绝和避免投资者自己制定规划的现象；规划要由地理学、环境学、建筑学、社会学、文化学、经济学等方面的专家进行全面、科学的论证，并经过有关部门的审批后才能实施。特别是对那些"老、少、边、山"的贫穷地区的旅游开发，既要采取积极的措施，更要持以慎重的态度。贫穷地区往往山高林深，自然环境未受到破坏，蕴藏着极其丰富的生态旅游资源，但它们又是资金匮乏的地区，在当前的旅游开发浪潮中，这些落后地区急于脱贫致富，在资金短缺的情况下，很容易导致粗放、野蛮、掠夺式的开发。决不能允许这些地区为了眼前的单纯经济利益，对旅游资源随意进行开发。为了扶持落后地区的旅游发展，国家应制定统一规划，实施旅游扶贫工程。生态环境是旅游业发展赖以依托的物质基础，相对于其他许多产业，旅游业是一项对生态环境依存程度很高的产业，宏观生态环境的破坏对旅游业的不利影响更为直接、显著。加强生态环境的保护和建设是旅游业实现可持续发展的内在客观要求。科学规划、合理开发旅游资源，促进环境的美化和资源的优化利用，对实现资源环境与社会经济的协调发展具有重要意义。

10.2.2.7 旅游业的可持续发展必须依靠高技术化

目前，中国旅游科技基础薄弱，旅游科技投入少，高新技术介入旅游业的程度低，旅游决策科学化和经营管理信息化程度低，旅游景点产品设计的高科技应用水平低，旅游环境管理的高科技应用基本上仍属空白。旅游开发缺乏对旅游文化内涵、景观审美特征、地域文化特征和地域文化背景的综合考虑，缺乏高品位、高质量的集参与性、娱乐性、知识性于一体的多元化产品。尽管中国旅游业已经取得了辉煌的业绩，但从总体上来说还处于一种高速度、低质量的发展模式，发展后劲令人担忧。长期以来，人类发明的先进科学技术都是用来生产和制造能改善和满足人们生活的各种物质产品，几乎没有用于防止污染和环境保护的。长期对环境资源的透支性使用，使环境所付出的代价无法在一定的时期内得到补偿。要想修复这些环境，必须依靠环境保护技术，但眼下人们对环境保护技术的研究和应用还处于初级阶段，很多环保技术还不过关。

10.3 生态旅游与环境保护

10.3.1 生态旅游的兴起

人类对自然环境的破坏是相当严重的，几乎到了自毁家园的程度。水域、大气、土壤被污染，对人类的生存造成严重危害，出现了环境问题。出于对大自然的关怀和对人类自身生存环境的关注，认识大自然、欣赏大自然、保护大自然成为一种时尚。厌倦喧嚣、嘈杂的城市生活的人们，纷纷追求返璞归真，走向大自然。于是，生态旅游应运而生。生态旅游是以了解、欣赏、研究和不破坏自然环境与资源为目的，在自然环境中对生态和文化有着特别感受并负有责任感的一种很有益的旅游活动。生态旅游的产生有其深刻的社会、经济及文化背景。它与人类居住环境质量的恶化、有识之士积极倡导保护环境的绿色浪潮、人类环境意识的觉醒和传统大众旅游业的生态化密切相连。

生态旅游是经过一定的学术酝酿，由国际自然保护联盟（IUCN）特别顾问、墨西哥专家谢贝洛斯·拉斯喀瑞于 1983 年首次提出来的，1988 年他进一步给出了生态旅游的定义，即"生态旅游作为常规旅游的一种形式，是游客在欣赏和游览古今文化遗产的同时，置身于相对古朴、原始的自然区域，尽情考究和享乐旖旎的风光和野生动植物"。生态旅游的概念一经提出，在全球引起了很大的反响，各国纷纷在生态旅游的开发实践中进一步理解、丰富和发展生态旅游的内涵。伊丽莎白·丘吉尔女士在亚太旅游协会（AATA）的会议上也曾指出"90 年代是发展生态旅游的分水岭"。据调查，发达国家旅游者的兴趣正转向生态旅游。中国 1999 年推出了以"走向自然，认识自然，保护环境"为主题的生态环境游方案，并且相继推出了多项精品项目，涵盖森林、草原、沙漠、湖泊、海洋等生态环境的各个方面。开展生态旅游在中国取得了初步成果。中国有的学者曾指出：不能以牺牲生态环境为代价，相反，应通过生态旅游的发展，增强人们的环保意识；也不能以牺牲当地传统文化和历史遗产为代价，相反，应通过生态旅游，促进当地传统文化和历史遗产的保护和整理。这种把自然生态与文化生态相提并论的观点是值得提倡的。

10.3.2　环境问题是生态旅游产生的重要原因

人类创造了极其辉煌的文明成果，但也造成了不容忽视的生态破坏和环境污染问题。特别是自 18 世纪 60 年代蒸汽机发明以来，科学技术迅猛发展，生产力水平急速提高，工业化、城市化速度大大加快，在"人定胜天"、"改造自然"的欢呼声中，生态环境日趋恶化，严重地威胁着人类的生存。例如，人类呼吸的氧气来源于空气，是植物的光合作用所致。每个成年人每天需要 10 平方米的森林绿地为之提供 0.75 千克的氧气。而在城市，特别是在大城市，植物稀疏，人口稠密，加之人类生产、生活和交通大量消耗氧气、排出废气所造成的空气不洁，往往使人感到窒息。

中国是个淡水资源不富有的国家，人均占有量仅为世界平均水平的 1/4，且分布不均。一些地区经济社会的发展已经超过水资源的承受能力。特别是不经净化处理的工业废水和生活污水严重污染水质，超出了水的自净能力，致使一些城市水荒加剧，已成为一大社会难题。

环境的污染，致使食物中含有一些对人体有害的物质；化肥、农药、激素等制品的广泛使用，更使现代食品与天然食品存在较大差距，对人体健康不利。因此，在受污染的环境中生长或人工速成的食品遭到冷落，而曾被人们视为杂粮粗粮、山毛野菜的食品却变为时尚。

人类生产、生活产生的声音，因超过国家规定标准而妨碍人们工作、生活和学习，被称为噪声或噪音。它使人精力分散，心烦意乱，持续疲惫；它损害人的听力，甚至可使原本听力不错的人变成聋子；它还能诱发高血压、冠心病、神经官能症，阻碍大脑传递信息，影响青少年智力发育；它同废气、废水、废渣，并称为现代城市四大公害。

与日俱增的垃圾源源不断地运往郊外堆积而造成的垃圾围城现象，是中国许多城市普遍存在的问题。垃圾的随意堆放，往往臭气熏天；压实掩埋，既污染土壤，又污染水体；就地焚烧，不仅加重空气污染，而且直接毒害人体。目前虽有科学处理垃圾的技术，但由于缺乏筛选分离垃圾的习惯和科学处理垃圾所必需的经费，使得先进技术的作用难以得到发挥，城里人仍然被垃圾围困。

向往美好是人类固有的自然属性，追新猎奇是人们流动的客观规律。在这种自然属性和客观规律的支配下，人们设法适时避开烟雾笼罩、交通拥挤、污水横流、噪音充斥的现代城市，回到大自然中去，欣赏蓝天白云、青山绿水，呼吸新鲜清洁、未受污染的空气，感受鸟语花香、清风朗月中的诗情画意。这是旅游活动勃然兴起、旅游产业迅速发展的重要原因。

然而，强调旅游开发，忽视环境保护，是传统旅游产业普遍存在的突出问题。在"无烟工业"的旗帜下，传统旅游产业正走着工业发展曾走过的"先污染，后治理"的老路。例如，旅游交通的频繁和现代旅游交通工具废气排放量的增加，使旅游接待地空气污染、噪音污染、水质污染加剧；旅游者不适当地狩猎、采集、露宿、野营及寻求刺激而对旅游资源和生态环境的施暴行为，造成枪声阵阵，山火四起，威胁着一些珍禽异兽和稀有植物的正常生存，甚至使之成为餐桌上的佳肴美味；旅游者接踵而至，大大增加了生产、生活垃圾，加上一些人随地吐痰、乱丢废弃物的不良行为，致使旅游接待地垃圾成堆，蚊蝇成群，昔日那和谐宁静、美丽舒适的自然环境荡然无存；旅游开发经营者急功近利、不顾后果地大兴土木，开山辟地，乱砍滥伐，乱建设施，致使物种灭绝，水土流失，不仅加剧了"三废"污染，而且破坏了原有景观的自然布局，把好端端的游览胜地糟蹋得不像样子。

旅游需要灿烂的阳光、新鲜的空气、和煦的微风、茂密的森林、清澈的水域、绿色的大地。而生态环境的破坏却与之相悖，往往使旅游者高兴而来，扫兴而归。旅游开发必须走可持续发展之路，重视生态环境保护，促进人与自然的和谐一致，这是旅游实践得出的正确结论，也是生态旅游产生的重要原因，更是生态旅游遵循的根本宗旨。

10.3.3 生态旅游是环境保护的必要措施

生态环境受破坏的原因是多方面的，完全归咎于旅游显然不对。然而，因旅游开发和旅游活动而使生态环境受损，却是不可忽视的客观事实。据有关资料显示，由于对旅游资源的掠夺性开发，云南西双版纳热带雨林已被砍伐1/2，致使那里的大象和老虎不是向缅甸逃跑，就是窜出自然保护区毁坏庄稼，伤害人畜。据20世纪末对100个省级以上自然保护区的调查显示，中国已有22%的自然保护区因旅游活动的开展而造成对保护对象的破坏，11%的自然保护区因旅游活动的开展而出现旅游资源的退化。中国人与生物圈国家委员会对保护区旅游现状调查发现，存在垃圾公害和水体污染的自然保护区分别为44%和12%。

面对方兴未艾的生态旅游，生态旅游与环境保护已成为人们日益关注的问题。生态旅游是因环境问题的出现而兴起的，并在世界各国迅速发展，并且生态旅游以保护环境为宗旨，是一项可持续发展的新兴旅游产品。以旅游部门为主，与自然保护区联手开展生态旅游是达到旅游与环保相辅相成的最佳选择。

10.3.4 环境保护与生态旅游相辅相成

自然生态资源是大自然赐予人类的宝贵遗产，其特点是在特定的时间和特殊的环境下形成，没有丝毫的人工雕琢，而一旦被破坏，将无法恢复，更不可能再生。所以保护生态资源就显得十分必要。因此，必须在保护的前提下合理开发，并在利用的同时加以保护。

虽然就本质而言，生态旅游是与环境保护相辅相成的，是以旅游促进环保为宗旨的，但是，如果开展不当也有可能违背初衷，不能获得正面效益。例如，有"世界自然遗产"称号的武陵源（张家界）旅游区，前几年来由于无规范、无限度地发展旅游经济，盲目兴建大量商场、旅馆等，造成了严重的环境污染；一些自然保护区甚至出现了管理混乱的局面。《中华人民共和国自然保护区条例》规定：禁止任何人进入自然保护区的核心区。但调查表明，23%的保护区竟然在核心区内也有旅游活动。此外，由于缺乏统一管理、分工协作的体制和机制，保护区内多家单位各自为政，有利益大家争，有问题互相推诿，与生态保护发生冲突的现象屡见不鲜。由于执法渠道不畅和执法不严，资源和环境不断遭到破坏的现象时有发生。

所以，在活动中应把环境保护这一主线贯穿在生态旅游的全过程，避免对大自然有意或无意的破坏和干扰。

10.3.4.1 增强环境保护意识

首先，对旅游组织者及导游来说，应有引导游客保护自然的意识，要选择具备生态旅游条件的目的地，尽量避开那些脆弱敏感的生态地域。一些未设立自然保护区的处女生态区域，更应在考察、研究、论证之后，先设立保护区，后开展生态旅游。如世界最深、最长的雅鲁藏布大峡谷眼下就不宜急于开发。开展生态旅游前，必须做好充分的调查研究，制定周密规划，并在实践中加以修正完善。每次团队活动要制定实施细节，妥善组织，加强指导，严密管理。要严格遵守该地生态保护标准和法规，科学分析目的地的生态资源对游客的最佳容量，对游客的数量、交通、住宿、餐饮、废弃物、娱乐、旅游纪念品，以至于参与当地民俗风情活动等都要认真考虑，妥善安排。对目的地的自然条件，生态系统类型，保护区的目的———保护什么，如何保护，都要事先了解清楚，以便及时对自然生态地域进行保护和管理，促进地域生态的良性循环。有条件时还可组织一些有助于自然生态保护的公益活动，如参加修复自然的义务劳动（植林造林），在重要景区捡拾垃圾等。

其次，游客参加团队活动时，应依领队、导游的安排，遵照目的地管理人员的吩咐，不接近、不追逐、不投喂、不恐吓动物；自觉地不踩踏野生植物。对于被保护生物及制品，不采集、不购买、不携归；本着支援当地人生活、有利于物种保护的态度，购买经认可的旅游商品和纪念品。要做到不乱扔垃圾，不污染水土，积极参加保持自然生态的各种有益活动。通过生态旅游，提高自身的道德修养和知识水平，使自己加入到环境保护队伍中，成为自然保护主义者。

10.3.4.2 开展生态旅游，应首先以自然保护区为依托

以旅游部门为主，与自然保护区联手开展生态旅游，不但可以使生态旅游与环境保护相得益彰，也为解决发展旅游与环境污染的矛盾找到了最佳途径。

（1）自然保护区为生态旅游提供了丰富的旅游资源。自1956年中国第一个自然保护区———广东鼎湖山自然保护区建立以来，全国自然保护区事业呈现迅速发展的良好势头。截至2011年底，中国已建立不同级别各种类型的自然保护区2 640个，其中国家级335个（面积9 315.27万公顷），省级870个，地市级421个，县级1 014个。自然保护区总面积达14 971.15万公顷，占陆地国土面积的14.93%，其中有26个自然保护区加入联合国"人与生物圈保护区网络"，27个自然保护区被列入"国际重要湿地名录"。生态旅游成为中国未来旅游发展的重要趋势，截至2011年底中国各类自然保护区的统计见表10-3（港澳台未统计

在内)。

表 10-3 2011 年底中国各类自然保护区统计数据

省份	数量（个数）				面积（公顷）				占土地面积（%）
	国家级	省级	市县级	合计	国家级	省级	市县级	合计	
北京	2	12	6	20	26 403	71 413	36 150	133 966	7.97
天津	3	5	0	8	37 862	53 253	0	91 115	8.06
河北	12	19	4	35	238 489	329 797	102 646	587 268	3.05
山西	5	41	0	46	82 936	1 074 489	0	1 157 425	7.42
内蒙古	24	60	100	184	3 950 007	6 983 691	2 871 040	13 804 738	11.67
辽宁	13	30	58	101	948 322	874 056	892 559	2 714 937	12.83
吉林	14	15	9	38	946 103	1 314 252	43 545	2 303 900	12.29
黑龙江	24	87	110	221	2 399 689	2 984 280	1 220 538	6 604 508	14.52
上海	2	2	0	4	66 175	27 646	0	93 821	5.22
江苏	3	10	17	30	336 211	85 448	143 324	564 983	4.08
浙江	10	8	14	32	146 542	12 754	37 908	197 204	1.53
安徽	7	26	69	102	139 221	281 985	103 630	524 836	3.76
福建	12	26	54	92	205 521	130 628	109 329	445 478	2.96
江西	9	34	152	195	156 027	400 003	635 395	1 191 425	7.14
山东	7	33	46	86	219 828	498 690	379 398	1 097 916	4.80
河南	11	21	2	34	426 316	306 942	1 400	734 658	4.40
湖北	11	18	35	64	261 102	374 656	323 689	959 447	5.16
湖南	18	32	73	123	517 856	446 619	285 139	1 249 614	5.90
广东	11	66	291	368	225 534	598 189	2 728 935	3 552 658	6.73
广西	16	50	12	78	308 255	903 794	240 892	1 452 941	5.98
海南	9	24	17	50	106 526	2 614 554	14 240	2 735 320	6.97
重庆	4	18	35	57	218 964	275 638	355 784	850 386	10.32
四川	24	68	75	167	2 771 195	3 167 173	3 055 278	8 993 646	18.58
贵州	8	4	117	129	2 435 539	56 965	651 262	951 766	5.41

续表 10-3

省份	数量（个数）				面积（公顷）				占土地面积（%）
	国家级	省级	市县级	合计	国家级	省级	市县级	合计	
云南	1317	42	104	163	1 443 531	866 976	667 107	2 977 614	7.77
西藏	9	14	24	47	37 153 065	4 209 486	66 331	41 368 882	33.91
陕西	14	34	7	55	466 550	609 429	96 136	1 172 115	5.70
甘肃	16	39	4	59	4 825 358	2 406 503	114 900	7 346 761	16.17
青海	5	6	0	11	20 252 490	21 805 400	0	21 822 201	30.21
宁夏	6	8	0	14	426 916	8 040 000	0	535 570	10.34
新疆	9	18	0	27	13 606 151	7 888 214	0	21 494 365	12.95
合计	335	870	1 435	2 640	93 152 684	41 525 888	15 032 892	149 711 464	14.93

（2）自然保护区为生态旅游提供了基础条件。自然保护区一般都设有管理机构，作为保护区开展资源保护、科学研究及日常管理的常设机构，一般都有管理用房和设施，具有相应的交通、通讯、科研等设备，人员有一定数量和素质，为开展生态旅游提供了基础条件。就自然保护区本身来说，也有加强宣传教育，提高人们对建设自然保护区重要性认识的要求，有开展以生态旅游为重点的资源适度经营，以增强保护区经济活力的要求。

10.3.4.3 开展生态旅游符合可持续发展原则

（1）生态旅游有较好的经济效益。目前，美国家庭收入的 1/8 用于森林游憩，每年总花费约 3 000 亿美元。肯尼亚旅游业是其外汇收入的最大来源，1984 年旅游外汇收入的 1/3 来自 7 个国家公园；哥斯达黎加以生态旅游为主的旅游业 1984—2004 年的外汇收入稳定排在国家外汇来源的第二、第三位。其他国家开展生态旅游也取得了很好的经济效益。

（2）生态旅游适应了社会需要。随着世界范围环境问题的出现，城市生活环境的恶化以及生活节奏的加快，日益众多的不同文化层次、不同年龄结构的人，被生态旅游的独特魅力所吸引，愿意并积极到保护区去欣赏和保护自然环境。人们文化素质的提高和环境意识的日益加强，给生态旅游的发展创造了一个上好的契机。旅游者在远离城市的混浊与喧嚣，置身于山清水秀、空气清新的深山幽谷，尽情地体味大自然的平静与和谐的同时，还参与到保护大自然的实际行动之中，为保护生态环境做出了自己的努力。人们在生态旅游中感受大自然的巨大威力和魅力。面对着雄伟壮观、古朴原始，甚至蛮荒野性，体验到生命和真实，产生了对大自然的敬畏，萌发出敬爱之心、爱护之情，从而更加主动地去参与对自然环境的保护行动。

（3）生态旅游是生态上可承受的。保护区开展生态旅游，并不是在任意一个保护区的任意一个区域，而是有相应区划的科学规定，同时考虑到生态的可承受性，相关的法律也作了严格规定。生态旅游与传统旅游的本质区别就在于旅游环境与资源的非消耗性。生态旅游使旅游资源持续利用和良性发展以及旅游环境的保护成为必然，从而增强了自身的发展潜力和动力。

（4）加强有关自然保护区环境法律法规的落实。中国继颁布《环境保护法》和9部资源法之后，又于1994年12月颁布了《中华人民共和国自然保护区条例》。在此基础上各有关部门还制定了各种《规定》、《办法》等，形成了较为完整的自然保护区管理法规体系。今后的主要任务是使这些法律法规不折不扣地落到实处。

本章小结

我们把旅游环境污染和旅游环境破坏、旅游对环境的负面作用和消极影响等，统称为旅游环境问题。旅游对环境的主要影响表现在：旅游活动对旅游目的地自然环境、社会环境、经济环境和文化环境的不利影响。

可持续旅游发展的实质，就是要求旅游与自然、文化和人类生存环境成为一体，自然、文化和人类生存环境之间的平衡关系使许多旅游目的地各具特色，旅游发展不能破坏这种脆弱的平衡关系。

旅游环境问题是旅游与环境非良性循环的具体表现。其实质是缺乏科学、有效的管理，没有合理开发、利用旅游资源及环境而造成的旅游环境质量的恶化和旅游资源的浪费甚至枯竭。旅游环境的污染和旅游环境的破坏，必然导致旅游资源的浪费，甚至使有些资源枯竭或消失，还会阻碍可更新旅游资源的增殖，最终又影响旅游发展，并会造成旅游环境质量的进一步恶化。旅游与环境的这种非良性循环的根本原因是人们选择了不正确的旅游发展方式。解决旅游环境问题，关键是在处理旅游发展与环境保护的关系时，应选择并实现旅游与环境的良性循环，走旅游业可持续发展的道路。

发展旅游绝不能以牺牲生态环境为代价,相反,应通过生态旅游的发展,增强人们的环保意识;也不能以牺牲当地传统文化和历史遗产为代价,相反,应通过生态旅游,促进当地传统文化和历史遗产的保护和整理。

■ 课堂讨论题

1. 根据资源属性和中国基本国情,谈谈如何在发展旅游业的同时保护旅游资源。
2. 谈谈生态旅游区别于其他旅游形式的主要特点。

复习思考题

1. 简述旅游活动对环境的负面影响。
2. 简述可持续旅游发展的基本概念,如何正确处理可持续旅游发展与环境保护的关系?
3. 如何在中国有效开展生态旅游活动?

参考文献

[1] 保继刚. 旅游地理学. 第 3 版. 北京：高等教育出版社，2012.
[2] 杨载田. 中国旅游地理. 北京：科学出版社，1999.
[3] 庞规荃. 中国旅游地理. 北京：旅游教育出版社，2001.
[4] 窦志萍，邓南清. 中国旅游地理. 重庆：重庆大学出版社，2003.
[5] 李永文. 旅游地理学. 北京：科学出版社，2004.
[6] 关国清. 中国旅游地理. 上海：上海人民出版社，2001.
[7] 金波，蔡运龙. 西方国家旅游地理学进展. 人文地理，2002（6）：34～39.
[8] 陆林. 旅游地理文献分析. 地理研究，1997，16（2）：105～111.
[9] 汪德根，等. 近 20 年中国旅游地理学文献分析. 旅游学刊，2003，18（1）：68～75.
[10] 韩杰. 旅游地理学. 大连：东北财经大学出版社，2002.
[11] 申葆嘉. 国外旅游研究进展. 旅游学刊，1996（1）：62～67.
[12] 马秋芳，杨新军. 1994—2003 年中国旅游地理研究文献及其评价. 地理与地理信息科学，2005，21(1)：93～95.
[13] 袁绍荣. 中国旅游经济地理. 广州：华南理工大学出版社，1999.
[14] 冯雁军. 世界遗产不是摇钱树. 城乡建设，2002（3）：544.
[15] 吴必虎. 上海城市游憩者流动行为研究. 地理学报，1994，49（2）：117～126.
[16] 王家俊. 适用于旅游地理学的一种概念模型. 地理学报，1994，49（6）：561～566.
[17] 肖星，严江平. 旅游资源与开发. 北京：中国旅游出版社，2000.
[18] 李振泉，杨万钟. 中国经济地理. 4 版. 上海：华东师范大学出版社，1999.
[19] 周进步，等. 现代中国旅游地理. 青岛：青岛出版社，2001.
[20] 韩杰. 现代世界旅游地理. 青岛：青岛出版社，2001.
[21] 肖星. 论中国现存西洋近代建筑的旅游开发. 经济地理，2000（1）.
[22] 肖星，等. 现代设施旅游资源及其成功开发的实证分析. 西北师范大学学报（自然科学版），2004（2）.
[23] 肖星. 论陇海—宝中—包兰环状铁路沿线旅游资源的特征与开发. 甘肃社会科学，1998（3）.
[24] 晁华山. 世界遗产. 北京：北京大学出版社，2003.
[25] 阮仪三. 冷眼看热潮——申报世界遗产和保护历史文化遗存. 城市规划汇刊，2000（6）：63～65.
[26] 侯富儒. 《保护世界文化与自然遗产公约》与中国世界遗产的持续发展. 广西社会科学，2002（5）：149～152.
[27] 张成渝. 《世界遗产公约》中两个重要概念的解析与引申——论世界遗产的"真实性"和"完整性". 北京大学学报（自然科学版），2004，40（1）：129～138.

[28] 谢凝高．保护自然文化遗产复兴山水文明．中国园林，2000，16（68）：36～38．
[29] 赵鑫珊．"世界遗产"的价值和意义．同济大学学报（社会科学版），2003，14（2）：6～7．
[30] 鲍展斌，曹辉．历史文化遗产保护和开发的对策思考．宁波大学学报（人文科学版），2002，15（3）：85～88．
[31] 廖晓平，周芳岚．世界自然遗产呼唤"119"——对武陵源区"5·12"火灾的思考．时代消防，2000（9）：46～47．
[32] 陈淳，顾伊．文化遗产保护的国际视野．复旦学报（社会科学版），2003（4）：122～129．
[33] 陶伟．中国世界遗产地的旅游研究进展．城市规划汇刊，2002，3（139）：54～80．
[34] 徐嵩龄．中国的世界遗产管理之路——黄山模式评价及其更新．旅游学刊，2002，17（6）：10～18．
[35] 陈耀华，赵星烁．中国世界遗产保护与利用研究．北京大学学报（自然科学版），2003，39（4）：572～578．
[36] 吴必虎，等．中国世界遗产地保护与旅游需求关系．地理研究，2002，21（5）：617～626．
[37] 郑孝燮．论自然与文化遗产的个性．中国园林，2001，16（3）：3～4．
[38] 张迪祥．国际经贸地理概论．北京：经济科学出版社，1997．
[39] 杨吾扬．交通运输地理学．北京：商务印书馆，1986．
[40] 杨吾扬．城市地理学．青岛：青岛出版社，1998．
[41] 卢云亭．现代旅游地理学．南京：江苏人民出版社，1988．
[42] 赵波平．谈谈对"城市交通系统"的认识．城市交通，2000（3）．
[43] 中华人民共和国国家统计局．全国年度统计公报（1978—2003）．
[44] 周晶．法国的城市公共交通系统．城市车辆，2001（2）：43～44．
[45] 王莹，等．中国旅游地理．杭州：浙江摄影出版社，2001．
[46] 邓钰瑜．黄金周中外旅游线路精选．广州：广东省地图出版社，2004．
[47] 黄建文．世界旅游手册．长沙：湖南地图出版社，2003．
[48] 吴承照．现代旅游规划设计原理与方法．青岛：青岛出版社，1998．
[49] 黄振礼．旅游地理．天津：南开大学出版社，1987．
[50] 罗兹柏，张述林．中国旅游地理．天津：南开大学出版社，2000．
[51] 刘振礼，王兵．中国旅游地理．修订版．天津：南开大学出版社，2001．
[52] 胡平．会展旅游概论．上海：立信会计出版社，2003．
[53] 杨秉德．中国近代城市与建筑．北京：中国建筑工业出版社，1993．
[54] 王新祝．崛起的世界水电旅游城——谈湖北宜昌城市形象定位．城乡建设，2001（1）：14～15．
[55] 吴国清．世界旅游地理．上海：上海人民出版社，2003．

[56] 曾晓华. 自由自在港澳行. 广州：广东旅游出版社，2003.
[57] 郑欣淼. 北京故宫与台北故宫文物藏品比较. 光明日报，2005－01－14.
[58] 王兴斌. 中国旅游客源国地区概况. 北京：旅游教育出版社，2001.
[59] 徐晓光. 旅游与宗教. 成都：四川人民出版社，2002.
[60] 孙宝玉. 世界旅游名胜词典. 北京：中国旅游出版社，1999.
[61] 苏文才，等. 旅游资源学. 北京：高等教育出版社，1997.
[62] 陈才. 世界经济地理. 北京：北京师范大学出版社，1999.
[63] 杨青山，等. 世界地理. 北京：高等教育出版社，2004.
[64] 孙玉琴，等. 世界旅游经济地理. 广州：华南理工大学出版社，1999.
[65] 刘南威. 自然地理学. 北京：科学出版社，2001.
[66] 蒋长喻. 世界地理. 北京：北京师范大学出版社，2002.
[67] 李景治. 当代世界经济与政治. 北京：中国人民大学出版社，2002.
[68] 韩杰. 旅游地理学. 大连：东北财经大学出版社，2002.
[69] 邹海晶. 旅游地理学. 北京：高等教育出版社，2003.
[70] 邹统钎. 旅游开发与规划. 广州：广东旅游出版社，1999.
[71] 林越英. 旅游环境保护概论. 北京：旅游教育出版社，1999.
[72] 保继刚. 旅游开发研究—原理·方法·实践. 北京：科学出版社，2003.
[73] 卢云亭，等. 生态旅游学. 北京：旅游教育出版社，2000.
[74] 肖星，等. 兰州黄河文化园规划构思与项目创意. 人文地理，2001（6）：57～60.
[75] 肖星，王萍，王立安. 历史文化名城旅游环境质量评价及优化对策. 西北师范大学学报（自然科学版），2004（1）：81～86.
[76] 张广瑞. 旅游业面临的三大挑战及其对策. 旅游学刊，2000（6）：72～73.
[77] 刘瑶. 中国旅游的环境影响研究及其方向. 重庆环境科学，2003（11）：153～155.
[78] 陶伟. 宁夏旅游资源与旅游环境保护研究. 桂林旅游高等专科学校学报，2000（1）：53～55.
[79] 张瑛. 略论生态旅游与环境保护. 云南环境科学，2000（8）：104～106.
[80] 万绪才，等. 国外生态旅游研究进展. 旅游学刊，2002（2）：68～72.
[81] 张广瑞. 生态旅游的理论与实践. 旅游学刊，1999（2）：51～55.
[82] 卢云亭. 生态旅游与可持续旅游发展. 经济地理，1996（1）：107～123.
[83] 张建萍. 生态旅游与当地居民利益. 旅游学刊，2003（1）：60～63.
[84] 林越英. 论旅游发展与环境保护的相互辩证关系. 北京第二外国语学院学报，1997（5）：66～69.
[85] 中华人民共和国外交部网站. http：//www.fmprc.gov.cn.
[86] 人民网. http：//www.people.com.cn.
[87] 肖星. 中国旅游资源概论. 北京：清华大学出版社，2006.
[88] 郭来喜，吴必虎，刘锋，等. 中国旅游资源分类系统与类型评价. 地理学报，2000，55

(3).

[89] 杨振之. 论度假旅游资源的分类与评价. 旅游学刊. 2005, 20 (6).

[90] 何效祖. 对国家标准《旅游资源分类、调查与评价》的若干修订意见. 旅游科学, 2006, 20 (5).

[91] 中国风物志. 北京：北京旅游出版社, 1989.

[92] 肖星, 杜莉. 穗澳两地优秀西洋近代建筑的旅游价值与开发意义. 旅游科学, 2008 (2).

[93] 邓观利. 旅游概论. 天津：天津人民出版社, 1983.

[94] 周进步. 中国旅游地理. 杭州：浙江人民出版社, 1985.